守正与创新
创学生欣赏的课堂

深外好课堂设计与实录（高中卷）

主　编　罗来金

副主编　张传平　谢志光　石凤祥　光　磊

编　委　周　鹏　谢　明　王成立　杨德武

梅　煜　龚湘玲　周　琦　李园园

杨　锐　邓　娟　盛世俊　王文超

陕西师范大学出版总社　西安

图书代号 JY24N0649

图书在版编目（CIP）数据

守正与创新：创学生欣赏的课堂：深外好课堂设计与实录. 高中卷 / 罗来金主编. — 西安：陕西师范大学出版总社有限公司，2024.10

ISBN 978-7-5695-4408-4

Ⅰ. ①守… Ⅱ. ①罗… Ⅲ. ①课堂教学－教学设计－高中 Ⅳ. ① G632.421

中国国家版本馆 CIP 数据核字（2024）第 099233 号

守正与创新：创学生欣赏的课堂

深外好课堂设计与实录（高中卷）

SHOUZHENG YU CHUANGXIN: CHUANG XUESHENG XINSHANG DE KETANG

SHENWAI HAO KETANG SHEJI YU SHILU（GAOZHONG JUAN）

罗来金 主编

责任编辑 王东升
责任校对 张俊胜
封面设计 鼎新设计
出版发行 陕西师范大学出版总社
（西安市长安南路 199 号 邮编 710062）
网 址 http://www.snupg.com
经 销 新华书店
印 刷 西安市建明工贸有限责任公司
开 本 787 mm×1092 mm 1/16
印 张 27
字 数 550 千
版 次 2024 年 10 月第 1 版
印 次 2024 年 10 月第 1 次印刷
书 号 ISBN 978-7-5695-4408-4
定 价 108.00 元

序言

创学生欣赏的课堂是深外最大的师德

深圳外国语学校（集团）党委书记　罗来金

序言虽然放在丛书最前面的位置，但其实是审完书稿直至最后才完成的文字。为此，书写这套丛书的序言，我百感交集。

这一篇篇设计与实录，一句句旁批和总评，凝聚着深外教师这个团队的智慧与精神，我满怀敬意与骄傲。深外立校不过三十多年，但这三十多年来，深外从 1990 年首届两个班的规模发展到而今一校十二部的教育集团，成为深圳、全国乃至世界有影响力和辐射力的教育品牌，离不开深外教师这个团队“咬定青山不放松”的坚韧精神和“但开风气不为师”的博大胸怀。为此，我相信，这套丛书里的每一篇课堂设计与实录以及评点都会给予人启迪和感悟，让读者对深外风范有所了解。

当然，我也有些许担心和不安。深外集团这套课堂设计和实录并不完美，还存在瑕疵与不足。现在公开出版，难免贻笑大方。我相信假以时日，继续修改审阅，深外人会呈现更完美的精品，但想到丑媳妇终究要见公婆，与其反复修饰斟酌，不如就此素面见世。正好藉此让天下教育专家把脉诊断深外课堂，为深外建言献策，进而推动深外课堂进一步向实处做、向深处走、向高处攀，如此岂不更好？我相信，有更多看好深外、热爱深外的朋友和专家乐意奉献智慧，为深外“撑一支长篙”，使得深外“向青草更青处漫溯”，如此，深外的明天必会“满载一船星辉，在星辉斑斓里放歌”！我们都是为了党的教育事业，为了办人民满意的教育，正是基于这样的初心与使命，深外愿意把真实与朴质的本原状态呈现在亲爱的读者和专家面前。

何况，深外文化的基石就是真与诚。世间好看事尽有，好听话极多，唯求一真字难得。深外人无惧自己的弱点与缺点，只求呈现的是真。深外人相信，只要秉持求真之心，就会抵达至诚之境，而至诚则金石为开。虚妄的好看事与好听话，并非深外人的追求。唯求务实与创新，要把金针度与人。这才是深外人的愿力所在。

深外集团动念编纂这套丛书，一则是深外作为新课程、新教材“双新”示范校建设的实施学校，需要做阶段性总结；二则是深外致力推动育人方式的革新，打造“深外好课堂”多年，也需要物化成果。当然，更重要的是，深外集团希望藉此强化“创学生欣赏的课堂是深外最大的师德”这一理念与追求。

教师的体面与荣耀在哪里？在课堂！只有课堂才能捍卫教师的尊严，为此，深外提出了“创学生欣赏的课堂是深外最大的师德”这一命题。教育之本在立人，立人之本在立德，立德之先在立师德，而立师德之所在课堂。上不好课，则师德有亏，这便是深外教师的共识。深外集团编纂此套丛书，呈现的形式是课堂设计与实录，但其实质反映的是深外教师之师德。深外教师视域的广度、感情的热度、思想的高度、思维的深度，可以反映在这套丛书中。可以说，这套丛书里呈现的是深外人的人格温度与立人风度。

而且，这温度与风度的呈现是全方位的。深外集团是全国基础教育战线上少有的教育生态全样本。深外集团包含了从幼儿、小学、初中到高中的各学段样本，也包含国内教育和国际教育的不同区域样本，还包含公立与民办的不同体制的样本……言而总之，深外的教育生态是全方位的，办的是融合型的新样态的大教育。鉴此，这套丛书分为四册：小学卷、初中卷、高中卷、国际教育卷，四册之中又包括各个校部，藉此可以管窥中国基础教育全面的生态。

创学生欣赏的课堂是深外最大的师德。限于时间和精力，这套丛书对深外教师的智慧体现或有不足，但深外教师真心与诚意的体现则是满满的。愿关心深外、热爱深外的朋友与专家不吝赐教！

是为序。

2023 年 6 月 25 日

目录

理论篇　深外好课堂集团顶层设计

实践篇　“双新”深外好课堂课堂设计与实录

大单元课堂设计与实录

单课时课堂设计与实录

主题班会课堂设计与实录

总结篇 深外好课堂校部经验总结

理论篇

深外好课堂集团顶层设计

打造深外好课堂，筑基未来三十年

——2020 年秋季开学专题讲话

深圳外国语学校（集团）党委书记　罗来金

各位老师，亲爱的同仁们：

大家好！在教育这条河流上，我们都是摆渡人，即便像今年这样疫情严重的情况下，我们也未停止摆渡。我们好不容易才将一批学生送到新的彼岸，稍事休息，甚至有一批同仁为了保证假期学校的正常运转而未得休息，又将迎来等在此岸的新学生。我们今天在此召开会议，就意味着新一期“摆渡”工作的集结号吹响了。虽然非毕业年级的学生还是过去熟悉的身影，但我们仍应该将他们视作新学生而待之，我们新的使命就是领他们上船，渡过知识的河流，再目送他们登上新的彼岸。作为一名教师，我们的工作就是渡人，做的是影响人塑造人的事业。渡人者是崇高而伟大的，在此，我代表深外向各位亲爱的同仁致敬！深外的一切荣光，都离不开你们的努力。新学期伊始，又要辛苦各位同仁继续努力，成就功德，拜托大家啦！

作为摆渡人，教师的工作是常新的。因为学生是常新的，每一颗心，每一个脑都无时无刻不在变化，今日的学生不同于昨日，明日的也不同于今日；知识也应该是常新的，像江河一样奔涌不息，看似旧的知识，其实永远需要寻求新的表达，教师的一大本事，就是不断重新表达已有的知识；课程也是常新的，国家的发展对教育也提出了更新更高的要求。而这一切新的变化，归根结底是时代与社会的迅速发展。世界本就是不确定而多变化的，在变化不居的世界若想守住已有的成功与骄傲，那是可笑的事情。十多年前，有一本畅销书叫《谁动了我的奶酪》，书中揭示了一个道理——变是唯一的不变。奶酪放久了就会坏掉，只有不断寻求新的奶酪，才能吃上好的奶酪。倘若以为自己得了一大堆奶酪，就可以从此守住奶酪而高枕无忧，那就难免一场只能吃到坏奶酪的悲剧。

今年是我们深外立校三十周年的纪念年。经过三十年的发展，深外成绩卓著，体量早已从一所学校发展为一校八部的集团化规模。深外也早已成为一所品牌学校，今天的深外不仅是深圳教育的一张名片，也是国内国际知名的学校。倘若十年为一代，今天的深外已经过三代人的奋斗与努力。三代深外人秉承“但开风气不为师”的低调务实、创新不止的精神，开疆拓土，屡创辉煌，为我们这一代深外人留下了一笔宝贵的财富与荣耀。一方面，我们为之骄傲自豪；另一方面，我们这一代深外人肩上的担子将更重，因为我们除了开拓进取，创造新高，便别无选择。正如宋代人，在唐代人创造的唐诗这座难以逾越的巅峰面前，除了开创诗歌新形式，也别无选择。当然，宋人不曾辜负历史，因为唐诗过后有宋词。我相信，我们这一代深外人也不会辜负历史，我们将创造历史，遇见更好更优的深外。因为我们不是一群只知道守成而不知道进取的人。一代人有一代人的使命与责任，我们这一代深外人的使命与责任就是要将更好更优的深外交到下一代人手上。深外未来30年，将从我们这一代人手上开启，我们要为深外未来30年奠基，做好铺路石！

值此深外立校30周年之际，我们将从何处出发？我们将有何新的作为？这是我们这一代深外人必须要思考和面对的问题。我想我们应该抓住“课堂”这一关键，用三年的时间，进一步打造深外好课堂，为未来30年奠基。

一、为何选择从课堂出发？

为何选择从课堂出发？因为课堂是学校教育的前线，决胜在课堂。变是世界唯一不变的主题，我们的课堂也要变。

第一，国家育人目标调整，课堂须调整。习近平总书记在全国教育大会上指出：“要把立德树人融入思想道德教育、文化知识教育、社会实践教育各环节，贯穿基础教育、职业教育、高等教育各领域，学科体系、教学体系、教材体系、管理体系要围绕这个目标来设计，教师要围绕这个目标来教，学生要围绕这个目标来学。凡是不利于实现这个目标的做法都要坚决改过来。”过去，我们的教育陷入功利化、标准化，普遍存在“唯分数、唯升学、唯文凭、唯论文、唯帽子”的痼疾，扼杀人的创新性，致使人进一步工具化。现在，我们每一名教师，我们每一堂课都必须明确询问：立什么德？树什么人？“国家用人，当以德器为本，才艺为末。”我们立什么德呢？社会主义核心价值观就是我们这个时代最大的德。因此，我们每一名教师，每一堂课，都必须将社会主义核心价值观落实到教学活动中，建构到学生的精神谱系里。孙中山先生说过：“治国经邦，人才为急。”我们树什么人呢？我们的教育是社会主义教育，我们当然要旗帜鲜明地“培养社会主义建设者和接班人”，什么样的人才是这样的建设者和接班人呢？是“倒T型人才”，“倒T”中的下面一横，代表以德为本的深厚而宽广的综合素养，“倒T”中的一竖代表以创新为本的卓异而拔萃的特长个性。社会主义事业只有交给大德大才兼备者，社会主义的旗帜才会永远高高飘扬！我们的课堂必须要变，要以立德树人为宗旨。

第二，深圳示范区教育先行，课堂须先行。深圳成为先行示范区，意味着深圳各个方面、各个领域都要做出先行示范的表率。治国以教化为先，教化以学校为本，学校教育又应当做出先行示范。深外作为深圳基础教育中的品牌与名片，必须承担先行示范的使命与责任。深外拿什么来先行示范呢？我想最要紧的是拿出先行示范的课堂。为什么呢？因为课堂集中反映一校的风采与文化，师生风貌的展现主要在课堂。课堂是学生学习的主渠道。虽然教育发生在学校里的任何时间，但学生的学习时间，主要集中在课堂，对知识的理解和把握，主要是在课堂上完成的。一名学生，抓不住课堂，利用不好课堂，也就难以提升成绩。其次，课堂也是教师智慧表达的主阵地。教师的工作如何，关键反映在课堂，课堂就是教师的脸面，上不好课，是伤教师脸面的。教师工作实践性很强，无论多先进的教育思想与理念，无论多精致的备课与教学设计，都要经过课堂的践行与检验，没有课堂实践的效果，再好的理念与教案，都是纸上谈兵。为此，深圳教育先行示范，必始于示范校的建设，示范校建设，必始于示范课堂的建设。深外必须把握住时代赋予的使命与机遇。

第三，中高考课程教材变新，课堂须变新。中高考的改革，课程教材的变化，是基于国家要求改革普通高中的育人方式。英国学者李约瑟曾在《中国科学技术史》一书中提问："中国古代对人类科技发展做出了很多重要贡献，但为什么科学和工业革命没有在近代中国发生？"这一追问被称为"李约瑟难题"。"为什么我们的学校总是培养不出杰出的人才？"这个问题后来被称为"钱学森之问"。"李约瑟难题"和"钱学森之问"不约而同击中当前学校教育的痛点。解决这一痛点，必须改革落后的育人方式。育人方式的改革，必始于每一节课堂。所谓"课改"，实质就是改课。课堂不变新，"李约瑟难题""钱学森之问"就不会有圆满的答案。深外课堂不与时俱进，深外也无法适应新的中高考，适应新的课程及教材的变化。

第四，现代化信息技术发展，课堂须发展。2020 年中美贸易竞争，表面上是经济竞争，实质是科技竞争。科技日新月异的发展，也必将为课堂发展带来深刻的革命。现代化信息技术的运用是课堂绕不开的话题。一支粉笔一张嘴的传统课堂教学模式已经不能适应新课堂对提高效率的要求。虽然技术本质上只是课堂教学的手段和工具，而非课堂的实质，固然不可为技术而技术，不可让技术泛滥，但现代技术手段的合情合理的运用，已经是课堂必须要有的环节。为此，好的课堂应有现代技术的恰当利用。

第五，深外特色与品牌打造，课堂须打造。深外 30 年发展，特色与品牌已经铸就。但再鲜明的特色，再优质的品牌，都需要与时俱进。辉煌终将属于历史。为此，真正的特色与品牌，只能存在于不断的追求与创造中。"周虽旧邦，其命维新。"30 年深外，也是旧校，但其使命只有不断革新。革新始于深外什么地方呢？应该始于深外每一间教室的三尺讲台，三尺讲台虽小，但可以容下一所学校乃至一个国家的变革与进步。深外特色与品牌的打造，深外学生的培育，必须围绕课堂这一中心，展开深外教育集团方方面面的革新。只有从面子到里子都做改变，深外才能在未来 30 年再造辉煌，屹立不倒。这是我们这一代深外人必须要耕耘的事业。

言而总之，课堂是学校的前线，前线吃紧，学校教育就必败无疑。真正的教育，总是从自我教育开始的。学校的意义就是制造各式各样的机缘，以激发和唤醒学生进行自我教育的愿望。学校的实质就是一个制造自我教育机缘的"场"。而这个"场"的核心就是课堂。课堂是否有生机与活力，将决定一所学校是否有生机与活力。课堂的品格与境界，也反映一所学校所追求的品格与境界。深外人追求"两敬"：敬畏天地自然，敬畏道德律令。这"两敬"首先应该体现在敬畏课堂。深外人追求"两高"：高尚的人格，高雅的生活。这"两高"也首先应该体现在高效课堂。

当然，深外课堂本来就是优质的，因为我们有一群敬业且乐业的专业化教师队伍。过去 30 年，我们也正是凭借优质的课堂才赢得广大学生及家长的认可与尊重。但是，这并不等于我们的课堂已经臻于完美，无可挑剔。从长期观察看，我们的课堂对学生心性的激发、对知识的优化、对教学策略的选择以及对集体智慧的发挥等方面，都还有需要大力改进和提升的地方。

也正基于我们的使命以及现实，我们应该在“课堂”这一维度上做出深入分析和探索，只有深入到深外课堂的“深水区”进行革新，构建深外好课堂，我们才不至于辜负深外，不至于辜负时代。

二、何为深外好课堂？

深外好课堂应该好在何处？新在何处？我们每一位深外人应该有清醒的认识和明确的标准。课堂是一种特殊的育人境场，这种境场关涉的要素很多，好的课堂一定是活的课堂。正因为活，标准才难以精准提炼，要提炼出好课堂的标准，绝非一件容易的事情。我在此抛砖引玉，提出深外好课堂的五条标准，以供大家讨论。

第一，好课堂要有明确的育人性和方向感。好课堂首先好在方向的正确。把握正确的育人方向，体现明确的政治正确，这是课堂的第一重要原则。何谓课堂的政治正确？那就是培养德智体美劳五育并举的社会主义事业的建设者和接班人。国家育人目标已经由知识传授转向立德树人。我们深外好课堂首先要体现出为谁培养人、培养什么人这样的政治正确。亚里士多德说过：“人天生是一种政治动物。”意思是说，人首先属于城邦和国家，然后才属于家庭和个人。我们的课堂不能培育不讲政治正确的独善其身的人，我们必须培育心中有国家和人民的人。传统儒家以学习做人为思想核心。做什么人？做君子。做君子来干什么？修身，齐家，治国，平天下。由此可见，儒家思想也是强调做人是要讲政治正确的。不能以兼济天下为人生宗旨的君子，实质是自私的伪君子。我们的课堂不能培育这样的自私的伪君子。我们的称谓是“人民教师”，在“教师”前添加“人民”一词，就是要提醒我们做教师必须要站在人民的立场，这就是教师的政治正确。人民教师的课堂，必须要体现这样的育人性和方向感。

政治正确源自人格教育。深外好课堂必始终贯穿对学生的人格教育。奥地利人本主义心理学的先驱、人称“现代自我心理学之父”的阿尔弗雷德·阿德勒认为：“学校教育的目的不应仅仅局限于让孩子学会赚钱或在产业体系中谋得一个职位。我们需要的是地位均等的伙伴，是平等、独立、有责任心的合作对象，是能够为我们共同的文化作出贡献的人。”如果我们深外的课堂仅仅是为了使深外学子赢得一场升学考试，那么，深外的教育是彻底失败的。深外固然必须使学子赢得一场考试，但深外又不能成为一座考试加工厂。我们必须把健全的人格培养作为我们课堂自始至终要完成的使命。阿德勒分别从心理和行为层面对一个人格健全的人提出了发展和培养目标，其中，行为方面：①自立，②与社会和谐共处；心理方面：①“我有能力”的意识，②“人人都是我的伙伴”的意识。为此，深外课堂必须培养学生自信自立、合作共生的意识和习惯。合作共生的意识要上升到国家意识、人民意识。哲学家弗洛姆在其经典著作《爱的艺术》中说：“一个成熟的人最终能达到既是自己的母亲，又是自己的父亲的高度。

他发展了一个母亲的良知，又发展了一个父亲的良知。”母亲有包容和接纳自己孩子的天性。母性的伟大就伟大在她的包容与接纳没有边界。而父亲的使命则是引领孩子去改造和发展自己，以走向社会与世界。因此，一个拥有健全人格的人，他既能够像自己的母亲一样包容和接纳自己，也能够像自己的父亲一样去改造和发展自己。引导学生去接纳自己和改造自己，从而实现与自我的和谐以及与他人世界的和谐，实现“双和谐”便是教育的宗旨。实现“双和谐”便是人文，便是深外好课堂的育人性与方向感。唯其如此，我们的课堂才能从知识课堂走向素养课堂。

第二，好课堂要有充分的自主性和互动感。按照建构主义学习理论的观点，意义是自我建构的。也就是说，没有经过学生自主思考，仅靠被动记忆得到的东西，是不可靠的。从记住知识到会利用知识，其间有漫漫的长征路要走。英国教育家怀特海说过：“知识只有被利用才有价值。”因此，教学生记住知识是远远不够的，我们必须要教会学生利用知识。明代心学大师王阳明先生说：“知而不行，只是未知。”为此，他强调知行合一。行是什么？就是主动思索、自主建构。苏格拉底说：“未经审察的人生不值得过。”同样，未经审察的知识并非真知识。未经实践检验的真理未必是真理。审察知识就是主动思索、自主建构知识的过程。课堂要把更多时间交给学生，让其行动。唯有学生时时躬行，真知才会获得。“纸上得来终觉浅，绝知此事要躬行。”课堂是学生行动和思索的场所，不是教师唱独角戏的舞台，不是教师奏技炫耀才华的地方。

课堂的自主性和互动感体现以问题的研习为目的的师生以及生生的课堂对话与交流中。课堂是一个情境，是一个磁场，师生以及生生在“场”中对话，应该有美丽的思维碰撞，有彼此欣然的会意，有意犹未尽的生长。知识与方法，终将以问题和错误呈现，以思维的活跃与引导呈现。一堂好课，离不开好的问题设计以及学生犯下的美丽错误。问题是思维运动的开端，错误是走向正确的起点。为此，一名优秀的教师，一定是一名不仅能设计出好问题，而且能鼓动学生并教会学生提问的教师，同时，也是一名包容学生错误，且能成功引导学生走向正确的教师。没有问题与错误，课堂便没有学生思维生长的土壤。只要学生思维未曾有过积极主动的运动，课堂没有思维的流量，课就是无效的灌输。

有的教师错误地认为，知识灌输可以提高授课效率。灌输不仅不能提高课堂效率，还会助长学生思维的惰性。早在 1946 年美国缅因州的国家训练实验室就研究出了“学习金字塔”这一成果。这一成果告诉我们：采用听讲、阅读、声音图片辅助、示范或演示、小组讨论、实际演练或做中学、马上运用或教别人等七种不同的学习方式，学习者在两周以后还能记住的内容多少，也就是平均学习保持率，是明显不同的。让学生单纯地听讲，两周后能够记住的内容只有 5%，而让学生演练、应用讲、听、看、想、动、静结合，两周后能够记住的内容占 75%~90%。差距为什么那么大呢？因为听讲解是被动的，学生并不知道自己真正的问题在哪个环节上，而让学生做实际的演练、应用，其真正的问题就会暴露出来。暴露问题是解决问题的前提，没有问题暴露的教学必然是低效的。灌输意味着教学方式退化为单一的课堂讲授。单一的讲授，信息吸收量是极少的。事实上，灌输的最大危害是使学生大脑处于抑制状态，长此以往，大脑便会习惯性怠惰，从而丧失主动思考和分析问题的意识和能力。我们经常看到不少学生习惯凭经验和直觉判断问题的正误的现象。这种不动脑筋分析的现象往往就是长期灌输带来的恶果。存在主义哲学家萨特指出："人是自己行动唯一的指令者，人在自由选择里，创造着自己的本质。"灌输实质就是剥夺学生指令自己行动的生命主动性权利，这种残忍的剥夺久而久之就致使学生丧失创造自己、改变世界的能力，从这个意义上讲，灌输是扼杀创造性灵魂的罪魁祸首。这与个性化、创新型人才的培育宗旨背道而驰。我们深外每一位教师一定要明白，灌输是一种暴力，是一种犯罪。

课堂是师生为着一个共同的目的或任务进行对话的地方。只有当师生双方情绪高涨地参与到课堂学习和问题讨论中，课才是有实际效果的。学生没有参与度与参与面，课只是教师的独角戏。独角戏唱得再好，也只是一厢情愿的事情。为此，一堂好课，还需要教师有激发学生心性与兴趣的足够的能力与本事。亲其师，信其道。没有良好的师生关系，课堂难有生机与意义。教育学实质就是关系学。只有当一名教师既让学生崇敬，又让学生亲近，才可能有好课的生成。清华大学著名校长梅贻琦先生对师生关系有一个精彩的比喻，他说："学校犹水也，师生犹鱼也，其行动犹游泳也，大鱼前导，小鱼尾随，是从游也，从游既久，其濡染观摩之效，自不求而至，不为而成。"的确是这样的，学生本来具有向师性，只有师生关系良好和谐，展开平等的对话，课堂乃至教育才是美好的。梅贻琦先生也批判过现实的师生关系，他说："反观今日师生之关系，直一奏技者与看客之关系耳。"深外教师不能成为一厢情愿的"奏技者"，如若使得学生在课堂上仅仅成为一群无所事事的看客，那便是深外教师的耻辱。深外教师应该让教学任务的落实、问题的解决，发生在师生和谐而平等的友好对话中。有了问题、错误的呈现，有了多元的对话，有了思维的流量，课堂才谈得上是有自主性和互动感的好课堂。这样，我们的课堂才能从一言堂走向生成性课堂。

第三，好课堂要有鲜明的现代性和开放感。我们是现代人，充分享受着人类创造的现代文明成果，无论是思想精神还是技术方法，深外好课堂都应该要体现鲜明的现代性和开放感。大家想一想，如果今天深外的课堂仍旧是一支粉笔和一张嘴的课堂，没有一点现代信息技术的运用，我们的课能成为先行示范课吗？如果我们深外的课堂上还有腐朽的封建思想的传输，还有早被时代抛弃的落后观念在宣扬，岂不是咄咄怪事吗？思想家马克斯·韦伯强调，现代性就是理性，只有理性精神，可以祛魅和除魔。深外好课堂的现代性就是要充分地彰显理性与逻辑。理科自不必说，本就应该体现出理性与逻辑的追求。文科如语文、历史、政治，也应该同样彰显理性与逻辑。一堂缺少理性精神的课，没有批判性思辨，没有清晰的分析，只谈经验与感觉，学生思维如何发展得好？作为思维高端的批判性思维训练始于 20 世纪 60 年代的美国，而我国直至 2003 年秋北京大学才开设"逻辑与批判性思维"课程。在现代文明成果的利用上，我们还有很多路要走。为此，我们深外好课堂，要有鲜明的现代性，这种现代性除了现代化信息技术的利用，更要体现的是现代文明的思想与精神。为此，我们深外的好课堂也要具有开放性，兼容并包，学习吸纳一切有价值的文明成果。不能解放思想，不能包容文明，我们的课堂只会走向狭隘。狭隘的课堂，还谈什么格局与境界呢？没有大格局与高境界，怎么称得上是深外人呢？

具有现代性和开放感的课堂一定有积极、有专注、有强大的思维流量。苏霍姆林斯基说过：“在人的心灵深处，都有一种根深蒂固的需要，这就是希望自己成为一个发现者、研究者、探索者。”当课堂安静得连一根针掉到地上都能听见时，往往意味着思维的暗流在涌动。当课堂争论此起彼伏，绵延不断，往往也是思维火花在激烈碰撞。无论安静还是热闹，只要积极、专注，有思维的流量，就是有气场感的好课。气场强大的课堂源自开放与现代。相反，没有专注，没有思维的流量，言说再多，也只是听取蛙声一片，而一点不让学生言说，也是死水一潭。

第四，好课堂要有清晰的衔接性和系统感。课堂有狭义和广义之分，狭义的课堂指某一节课，而广义的课堂指一个更长阶段的教学过程。通俗地讲，课堂不仅指一节一节的车厢，也指由一节一节车厢构成的完整的一列火车。因此，好课堂不仅好在一节课，更要好在一学期的所有课，好在三年，乃至十二年的所有课。为此，从广义上讲，深外好课堂要有清晰的衔接性与系统感。这意味着我们深外教育集团的课堂要关注整个十二年教学的一体化和系统性。至少，我们要探索一门学科知识与方法的衔接与系统。一学期的课堂如何规划，三年的课堂如何规划，十二年的课堂如何规划，这都是我们应该要思考和探索的。狭义讲，我们一堂课清晰的起承转合，这也是务必要有的。

好课堂清晰的衔接性和系统感源自何处？源自我们教师精心的设计。因此，一堂好课，一年、一届的好课，要追求设计感。一栋好建筑，必有设计；一篇好文章，必有构思。凡事预则立，不预则废。好课行云流水，看起来自然，毫不矫揉造作，但背后一定有教师下了不少“暗功夫”。课本质上是一项活动，没有设计的活动不可能有预期的效果。设计感强的课，流程与环节清晰，像做文章一样，有起承转合，轻重缓急。如何激趣，如何开课，如何结尾，如何讲解，如何安排练习，学生探讨问题，会遭遇什么问题瓶颈等等，无不需要课前规划和构思。好课使人成为明白人，倘若一堂课的流程与逻辑尚且不够清晰通畅，又谈什么培养明白人呢？讲不清楚一个知识点，解不清楚一道题，多是未曾设计的原因。未曾设计的课，往往也是效率极低的课，所谓课的设计，就是试图找到最优化的方案。方案优化了，自然效率就提高了。同样的问题解答，方案设计得好，往往事半功倍。教书是需要大量经验积累的，成熟的教师授课往往水到渠成，而青年教师由于经验不足，就更要多在课堂的设计上下够功夫。好课设计不易，尤其是整个学科教学规划更不易，这需要学科组、备课组乃至教育集团共同的智慧。

第五，好课堂要有饱满的生成性和获得感。成就一堂好课，无论教师还是学生，是否全身心投入，是否有心脑的舒展，是否有强烈的获得感，尤为重要。教师之所为，最基本的无非传知识、授方法、解疑惑。其一，所传之知识，是否抵达知识之本质与系统，因为只有揭示出本质，构建起系统，才是真正的智慧。也只有以真智慧教人，学生才有获得感。一门学科究竟有多少个知识点？每一个知识点的实质是什么？知识点之间的关系是什么？这三个基本问题，是一名学科教师应该心中有数的，理科教师更当如此，文科知识点数量或有模糊性，但大体也要有。正因如此，一堂好课首先要有的指标，就是讲解的知识是否优化。整合而优化过的知识讲解，才会使人有获得感。其二，所授之方法，有没有具体而清晰的程序，有没有可以操作践行的策略，这也是是否具有获得感重要的指标。如果讲的是一些大而空泛的东西，则是“伪方法”，譬如，语文教师教学生写作，就教学生一些文体知识、修辞知识，是不能很好指导学生写作的。知识分三种：陈述性知识、程序性知识和策略性知识，只有程序性和策略性知识，才是具体可操作的方法。其三，所解之惑，是否善于发现和捕捉学生的问题点，是否善于引导学生一步步走向深入与明朗。陶渊明《桃花源记》中写道：“初极狭，才通人，复行数十步，豁然开朗。”教师引导学生也当如此。学生经过探索而豁然开朗，才会产生强烈的获得感。

饱满的获得感源自课堂上充分的生成性。课堂上由师生互动、生生互动而生成的学习成果才能真正带来饱满的获得感。主动生成的才有获得感，被动接收的难有获得感。就像钓鱼一样，自己钓上来的才有获得感。如果是别人在你鱼钩上挂一条鱼，你钓上来有啥快乐可言？进一步讲，在充满了鱼的小池塘里钓鱼与在大江大河中钓鱼，获得感又不可同日而语。为此，课堂要学会放手，教师设计好活动，让学生自己去钓鱼，自己去生成。

生成性的获得，需要教师有“发现与捕捉”的能力。“发现与捕捉”，有学者称其为教师教学的核心素养。一堂生成性课堂，往往在于教师敏锐地发现问题与疑惑，捕捉教育机缘和细节的能力。一堂好课，就是看是否有精彩的发现与捕捉。归结起来，知识的优化，方法的可行，引导的恰切，是教师上出好课必备的能力。也只有做到这些，课堂才会有强烈的获得感。有了获得感，学生的心灵就是饱满充盈的，这种饱满充盈的体验会激发学生的学科兴趣与爱好，从而激发出极大的学习热情。

追求课堂的生成性与获得感，需要教师敬畏课堂。课堂关乎的是知识，是时间，是生命。无论是知识，还是时间，抑或生命，都是我们必须敬畏的。一节课只有40分钟，涉及几十个鲜活的学生，涉及人类几千年创造的以知识呈现的文明成果。生命是不能辜负的，时间是不该浪费的，文明成果是不能亵渎的。哲学家尼采说：“每一个不曾起舞的日子都是对生命的辜负。”课堂何尝不是如此？每一分钟、每一个学生，都不能辜负，课的每一个环节，都该有“起舞”的姿态。为此，无论是教师还是学生进课堂，都应该有敬畏生命的观念、敬畏时间的观念以及敬畏知识的观念。宋代理学家朱熹说过：“君子之心，常存敬畏。”作为深外教师，我们本就该是心怀敬畏的君子。

课堂不是教师随意聊八卦、讲段子的地方，更不是教师肆意发泄情绪的地方，也不是学生养神打坐的地方。课堂固然需要活泼生动，但活泼生动的背后要有严肃的目的。课堂是神圣的地方，但“团结紧张，严肃活泼”是必要的。只有活泼与团结，而无严肃与紧张，课堂很可能陷入恶俗，这是尤其要注意的。课堂一旦失去严肃而崇高的求知求真的宗旨，活泼就沦为搞笑，团结就沦为恶俗的集体狂欢，课堂一旦失去分寸感，也就容易失去课堂本该有的教化功能。倘若课堂只剩下娱乐与恶搞，就是辜负生命与时间的作恶。课堂不能因为师生的长期相处、彼此熟识而淡忘崇高与严肃。正如师生关系，如果教师放弃教化引导的宗旨，为与学生保持和谐关系而打成一片，这也是师生关系的庸俗化表现。作为深外教师，我们旗帜鲜明地反对这种忘记教化初心而徒有表面亲和的师生关系，也旗帜鲜明地反对没有承载教化功能的恶搞的课堂。无论师生，一旦进入课堂，就要怀揣敬畏感，始终为一个严肃而崇高的目的前进，活泼也罢，诙谐也罢，皆有分寸，适可而止。

言而总之，我认为深外好课堂应该体现这五条原则。深外应该努力实现这“五原则好课堂”。

要实现这“五原则好课堂”，我们不妨从旗帜鲜明地反对五种低效甚至无效的课堂做起。我们深外教师要反对哪五种课堂呢？

第一是“独角戏课堂”，只一厢情愿灌输知识的独奏课堂。

第二是“娱乐化课堂”，未承担教化娱乐至上的搞笑课堂。

第三是“低效率课堂”，缺乏参与获得感的无效低效课堂。

第四是“表演型课堂”，设计形式大于内容的炫技式课堂。

第五是“即兴性课堂”，缺乏备课流程混乱的随意性课堂。

独角戏课堂里，学生被漠视了；娱乐化课堂里，学生被异化了；低效率课堂里，学生被耽误了；表演型课堂里，学生被工具化了；即兴性课堂里，学生被荒废了。而这些，本质上都是对学生的辜负，对教育的辜负。辜负学生、辜负教育的课堂，绝不是好课堂，也更不能是深外好课堂。

课堂是教师的颜面和本钱，讲台要站得稳，讲台要站得好，讲台要站得久，这是深外教师务必要追求的，一名教师也只有做到了这三点，才能赢得学生家长乃至社会的尊重与爱戴。深外教师打造好自己的新课堂，就是对深外立校30年纪念的最好的献礼，也是为深外未来30年筑下坚实的基础。

三、学校将如何推进深外好课堂建设？

明确了深外好课堂“五原则”的标准，明确了深外要旗帜鲜明地反对的五种无效的课堂，我们每一位深外教师，每一个深外教育集团的管理部门就要承担任务，行动起来，努力达到这样的标准，成就深外好课堂。未来已来，我们将在进一步完善书院制建构的基础上，打造深外好课程，进而成就深外好课堂。具体如何做呢？我提出七点意见：

第一，成就好课堂，深外教师应改变思想和观念。成就好课堂，我们每一位深外教师都首先要自我追问：“我是谁？”诺贝尔文学奖获得者布罗茨基说过：“我是我所读过和记得的东西的总和。”从某种意义上讲，我们的价值与观念是由我们过去的经历所塑造的。过去经历所塑造的价值与观念一定是对的吗？我们需要这样的自我发问。鲁迅先生就这样发问过：“从来如此，就对吗？”正如苏格拉底所说：“未经审察的人生不值得过。”我们要审察自我，由此反思对错，从而改变思想和观念。心念不转变，我们永远不可能成为新人。成就好课堂，首先需要我们改变思想和观念。叔本华说过：

“影响我们的不是事情本身，而是我们对事情的看法和态度。”我们怎么看深外，我们怎么看教育，我们怎么看课堂，一定程度上决定我们拥有怎样的深外，拥有怎样的教育，拥有怎样的课堂。

第二，成就好课堂，深外教师应成为有深度的教师。教师理应成为一名教育研究者，只有研究者执教课堂，课堂才有深度。苏霍姆林斯基说过：“无论就其本身的逻辑来说，就其哲学基础来说，还是就其创造性来说，教师的劳动都不可能不带有研究的因素。这首先是因为，我们所教育的每一个作为个体的人，他在一定程度上就是一个充满思想、情感和兴趣的很特殊的、独一无二的世界。”教育对象是活生生的人，而非机器，教育做的是影响人的事业。正因为教育的对象是人，是未成年人，故而做教育才尤其要带有“温情与敬意”。体现教育者带着“温情与敬意”的最好方式就是始终怀揣一份对教育的热爱去思考与研究教育。教育是距离人心最近的职业，教育不能只为“稻粱谋”，教育失去良心而追求功利化，制造的灾难往往是不可逆的。为此，做教师，应该只有一种选择，那就是做一名研究学者。将做学问、研究人作为自己的立身之本。教师的可悲就是沦为教书匠。放到古代，哪怕做个匠人，也该有个追求，至少要有一种工匠精神。马丁·路德·金在他的演讲中常常引述一首无名诗。诗是这样的：“假如你命该扫街，就扫得有模有样，一如米开朗琪罗在画画，一如莎士比亚在写诗，一如贝多芬在作曲。”假如你选择做教师一天，就要带着一天的温情与敬意，就要一天观察、思索并研究，渡人的事业只能交给觉悟的人。何况，教育教学的问题无处不在，只要有学生的地方，甚至只要有文字的地方，就有教育教学的问题存在。解决这些问题，是教师的使命与责任。因为只有发现并解决问题，才是在做教育。

教师要做一名有深度的学者，就必须广泛阅读，深入思索。教师作为一名传道者，首先就要保证自己有正确的见识和正确的思维。教师应当“以其昭昭使人昭昭”，而不能“以其昏昏使人昭昭”。教师不仅是专业的明白人，也是生活的觉悟者。只有这样，我们才能真正培育好学生，才能承担教化之责任。当前社会或有道德滑坡的情况，这更需要教师成为一名学者型教师，以坚守精神家园。挪威剧作家易卜生说得好：“真正的个人主义在于把你自己这块材料铸造成个东西。”他还说：“有时候我觉得这个世界就好像大海上翻了船，最要紧的是救出我自己。”教师承担着立德树人的使命，唯有成为一名研究学者，将自己铸造成器，将自己救出来，才能去救出别人。如果连深外教师也没有成就学者的追求，那国家的教育还有什么希望可言？为了打捞自己，也为了成就学生，我们只有精进不息，好好研究教育教学。

第三，成就好课堂，学科组应集体打造一批示范课。一所好学校，好就好在有一群优秀的人。但是，无论多么优秀的群体，只要不能形成合力，形成众志成城、精进向上的风气，就是一群乌合之众。古斯塔夫·勒庞在其《乌合之众》一书中说，乌合之众“追求和相信的从来不是什么真理和理性，而是盲从、残忍、偏执和狂热，只知道简单而极端的感情”。深外每一个个体都是百分百的精英，倘若我们不能形成自强不息、厚德载物的优秀团队，只是一盘散沙的乌合之众，那是深外人的堕落。是深外让我们聚集在一起，我们就有责任捍卫深外的荣誉，发展深外的事业。因此，深外打造好课堂，关键在学科组以及备课组建设，发挥学科组以及备课组团队的力量和智慧。深外不需要个人英雄主义，只需要学科组以及备课组群策群力，共享、共生、共荣、共进退。为此，我希望各学科组及备课组要坐下来认真对话，做出各学科、各备课组的发展规划，有清晰的学科建设目标，有切实可行的学科发展流程，有精心打造和设计的课程，进而拿出一批示范课。备课时间应该延长，至少有半天集中备课的时间，一起研讨教学，一起听课评课，一起读书研习，将学科组及备课组真正建设成为一个有效的学习组织。自古有“文人相轻”之说。我们教师固然也属于文人，但我们是现代的文人，不仅不应该有相互看轻的脾气，更要有相互亲近的态度。“文人相轻”不仅反映了做人的格局不大、境界不高，而且也是自我封闭，堵死自己学习上进的路。智者千虑，必有一失。一个人只有具有“空杯心态”，才装得进更多的东西，才会不断向上生长。所幸的是，深外教师的团队合作精神一直很强，各学科组都注重抱团成长。但我们还要进一步加强，让每一次的集体研讨和备课做到真实，得到落实，唯其如此，学科建设与发展才会踏实。

第四，成就好课堂，学校将组织专家进行课堂视导。学校管理最关键的前线就是各年级教学，而教学最关键的前线又是课堂。如何管理课堂教学呢？真正有效的管理不是管结果，而是理过程。“物有本末，事有终始”，过程是因，只有多在因上着力用功，才会在果上得到相应的回报。为此，学校将成立学术委员会，聘请校内外专家，组成课堂视导小组，对深外课堂进行视导。视导课堂，不是要挑老师的刺，找老师的茬，而是要通过对话交流，诊断深外课堂，以便及时了解各年级各学科教学情况，进而做出调整与改进，不断追求完美。同时，也寄望通过视导，充分发挥骨干教师的带头作用，让新教师成长更快。视导的目的不是监督与批评，而是研究探讨教学的无限可能，只有通过一次次的教学对话与反思，我们的教学才能走向深入，走向精致。当我们每一位教师都愿意积极探索教学，都愿意一起对话教学，形成浓郁的研习风气，深外课堂就将是全新的，更趋近教学本质的。唯其如此，我们这一代深外人才算尽了一代人的使命与责任。每一位深外人都是深外教育集团大链条上的一环，都是鲁迅先生所说的“中间物”，正因为我们是“中间物”，我们的责任就不仅是传承，更要开拓。打造好深外好课堂，将前辈们的心血与智慧融到课堂教学中，也让我们的心血与智慧为后来者提供养分，让后来者走得更高更远，从而为深外未来三十年铺垫坚实的基础。

第五，成就好课堂，教务处应设计课堂考评新方案。教育评价很难，评价难免量化，但教师的教育教学工作绝不是一些简单的数据就可以量化出来的。因为教师做的是渡人的事业，渡人的事业固然需要技术，但更需要艺术，而艺术需要人的态度与良心，态度与良心是很难量化的。但并非说教育教学就不能评价，只是说我们在评价上要多用心多用脑子。教务处可以好好探索并修改评价方案，评价可以是具体的、量化的，也可以是模糊、感性的。譬如一位教师的课堂怎样，我们可以通过视导做出诊断，也可以通过学生反馈意见，还可以通过同人的观察得出判断，总之，教务处可以调整和丰富教学评价的维度，拿出更科学、更有针对性、更有效的教学评价方案。评价方式的改变，往往意味着思想价值观念的改变，思想价值改变了，我们的课堂才能一步步改变。课改就是改课，改课首先在于改思想和价值取向。

第六，成就好课堂，学校将完善有效的课堂新制度。一所学校有一所学校的风气与精神。风气和精神来自三个方面的建设，一是器物建设，二是制度建设，三是文化建设。器物建设容易，添增教学器物并不难，难的是制度建设，只要制度建设做起来，文化建设自然容易完成。为此，三大建设中，制度建设尤为重要。为成就新课堂，学校也将进一步创立各项有效的课堂制度，以保证课堂的高效。课堂涉及很多因素，如教室的设计，教师的着装与风采，学生的精神与风貌，班级文化，课堂氛围与纪律，知识讲解与练习安排，课堂类型，学科组、备课组建设等等，都应该有系统的、可以执行的制度。凭借制度的规定，保障深外新课堂的特色和内涵。为了建立制度，我们也将广泛征求大家的意见，欢迎大家提出问题。因为有了意见和问题，我们才更有建立制度的依据和指向。

第七，成就好课堂，学校将变革资源配置方式。课堂变革是牵一发而动全身的事业，关系着深外整个教育集团资源配置方式的变革。我们将围绕课堂变革这一中心任务，认真梳理物与物、物与人、人与人的各种关系及其相互作用的方式，提高资源配置的效率，创造更有效的资源配置方式和组织方式，从而更好地服务于深外新课堂。我希望，深外整个教育集团资源配置方式变革后，教务处、学生处、后勤处等部门，家长委员会、学术委员会、校委员会等单位，相互协调，发挥更大效能，从而为教师、为课堂服务，推动深外书院制及好课堂的建设。

好课堂的建设是一项复杂而系统的工程，我们要尽快启动这项工程。深外建设永无止境，我们尽心用力，一个阶段建设好一个方面。我们不怕问题多，只要一个点一个点地落实，深外就会更好。30 年来，深外人创造了一次次辉煌；未来 30 年，深外人将会创造更大的辉煌。我们每一位深外人，也只有如此，才不辜负深外；唯有不辜负深外，我们才不辜负身为深外人的自己。新学期伊始，又将是我们每一位深外人在各个岗位上投入的时候。深外是每一个深外人的，唯有每一个深外人用心，深外才不仅是一所学校，更是一种荣誉。让我们为深外荣誉努力，让我们为打造深外好课堂奋斗！深外未来三十年的奠基，必始于今日！让我们抱团前行！

全面推动课堂革命，系统重塑深外风范

——2022 年秋季开学专题讲话

深圳外国语学校（集团）党委书记　罗来金

各位老师，亲爱的同仁们：

今天开学集会这个机会很是难得。一则现在学校集团一校九部，开大会已很不容易，二则疫情反复，安排开大会也很难。为此，我想抓住这个难得的机会，就学校这几年的发展以及未来的打算做些汇报，把一些思考做个梳理和总结，分享一些想法，希望各校部更深入地展开行动并落实到位。去年我讲的是有关“深外好课程”的论题，前年我讲的是有关“深外好课堂”的论题，大前年我讲的是有关“教师的发展”的论题，今年我想再围绕“深外好课堂”把相关问题做个总结性发言，我发言的题目是“全面推动课堂革命，系统重塑深外风范”。我们深外需要一场宁静而彻底的革命，这场革命的发生地主要在深外的课堂，目的就是系统重塑深外风范。深外风范是每一个深外人共同塑造的，为此，推动深外课堂革命也是我们每一个深外人的责任与使命。

我想围绕“课堂革命”讲以下四个方面的问题。

1. 为什么还要讲“课堂革命”？
2. 如何评价目前深外的课堂？
3. 深外应该追求怎样的课堂？
4. 深外课堂革命从哪里着手？

一、为什么还要讲“课堂革命”？

第一，从教育本身看，课堂是学生学习的主要空间，是教师立德树人的主渠道。

学校教育的发生，可以是校园的任何地方，一草一木皆是照亮心灵的课程，一人一事都是自我教育的机缘。教室、寝室、食堂乃至卫生间，都可能蕴藏着一个学生成长的可能性。秦国丞相李斯就是在上厕所时看到厕所中的老鼠又脏又瘦，而想到粮仓中的老鼠又大又肥，进而受到启发，决定西入秦国谋发展的。李斯功利化的人生固然不值得效法，但从教育层面看，一个人的成长总是始于自我教育的，而自我教育需要某种机缘。人本就是充满无限可能的因，最终结出什么果，往往取决于他遭遇什么样的缘。为此，我们深外校园理想的生态该是什么样子呢？深外校园就该是一个蕴藏着无数成长机缘的“场”，在这个“场”中，时时处处有感染人、激发人的暗能量在，似乎处处有光，一个孩子随便去校园哪里，都会被照亮。就像高中部校园里那上百尾鱼，我想无论是师还是生，走到水边，见到鱼，那一刻他的心都会变得纯净而美好。当然，各类场所中，教室与课堂才是关键，学生一日的学习，8 个甚至 10 个小时在教室里，在课堂上，而教师完成党交给的立德树人的任务，也主要在课堂这个神圣的地方。

我记得小时候，学校不叫学校，而叫学堂。儿歌里就有唱："小呀嘛小二郎，背着那书包去学堂。"我一直觉得学堂这种叫法比学校更有意思。在我国传统建筑中，"堂"为正房，是庄重肃穆的地方。故而称学堂，似乎比学校更有一种庄严相。我们现在把学习和教书的地方称为"课堂"，也似乎比称作"教室"要好。教室侧重教，是以教师为本的理念，课堂侧重学，是以学生为本的理念。因为"课"就有学习的意思，当然，"课"还有另外两个意思，一是督促完成指定的工作，二是根据一定的标准进行考核。所谓课堂，不就是干这几件事情吗？一是引导学生学习，二是督促其完成任务，三是考核其任务完成情况。一个国家或民族，教育是根本，而教育的前线在课堂，只有守住前线，才能保证后方平安。后方是什么？是千百个家庭的嘱托与希望，也是国家和民族的未来。为此，我再次讲讲有关"课堂"的问题，很有必要。

第二，从时代使命看，课堂是课程改革的重要场所，是转变育人方式的主阵地。

我们身为共和国教师，身处当下大时代，必须要知道时代赋予教育工作者的使命。新中国成立以来，党的教育事业取得了丰硕的成果，但也遭遇了前所未有的挑战，国家教育的目的是为党育人，为国育才。当前，国家比任何时代都更需要人才，尤其是高端人才。中国正处在中华民族伟大复兴的征程上，我们凭什么继续向上走？凭人才。国家需要大批量的人才，需要高端的人才，学校为人才之本，而课堂尤为人才之本。为此，国家这些年一直加大育人方式革新的力度，新课标、新课程、新教材、新高考，一一推进，耗费巨大的物力与人力，只为教育能出人才。培育人才的课程如何落地？在课堂！转变育人方式，也必在课堂。只要课堂不作为，不革新，时代赋予教育的使命就不可能完成。你我作为教育工作者，责任在肩，不可推卸。为此，我们深外每一位教师，都要好好反思，研究课堂，革新课堂。送一届学生，一个班三年，大概是 600 多节课。一节课 40 分钟，相较总数，确实显得可以忽略不计，然而，一节课就像一滴水，一滴不干净的水，看上去不会污染一方澄澈的池塘，但多几滴水呢？做不好一节课，似乎影响不大，但连续一个月、一学期做不好课，其影响就是可怕的。课堂这一课改主阵地，有一方溃败，都可能满盘皆输。我们能否担负时代赋予我们的教育使命，就看我们如何做课，如何将课堂经营出一个"好"字。时代赋予我们使命，我们唯有不辜负课堂。

第三，从学校发展看，课堂是学校成败荣辱的展台，是集团教育品牌的支撑点。

一所学校的成败荣辱在学生及其背后的家长嘴上，深外集团的教育品牌也在互联网上，在"知乎"上，在"B 站"上，在各种贴吧里、微信圈里。好事不出门，恶名传千里。一所学校在互联网时代比任何时代都更容易被虚妄的唾沫淹死。深外是要学生及其家长的唾沫还是掌声？我们别无选择，只能寄望听到掌声响起来。而掌声归根结底是从哪里响起来的呢？是我们的课堂！只要课堂上有学生发自内心的掌声，各种通讯里就一定有家长的掌声。为此，我们必须重视课堂，必须让我们学生说深外课堂好。

我们深外集团在立校三十年之际，经过专家把关，几易其稿，增删多次，才制定了集团及各校部的六年规划。看六年规划，深外的明天会更美好，然而，这愿景描绘无限美好的六年规划将在何处落地呢？主要在课堂！只要深外集团在课堂上无所作为，无所改变，六年规划也就必将成为一纸空文，别说一校九部，就是一校二十部，即便深外把分校办到香港，办到台湾，甚至办到国外，也只是肾虚的胖子罢了。做大很容易，难就难在做强！

总而言之，从学校发展看，我们只有做好课堂，才能迎来好的生源，有好的生源，我们才能培育更好的人才。为此，我可以说，深外荣耀，成在课堂，也败在课堂，荣在课堂，也辱在课堂。

第四，从教师事业看，课堂是教师光彩照人的脸面，是教师生涯的起点与归宿。

就我们每一个教师而言，课堂是我们的立身之本，虽然教师的工作更多是在课堂之外，但呈现教师智慧和精神的舞台确实在课堂。教师好比诗人，功夫在诗外，但诗人之为诗人，却是以诗歌作品来证明的。教师之为教师，虽然备课、批改作业、辅导教育学生会用掉我们教师生涯的大部分时间，但是课堂证明教师的价值和意义。所以我说课堂是教师光彩照人的脸面。别人不会操心你出门前三个小时如何精心化妆，也不会操心你平时如何控制饮食精心保养，别人只看你的脸面是不是光彩照人。性别有男女，但身为教师，无论男女，我们却必须具备母性，我们哪有不爱惜课堂这张脸面的呢？教师的尊严在课堂，课堂是我们每一位教师职业生涯的起点和归宿。新教师的起点在上好一节课，为职业生涯奠定基础；老教师的终点也是上好最后一堂课，为职业生涯画上圆满的句号。北大教授、诗评家林庚，77 岁决意退休，为上好告别课，他的教案几易其稿，足足准备了三个月，林庚的最后一课讲的是《什么是诗》。消息一传出，前来聆听的人络绎不绝，极一时之盛。讲课那天，身高一米八的林庚先生穿着一身经过精心设计的黄色衣服，配一双崭新的黄皮鞋，头发一丝不乱地出现在讲台上。按照北大学者钱理群的说法："美得一上台就震住了大家"。课后钱理群送其回家，刚一进门林庚便倒下，大病一场。这就是老派知识分子的脸面与精神。课堂应该是教师道德的体现，对一名教师而言，上不好课就是失德。我希望我们深外教师高度重视自己的课堂，几十个家庭、几十个孩子把信任和时间托付给你，你能不敬畏课堂吗？课堂能是随随便便吹牛聊天的地方吗？

基于以上几个方面，我决意再围绕课堂讲讲，哪怕是老生常谈，我也要以此方式呼吁大家，深外教师要敬畏课堂，深外过去与现在的荣耀反映在课堂，深外辉煌的未来也必将书写在课堂。

二、如何评价目前深外的课堂？

自学校集团提出"打造深外好课堂，筑基未来三十年"的号召，各个校部积极行动起来，围绕"课堂"开展了各种有益的活动，各校部组织了各类形式的献课及赛课活动，深外宝校部也联合初中部及深外龙组织了同课异构活动，各校部参与市里赛事，也斩获奖项，取得了许多成绩，也记录了不少课堂视频，为深外云端学校的建设储备了大量资料。深外课堂起点高，也拿得出手，但拿得出手不是深外的追求，深外课堂应该追求卓越，要引领一个地区，影响更大的范围，成为课堂示范的标杆。据此，我们还有漫长的路要走，据我在各校部听课巡课看，深外课堂还只是在量变阶段，距离质变还有一段艰难的路。具体而言，我觉得深外课堂至少需要在以下五个方面寻求突破与飞跃。

第一，学生的主体地位尚未真正实现，课堂还是老师在把控。

对于课堂，作为教师，我们第一个要直面的问题就是——课堂究竟是谁的？看教育史，这个问题已经有了明确的答案，课堂是学生的，学生才是课堂的主体。课堂存在的意义是学习，而学生才是第一位的学习者。为此，课堂本质上是以学习为中心的相遇和对话，日本学者佐藤学在其《宁静的课堂革命》一书里提出："学习是由三种对话实践——同客观世界的对话、同伙伴的对话、同自己的对话构成的。""课堂是由活动、合作和反思性时间构成的。"课堂本质上是一个"学习共同体"。佐藤学的课堂革命，我在十年前读过，很受启发。课堂革命，首先是教师观念的革命，我们教师必须清醒意识到，教师只是课堂的组织者、活动的参与者、学习的对话者、问题的倾听者、方案的建议者。一言以蔽之，教师在课堂上可以充当很多角色，唯独不能充当"独裁者"。人教人，教不会，事教人，一学会。课堂不是人教人的地方，而是事教人的场所。教师在课堂上需要做的就是给学生找事，即安排学习任务，并引导学生积极主动地完成任务。

我在各校部听课巡课中时常看到，学生在课堂上长时间只是听众与看客，而非课堂的学习主体。每每看到这样的情景，我是心痛的，因为我坚信这样的课堂迟早会让学生丧失独立思考的能力，也终究丧失学习的热情。学习金字塔理论告诉我们，"听讲"也就是老师在上面说，学生在下面听，这种我们最熟悉、最常用的方式，学习效果却是最低的，两周以后学习的内容只能留下 5%。第二种，通过"阅读"方式学到的内容，可以保留 10%。第三种，用"声音、图片"的方式学习，可以达到 20%。第四种，是"示范"，采用这种学习方式，可以记住 30%。第五种，"小组讨论"，可以记住 5% 的内容。第六种，"做中学"或"实际演练"，可以达到 75%。最后一种在金字塔基座位置的学习方式，是"教别人"或者"马上应用"，可以记住 90% 的学习内容。由此可见，让学生行动，让学生做事，才是真正的课堂。虽然听讲是课堂不可缺少的方式，但采用短平快以及趣味盎然的精讲，才是有效的。如果只是无精打采地、平铺直叙地讲解，那就只会让学生反感而无所得。因为学生注意力的持久性是有限的，从课堂注意力曲线看，40 分钟的课堂中间将有 15—20 分钟的注意力低潮，也就是说，学生注意力高潮主要在开始与结束阶段，开始期望值高，结束释放期值高。由此看来，课堂讲解最好在一刻钟内完成，其余时间就该安排学生做事，让学生在事上磨，让事情和任务教会他成长。

第二，教师的主导作用尚未真正发挥，课堂还是教师在灌输。

教师在课堂里须发挥主导作用，这是教学共识。佐藤学在其书里说得很清楚："教师的责任不是进行‘好的教学’，而是要实现所有儿童的学习权利，尽可能提高儿童学习的质量。”然而，我们不少教师的理想，就是追求“好的教学”。其实所谓“好的教学”，就是教师把知识精细处理后投喂给学生，本质上仍旧是灌输。这样的课堂其实仍然是不利于学生学习的。学习是一件需要主动用心用脑的事情，教师包办多了，把本该学生吃的思维之苦、遭的解难之罪替他们排除了，看起来教学进行顺当，其实是对学生学习权利的剥夺，是不利于学生能力发展的。我们的任务是引导学生走路，引导他用自己的双脚走到终点，而不是用轿子将学生抬到终点去，路始终要学生自己走。教师包办越多，学生就将被我们教得越笨。“新课程新高考的任务是要实现从解题到解决问题，从做题到做人做事的转变。”而现实里我们所谓的“好的教学”往往就是追求某道题或某一类题的具体的解题技术，甚至热衷于巧解妙解，似乎巧妙才能证明教师的水平。

真正的课堂不该是这样的，真正的课堂是要帮助学生掌握更基本的法、术以及法与术背后的道，是要教学生思维方法，教学生解决问题的底层逻辑。而思维方法及底层逻辑的获得，正是教师发挥主导作用的关键。教师的真正价值，就是要引导孩子深入到思维方法和底层逻辑层面，抵达并认识事物的本质。我曾经看过一则母亲教育孩子的故事，母亲在厨房里忙碌，让孩子上楼去帮她取一件东西，孩子说，楼上很黑，他怕。母亲放下手上的活儿，将手掌投影到墙上并问孩子，这影子让你害怕吗？孩子说不怕。母亲把手拿远一些，影子也就大一些，母亲又问，这大一些的影子让你害怕吗？孩子说不怕。母亲又说，其实楼上的黑暗就像妈妈手掌留下的影子，只不过要大一些罢了，你可以上楼试试，只要想着就是妈妈一只大手留下的黑暗就是。最后孩子上楼把东西给妈妈带下来了，母亲最后还问了一句，孩子你害怕吗？孩子当然说不怕。我很佩服这位母亲，第一，她善于捕捉教育机缘，一旦生活情境中有了可教育的机缘，她就不计成本地开启主导之路；第二，这位母亲是懂得引导孩子掌握底层逻辑的，直抵问题实质的。教师作为专业人士，其价值就在于引导学生抵达凭自己能力达不到的地方，而这就是主导的关键。此外，激发学生对知识和学问的热爱，对思考这项活动的热爱，也是教师主导的关键。连学生学习的热情、探求问题的兴趣都不能激发，那教师是作为不力的。

第三，团队的协作开放尚未真正深化，课堂还是老师在单干。

马克思认为：“人的本质是一切社会关系的总和。”法国思想家福柯也讲过：“人是环境和风俗的产物。”这意味着一个人的成长，就环境而言，封闭的肯定不如开放的，冲突的肯定不如和谐的。为此，学校教育的成功，一定是团队协作与开放的结果。班级课堂教学涉及若干学科教师，学科教学涉及若干科组教师，为此，课堂的效果，往往取决于两个团队的协作与开放。班级方面，班主任与学科教师是一个团队，这个团队的协作与开放，将直接影响学生的课堂质量及成绩。如果各自为政，都在单干，不仅作业无法统一协调，而且班级学情不能共享。同样，一门学科的教师如果不能与备课组团队协作，只是单干，其教学也必然大打折扣，尤其是青年教师，本就需要成长，没有团队的帮助和支撑，课堂教学效果也就难以保证。除了协作，团队还要有开放的精神，一个班级的教师团队也罢，一个学科的教师团队也罢，都该以开放的心态，广泛了解班级、兄弟学校以及学科前沿信息，否则，闭门造车，是难以成就班级课堂教学的。

深外的团队协作和开放基础不错，但还不够。譬如，科组建设及备课组建设尚有走形式与过场的问题，学科建设没有真正深化和落实。试想，一个科组一学期没有组织什么活动，集体备课、听课、评课等活动开展次数少，没有形成常态，班级教师没有就学情随时沟通交流，课堂能有多少深度与广度呢？有的教师一学期下来，连学生名字还叫不全，班级整体情况也不知道，课堂教学质量必然受影响。没有深刻的学情了解，授课就基本是瞎搞。

教师是一个永远需要学习和成长的职业。不依托团队的单干，以及自以为是的封闭，是不可能搞好课堂教学的。我希望在新的学期，各校部干部要努力改变单干的教学氛围，真正形成合力，让学生在更优化的环境、更清正的风气中得到成长的教育机缘，从而实现良好的自我教育。

第四，制度的系统建设尚未真正完成，课堂还是教师在散打。

课堂的核心要素是人，是教师和学生。是人就有人性，充分发展人的善性，而扼制人的惰性，要靠制度的系统建设。课堂效率的提高，是需要制度保证的，没有制度，教师的教学可能散漫；没有制度，学生的学习也可能缺乏激情。课堂应该是师生要敬畏的地方，这种敬畏之心也需要制度来保证。

深外课堂制度建设是没有真正完成的，至少缺少深外特色。譬如，集体备课制度、学情反馈制度、培优促差制度、奖励晋级制度、管理评价制度、课堂视导制度、作业布置批改制度、自习课管理制度等等。没有完善的课堂制度建设，就难以保证课堂的高效。为此，我们得加紧推进课堂制度建设，以保证课堂的高效。

第五，理论的学习交流尚未真正深入，课堂还是教师在解题。

课堂需要理论支撑，这毋庸置疑。没有理论的学习和专家的引领，教师不深入反思课堂教学，课堂教学还是停留在不断刷题和解题的层面，那就无法落实新课程和新教材，自然也无法适应新高考。

有关课堂的理论，如怀特海的智力发展理论、皮亚杰的认知发展理论、维果茨基的最近发展区理论、巴班斯基的教学过程最优化理论、建构主义学习理论、加德纳的多元智力理论、布鲁姆的教学目标分类理论、奥苏贝尔的认知—接受学习理论、杜威的生活教育理论等等。当然，也有中国的一些教育思想，如孔子的教学相长、王阳明的知行合一等。这些理论和思想，我们都应该认真学习，努力践行。没有学理支撑的课堂是没有法度的，不能近于道的法与术，只是一些误人子弟的俗招和套路罢了。只有依据理论，我们的课堂才能抵达本质。

三、深外应该追求怎样的课堂？

前年的报告里，我已提出了深外好课堂的五项原则以及深外须排斥的五类课堂，今年我还想更具体地谈谈深外好课堂的基本要求，我想换一个思考角度，将深外好课堂诠释为七个度，即向度、热度、广度、深度、力度、节度、制度。

第一，深外好课堂必须是有向度的。

所谓“向度”，即指向性。我们的学校坚持社会主义办学方向，事关为谁培养人、培养什么人、怎么培养人这些根本问题。学校的根本任务是坚持立德树人，培养中国特色社会主义建设者和接班人。为此，深外好课堂必须有明确的向度，即为党育人，为国育才。深外的课堂，首先是教师的思想要正，其次是对思想不正的学生，教师有责任耐心教育，促其转变。当然，值得肯定的是，深外教师在课堂的政治向度上，是有明确意识的，我们没有教师犯过类似错误，希望大家要守住这条红线，不越雷池一步。我们不仅不能在这方面越界，而且要努力教化学生，让他们爱国家，爱人民，从小树立为人民谋福利的观念。我们改革开放以来的教育，的确出现了一些问题，出现了唯分数、唯升学、唯文凭、唯论文、唯帽子的功利主义，而在立德这个问题上重视不够。人首先是目的，而非工具。我们首先要教育学生成为人，然后才成就事。课堂向度偏离，则一票否决。向度正确是一堂好课的基点。

第二，深外好课堂必须是有热度的。

课堂的关键因素是人，而人的首要因素是态度，为此，好课堂的一项重要指标就是师生双方在课堂上都充分投入了做事的热情。教师的敬业精神是崇高的，学生的学习热情是高涨的。课堂没有热度，就只是一潭死水。课堂要像一堆篝火，只有点燃了，歌才能唱起来，舞才能跳起来。课堂关键在一个“活”字，课堂没有朝气与生机，无论多么优化的知识讲解与训练，课堂效率都必然是极其低下的。好课一定是用心用情演绎出来的，上好课的心到了，爱学生的情到了，教师的话语才会富有感染力，教师的课堂设计才会优化。一切才能与才华，靠的都是心。课堂需要做到“四用”：用心、用情、用力、用智。用心用情永远是第一位的。为此，我衷心希望我们深外的教师是满怀热情走进课堂的，是能把自己的课堂经营得风生水起，满座鲜花的。调整自己授课的状态，千方百计激发学生的学习热情，这是我们教师必须要努力做的。激发热情是一堂好课的起点。

第三，深外好课堂必须是有广度的。

深外好课堂应该有三方面的广度，一是课堂呈现的知识与信息有广度，二是学生参与面及对话面有广度，三是全面育人的广度。对知识与信息能够旁征博引，左右逢源，上下求索，这应该是教师的一项重要教学能力。教师应该把一个知识点的理解和运用，放到广阔的世界里去，放到各种生活情境中去，如此才能让这个知识点被透彻理解和真正运用。教师指导学生学知识，最简单的办法就是直观举例，而例子的丰富与否，就是关键。此外，教师还得有一项能力，那就是调动学生积极性，鼓励学生广泛参与并对话，学生参与课堂的人数多，对话的层面丰富，课堂才是高效的。最后，教师还要建立育人全面的广度。学科教师在传授学科专业知识，但教学的眼界却不能局限于专业知识，而没有看见人，也不能没有看见人的全面发展。教师在课堂上，必须要从对专业知识的过度关注中走出来，以“人”的身份与学生对话，也必须把学生当作学习知识的“人”看待，而非仅仅把学生当作知识的容器。只有站在“人”的立场育人，育人才有广度。如果一个数学老师，只能教学生数学知识，而不能在哲学层面启迪其人生，那么这个数学老师绝不是顶级的，专业是促狭的，思想却要广阔。富有开阔的广度是一堂好课的亮点。

第四，深外好课堂必须是有深度的。

在课堂教学中，学科知识主要有两个来源：一是教材，一是教师。教材知识需要教师阐释与补充，而阐释与补充需要教师对知识做深刻的理解。所谓课堂的深度，主要就是指教师对所教授的知识的深刻理解。教师理解越是深刻，就越是可以帮助学生学习知识，也能让学生学习得更有趣味。人本有向学之心，对真理是充满渴望的，教师对知识的理解深刻，才可能抵达问题的本质。为此，在课堂上，教师需要有三个方面的深度：一是知识的深度，二是思想的深度，三是思维的深度。当然，需要注意的是，理解的深度不等于知识的难度。有的老师加大知识的灌输，给予学生许多超纲的知识，结果囫囵吞枣，学生消化不了，反而起了坏作用。教师的主导作用，绝不是加大知识难度，训练难题，而是将教材知识做更深刻的理解和运用，引导学生抵达他应该抵达而暂时未能抵达的地方。也就是说，学生以为自己摘不到的桃子，老师搭个支架让他摘到，或者学生以为自己摘到了桃子，老师换个思路让他懂得摘到桃子还有许多别的路径。这才叫课堂的深度。总之，深度绝不是给学生灌输更难的知识和方法。富有深度是一堂课引发巨大能量的奇点。

第五，深外好课堂必须是有力度的。

课堂的力度是从效果角度看的，所谓力度，一是课堂情绪上的感染力，二是课堂思路上的逻辑力，三是课堂设计上的创新力，四是课堂管理上的执行力。课堂有能教和不能教的，能教的可以凭借语言说明白，不能教的就要靠情绪的感染达到目的。靠言语说教立德树人，基本无效，故而更多的靠情绪的感染，言传不如身教，身教之所以发挥作用，就是榜样的示范，而榜样示范调动的就是情绪感染。为此，教师管理好自己的情绪，发挥良好情绪的感染力，是使得课堂有力度的基本之道。此外，教师更要充分发挥课堂上逻辑与理性的力量。对低年级孩子而言，情绪感染或许更重要些，但对高年级学生，更要靠逻辑与理性的力量使其信服知识与真理。

逻辑是服膺学生的最好策略。为此，教师的课堂，无论课堂流程的思路，还是问题分析的思路，都要特别讲逻辑，让知识的演绎环环相扣，无懈可击，这样才能有力量。课堂上展示的创新力，是打动学生的重要因素。“周虽旧邦，其命惟新。”课堂之使命，也在一个“新”字。课堂的最高价值与意义在于师生有新东西生成，故而日本学者将发现与捕捉视为教师课堂教学的核心素养。没有发现，也就无从捕捉，捕捉不到，也就不能生成自我教育机缘，没有自我教育机缘，教育就不可能发生。故而，成功的课堂就是发现和捕捉到了一个人成长的机缘罢了。也只有有了发现与捕捉，课堂才是有力度的。课堂管理上的执行力也不可小视。课堂需要管理，教师若不能控制课堂向着不良方向发展，那就是执行力不够。有的教师不注意课堂纪律的维持，任由学生打闹，甚至连学生在做与课堂无关的事情，如打瞌睡、玩手机也不管，没有管理执行力，就是失德。追求力度是一堂富有效率的好课的原点。

第六，深外好课堂必须是有节度的。

教育教学的微妙之处在于分寸感的把握。同一种方法或策略，对甲同学有用，未必对乙同学也有用，不掌握好分寸，不把握住火候，就容易煮成夹生饭。老子说："治大国若烹小鲜。"其实搞教育教学，何尝不是如此？烹小鲜不适合猛火乱炖，也不适合在锅里翻转太勤，教育是慢的艺术，往往需要靠文火慢炖，静等花开。为此，好课堂一定要有节度，教师言语的节制、情绪的节制、教学内容的节制等等，都是必要的，之所以需要节度，是因为课堂是教师必须敬畏的地方。几十个未成年人将生命中宝贵的时间、心灵、理想托付给教师，如果教师不懂得分寸，譬如，在课堂上说太多闲话，自言自语，东拉西扯，讲个题，连家里养的小狗都会牵扯出来说个半天，这就是浪费学生的时间。同样，课堂设计的花里胡哨，多媒体技术的滥用，无效习题的布置，低效活动的开展等等，都是对课堂的大不敬。总之，教师在课堂上要有节度之心，分寸之感，本着严肃认真、活泼紧张的原则开展课堂教学才是必要的。把握节度是一堂向上向善的好课的正点。

第七，深外好课堂必须是有制度的。

好教师的课堂也一定有一套课堂规矩，这规矩就是课堂制度。教师应该根据学科特点，为学生立制度，兴规矩，譬如如何听课，如何记笔记，如何讨论，如何做练习，如何回答问题，如何完成课后作业等等，都要有制度与规矩的。优秀是一种习惯，但别忘了这句话背后还有隐含的后半句：平庸，甚至拙劣，也是一种习惯。学习本质在于养成良好的习惯，而习惯的养成在于课堂制度的建立和坚守。深外好课堂，尤其要重视制度的建立。

深外好课堂要像古人写诗填词做文章那样，遵循法度，讲求章法，又要灵活有个性。做出好课不容易，但做出有法度的课是教师本分。希望我们深外教师形成合力，共同研习与分享，一起将深外课堂推向新的高度。坚守制度是一堂反映师生定力的好课的定点。

四、深外课堂革命从哪里着手？

推动课堂革命，建设深外好课堂，关键要从课程的优化和教师的发展两个方面着手。

第一，优化课程体系。

在新的课改中，新课标是道，新课程是法，新教材是器，新高考是术。道法器术，道须法来承载，器与术又须法来统领，为此，法是承接形而上与形而下两个层面的中间层。由此可见，没有课程体系的优化，课堂就难以载道而行，同样，也就难以用好器与术。去年我讲了深外好课程的相关问题，各校部也落实了一些任务，但整个课程的建构与优化还需要加大力度。尤其是国家课程校本化的问题，各校部还要加大研究力度。国家课程校本化落实不够，我们就既不能落实新课标，完成国家使命，也不能落实新高考，尽到社会责任。

第二，厚植教师功力。

教师是道法器术的实践者，课堂教学效果最终取决于教师的水平与功力。教师这个职业，在三百六十行中，有其特殊性，因为教师这个职业是育人的，干的是培育未成年人的事情，这样的事业，尤其需要良心。无论社会如何，教师都要有强烈的身份意识。一旦师德有亏，也就难以站稳讲台。学生服膺的是干净的教师，而非世俗的教师。教师也需要个性，教师要全面落实教材，但不能丢掉自己的主观能动性，而成为教材的传声筒和复读机。教师不能因教教材而陷入教条主义，不能因教材而与学生为敌，教师应该在教材与学生之间寻找到和谐的平衡点。

优秀的教师很难做，他首先应该是个生活家，有正确的生活观念，是懂得生活，把生活艺术化的人，是生活得有趣味、有审美的人。一个生活单调乏味的人是不适合做教师的。其次，教师应该是个学问家，教师不仅是自己学科方面的专家，也应该是百科全书式的学问家，其知识储备有广度，也有深度，正因如此，深外倡导教师成为有深度的学者型教师。再次，教师也应该是一个演说家，教师靠口才吃饭，须长于表达，长于讲解。若是腹有诗书而倒不出，茶壶煮饺子，那就难以站稳讲台。最后，教师还应该是一个活动家，教师干的是影响人的事业，很好协调人际关系，尤其是与学生保持良好的师生关系，必不可少。没有良好的师生关系，难有良好的课堂教学。

一名教师要成为这样的“四大家”，关键在读书，一个不读书的教师，其课堂永远停留在挣扎的层面，不可能游刃有余，挥洒自如。教师首先是个好人，其次是个读书人，然后才可能是一个教书的人。学校将在提升教师功力方面多想办法，争取把学校打造为一个学习共同体以及书香社区。

人是决定因素。深外课堂取决于深外人。只要深外人是一种生力，深外课堂就有生机。人是生产力中最活跃的因素。功以才成，业由才广，深外的事业要靠每一个深外人挥洒才情，我们深外人的清醒与抉择、智慧与果断、坚守与开拓、大公与进取，终将给深外带来新的辉煌，让我们一起奋斗，一起奉献，为了深外荣耀！

打造深外六有好课堂，推动教育高质量发展

深圳外国语学校（集团）副校长　谢志光

课堂是教学的主战场，课堂建设也是学校文化建设的重要内容。深圳外国语学校作为新课程、新教材示范校，遵照“双新”精神，积极推动深外课堂革命，倾力打造深外好课堂，不仅有形而上的学理建构，还有形而下的践行指标。践行“双新”深外好课堂的指标包含“六有”，即有人、有料、有序、有趣、有效、有用。我们倾力打造深外六有好课堂，推动教育高质量发展，向党和人民交上一份满意的答卷。

一、有人：“双新”深外好课堂的起点

课堂的主体是学生，教师授课，首先要看得见人。心眼里没有学生，不关心学生在课堂里的存在与学习状态，不知道学生是处于原始散漫的自然状态，还是理性积极的发奋状态，这绝不是好课。看得见人，这是授课必要的起点，而授课的终点就是成全看见的人，使其美好人性得到发展。课为学生的成长而设计，也为学生的成长而实施。看不见学生，再好的设计与实施都只是一厢情愿的表演。“有人”不仅指看得见学生，也包含教师看得见自己。教师能自觉自己的生命状态，并能调整自己，将最好的执教者形象展现在学生面前，这是课堂有人的第一要义。看得见自己，才看得见学生。“有人”的好课堂指标建构包括：

第一，师生都有专注投入的热情，有尽心用力的样态。热情带来专注与投入，进而带来成就，而成就感带来幸福快乐的心流，进而又激发更大专注投入的热情。如此，课堂也就进入内驱力恒在的良性循环。师生有参与课堂的热情，每个人都在努力，都在向上生长。信息的传递让每一个人都感受到了，每一个人都在课堂里积极发现和捕捉种种信息并做出回应。教学的实施只有在师生热情之火点燃起来并在实施过程始终如一保持激发状态，课堂才是有效有用的。

第二，课堂上看得见老师想教好、学生想学好的状态。师生有向学的愿力，教师不能只管自己讲授，不能只是把课堂教学看成完成一次任务。教师不仅要“做完”，更要“做好”。没有强烈的教好的心，就不会去深入探讨知识的内在逻辑，也不会用心研究学情。同样，学生没有向学的愿力，其思维也就停滞，只是被动地接受知识，并不能够使心智得到发展。为此，教师要积极探索如何教好课程，而非止步于如何教完课程，而且，教师要千方百计激发学生对未知世界的好奇心，激发他们想学好知识的愿力，课堂上，无论师生，都有向上并向善的精神。

第三，教师观照到了所有人，眼光抵达所有人的心灵。课堂有了热情，见到向上向善的精神，还需要教师有观照到所有学生存在状态的广角视域。教师要看见课堂上群体的心灵走向。教学需要组织，组织的关键就是观照到所有人，教师不能只顾着完成自己的教学任务，而把一部分学生搁置在自己视域之外。看见所有的学生，才能发现和捕捉到更有价值的问题和错误。也唯有如此，教师才能从整体上提升课堂质量。

第四，师生有基于学情的对话，师有引导，生有思考。课堂本就是基于一个共同话题的对话，没有对话，只有教师的独角戏，那不会是好课堂，课堂里有对话才体现看见了人。对话是基于平等关系的“各言其志”，不是简单表态或者附和。没有思维流量的对话是假对话。真对话是基于学情的，是在预设和生成之间找到平衡的、真正解决问题的教学相长。没有生长，对话再热闹，都是假象，毫无益处。

二、有料：“双新”深外好课堂的载体

课堂是传道授业解惑的地方。课堂上所传递的道业就是“料”，有料的课堂直抵智慧与真理，没料的课堂看起来在传授知识和方法，但可能只是伪知识和伪方法。真正的智慧须具备两个条件：一是揭示出事物的本质，二是理解了事物的系统。“有料”就是教师在课堂上提供的知识和方法是最本质的、最优化的、最有价值的。“有料”的好课堂指标建构包括：

第一， 教学内容是二次提炼的干货硬货。教材、教辅提供的知识，要经过教师的思辨与处理，不能直接搬用，需要充分考虑学情，在国家意志、教材知识与学生之间“搭支架”。将教材或教辅的内容直接写在 PPT 中就登讲台照本宣科，必是低效甚至无效的。教材就在那里，但教什么才能实现教材的宗旨，这需要教师走心，吃透新课程、新教材，明确国家意志，才可能让课堂真正做到有料。

第二，信息针对性强，是研究新课程、新教材、新高考而形成的真知。有料与否，还要看提供的信息的针对性，为此，教师研究新课程、新教材、新高考是必须的，这些研究不透，课堂也就跟不上形势，课堂效果自然要打折扣。有的老师在课堂上随心所欲，看起来讲了一些有趣的、学生爱听的知识，但其实只是满足了学生的猎奇心理，实际意义并不大。

第三，有学生在课堂上、对话里、练习中暴露出来的真问题和真错误。教学的目的在学生的心脑的成长，而成长捷径的起点是学生真正的问题和错误。从学生的问题和错误出发，才是抓紧了学生的“最近发展区”，也正因是来自学生的问题和错误，才会引起学生的学习兴趣和热情。能点燃学生思考兴趣的东西，即为有料。

三、有序：“双新”深外好课堂的基础

“有序”是课堂教学内在必然的追求。思维发展与训练本身就是要引导学生从混沌模糊一步步走向清晰有序。思维只有长期处于秩序化状态中，才能真正发展起来。探

究真理，解决问题，本质上就是发现和捕捉问题背后的秩序。好课堂首先要能够呈现充分的条理性，给人以强烈的清晰感，条理和清晰是好课堂展示的第一特性。有序化的“好课堂”指标建构包括：

第一，有序的内容设计呈现——环环相扣，层层深入，逻辑无漏洞。教案、学案以及课堂呈现要紧扣逻辑层次的最优化，抽丝剥茧，条分缕析，追求清晰、简洁之美。教师备课时尤需重视教学内容的正确性、逻辑性以及教学设计的最优化和秩序化。例如学校音乐课让学生在情境中感知旋律的走向与节奏的疏密，形成“赏调式、赏旋律、赏节奏”的音乐探索模式，就充分体现了课堂的有序性。

第二，有序的师生语言表达——清晰、精准、干净地表达一个意思。苏霍姆林斯基曾指出：“教师的语言素养在极大程度上决定着学生在课堂上的脑力劳动的效率。”课堂对话中诸如口头禅、碎片化、病句等问题，师生都要努力克服。语言是思维的外化，语言不精准清晰反映的其实是思维的混乱。训练言语表达的精准清晰，可以“倒逼”思维走向有序化。

第三，有序的情境物件摆放——各归其位，井然有序，给人敞亮感。生活情境的秩序感对学生的成长及习惯养成十分重要。校园尤其是教室务必体现各归其位、井井有条的有序性。学校强调培育由外及里秩序感均强的人，有序是优秀的基础，优秀学生得益于秩序感的训练和培养。

四、有趣：“双新”深外好课堂的氛围

“有趣”是课堂教学的活力、魅力所在。有趣的东西容易激活和唤醒对世界充满好奇的学生的热情。如果内容设计及问题有趣，启发引导和探究有趣，自然能唤起学生主动求知创新的欲望。强调并建构课堂的“有趣”包含以下几个方面：

第一，有趣的情境设计。保证知识在一定的情境和项目中完成，拒绝纯知识化的讲解。课堂培养的不是“解题”“做题”的能力，而是“解决问题”“做人做事”的能力。解决问题、做人做事应该在具体情境或项目中进行，譬如物理课中对力学知识的纯粹讲解不如投放一张牛车拉货的图片更有趣味；语文讲“既”与“即”字的区别，不妨引入甲骨文造字法让讲解更有趣味。

第二，有趣的问题驱动。保证课堂在问题的驱动中完成知识的学习和能力的培养。爱因斯坦说过：“提出一个问题往往比解决一个问题更重要”，我们所倡导的启发式教育便是基于问题的提出来导引的。一个好的问题可以激发学生的好奇心，譬如讲解沈从文的《边城》，从“真爱也可能造成悲剧吗？”这样一个问题开始更有吸引力。

第三，有趣的例举比照。例举比照可以化深奥为通俗，又便于记忆。通过举一反三，收触类旁通之效。对于学生来说，例举比照不仅是训练其思维关联力的有效方法，也是引导其走进生活的有效途径。例如化学里讲解“核外电子的最外层具有保护作用”，可以例举比照祖国边防战士守卫边疆，不但可以激发学生兴趣，还可以润物无声地进行爱国主义教育。

五、有效：“双新”深外好课堂的目标

“有效”是基于学生维度的评价，并非指教师有没有教完内容或教得认不认真，而是指学生有没有学到什么或学得好不好。“好课堂”要在以下方面体现出“有效性”的特质：

第一，有效的课堂应该体现核心素养的提升。新课程、新教材强调课堂要集中时间和精力培养学生的正确价值观、必备品格和关键能力，只有对标目标系统，紧紧围绕核心素养的培养，精心设计教学行动，将知、思、行三者完美结合，课堂活动才能切实奏效。

第二，有效的课堂必然具有饱满的生成性与充分的获得感。学习的意义是学习主体自行建构的。生成性与获得感正是要强调课堂有学生自主的意义建构，教师唱独角戏或者教学内容单薄都无益于这种建构，即削弱其有效性。课堂实现生成性和获得感的最佳途径应是对话与活动。对话与活动的深度将决定课堂的生成性和获得感的饱满程度。

第三，有效的课堂核心在于能见智慧。课堂教学要么抵达了某个知识点的本质，要么发现和捕捉到有价值的东西，如重新认识常识、拓展新知新见等，让学生在认知和情感上有所发展，使学生有收获、有提高、有进步，而且既有助于学生当前的发展，又观照到学生未来的可持续进步，这样的课堂才是有效乃至高效的。

六、有用：“双新”深外好课堂的旨归

好课堂必须紧密关联生活实际、观照时代未来。学生眼前的实际问题不能解决，也不能为未来生活做准备，这样的课堂就只是空中楼阁。“好课堂”需要在以下方面体现“有用性”的内涵：

第一，有用的课堂着眼于学生的生活实际，着眼于时代与未来。强调课堂的有用性就是强调课堂教学要基于现实生活，助力学生全面的生命成长。应将学生参与生活的主动性、教师引导生活的科学性以及生活项目完成的时间量，作为判断一堂课是否“有用”的三个维度，把有用性作为贯穿课堂活动的终极指向。

第二，有用的课堂旨在激活和唤醒学生的内驱力。教育的力量来自“我要做”，而非“要我做”。课堂的活动内容应是学生愿意积极投入的，这就需要发现和捕捉到关节点——学生进行自我教育的机缘就是教育教学的关节点。

第三，有用的课堂还要体现在为学生的学习提供帮助，助其掌握知识，夯实基础，形成核心素养和基本能力，完成各科学业并取得良好或优异成绩。工作要有业绩考核，学习也需要考核评定。基于素质教育育人目标的考核活动是必要的，可借此检验学生“解决问题”和“做人做事”能力，是衡量课堂活动有用性的重要尺度，其本身并不能与应试教育简单挂钩。

深圳外国语学校“六有好课堂”的指标本身是一个系统全面的构成，应该是“六有”同时具备。其中，有人、有料、有序是基础，有趣是灵魂，有效是目标，有用是根本，四者缺一不可，彼此融合与促进。

实践篇

深外好课堂课堂设计与实录

大单元课堂设计与实录

“诗意的探寻”课堂设计

——语文　高一年级　选择性必修　下册（人教版）　第一单元

设计：周鹏名师工作室

高中部　刘　琼　蒋艳珍　熊念慧　高琳娜

龙华部　徐映荷　丁思瑶　孙晓曼　李雪斌

评点：周　鹏

◎设计导语

本单元属于“文学阅读与写作”学习任务群，单元大概念是“诗意”，本单元应围绕“诗意的探寻”展开研习。何谓“诗意”？教材并未明确界定，谈诗的文献浩如烟海，但似乎也未有确定的说法。鉴于此，本单元大概念的研习以构成诗意的条件和原则为重点。基于学术和教学的考量，就“诗意”这一大概念，我们提炼了八个条件或原则①。本单元有 7 首诗（包括词），外加教材附录“古诗词诵读”中的《临安春雨初霁》，共 8 首。本单元课堂设计拟按诗意的八个条件或原则逐一分析，即一首诗对应集中落实诗意的一个条件或原则。最终通过这一大单元诗歌的研习，领会什么是诗意，进而运用诗意的八个条件或原则去阅读其他诗歌，实现诗歌阅读能力的迁移。诗意的内涵抑或不止这八条，但这八条可谓构建诗意的基本原则，领会了这些原则，对何谓诗意应有较好的把握。

◎任务框架

本单元课堂设计任务安排如下：

（1）《氓》——诗歌节奏与韵律（徐映荷）。

（2）《临安春雨初霁》——诗歌的意象与意境（高琳娜）。

（3）《离骚》（节选）——诗歌的感情与心志（刘琼）。

（4）《孔雀东南飞》——诗歌的形象与细节（蒋艳珍）。

（5）《蜀相》——理解诗歌的起承转合与诗家语（丁思瑶）。

（6）《蜀道难》——诗歌的联想与想象（熊念慧）。

①【评点】大单元设计围绕“诗意”这一大概念展开，体现了新课程、新教材设置“学习任务群”的用意，将传统的单篇教学转化为围绕大概念的任务群系统教学，更有利于学生知识和能力的结构化建构，素养的形成需要借助结构化建构这一过程。

（7）《望海潮》——诗歌的暗示与含蓄（孙晓曼）。

（8）《扬州慢》——诗歌的强化与渲染（李雪斌）。

		诗意[①]		
感知·分享	诗歌外在层面	节奏与韵律	起承与转合	独特诗家语
体悟·分析	诗歌内在层面	意象与意境	形象与细节	抒情与言志
探索·总结	诗歌技术层面	联想与想象	暗示与含蓄	强化与渲染

◎学习过程

环节一　感知·分享：余韵绕梁，字短情长——以《氓》为例，赏析诗歌的节奏与韵律

任务一：梳理女主人公的人生经历，朗读并思考每章的押韵有何特点？与女主人公的内在情感起伏有何联系？

欣赏《氓》的吟诵视频，小组成员分角色朗读女主人公不同爱情阶段的章节，标注每章的韵脚，结合汉字押韵常用字一览表思考每章押韵的特点，分析外在韵律与女主人公内在情感的联系[②]，小组合作完成下面表格。

教师 PPT 展示：

章节	押韵特点	节奏	爱情阶段	内在情感
示例：第一章[③]	衣期韵：蚩；丝；淇；期	低沉短促	被男子求爱	犹豫迟疑、一往情深
	由求韵：谋；丘	缓慢悠长		
第二章				
第三章				
第四章				
第五章				
第六章				

①【评点】诗意内涵的建构，虽然未必有高度的科学完善性，但有系统建构却比单篇的碎片化知识学习要好得多。语文的难点正在知识与能力的结构化建构，尝试着做些建构，为进一步完善奠基，是可贵的。

②【评点】将韵律与情感关联起来，可谓诗歌的本质之一，让学生懂得诗歌节奏与韵律并非只是言语形式，也有表情达意功能。

③【评点】以填表的方式理解诗歌内容，是真正的学习任务，体现了生本理念，而教师示例则为学生提供了必要的支架与参照，使学生可以更好地完成学习任务。

参考答案：

章节	押韵特点	节奏	爱情阶段	内在情感
示例：第一章	衣期韵：蚩；丝；淇；期	低沉短促	被求爱	犹豫迟疑、一往情深
	由求韵：谋；丘	缓慢圆润		
章节	押韵特点	节奏	爱情阶段	内在情感
第二章	一韵到底。 言前韵：垣；关；涟；言；迁	悠远绵长	婚前	期待、喜悦、担忧
第三章	主要押梭波韵：落；若；说	沉郁悠长	新婚	哀怨
第四章	频繁换韵，主要押江阳韵：汤；裳；爽	抑扬顿挫、跌宕起伏	婚后	辗转反侧、悲愤难耐、激动
第五章	一韵到底。 遥条韵：劳；朝；暴；笑；悼	深沉低缓	婚后	痛苦悔恨、怨愤
第六章	言前韵：怨；岸；泮；宴；晏；旦；反	强烈急促	婚后	沉痛、悔恨、黯然、悲伤
	衣期韵：思；已	低沉哀婉		

设计意图：

借助古诗词吟诵视频，帮助学生置身诗的境界，感受主人公蕴藉于音律、节奏中的情感起伏。让学生通过诵读，感受不同章节和同一章节韵律的抑扬顿挫，进而联系到女主人公在婚恋不同阶段的心路历程，体会随韵律节奏起伏而变化的人物情感，理解诗歌的外在韵律，通过节奏、押韵、声调、对仗等方法暗示了人物丰富的内在情感。

教师点拨：

在学生小组诵读过程中，教师可引导学生联系以前的古诗词，对韵律进行深度赏析。例如在分析第一章的衣期韵时，教师可引导学生联系学习过的《声声慢》中押衣期韵的“觅、戚、息、急、积”，感受低沉的衣期韵所抒发的犹疑、悲伤的情绪，将其诵读感受迁移到本课的学习中，为学生创设诗境，明确女主人公此时的处境，运用想象力深入其内心，有感情地反复诵读诗歌，体味蕴含在韵律和节奏中的情感。

任务二：找出本诗三、四、五、六章的语气助词，赏析其妙用。比较下面四组不同诗句版本，分析哪一组表达更为妥帖精妙并谈谈自己的理由。

教师 PPT 展示：

第一组：

①于嗟女兮，无与士耽！士之耽兮，犹可说也。女之耽兮，不可说也。

②于嗟女兮，无与士耽！士之耽兮，犹可说矣。女之耽兮，不可说矣。

第二组：

①女也不爽，士贰其行。士也罔极，二三其德。

②女不爽也，士贰其行。士罔极也，二三其德。

第三组：

①三岁为妇，靡室劳矣。夙兴夜寐，靡有朝矣。言既遂矣，至于暴矣。兄弟不知，咥其笑矣。静言思之，躬自悼矣。

②三岁为妇，靡室劳也。夙兴夜寐，靡有朝也。言既遂也，至于暴也。兄弟不知，咥其笑也。静言思之，躬自悼也。

第四组：

①信誓旦旦，不思其反。反是不思，亦已焉哉！

②信誓旦旦，不思其反。反是不思，呜呼哀哉！

参考答案：

第一组：①更为妥帖。“也”作为语气词给人以确定之感，表现出女主人公对女子容易沉溺爱情不能自拔的肯定，怀有语重心长的劝告之意。侧面表现出女主人公对自身当年沉溺爱情，没有理智清醒地思考氓的为人便嫁作人妇的悔恨。

第二组：①更为妥帖。“也”在句中起到了停顿作用，强化后面的内容，在这里具体加强了女子“不爽”的无辜委屈之情和对丈夫“罔极”的不满与指责。若用“女不爽也”就失去了这种语气，显得轻飘平淡。

第三组：①更为妥帖。“矣”比“也”更具有感叹的意味，且“矣”往往是陈述已然的事实。在这一章中，女子回顾了婚后的日夜操劳、丈夫的蛮横暴虐、兄弟的讥笑不解以及自身的黯然神伤。连用“矣”既表达了女主人公一连串悲惨的回忆，也表达了她对不幸婚姻大胆的控诉。

第四组：①更为妥帖。“焉”和“哉”两个语气词连用，含有既已嫁作人妇，便只能逆来顺受，独自咽下种种委屈和隐忍，含有无须多言、不说也罢的无奈、悔恨和遗憾。而“呜呼哀哉”是古代祭文常用的感叹语，过于直接地表达哀恸和愤懑，不适合女主人公温柔敦厚、怨而不怒的性格特点。

设计意图：

让学生通过多次品读，感受不同的语气助词能够给人以不同的感受，理解语气词在句中的不同位置对表情达意具有的不同意味；体会语气词对塑造女主人公丰富立体的人物形象的作用。

教师点拨：

学生在讨论过程中，教师应从语调、语气、修辞、情感等多角度予以引导，让学生在充分理解女主人公处境的前提下深入探析其细微的心理活动，继而提炼总结出她温柔敦厚、怨而不怒的性格特点。

结语：通过诵读和鉴赏，同学们会发现，古典诗歌的韵律、节奏等外在形式不仅给予了诗以音乐之美，还为诗在内容方面的传情达意起到了重要作用，让我们能够穿越三千年时空的距离，身临其境，为一个普通女子的爱情悲剧而惋惜伤怀。

环节二　感知·分享：捕捉意象，发现意境——以《临安春雨初霁》为例，把握诗歌的意象与理解。（1课时）

任务三：辨概念，识意象。我们听过一些概念，如形象、意象、物象、景象，这些概念有无区别呢？同学们能举例说明一下吗？

客观世界里的人、事、物，皆是物象，只有承载了诗人情感的才能叫意象。意象即寓“意”之“象”。意者，心上之音也。物象组合成景象，景象融入情意，升华为意境。意象升华为诗歌形象。大体如下图：

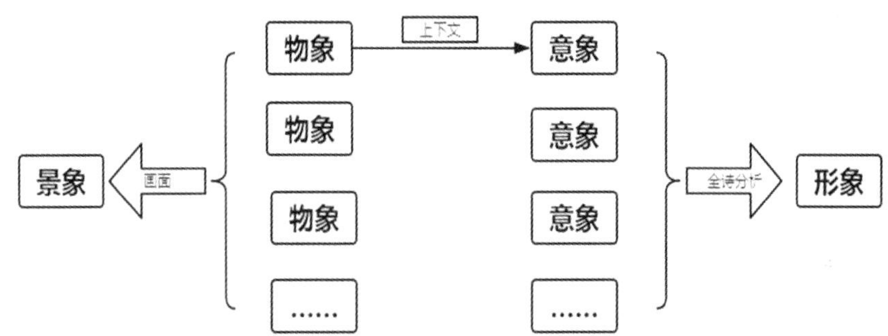

任务四：绘物境，感情境。诗歌意象的意义和价值在哪里呢？请结合《临安春雨初霁》讨论一下。

教师示例：颔联——“小楼一夜听春雨，深巷明朝卖杏花。”

《临安春雨初霁》“小楼一夜听春雨，深巷明朝卖杏花。”句中，小楼、春雨、深巷、杏花、卖花姑娘的叫卖声，这些意象和谐地融合在一起，将视觉、听觉、嗅觉、触觉等各种感官调动起来，描绘了一幅“春雨初霁图”。楼是小的，雨是春的，巷是深的，明天早上的杏花叫卖声是清脆的，正如黄裳《榆下说书》提到的“江南春的神魄被这十四个字描绘尽了”。

意象组合为意象群，意象群形成景象，也即物境。从物境中可以感受景象的特征与诗人的情感，也即情境。诗有三境：一曰物境，二曰情境，三曰意境。诗歌之景语即物境，情语即情境，而情景交融即意境。

学生赏析：颈联“矮纸斜行闲作草，晴窗细乳戏分茶。”看看诗人是什么情感状态？

“矮纸”作“草书”，龙飞凤舞，跳荡灵动。“挥毫落纸如云烟”。

“晴窗”下“细乳”“分茶”，注汤后用箸搅茶乳，使汤水波纹幻变成种种形状。玩弄茶道，类似于今天的“咖啡拉花”？

学生为捕捉隐藏的意象及其关系，未知人论世，可能认为诗人情感为文情雅趣、闲适恬静。

任务五：看语境，论人世。意象不是孤立的，故而发现与捕捉隐藏意象及其关系，是解开诗歌情感密码锁的关键，如何解锁呢？

引导学生捕捉那些容易被人忽略的不起眼的“象”，关注“象”与“象”之间的关系以及“象”背后的信息。

1.“纱”这一比喻式象背后的本体：“薄”“世味”。“世味”即人世情味，作者将它比作“纱”，自然是感慨世道荒凉、人情淡薄。

2.捕捉“京华”与“客”这两个象，且分析象与诗人的关系。

这里的“客”，至少有两层意思，一是在作者眼里，他已不属于这个本该让文人士子尽心竭力侍奉的朝廷，只是个短暂停留的旅人；二是在当权者眼里，陆游只被当作“清客”或者“陪客”，他的诗文只能是达官显贵赋闲之余把玩的材料，而不是收复失地的请愿书，他这个人的意见，乃至他这个人本身，都无关紧要。

“京华”是指繁华京城都会。南宋王朝京都临安，在当时确实是风景优美，繁华富丽之地，但统治者们偏安江南一隅，醉生梦死，寻欢作乐，忘报国仇，粉饰太平，无视国家民族的灾难。而陆游的理想抱负……

3.探究意象之间的关系。“小楼、春雨、杏花”和“一夜”的关系。

春雨本是润物无声，伴人入睡，作者却听了一夜，他为什么会听一夜的春雨？

因为睡不着。诗人饱经世事沧桑，看透世态炎凉，国事家愁，诗人情绪淤积心头，无法排遣，以至于辗转反侧，整夜未寐，内心何等凄苦。

“小楼”虽是江南的典型物象，也是忧伤惆怅的代名词。如李煜的《虞美人》中“小楼昨夜又东风，故国不堪回首月明中”，通过“小楼”意象将离愁别绪、国难家仇的伤感抒发得淋漓尽致。陆游也是如此。

“春雨”虽有春天的喜悦，但缠缠绵绵的意象往往和诗人“剪不断，理还乱”的愁绪相联系。诗人听了“一夜”的春雨，可见内心的郁闷与惆怅正如这春雨般悠远绵长，或许诗人听的不是春雨，而是寂寞。

“杏花”在中国古典诗词中是一个常写常新的意象。唐诗中的杏花秾华繁采，恣意绽放。宋诗中的杏花幽韵冷香，迷离空灵。此时陆游的杏花便是郁闷孤寂，看破世情的幽人情怀。表现了诗人旅居京城时郁闷、孤寂和壮志难酬的感伤与无奈。

小结：同一“象”，不同“意”。抓意象所在语境。用明媚的春光作为背景，反衬了诗人落寞的情怀，显得含蓄深蕴。

4.挖掘意象背后的隐藏信息。

“矮纸、晴窗、细乳、茶”这些闲适恬淡背后的郁闷无奈，享受时光背后的蹉跎岁月。

陆游“闲作草”不是借书法来抒其豪兴，“细分茶”也不是借品茶来表达雅兴，而是用这种费事的书法来消磨时间。然而在这背后，正藏着作者对于人生无奈的惆怅感慨。

《临安春雨初霁》是陆游1186年春所作，此时他已六十二岁。作者奉诏入京，接受严州知州的职务，赴任之前，先到临安去觐见皇帝，住在西湖边上的客栈里听候召见，在百无聊赖中，写下了这首脍炙人口的诗作。

诗人到了京城，不去结交权贵，却独自待在客邸里以“作草”“分茶”消磨时光，可见他和“京华”气氛多么格格不入，他对官场生活的厌倦，以及满心壮志豪情却无处可用的无奈苦衷。在诗人眼中，临安春色，何其清淡寡味，人情何其冷漠，世味何其淡薄，壮志更是无从去提起一字，只有在“闲”“戏”中打发时光。这一来似乎是嘲笑自己百无聊赖，其实是从侧面揭露当时政治的黑暗。

5. 意象之间的对应关系。“素衣”与“风尘”“家”与“京华”的对比，“家”与“客”的呼应。

“素衣风尘”化用陆机诗：“京洛多风尘，素衣化为缁”（缁、黑色）。意思说京都风尘，会把人的白衣裳变黑。“素衣”借指人的品格。“风尘”可谓一语双关，既指羁旅风尘之苦，更寓有官场政治恶浊之意。

陆游反用其意，实叹“风尘”，反自我劝解道“莫叹”，说不会受到京华的坏风气的影响。因为等到清明节时我便可到家，表明诗人急于还家的心情。

到尾联诗人将他的讽喻意图明朗化，末句“到家”与首联的“客”字遥遥对应，表明京华非所居之地，不愿在此同流合污。归家赋闲，本非诗人所愿，但与其让“京华风尘”染“素衣”，倒不如早日还家，这里流露出诗人怨愤而又无可奈何的情感。

于是我们再回望中间四句，会发现陆游不留恋都市繁华，不图个人安逸，却偏偏要置身其中，又不得脱身，这是怎样的一种内心煎熬和痛啊！所以末尾两句与其说是一种期待归家的渴望，不如说是一种宣之于口的悲愤。在这里，我们好像又看到了那个昂扬激烈的陆游，一个不死不灭的斗士！

环节三　感知·分享：捕捉意象，发现意境——以《离骚》为例，体会诗歌的抒情性

任务六：诵读是诗歌情感把握之法。以《离骚》第 3 段为例，原诗句式自由，参差不齐，现在都改为五言诗，试比较异同。

对比去掉“兮”及一些虚词之后，变为五言诗。感受语气词和结构助词在抒情层面的意义。

原诗：长太息以掩涕兮，哀民生之多艰。余虽好修姱以鞿羁兮，謇朝谇而夕替。既替余以蕙纕兮，又申之以揽茝。亦余心之所善兮，虽九死其犹未悔。……

改诗：长太息掩涕，哀民生多艰。好修姱鞿羁，朝谇而夕替。替余以蕙纕，申之以揽茝。余心之所善，九死犹未悔。……

任务七：比较下面三幅图，哪一幅更符合屈原的自画像？（或者你为屈原来画像）

（设计意图：激趣，贴近文本找答案，归纳情感表达的层面，对自己，对时局。）

找出该段“反复致意”的词语：

第一类高频词：自身的美好：哀民生多艰、修姱、清白、死直、蕙纕、揽茝、蛾眉、鸷鸟。

（穿插识别“香草”“美人”的文化意义）

替余以蕙纕，申之以揽茝。

众女嫉余蛾眉，谣诼谓善淫。

鸷鸟之不群，自前世固然。

第二类高频词：现实的黑暗：朝谇而夕替、众女嫉、谣诼、时俗工巧、偭规矩改错、背绳墨追曲、竞周容为度、忳郁邑侘傺、穷困、屈心而抑志。

第三类高频词：诗人的选择：虽九死其犹未悔、宁溘死以流亡兮、屈心而抑志兮、伏清白以死直兮。

◎结论

一、“兮”字虽然没有实在的意思，但是在抒情上是必不可少的

1. 可以加强诗歌的语气。

如“长太息以掩涕兮，哀民生之多艰。”“兮”即“啊”的意思，和“长太息”“掩涕”呼应，加强语气，更好地表达作者的浓烈感情。

2. 具有音乐美。

《离骚》作为楚地民歌，“兮”字的大量使用，可以调节节奏。

如“帝高阳之苗裔兮，朕皇考曰伯庸”，该句是称述句，“兮”可以使节奏舒缓。

3. 具有对称美。

如“固时俗之工巧兮，偭规矩而改错。背绳墨以追曲兮，竞周容以为度。”“兮”隔句出现，给人一种整齐的效果。

4. 对后世的影响。

如荆轲《易水歌》“风萧萧兮易水寒，壮士一去兮不复还”，“兮”的反复出现，增强了悲壮感情的表达。

刘邦《大风歌》“大风起兮云飞扬，威加海内兮归故乡，安得猛士兮守四方”直抒胸臆，使人感受到一股强烈的帝王之气。

二、屈原抒发的情感内核

1. 自身的美好。

2. 现实的黑暗。

3. 诗人的选择。

概括：香草美人

三、补充阅读材料

1. 古代名家关于屈原的评述：司马迁《屈原列传》。

2. 现代学者笔下的屈原：李红《水兮水兮》，鲍鹏山《屈原：无路可走》《面向风

雨的歌者》，余光中《漂给屈原》。

3. 影视作品中的屈原形象：电视剧《思美人》，郭沫若话剧《屈原》。

环节四　体悟 · 分析：捕捉意象，发现意境——以《孔雀东南飞》为例，分析诗歌的形象与细节。

课堂导入语：一壶好茶需要静心来品，一首好诗也需从细处读，有时"咬文嚼字"方能见心见性，见诗中人。

任务一：人物群像把握——把诗中的焦刘两家五个人物分组，并说明理由。

任务二：人物的矛盾和时代局限性——有人说焦仲卿太软弱，有人又说他很勇敢，你认为呢？

任务三：女性的困境和突围——聚焦刘兰芝

活动：细读诗歌，选择下列一组项目完成相关任务。

1 组：完成下表①。

体悟诗歌中的细节	赏析刘兰芝人物形象
1. 自休：拜阿母晨起严装 vs 别小姑泪落如珠	
2. 劝嫁：含泪答阿母 vs 仰头答阿兄	
3. 迎娶：新妇识马声，蹑履相逢迎	
4. 殉情：兰芝"举身赴清池" vs 府吏"徘徊庭树下"	
5. 繁笔：内容重复、迎娶场面铺陈	
6.	
7.	

2 组：给刘兰芝画一幅形象画，取个贴切的微信昵称，并结合诗歌陈述原因。

3 组：男生思考——假如你可以穿越回汉朝，你愿意娶刘兰芝为妻吗？

女生思考——你会选择刘兰芝这样的女性成为你的知己吗？②

群文阅读对比：《孔雀东南飞》《氓》《钗头凤》《木兰辞》《杜十娘怒沉百宝箱》《致橡树》③

①这几篇诗文中的女性形象有什么不同？你更欣赏哪一个？

②若你主持一个主题为《女性的困境和突围》的对话节目，邀请她们作为访谈嘉宾，采写时你会设置哪些问题？

---

①【评点】以表格形式完成人物形象的梳理和概括，课堂思路清晰，较之笼统的陈述，更有利于培养学生思维的秩序感和有序性。

②【评点】创设问题情境，激发对话兴趣，制造思想创新机缘。

③【评点】拓展延伸，为学生，尤其是为女生提供价值引导。

◎课堂小结

用文本细读和群文阅读的方法，通过不同的活动形式完成对人物的深度理解。作业检测：完成配套练习

环节五　探索·总结：展开联想，激发想象——以《蜀相》为例，理解诗歌的法度，领会诗歌的起承转合与诗家语。

◎课堂导入语

余秋雨曾言：“中国传统文学中最大的抒情主题，不是爱，不是死，而是怀古之情、兴亡之叹。”公元760年，诗圣杜甫在成都拜谒了诸葛武侯祠，写下了千古名篇《蜀相》。后人评价其悲壮雄劲，为七律正宗，亦是凭吊武侯诗歌的极致。这首看似寻常的诗歌何以被视为咏史怀古作品的典范？今天，让我们一起走进《蜀相》，来解读杜甫的诗歌密码。

任务一：剥茧抽丝，理清诗歌脉络

请同学们依次思考以下问题，并完成《蜀相》的结构脉络图表[①]。

（1）诗歌的游览线索是哪一个字？

（2）诗人以“寻”起笔，在武侯祠首先“寻”到的是什么？

（3）初步探访武侯祠后，诗人在继续“寻”找什么？

（4）向深层挖掘，诗人在诸葛亮的身上还“寻”到了什么？

（5）纵览全诗，诗人所见之景、所念之人与心中所感是如何有机串联起来的？

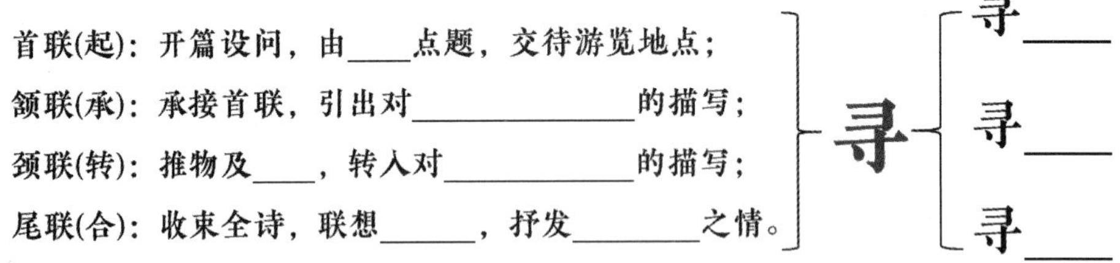
首联(起)：开篇设问，由____点题，交待游览地点；
颔联(承)：承接首联，引出对____________的描写；
颈联(转)：推物及____，转入对___________的描写；
尾联(合)：收束全诗，联想______，抒发________之情。
寻
寻____
寻____
寻____

（设计说明：该任务引导学生沿着“寻”这一游览线索，发现诗歌文本之间的脉络关联，梳理出“寻景—寻人—寻己”三个由浅到深的写作层次。首联“何处寻”是起；颔联“见祠景”是承；颈联“评丞相”是转；尾联“抒己情”是合。）

---

①【评点】经典文本必然有作者精心安排的结构。把握并抽炼出结构的骨架，是文本解读之关键。黄庭坚《答王志飞书》里称赞陈师道：“读书如禹之治水，知天下之脉络。”德国著名接受美学家沃尔夫冈·伊瑟尔提出“召唤结构”这一概念。他认为，“作品的意义不确定性和意义空白促使读者去寻找作品的意义,从而赋予他参与作品意义构成的权利”。其实这一权利的运用是基于明晰文本脉络的，知其脉络，方知结构之空白处，从而领悟作者召唤的文本的可能性意义。

任务二：咬文嚼字，品读诗歌语言

作为开一代风气的语言大师，杜甫不仅注重诗歌结构的严整，在炼字艺术上也可谓炉火纯青，注重对每一个字的锤炼①。有人曾对《蜀相》进行改写，请同学们以四人为一个研讨小组，对原诗和改诗进行比较阅读，任意选取一处不同进行品读赏析，五分钟后分享讨论结果。

武侯祠

丞相祠堂今安在？锦官城外树葱葱。映阶碧草尽春色，隔叶黄鹂皆好音。

三顾频烦天下计，两朝开济臣子心。出师未捷身先死，长使英雄深惋惜。

（1）诗人在武侯祠吊古，为何题为“蜀相”？可以改成“武侯祠”或“诸葛亮”吗？

（2）“今安在”与“何处寻”有何区别，你认为哪一种说法更好？

（3）“柏森森”有何特殊用意，可否换成“树葱葱”或“柳依依”？

（4）颔联历来被认为是名句，“自”“空”替换成“尽”“皆”可以吗，为什么？

（5）颈联为何要强调“老臣心”，与“臣子心”的表达效果有何区别？

（6）“深惋惜”与“泪满襟”在情感表达上有何不同，哪一种更符合杜甫的心境？

（设计说明：该任务旨在通过比较阅读，引导学生对杜甫的炼字艺术进行探析，品读诗歌凝练精准、意蕴丰富的用词，感受诗歌的语言魅力。）

课堂小结：知识总结、方法总结等。

《蜀相》被誉为千古名篇，不仅情感抒发雄浑悲壮，而且结构上起承转合、层次波澜，又有炼字琢句、平中见奇的语言魅力，使人一唱三叹，余味不绝，是杜甫“沉郁顿挫”诗风的典型代表。

◎作业检测

深圳外国语学校校刊近期开辟了《为你读诗》栏目，向同学们介绍经典的诗词作品。请你结合今天所学，从诗歌法度的角度，为杜甫的另一代表作《登高》写一篇200字左右的赏析点评，向栏目投稿。

（设计说明：创设具体情境，促进学习迁移，加强学生对诗歌法度的理解。）

环节六　探索·总结：展开联想，激发想象——以《蜀道难》为例，思考诗歌的联想与想象。

李白的诗具有丰富的想象、奇特的夸张，并借助非现实的神话和绮丽惊人的幻想来描绘五彩缤纷的现实世界和幻想世界，抒发美好的理想愿望和强烈的感情。

迪深尼作为一家国内资深的奇幻电影公司，想请你为《蜀道难》写一份分镜脚

①【评点】多元智能之父加德纳认为，语言素养的核心就是详查文字的含义。咬文嚼字不仅是语文学习的第一功夫，也是有效思维的第一步。厘清每一个文字细节，才能捕捉文字的艺术表现力。

本[①]，总长在 60s 左右。每个镜头仅选取诗文中一个或多个同类的意象，体现李白的艺术想象力，并进行 100 字左右的镜头设计理由说明。

补充内容：动画电影的分镜头脚本通常采用表格的形式，一般按镜头号、画面内容、景别（远景、近景、特写）、时长、配音字幕、场景、道具的顺序等做成表格，分别对应填写。

下图为分镜制作界面：

分镜制作　故事板　拍摄计划　拍摄通告　导出

制作分镜　＋新建镜头 ｜+5｜+10　选择　图片大小　列设置

排序	镜号	画面 16:9	景别	时长（秒）	内容	备注	场景预期	声音
☰	1	＋						
☰	2	＋						
☰	3	＋						
☰	4	＋						
☰	5	＋						

镜头说明范例：

镜头一：李白常常将“路途”与“飞”“云”“仙界”等高处的意象相连，尽管他也失意，但目光总是向上看，展现出轻盈的姿态和自如的心境，此为人生的价值选择不同，也是他的艺术想象力内化于心、外化于诗的展现。

镜头二：《蜀道难》文中围绕“蜀道之难，难于上青天”一句，表现了多种情绪和感受，有蜀道的艰险、路途的险境，山之高，水之急，河山之改观，林木之荒寂，连峰绝壁之险。这种汪洋恣肆的想象，充满浪漫传奇的色彩，是前无古人的视角创新。

镜头三：本诗的字词也曾有过反复的修改和雕琢，比如，从“上有横河断海之浮云，下有逆折冲波之流川”到“上有六龙回日之高标，下有冲波逆折之回川”。浪漫雄奇艰险冷峻的诗歌氛围，却是出自最初的创作与表达欲望。希望中国新一代奇幻电影，能够从李白、李贺等诗人奇诡云谲的作品中借鉴灵感。

环节七　探索 · 总结：展开联想，激发想象——《望海潮》为例，体察诗歌的暗示与含蓄。

◎课堂导入语

《论语》有言：“君子有三变，望之俨然，即之也温，听其言也厉。”白衣卿相柳

①【评点】以分镜脚本的任务设计来引导学生理解诗歌的联想和想象，有创新性。既能激发学生课堂参与的热情，也能激发学生思考的主动性，从而训练学生对文本的理解力以及想象创造力。

永原名柳三变，即取自此语[①]。柳永其人如其名，需细细了解；而其词亦如其名，需再三品读。今天让我们走进《望海潮》，通过三辨来品读本词，看看你会发现什么？

任务一：初识钱塘，一辨词中画[②]（小组活动）

请同学们以小组为单位完成以下任务：

①完成本词的词意梳理。

②按照词意将本词划分成一幅幅画作并为画作题名。

③每位同学都在课堂练笔本上整理并记录讨论结果。

（设计意图：学生根据文下注释快速梳理词意，整体把握本词的内容结构。）

任务二：再览钱塘，二辨画中情

请同学们在小组讨论记录的画作上分析：

①柳永这一幅幅画作背后传达的是什么情感？

②这一幅幅画作组成的钱塘图卷又表达了词人什么样的情感？

（设计意图：学生浅谈对此词的意旨理解，可分析出词人盛赞钱塘、盛赞官员政绩的情感。）

任务三：细品钱塘，三辨情中意

任务分解 1：明情

提问：根据同学们的反馈，我们可以确定这首词表达了柳永对于杭州繁华富庶的赞美，也夸赞杭州官员政绩卓然，但仅此吗？还有没有其他的情感呢？

（设计意图：引导学生深入品味词句，关注到词的末尾两句。）

追问：词的最后两句，我们可否联系柳永的生平际遇揣摩其言外之意？

（学生揣摩后补充《望海潮》创作背景，佐证他们的推理结论。）

（设计意图：引导学生自己根据词人生平进行合理推测，知人论世，得出此词的真实目的：干谒求取机会。）

任务分解 2：悟法

提问：假如你是柳永，你会如何写这首干谒词？核心意图放在什么位置？

追问：柳永为何在最后才彰显他的写作目的是求得拜谒孙何？

（设计意图：引导学生品悟柳永表情达意的含蓄委婉。）

提问：（展示孟浩然《临洞庭湖赠张丞相》和李白《上李邕》）请同学们阅读这两首干谒诗，体会柳永这首干谒词的与众不同并思考：为何柳永将自己的写作意图表现

---

①【评点】考查柳三变名字的出处，虽是课堂小结，但很有必要，语文积累往往就在有意与无意之间。这种知识本身具有趣味性，讲出来倒是有无心插柳柳成荫的效果，学生藉此可以了解君子之形象，润物无声便是如此。

②【评点】三个任务，层层深入，辨析词中画、画中情、情中意，教学之有序性体现充分，也将诗歌解读层次体现出来了。冯友兰说：“富于暗示，而不是明晰得一览无遗，是一切中国艺术的理想；诗歌，绘画以及其他无不如此。”诗歌暗示的基本手段就是立象尽意。为此，经由意象，读懂情意，是解读诗歌的必经之路。

得这么含蓄委婉？

（设计意图：通过比较阅读来体会柳永含蓄委婉的表达方式，并挖掘他这样写的原因——柳永投赠却从容，含而不露，隐约巧妙地暗示，究其根本，这是柳永心性风骨使然。）

◎课堂小结

《望海潮》不仅将盛世钱塘展示给我们，而且蕴含着柳永表情达意的含蓄委婉之法，这也是很多诗人表达情感时惯用的方式。故此，我们在阅读品鉴每一首诗词时，都应该一读再读，由浅入深，对诗人意旨一探究竟。

作业检测：

请你选取深圳外国语学校校园内的人、事、物、景，创作一首词，要求如下：

①包含至少6个画面，画面传达的情感应各有侧重。

②委婉含蓄地表达对校园的赞美之情。

（设计意图：创设情境，完成诗词创作任务，落实含蓄委婉的传情达意方式。）

环节八　探索·总结：展开联想，激发想象——以《扬州慢》为例，领会诗歌的强化与渲染。

◎课堂导入语

扬州自古就是我国的历史文化名城之一。历史上，几乎每一个朝代的文人墨客都留下了赞美扬州的佳句，如唐代诗人杜牧的“十年一觉扬州梦，赢得青楼薄幸名。”“春风十里扬州路，卷上珠帘总不如。”“谁知竹西路，歌吹是扬州。”宋代著名的词人周邦彦也曾在词作《少年游·黄钟楼月》中写道：“聒席笙歌，透帘灯火，风景似扬州。”今天让我们跟随南宋后期著名的布衣词人姜夔的脚步，领略他笔下的扬州。

任务一：抓住词眼，把握基调

学习活动一：初读《扬州慢》，读后交流阅读感受，尝试概括这首词的感情基调，从词中找出最能体现诗歌情感主旨的字词，抓住词眼。

提示：诗之有眼，犹人之有目也。这种最精练传神，最能体现诗歌情感主旨的字词，叫诗眼（词也可叫词眼）。

（学生交流分享，老师点拨、归纳，逐步完成下表。）

阅读感受	感情基调	主旨句	词眼
描写扬州的萧条冷落残破，读起来今不如昔的哀叹沉重的情感。	悲	千岩老人以为有黍离之悲也。	空城

学习活动二：解读小序和典故的“黍离之悲”。

1. 默读小序，思考：小序告诉了我们哪些信息？

“淳熙丙申至日，予过维扬。”——交代了《扬州慢》的写作时间和地点。

“夜雪初霁，荠麦弥望。入其城则四顾萧条，寒水自碧。暮色渐起，戍角悲吟。”——

描绘了作者的所见所闻。

“予怀怆然，感慨今昔，因自度此曲。”——交代写作的缘由。

“千岩老人以为有黍离之悲也。”——这是对《扬州慢》的评价。

2. 思考：“黍离之悲”是何意？

知识链接：《黍离》出自《诗经·王风》

《诗经·王风》节选

彼黍离离，彼稷之苗。行迈靡靡，中心摇摇。知我者，谓我心忧；不知我者，谓我何求。悠悠苍天，此何人哉？

《毛诗序》称：“《黍离》，闵（通‘悯’）宗周也。周大夫行役，至于宗周，过故宗庙宫室，尽为禾黍。闵周室之颠覆，彷徨不忍去，而作是诗也。”

“黍离之悲”用以指故国之思、亡国之痛，成为古典诗词的重要典故。由此可知，《扬州慢》也是抒写悲情之作。

任务二：置身诗境，缘景明情

学习活动一：合作探究，整体鉴赏。

（一）设计问题，小组讨论

1. 昔日的扬州是怎样的呢？请在词中找出描写昔日扬州的意象，并概括其特点。

2. 今日词人进入扬州城后看到、听到、想到了什么？

3. 下篇中，词人想象杜牧再来到扬州，他会是什么感受？为什么？（请你在词中找一个字来概括其感受）

4. 为何要写昔日的扬州？为何要假想杜牧重到扬州的情景？[①]

（二）展示讨论结果

教师引导明确：

1. 昔日繁华的扬州城我们可以称之为：名都。

意象：“淮左名都，竹西佳处”“春风十里”“杜郎俊赏”等。

特点：繁华热闹。

2. 明确：看到——荠麦青青、废池乔木、二十四桥、波心荡冷月无声；听到——清角吹寒；想到——杜郎重到须惊，难赋深情；红药年年生发，却无人来赏。词人想借此表达对扬州昔盛今衰的感慨，抒发黍离之悲。

3. 上篇：荠麦、废池乔木、黄昏、清角——荒凉残破。下篇：二十四桥 、波心荡、冷月 、桥边、红药——凄清冷落。

词人“解鞍少驻初程”，站在扬州城边，看到了青青的荠麦、废旧的城池、横陈的树木、孤独的二十四桥、荡漾的波纹、无声的冷月、寂寞的芍药，黄昏的寒气中传来的清越的号角声。一个“空城”，营造出了凄清荒凉的氛围，总结上篇，领起下篇，为全词词眼。

①【评点】设问甚好，层层深入，最终使学生掌握诗歌的强化与渲染之道。教学就是如此，层层深入，环环相扣，水到渠成。当然，秩序感是课堂需要的，但也要警惕，秩序感太强的课堂，往往是教师预设套路的结果。有些时候，过于强烈的秩序感也会扼杀学生的自主创新能力以及理解力。为此，课堂在某些时候，也需要追求混沌美学，在看似无序的对话里，发现和捕捉意义生成的机缘。混沌是一种无序中包含有序，有序而灵动的状态。

4.“惊了”：因“空”而“惊”反衬劫后的扬州是何等凄清荒凉，何等令人心痛！杜牧十分钟爱扬州，曾经在他的笔下流淌过无数赞美扬州的诗文，此时此地，此情此景，杜牧也一定是“重到须惊”“难赋深情”。而姜夔则是实实在在地触目惊心，为山河破碎而心痛。

知识链接：知人论世，探究背景

1129 年，宋建言三年，金兵大举南侵，曾攻破扬州，烧杀掳掠。

1161 年，金人十万铁骑破扬州，横尸二十里，破坏极其惨重。

本词写于 1176 年，距完颜亮南侵已有十五年，但作者经过扬州时依然是萧条的景象。诗人抚今追昔，抒写对昔日繁华的怀念和对今日荒凉残破景象的哀思（怀古伤今），感慨今昔，有黍离之悲。

（学生介绍作者和背景，教师补充）

总结：“胡马窥江去后”，金兵进犯长江北岸。宋高宗在位时，金兵两次南下攻宋，扬州均遭劫难。

学习活动二：自由鉴赏，重点突破。

思考：刘勰在《文心雕龙·知音》中说：“夫缀文者情动而辞发，观文者披文以入情。”请自由选择你体会较深的诗句，说说这首词中最打动你的是哪一句或者哪个词？理由是什么？

任务三：合作探究，赏析手法[①]。

1. 思考：这首词用什么手法抒发感情？

2. 学生分组讨论，展示发言。

3. 教师引导小结。

（1）对比、反衬

主要是通过对比、反衬的手法描写扬州昔盛今衰的景况。上篇用昔日“名都”反衬今日“空城”，以昔日的“春风十里扬州路”来反衬今日“尽荠麦青青”；下篇以昔日“豆蔻词工”“青楼梦好”等风月繁华，反衬今日风流云散和深情难赋，以昔日“二十四桥明月夜”的乐景，反衬今日“波心荡，冷月无声”的哀景，以“波心荡”的动，映衬“冷月无声”的静等。总之，词人写昔日的繁华，正是为了表现今日之萧条。

（2）虚实结合、情景交融

《扬州慢》中，昔日的扬州是虚写，“春风十里”、十里长街的繁荣景象；眼前的扬州是实写，“尽荠麦青青”、今日所见的凄凉情形。一虚一实，虚实相生。一边是繁华热闹，一边是萧条冷肃；一边是虚，一边是实，两幅对比鲜明的图景寄寓着词人昔盛今衰的感慨和感时伤世的意绪。同时多处有景有情，寓情于景。

---

①【评点】强化和渲染须借助手法与技巧，故而教学要涉及手法和技巧的解释。若能将手法和技巧背后的思维方式抽炼出来，那就抵达语文的哲学追求了。譬如，对比、反衬、虚实、用典、情景交融等手法与技巧。在思维层面其实都是比照思维，通过寻求参照物来强化和渲染所要刻画的对象，进而达到艺术目的。

（3）用典

此词中多处化用了杜牧的诗句，用杜诗中的意象及其中所蕴含的赞赏之意，来与今日在扬州的见闻及感受形成对比、衬托关系，很好地抒发了词人的"黍离之悲"。如化用"春风十里扬州路"，是以昔日扬州的繁华兴盛与如今的"尽荠麦青青"相对照，抒发感时伤乱，今不如昔的感慨；化用"豆蔻梢头二月初"和"赢得青楼薄幸名"两句，是为了说明面对如今疮痍满目的扬州，纵是风流俊赏，才情过人的杜牧也难有风流情怀，从而曲折地表达了词人此刻难言的忧伤；化用"二十四桥明月夜，玉人何处教吹箫"两句，进一步抒写景物依旧、风光不再的哀痛。化用这些诗句，借用它的意境，起到了以昔衬今、今昔对照的作用。词人的故国之思、今日之痛，也由此曲折地表达出来。

任务四：植根情感，探寻诗心

思考：再读《扬州慢》，你从中读到词人什么情感？

总结：词中通过对战后扬州的萧条破败景象的描写，表达了词人对战争的厌恶之情以及对昔日扬州繁华景象的怀念，更抒发了词人对国计民生的忧虑之情。

◎课堂小结

不读诗书，无以言志。展开中国古代诗书的浩瀚长卷，我们读到的是家与国的一体，个人前途与国家命运的同频共振。而姜夔的这份忧伤穿越 840 年的风霜，透过文字扑面而来，就让我们再次朗读一下这首词，感受他那深沉的家国情怀吧！

（再次诵读，感悟升华）

◎作业检测

从内容、手法、情感等方面赏析姜夔词《扬州慢》与辛弃疾词《永遇乐·京口北固亭怀古》的异同。

【总评】

本单元是一个关于"诗意的探寻"的学习任务群，教材编写意图很清晰，希望借助任务群的完成，让学生较为深入地理解"诗意"。为此，此单元的教学不宜将各篇课文单独处理，而应该借助这些文本落实"什么是诗意"这一问题。而要解决这一问题，就首先要将"诗意"的特质做分解处理，由一个诗篇完成"诗意"的某一特质的学习。此单元设计正是基于这样的任务群思想。新课程、新教材之"新"也正在于此。倘若还是按传统的教法，把《孔雀东南飞》当小说故事教与学，而非当诗歌教与学，那就难以完成"诗意的探寻"这一任务群目的。

此设计是我的工作室学员集体完成的，学员大多只是初登教坛的新秀，但其专业功底及创新能力是可圈可点的，殊为不易。对新课程、新教材的理解也是基本到位的。从某种层面看，这反映了深外青年教师的优秀，他们正走在语文教学的成长路上。

“中国特色社会主义进入新时代”课堂设计

——思想政治　高一年级　必修 1（人教版）　第四课　第一框

设计：高中部　王　蕾
评点：高中部　汪晓广

◎本课时学习目标

本课时希望学生通过学习掌握的必备知识有：新时代的科学内涵；新时代我国社会主要矛盾；新时代坚持和发展中国特色社会主义要一以贯之。力图培养学生的关键能力，结合当前我国经济社会发展实际和人民生活实际，坚定对坚持和发展中国特色社会主义的信心，锤炼学生的思维能力与实践能力，培养学生的学科核心素养[①]。具体体现为：

政治认同：明确我国发展新的历史方位，坚定中国特色社会主义制度、文化、理论、道路自信，自觉坚持党的领导和中国特色社会主义道路，加强政治认同。

科学精神：理解新时代的科学内涵和重大意义，深刻理解这个论断符合中国特色社会主义实际。通过学习社会主要矛盾的变化，辩证看待我国社会主义初级阶段的基本国情与新时代的关系。树立改革创新、肯于钻研、洞悉社会发展规律的科学精神。

公共参与：作为新时代的见证者、开创者、建设者，青年学生要不忘初心、牢记使命，以实际行动一以贯之地坚持和发展中国特色社会主义，为实现中华民族伟大复兴的中国梦贡献自己的力量，自觉投身于中国特色社会主义的伟大实践。

◎本课时学情分析

高一年级的学生在初中阶段已初步认识中国特色社会主义，经过学习初步把握了时代发展的趋势，对中国特色社会主义新时代的相关知识有了一定的了解和体悟。但是，对中国特色社会主义进入新时代的具体知识还停留在表面化、碎片化的状态，没有形成系统化、理论化的知识体系与深入理解。学生对于知识逻辑、学科逻辑的把握能力和理论联系实际的能力稍显不足。

①【评点】从学科核心素养的角度制定本课时的学习目标，有助于体现以“知识”为本向以“人”为本的新课程理念转变。

◎**课堂导入语：**①

同学们，我们首先来回顾一下前面两课的内容。经过了前面的学习，同学们对这样的一些时间节点应该是非常熟悉了。1949 年，中华人民共和国成立，新民主主义革命胜利。1956 年，三大改造完成，标志着社会主义制度的确立。1978 年，党的十一届三中全会开启了改革开放。1982 年，党的十二大召开，提出了建设有中国特色的社会主义。这是前面两课的内容，我们学习了过渡阶段，社会主义建设阶段，中国特色社会主义的建立、发展和完善的阶段。接下来，我们进入到第四课，这里有两个重要的时间节点，同学们可以猜一下，2012 年，党的十八大；2017 年，党的十九大。党的十九大以来中国特色社会主义进入了新时代。这就是我们这节课要学习的内容。还记得第二课的标题吗？只有社会主义才能救中国，讲的是"站起来"。第三课，只有中国特色社会主义才能发展中国，讲的是"富起来"。那么第四课该讲什么了？"强起来"，只有坚持和发展中国特色社会主义才能实现中华民族伟大复兴。下面我们进入到第一个框题，中国特色社会主义进入新时代。

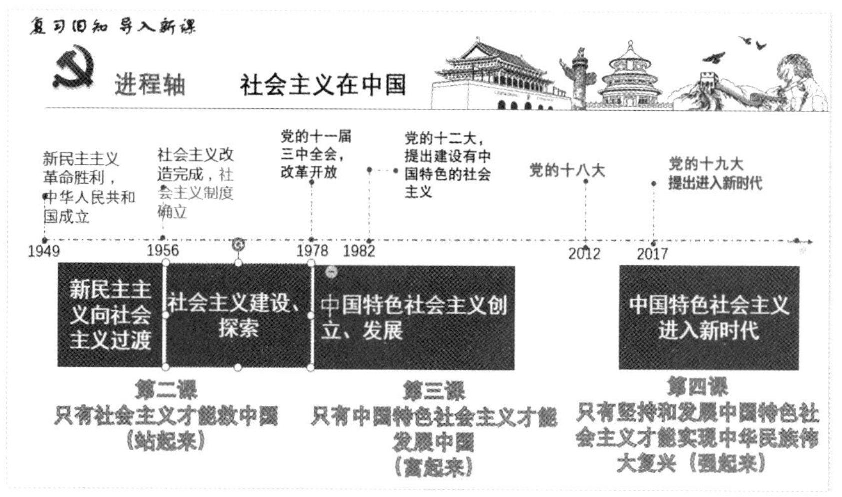

环节一：感悟新时代——新时代的科学内涵与意义

任务 1：学生通过表演情景短剧《新时代》、观看视频和图片，结合党的十八大以来家、乡、国的变化（成就、标志性事件等）谈一谈新时代"新"在哪里？说一说中国特色社会主义新时代的科学内涵？（小组合作探究）②

答：经济、政治、文化、社会、生态等方面都取得了举世瞩目的成就。感受我们伟大时代的成就，体会新时代"新"在哪里？理解新时代的科学内涵（历史脉络、奋

①【评点】依据教材的自然单元，以复习旧知导入，建立新知与旧知的联系，有助促进学生建构学科知识体系，进而围绕体现大观念的学习主题开展学习。

②【评点】情景剧的表演、学生畅谈感受，体现了内容呈现的情境化，建立了学生与真实世界的联系。充分体现了思想政治学科教师主导性和学生主体性的统一。

斗目标、人民期待、历史使命、国际地位）。

任务 2：学生通过小组探究，理解中国特色社会主义进入新时代的伟大意义。

答：三个“意味着”，从不同主体（对中华民族、对社会主义、对世界）的角度探讨中国特色社会主义进入新时代的伟大意义。

说明：实现理论逻辑与生活关切的有机结合是思想政治课的重要课程理念。通过情景剧表演、视频图片播放，激发学生认识和把握新时代的兴趣，引发学生思考。通过列举国家或家乡的具体建设成就，引导学生感受我国发展取得的辉煌成就，拉近新时代与学生的距离，体会生活在新时代的幸福感。意在通过解决“中国特色社会主义新在哪里？”这一问题，理解新时代的科学内涵。通过小组讨论，开展合作探究，引导学生明确中国特色社会主义进入新时代的重大意义。

环节二：解读新时代——新时代我国社会主要矛盾

探究分享
美好向往大家谈
我要更加努力，争取进入心中理想的学校，更好地发展自己。
让一家人生活得更加幸福是我们的责任。如果收入更高、居住条件更舒适、环境更优美，那就更好了！
上了年纪希望就医更方便一些，医疗水平更高一些。

调查、分享自己及同学对美好生活有哪些期待和需要？

任务 3：小组合作探究，开展小调查。新时代人们对美好生活有哪些期待和需要？明确新时代我国社会的主要矛盾、新时代我国社会主要矛盾发生的变化以及变化的原因。[①]

答：我国社会主要矛盾已经转化为人民日益增长的美好生活需要和不平衡不充分的发展之间的矛盾。原因是人民美好生活需要日益广泛，社会生产力水平总体上显著提高，发展的不平衡不充分成为满足人民日益增长的美好生活需要的主要制约因素。

任务 4：观点辨析。[②] 矛盾“变与不变”体现在哪里？怎样解决我国当前的社会主要矛盾？

---

①【评点】设计小调查任务，贴近学生生活，让抽象的理论可知可感，增加教学的趣味性，激发学生的兴趣。

②【评点】通过辨析，可以培养学生的辩证思维和逻辑思维能力，引导学生对问题的全面思考和深度探究。

答：主要矛盾变了，人民日益增长的美好生活需要和不平衡不充分的发展之间的矛盾。

两个没有变：一是我国社会主义所处历史阶段、基本国情没有变，我国仍处于并将长期处于社会主义初级阶段；二是国际地位没有变，我国是世界最大的发展中国家。针对"变"的角度："一个着力解决、两个提升、两个全面"。针对"不变"的角度："三个牢牢"。

说明：通过小调查，体会美好生活需要的内容更为广泛，除了更高水平的物质、文化需要，人们还有政治、社会、生态等方面的需要，这就要进一步推动生产力的发展，解决好发展不平衡不充分的问题。通过辨析活动，引导学生理解社会主要矛盾的变化，科学把握"变"与"不变"的辩证统一，培养学生辩证思维，坚持唯物史观，明确解决新时代我国社会主要矛盾的思路，牢牢坚持党的基本路线。

环节三：奋斗新时代——新时代坚持和发展中国特色社会主义要一以贯之

任务 5：讲述新时代奋斗者的故事，撰写致敬卡。探讨为什么坚持和发展中国特色社会主义要一以贯之？新时代如何一以贯之地坚持和发展中国特色社会主义？①

学生 1 答："致张桂梅阿姨：您经过不懈的努力，终于在大山里建立起第一所女子高中，让大山中的无数女孩圆了上学的梦，她们得以受到良好的教育，考上了好大学，走出大山，走向城市，走出中国，走向世界。而您却始终坚守在大山之中，坚守着这所高中，坚守着您的初心，坚守着无数女孩的梦，我向您致敬！"

学生 2 答："致所有中国人民：感谢你们为中国特色社会主义作出的贡献，你们或许默默无闻，或许平凡无名，但你们始终坚守着自己的岗位，始终爱着党、爱着祖国、爱着人民，并始终为中国社会主义现代化建设矢志不渝地贡献自己的一份力量。没有你们，就没有中国特色社会主义的奋斗目标和群众基础，你们是最坚强、最坚定、最慷慨，也是最可爱，最应有自信的一群人，我要向你们学习，向你们致敬！"新时代是奋斗者的时代。新时代属于每一个人，每个人都是新时代的见证者、开创者、建设者。我们要一以贯之走好中国特色社会主义这条道路，从而为实现中华民族伟大复兴的中国梦贡献自己的力量。

说明：学生通过分享时代楷模、改革先锋等新时代奋斗者的事迹和精神，加深认识，通过撰写致敬卡增强践行动力。

① 【评点】通过该任务的活动，不仅体现了认知与价值观的统一，涵养了社会主义核心价值观，而且实现了理论与实践的对接，体现知与行的合一。

◎课堂小结[①]

通过本节课的学习，我们明确了中国特色社会主义进入了新时代，这是我国发展新的历史方位。我国社会主要矛盾已经转化为人民日益增长的美好生活需要和不平衡不充分的发展之间的矛盾。要准确把握社会主要矛盾“变”与基本国情“不变”的辩证关系，牢牢坚持党的基本路线和国家的生命线、人民的幸福线，牢牢聚焦建成富强民主文明和谐美丽的社会主义现代化强国的目标。新时代属于每一个人，每一个人都是新时代的见证者、开创者、建设者。我们要立足于中国具体实际，以一以贯之的态度坚持和发展好中国特色社会主义，谱写中国人民伟大奋斗的历史新篇章。

◎作业检测[②]

基础作业：完成《深外作业本》本课时内容并自主订正、反思。

拓展作业：作为新时代的答卷人，我们应如何交出一份合格的答卷？结合自身实际，谈一谈你的中国梦，并撰写一篇不少于 100 字的个人“逐梦”计划。

---

①【评点】有助于学生对所学知识进行回顾和总结，从而更好地吸收和理解知识，并在思维和行动上明确方向，加以提升。

②【评点】将基础作业与拓展作业结合，力求发展学生的核心素养，提高学生实际解决问题的能力。拓展作业中的中国梦议题也是下一课时的核心内容，该作业的布置进行了很好的铺垫与衔接，课时设计紧紧围绕单元主题。

“中国特色社会主义进入新时代”课堂实录

——思想政治 高一年级 必修一（人教版） 第四课 第一框

执教：高中部 王 蕾

评点：高中部 汪晓广

（片段一）

师：（观看视频）我们看到这段视频的节点主要是 2017 至 2018 年，即改革开放 40 年。2017 年也是一个重要的时间节点，在这一年召开了党的十九大，在党的十九大上习近平总书记庄严宣告：“经过长期努力，中国特色社会主义进入了新时代，这是我国发展新的历史方位。”这也是我们教材上的第一句话。在党的十九大上，习近平总书记回顾了党的十八大以来我们所取得的一些成就。接下来，请同学们阅读教材第 42 —43 页，结合党的十八大以来，家、乡，就是我们的深圳，还有国的变化谈一谈新时代“新”在哪里①，我们一起来理解新时代的科学内涵。同学们先独立阅读，然后进行小组的合作探究。

师：我们请同学来谈一下小组的观点。

生 1：在视频中可以看到，我们在新时代取得了非常多的成就，体现在经济方面、政治方面、文化方面、社会方面，还有生态文明建设方面。我们组的同学觉得新时代不仅“新”在“五位一体”的建设上，同时也“新”在社会主要矛盾，也就是人民日益增长的美好生活需要和不平衡不充分的发展之间的矛盾。

师：新时代“新”在有了新的社会主要矛盾，非常好。还有其他小组的同学想要说一下吗？

生 2：我们小组主要讨论的是深圳的变化，党的十八大以来，我们深圳新建了很多标志性建筑，比如机场、宝安会展中心、平安大厦等等。还有很多企业也有了比较大的发展。我们小组认为新时代主要“新”在科技的发展，比如跟我们生活比较近的微信的出现与发展。

师：有新的科技、经济的发展，新的经济成就。

生 3：我想经济上、政治上都可以体现新时代的“新”。在经济方面，我国成为世界第二大经济体，在国际地位方面不管是经济上还是政治上都有了很大的提高。同时，我们的改革开放进一步推进，开放的大门越开越大。在这种情况下，

①【评点】选取真实情境作为依托，有助于激发学生的亲切感、学习的兴趣和积极性，对“新时代”的感悟更加真切。

我国面临的国际形势发生了改变，换句话说，我们处在了新的历史条件下。随着对外开放，我们融入世界的程度越来越深，我们更加与世界同呼吸。但是，我们也站在新的历史关口，要对自己的政策进行一些调整。

师：感谢各位小组发言人，各个小组的探讨都非常深入，大家谈到了一些方面，我们再结合教材的内容梳理一下。第一个问题，新时代的科学内涵，新时代“新”在哪里。同学们谈到了，是在新的历史条件下。首先从历史脉络上来看①，新时代是承前启后、继往开来，在新的历史条件下继续夺取中国特色社会主义伟大胜利的时代。这个新时代是中国特色社会主义的新时代而不是其他的新时代。接下来，同学们谈到了经济上取得的一些成就。总的来说，我们有了新的奋斗目标，全面建成小康社会的目标已经完成了，我们正向着第二个百年奋斗目标迈进。从奋斗目标上说，新时代是决胜全面建成小康社会、进而全面建成社会主义现代化强国的时代。

（片段二）

师：哪位同学来分享一下小组小调查的结果？同学们对美好生活有哪些期待和需要呢？②

生1：我们小组讨论完之后，我们觉得一个最大的需要就是现在的学生对于学位的需求压力比较大，希望素质教育、义务教育能够扩展到更广的领域，让大家都能享受到很好的教育。

师：好的，这是教育方面的需要。刚才看到这一组讨论是非常热烈。

生2：我感觉不仅是学位问题，教师的待遇问题也需要关注，老师的工资待遇需要提高。

师：谢谢，感谢你。（生笑）③

生3：此外，有些城市里的学校条件比较好，而山区学校学生们对于教育质量的需要还不能很好地满足，教育资源的分配还不平衡。

生4：我们小组的调查结果除了教育方面，还有家里的老年人对养老方面的需要也比较明显，比如养老保险等社会保障制度的完善。

生5：同学们对生态文明方面的需要与期待也比较高。我们深圳有很多免费的公园，绿化环境都非常好。

师：通过同学们的小调查，我们看到人们对美好生活有了更高的需求，不仅是吃饱、穿暖。我们的社会主要矛盾也随之发生了变化。（播放视频：《如何理解我国社会主要矛盾的变化》）我国社会主要矛盾发生了什么变化？同学们应该已经明确了，进入了新时代，我国社会主要矛盾已经转化为人民日益增长的美好生活需要和不平衡不充分的发展之间的矛盾。接下来，我们重点探讨一下新时代我国社会主要矛盾发生变化的原因。视频中也谈到了，原来的表

---

①【评点】老师总结时提示逻辑思维层次，引导学生建构知识体系框架，推进深度学习。

②【评点】小调查贴近学生生活，操作性强，将抽象理论具象化，有助于学生理解。

③【评点】适时回应学生，互动自然，细节处体现教学智慧，活跃了课堂气氛。

述是人民日益增长的物质文化需要，为什么把它改成美好生活需要？有什么区别？[①]

生：不只是物质和文化的需要，还有社会民生方面、生态方面的需要。因此，物质文化需要的层次也进一步加深。

师：可见社会主要矛盾变化的第一个原因就是人民美好生活需要更为广泛。体现出多层次、多样化、多方面的特点，不仅有更高层次的物质文化需要，还有政治方面的需要，比如法治意识、权利意识。此外，人们还有民生方面的需要，比如养老、教育、医疗、住房等，当然还有生态方面的需要。第二个关键词，我们看到把原来的落后的社会生产改掉了，原因是什么呢？

生：因为我国的社会生产力已经不能用落后来形容了，目前我国已经成为世界第二大经济体。

师：是的，目前我国有 220 项工业品的生产能力居世界第一位，所以我们调整了原来的表述，改为了什么？

生：不平衡不充分的发展。

师：是的，不平衡不充分的发展制约着人民对美好生活需要的满足。如何来理解发展的不平衡？有什么表现？

生：城乡发展的不平衡，区域发展的不平衡。

师：同学们还能想到什么？还有经济与社会发展的不平衡，经济与生态发展的不平衡等。那么怎样理解不充分？

生 1：虽然我国现在的经济发展很快，但是在经济的发展中并没有充分利用资源，导致了不充分的发展。比如发电，以前只追求快速发展，依靠资源能源的消耗，效率低。新时代需要提高资源利用的效率，我觉得这样才是一种充分的发展。

生 2：我国经济现在有一个发展方向，就是从高速发展转向高质量发展。我想这个就是发展不充分的要求。我们现在需要高质量的发展，我们的基础已经够了，需要解决上层一点的质量问题。

师：同学们讲得都很好，发展得不充分主要还是从发展的数量和水平上来说的，主要指一些地区、一些领域、一些方面还存在发展不足的问题，发展的任务仍然很重。社会主要矛盾的变化可以体现社会发展的规律，同学们需要更深刻地把握生产力与生产关系，经济基础与上层建筑的矛盾关系。[②]我国社会主要矛盾的变化是关系全局的历史性变化，对党和国家工作提出了许多新要求。我们要在继续推动发展的基础上，着力解决好发展不平衡不充分的问题，大力提升发展的质量和效益，更好满足人民日益增长的美好生活需要。

---

①【评点】通过前后社会主要矛盾的对比分析，引导学生深入探究社会发展的基本规律。

②【评点】老师总结时，注意与单元主题及核心内容的呼应，有助于学生把握基于大观念的单元主题，培养学生的深度思维。

【总评】

王老师的课堂设计有以下几个特点：一是有明确的教学目标，既符合学科知识的基本要求，也贴近学生的实际需要，使学生能够得到真正的提高。结合新课标的要求，坚持核心素养导向，能够清晰地表达出学生所应掌握的知识、能力和素养等方面的要求。二是内容合理。合理安排知识点与学习活动的内容，将知识点串起来，形成一个有机整体，具有系统性、完整性和逻辑性。围绕单元主题，进行单元知识内容的整合与衔接。在课时内部，通过“感悟新时代”“解读新时代”“奋斗新时代”三个议题建构起课时逻辑框架，引导学生由感性认识上升到理性认识，再进一步达到知与行的合一。三是教学方法多样。王老师采用了多种教学方法，包括讲授、探究、辨析、情景剧等，调动了学生学习的兴趣与积极性，使学生能够多角度、多层次地理解和掌握知识，培养学生的独立思考和解决问题的能力。四是注重学习过程的设计。引导学生提前预习，完成课前预习作业，撰写《致敬卡》。丰富课堂互动环节，通过多种形式开展学生的合作探究，设计针对性的问题，使学生能够主动参与学习，并在学习过程中逐渐建立自己的学习方式和思维方法。五是学生积极参与。课堂设计体现了学生的主体地位，使学生成为课堂的活跃参与者，在情景剧、小调查、致敬卡等任务中，学生参与的积极性与效果良好，创造了积极的学习氛围，使得理论知识不再抽象枯燥，以情境为依托，以任务为驱动，变得鲜活起来。六是情感渗透。课堂设计注重了情感方面的引导，师生之间的感情交流自然亲切，课堂气氛热烈。此外，在课堂设计中融入了家国情怀，从学生体验角度探讨家、乡、国发展取得的成就，有助于引导学生增强道路自信、理论自信、制度自信、文化自信，加强政治认同感。七是尝试科学评价，除基础性作业外，注重拓展性作业的布置，从而更好地促进学生的全面发展。

"Improving yourself" 课堂设计

——英语　高一年级　选择性必修　第二册（外研版）　Unit 2

设计：博雅高中英语　王　颖
评点：深圳市罗湖区教研员　冯晓林

◎设计导语

外研版高中英语选择性必修二第二单元的主题语境为人与自我，主要涉及高中生的生活与学习——高中生在生活与学习上的自我成长，围绕青少年各个方面管理能力的提升来凸显自我成长。通过仔细研读与分析，本单元教材内容共包含青少年成长中五个方面的管理能力提升，即时间管理、手机管理、金钱管理、行为管理和情绪管理，以及最后一课时自我成长的反思与改进。五个方面并行，各依托于单元的听力语篇和阅读语篇进行。

结合"英语活动观"的学习理念，英语学习活动分为感知理解、应用实践和迁移创新三个层次，而青少年的自我提升必须经过实际生活和学习的检验，因此本单元在设计时，强调通过课堂上的学习理解和计划，课后的实践反思与改进，使学生真正达到自我生成与成长，理解五个管理在成长过程中的真正意义。

本单元课堂拟围绕核心任务：自我成长设计四个学习环节，共包括 6 个学习任务，引导学生结合课堂学习和课后实践，通过阅读和小组合作，在学习理解、应用实践和迁移创新等英语活动中形成对于自我管理的认识、制定自我管理的计划、执行并改善计划、反思并规划未来成长，不仅提升学生语言能力，更能够真正学有所获、学有所用、学有所成。

◎任务框架

1. 单元分层课时目标

基于核心素养的模块目标设计如下所示。

目标项目	模块 / 单元目标内容	课时	课时目标内容
模块语言能力目标	学生能够运用所学词汇理解本单元中对于提升自我管理的建议，学习文章中例子的经验，并巩固和运用过去完成时态，描述自己在自我管理过程中发生的变化	第一课时目标	全体学生回顾并总结过去完成时态的用法与规则，合理利用过去完成时态和所学词汇来描述所给情境的变化
		第二—五课时目标	全体学生练习运用过去完成式和所学词汇描述文章中管理前后发生的变化
		第六课时目标	全体学生能运用过去完成式和所学词汇描述自己在月度自我管理中发生的变化
模块文化品格目标	学生能通过学习管理养成文明礼貌的意识和行为，并在小组合作讨论和分享中学习他人经验和方法	第一课时目标	全体学生能够通过学习时间管理，反思并制定时间管理规划
		第二课时目标	全体学生能够通过学习时间管理，反思并制定手机管理规划
		第三课时目标	全体学生能够通过学习时间管理，反思并制定金钱管理规划
		第四课时目标	全体学生能够通过学习时间管理，反思并制定行为管理规划
		第五课时目标	全体学生能够通过学习时间管理，反思并制定情感管理规划
		第六课时目标	全体学生能够通过计划执行情况，通过小组讨论分享，对自己计划执行过程中的问题进行解决调整,分享经验，互相学习
模块思维品质目标	学生能够运用观点＋例子的结构，总结文章的内容，批判性地表达自己在自我管理上的学习和反思	第一课时目标	学生能够总结出观点＋例子来论述观点的结构，并利用该结构来学习和总结时间管理的经验，并进而根据自己的实际情况制定属于自己的时间管理计划

目标项目	模块 / 单元目标内容	课时	课时目标内容
模块思维品质目标	学生能够运用观点 + 例子的结构，总结文章的内容，批判性地表达自己在自我管理上的学习和反思	第二课时目标	学生能够练习运用观点 + 例子的结构来学习和总结手机管理的经验，并进而根据自己的实际情况制定属于自己的手机管理计划
		第三课时目标	学生能够练习运用观点 + 例子的结构来学习和总结金钱管理的经验，并进而根据自己的实际情况制定属于自己的金钱管理计划
		第四课时目标	学生能够练习运用观点 + 例子的结构来学习和总结行为管理的经验，并进而根据自己的实际情况制定属于自己的行为管理计划
		第五课时目标	学生能够练习运用观点 + 例子的结构来学习和总结情感管理的经验，并进而根据自己的实际情况制定属于自己的情感管理计划
		第六课时目标	学生能够运用观点 + 例子的结构来分享自己在自我管理过程中的经验和看法，并能够批判性地看待他人在此过程中的经验分享，从而对自己进行分析和调整
模块学习能力目标	全体学生能够在听说读写看五个能力上得到的提高	第一课时目标	学生能够通过视频、讨论和阅读，发展自己的听说读看的能力
		第二课时目标	学生能够通过阅读、讨论和解读图表信息等活动，发展自己的读说看的能力
		第三课时目标	学生能够通过阅读、讨论和解读图表信息等活动，发展自己的读说看的能力
		第四课时目标	学生能够通过音频和讨论等活动，发展自己的听说能力
		第五课时目标	学生能够通过阅读、讨论和解读图标信息等活动，发展自己的读说能力
		第六课时目标	学生能够通过自由讨论和分享等活动，发展自己的语言交流能力

基于单元大观念的分层课时目标：

自我管理是高中生生活和学习的重要部分。通过认识自我管理是什么，包括哪些方面以及自己自我管理水平的现状，进而学习多方面的自我管理知识，制定月自我管理计划并实施，从而真正体悟到自我管理的重要意义和作用，并改善自己的管理计划

单元总目标：

1. 通过课前自我管理问卷调查，了解自我管理的内容，认识自身自我管理水平的现状。

2. 通过阅读和听力语篇，学习制定月度自我管理的计划并实施，包括：手机管理、时间计划管理、文明行为管理、诚信行为管理、金钱管理和情绪管理。

3. 通过实施月自我管理计划，再次完成自我管理问卷，对比自己前后变化，感悟自我管理的重要意义。

分层设计	主题、语篇与课时	单元学习分目标
课前感知	Self-cognition 自我管理问卷调查 （0 课时）	
课上学习理解 课后应用实践	1: Time & Plan Management Starting out & Using Language(上) （1 课时）	在本节课结束后，学生能够： 1. 通过观看视频内容，梳理出时间管理的 6 条建议，并根据建议修改自己的每日计划。 2. 通过完成语篇填空，判断自己有无拖延症，并根据建议制定自己的每日计划。 3. 通过完成语篇填空，回顾并总结过去完成时态的用法与规则，合理利用过去完成时态来描述所给情境的变化。 4. 按照目前实际作息时间表和作业情况，合理制定每日计划表，突出任务重点
	2: Mobilephone Management Understanding Ideas （1 课时）	在本节课结束后，学生能够： 1. 通过阅读调查结果，总结出中国网民上网情况，并结合本班上网情况调查结果，总结本班同学上网现状。 2. 利用思维导图，梳理出 5 位活动参与人在活动过程中的最初感受和活动结果。 3. 据语篇主持人和 5 位发言人的发言，推论出该活动的内容，并总结活动的有利影响。 4. 反思自己的手机使用情况，为自己制定一个合理的手机使用规划

<table>
<tr><th>分层设计</th><th>主题、语篇与课时</th><th>单元学习分目标</th></tr>
<tr><td rowspan="4">课上学习理解
课后应用实践</td><td>3: Money Management
Developing Ideas
（1 课时）</td><td>在本节课结束后，学生能够：
1. 通过阅读饼状图表，根据所给提示，总结出本班学生花费情况和钱财管理能力。
2. 利用思维导图，梳理语篇中的金钱管理实践内容，总结每一个存钱罐的目的和作用。
3. 通过小组讨论，利用存钱罐实践，制定出金钱管理的计划，包括：每一份额所占比例、每一份额用途和每一份额所用之处。
4. 反思自己的金钱管理方式，对自己以往的金钱规划进行调整</td></tr>
<tr><td>4: Behavior Management
Using Language(下)
（1 课时）</td><td>在本节课结束后，学生能够：
1. 通过听音频，根据表格提示，能够梳理出所提及的诚信行为推行的项目以及效果。
2. 以观点 + 例子的方式，向他人介绍听力材料中学校的项目推行以及效果。
3. 利用观点 + 例子的方式介绍自己对于诚信行为的看法。
4. 结合课后作业，以小组为单位制作公益广告，提倡某一种文明行为</td></tr>
<tr><td>5: Emotion Management
&Make a Plan
Writing
（1 课时）</td><td>在本节课结束后，学生能够：
1. 通过阅读语篇，能够画出故事情节发展图，并依据情节图进行故事讲述。
2. 依据观点 + 例子的结构，在小组分享自己对于故事的体会和反思。
3. 通过小组讨论，提出自己的情绪管理问题，并讨论解决方法。
4. 预测自己今后的情绪问题，并提出预测的解决方法</td></tr>
<tr><td>6: Change & Reflection
Presenting Ideas
（1 课时）</td><td>在本节课结束后，学生能够：
1. 能够结合自己的计划执行中的问题和收获，以组为单位和大家分享自己的感受体验和未来调整的方向；
2. 能够用过程 + 体验 + 收获 + 问题 + 展望的结构，以多种形式分享；
3. 学习其他组的计划执行方式，并调整自己今后的计划</td></tr>
</table>

2. 单元任务框架

大观念：自我管理（生活和学习）

环节	任务	课时	学习层次
环节一 What：认识自我管理	对自己的现状认知	课时前准备： 自我管理问卷调查	课前感知
环节二 How：学习自我管理	学习多方面自我管理	课时一： 时间管理	课上学习理解 课后应用实践
		课时二： 手机管理	
		课时三： 金钱管理	
		课时四： 行为管理	
环节三 进行自我管理	制定一个月自我管理计划并实施	课时五： 情绪管理 计划制定	课上学习理解 课后应用实践
环节四 Why：感悟与反思	分享计划执行带来的改变和体悟	课时六： 改变和反思	实践总结 与创新调整

◎学习过程

环节一：认识自我管理

单元准备任务：完成自我管理问卷调查。

教师以 Starting out 中 Self-control Questionnaire 为基础，结合本单元专题制作了一份包含时间管理、计划管理、手机管理、金钱管理、行为管理和情绪管理的 Self-management Questionnaire，在假期以问卷的形式发放给学生填写，了解学生各个方面的自我管理能力，并进行数据统计，做出图表，以便上课使用。

设计意图：

学生在单元开始前完成涉及本单元相关管理方面的问卷，既可以帮助学生了解自我管理能力的水平，也能够让教师在进行各部分的讲解时，了解学情，帮助教学。

环节二：学习自我管理

任务 1：观看 Starting out 中的时间管理视频，阅读 Using language 中 Jack 的故事，学习如何制订计划，合理安排时间。

（1）学生观看时间管理视频，同时梳理出视频中提及的时间管理建议，并填空。

1. Create a ________
2. Set small ________
3. ____________________ every second
4. Identify your __________ time
5. Wear a __________
6. ________ your efforts

（2）通过时间管理中第一个建议：做好日常计划安排引出"拖延症"的话题，通过问题引导学生思考，并引导学生通过完成教材文本的填空来学习 Jack 摆脱拖延症的经验，并总结出过去完成时态的用法规则。

问题 1: 有多少同学平常会做计划安排好自己的学习和生活？

问题 2: 有多少同学成功执行了自己的计划？

问题 3: 没有成功的同学，你觉得原因是什么？

（3）梳理出 Jack 的转变，并完成下表的内容，利用现在过去完成时态介绍 Jack 的转变。

Name:	Problem:	
Before	Turning point	Suggestions
He was about homework; Deadlines of homework; Put off all homework	His room; His homework; A book on the desk	Definition: Procrastination is the hardest and most important tasks; Put the things at the top and the things you want to do after them

（4）利用过去完成时态，在小组内分享一件曾经发生在自己身上的改变故事。

（5）作业设计：完成自我评价表，并根据自己目前的生活和学习规律，利用视频所给建议，制定出为期一月的月计划安排，内容需要包括具体的时间、任务、重点任务和完成的程度。

任务 2：阅读 Understanding ideas 中的语篇 Social Media Detox，反思自己的手机使用情况，合理安排手机使用时间。

（1）阅读本单元开始前发布的问卷调查中关于使用手机状况的调查结果，并回答下列问题，了解本班同学手机使用的现状。

问题 1：同学们每周末平均使用手机的时长是多少？

问题 2：同学们使用手机时，多数时间花在什么上面？

问题 3：使用手机的积极影响和消极影响分别是什么？

（2）阅读语篇 Social Media Detox，并完成书中下表以梳理文章的主要内容。

Social Media Detox	
Fundraiser	____________________
Aim	1.To__________ for sports equipment; 2.To help us__________ social media and better
Content	No________ ; No________ ; No __________
Bonus of participants	They will be given ________ by_______ and______ each day
Results	1. _______€1632.82 was_________; 2.Participants develop the _____ of how much we rely on social media

（3）全班组成 5 人一组的小组，扮演文章中的 5 个人，根据书中的思维导图，向组员介绍自己的经历，并思考文章最后一句话中的“something”指的是什么？

（4）小组成员互相分享自己的手机使用和控制过程中遇到的问题，并仿照语篇的“手机脱瘾治疗”的活动方式，设计出符合自己小组成员情况的类似方案，完成下表。

Name of the activity	
Fundraiser	
Aim	
Content	
Bonus of participants	
Results	

（5）作业设计：完成自我评价表，以小组为单位参与课堂设计出的手机使用管理的活动，并做好记录。每位同学根据自己的手机使用情况写一份反思。

任务 3：阅读 Developing ideas 中的语篇 Valuable Values，反思自己的金钱使用情况，合理安排自己的零花钱。

（1）阅读本单元开始前发布的问卷调查中关于金钱使用和认识的调查结果，并回答下列问题，了解本班同学金钱管理的现状。

问题 1：本班同学的零花钱都花在了哪个部分？

问题 2：本班同学对于金钱分配的状况如何？

问题 3：本班同学的金钱管理能力如何？

（2）阅读文本内容，根据课前完成的书本上的思维导图，介绍文本中对于金钱管理的建议，并梳理出“四个存钱罐”的目的，学习如何进行金钱分配。

（3）小组合作：如果每人每个月有 2000 元可支配金额，同学们会怎样进行分配？通过小组讨论，制定具体的分配比例和花费用处，并以小组为单位向全班同学进行介绍，其他组应当对该组的分配提出合理的改进建议。

（4）作业设计：完成自我评价表，并根据自己每月的零花钱情况，制定出合理的零花钱使用规划。

任务 4：根据 Using language 中听力语篇阅读关于考试诚信的采访，反思自己的日常行为，并针对不良行为提出解决的方案。

（1）阅读本单元开始前发布的问卷调查中关于日常行为规范的调查结果，并回答下列问题，了解本班同学日常行为管理的现状。

问题 1：本班同学是否理解诚信的概念？

问题 2：本班同学在日常践行诚信理念的情况如何？

问题 3：通过什么样的方式可以提升我们的诚信意识？

（2）听记者对于校长践行诚信考试的做法 2 遍，听第一遍，通过完成下列表格梳理出主要内容；听第二遍，完成课本表 4 中对于采访内容的总结。

Activity 1:	
Content	Students first need to_________ No teacher________ to ________
Results	Students expressed that it's ______ to feel ______ and they quite enjoyed__________
Activity 2	
Content	___________ were printed on each umbrella
Results	All umbrellas were returned_______________

（3）小组讨论：

问题讨论：校长关于推广诚信考试的做法你赞同吗？你对于推广诚信考试有什么建议？

任务设计：小明因为害怕父母的责备而在考试中作弊，你认为他这种行为正确吗？对此你有什么建议？

（4）作业设计：完成自我评价表并识别书本中第 18 页的不良行为，提出改进的建议。选择其中一种不良行为，以小组为单位，录制一则公益广告，对公众做出正确呼吁。

设计意图：通过环节二的学习，全班同学学习到了关于时间管理、手机管理、金钱管理和行为管理四个方面的知识，并通过小组合作进行了各个方面的计划制订，让学生能够学以致用，根据自己的实际情况进行自我提升。

环节三：进行自我管理

任务 5：阅读 Developing ideas 中的第二个语篇故事，学习情绪管理的方法，并根据故事内容写出反思。

（1）阅读本单元开始前发布的问卷调查中关于情绪管理的调查结果，并回答下列问题，了解本班同学情绪管理的现状。

问题 1：本班同学情绪失控的次数在哪个水平阶段？

问题 2：本班同学情绪失控后的补救措施有哪些？

问题 3：本班同学情绪管理能力如何？

（2）阅读语篇故事，梳理出故事的 6 要素：when、where、who、what、why and how，并以小组为单位，根据六要素总结文章的主要内容并进行全班分享。

（3）小组合作：分享关于语篇中男孩爸爸教给小男孩情绪控制的办法，并分享自己在情绪管理中的有效措施。

（4）个人写作：根据文本内容以及小组讨论结果，写出对于文本故事总结和自己的看法，形成对于文本内容的反思。

（5）作业设计：完成自我评价表，并制定情绪失控的处理计划，在自己每一次情绪失控后进行记录。

设计意图：

本单元最后一部分是情绪管理，通过故事的学习，既能够厘清故事中包含的要素组成，还能够学习到情绪管理的方法。通过小组讨论，既能够集结众人智慧对故事进行总结，也能够相互学习彼此情绪处理的办法。最后的反思写作，也有利于最后一个环节中，反思自己一个月自我改变。教师进行引导，让学生知道自己应该从哪些方面进行反思与改进。

环节四：学习自我管理

任务 6：全班同学进行为期 1 月的自我提升规划，包括时间管理、手机管理、金钱管理、行为管理和情绪管理，严格执行计划，并做好相应的变化记录，观察自己在 1 个月内的变化。

以小组为单位，在全班进行自我提升分享，分享包括小组成员的变化、小组成员遇到的问题、小组成员的解决方案以及小组今后的计划。

设计意图：作为单元的最后一个课时，能够对本单元的所学内容进行检测，并且通过真正执行的计划，能够让学生真正从做中学、做中体验、做中改进和做中反思，让学生真正感受到英语的学习是可以结合生活知识对自己的生活和个人产生巨大的促进作用。同时，通过反思分享，也让同学之间形成了互相学习的氛围，能够让有相似问题或者处境的同学寻找到合适的解决方法。

【总评】

这一案例选择性必修二 Unit 2《Improving yourself》设计，依据“大单元”教学概念，呈现了全面的教学目标，其中不只是设计了语言能力目标，而且设计了文化品格、思维品质、学习能力的目标，从而保证了教学目标的全面性。而且这四个领域的目标都基于学习内容而设计，非常合理，不牵强附会。课文《Improving yourself》本身对高中生在生活与学习上的自我成长，围绕青少年各个方面管理能力的提升来凸显自我成长。通过仔细研读与分析，本单元教材内容共包含青少年成长中五个方面的管理能力提升，即时间管理、手机管理、金钱管理、行为管理和情绪管理，五个方面并行，各依托于单元的听力语篇和阅读语篇进行，以及最后一课时自我成长的反思与改进。教学具有非常清晰、合理的文化品格目标、思维品质目标，这些目标的阶段性、过程性也非常突出。模块整体目标，基于学习内容、学生学习过程而合理、清晰地分解、落实到每一课时，从而保证教学目标贯穿于整个学习过程，而且可以确保目标的尽可能实现。同时，本节课的设计依据“活动观”，着力点放在了让学生感知、理解、应用三个层次，自我提升必须要经过实际生活和学习的检验。强调通过课堂上的学习理解和计划，课后的实践反思与改进，使学生真正达到自我生成与成长，理解“五个管理”在成长过程中的真正意义，使学习能力发展目标非常合理。还有，本单元课堂拟围绕核心任务：自我成长设计四个学习环节，共包括6个学习任务，引导学生结合课堂学习和课后实践，通过阅读和小组合作，在学习理解、应用实践和迁移创新等英语活动中形成对于自我管理的认识、制定自我管理的计划、执行并改善计划、反思并规划未来成长，不仅提升学生语言能力，更能够真正学有所获、学有所用、学有所成等等，这些目标非常符合学生的学习要素，尤其是“全班同学进行为期1月的自我提升规划，包括时间管理、手机管理、金钱管理、行为管理和情绪管理，严格执行计划，并做好相应的变化记录，观察自己在1个月内的变化。”符合学生需要发展的品格与思维能力的水平，以期达到：活动中形成对于自我管理的认识、制定自我管理的计划、执行并改善计划、反思并规划未来成长，不仅提升语言能力，更能够真正学有所获、学有所用、学有所成。

"Valuable values"课堂设计

——英语　高一年级　选择性必修　第二册（外研版）　Unit 2

设计：博雅高中英语　王　颖
评点：深圳市罗湖区教研员　冯晓林

◎ Analysis of students（学情分析）

Students are senior 1 students in Boya High School, who have relatively average language proficiency. This lesson is arranged as the third course at the first week of this semester. Considering that students now are still freshmen in their senior high, the following conditions should be considered:

1.Compared with the required language basis from Gaokao required courses, their language proficiency is at a relatively low level. (Language proficiency)

2.Students are kind of familiar with the structure of this text,however, they lack of the ability to code the charts summarized from results. (Learning ability)

3.Although with relatively disposable money at hand, their awareness of how to arrange it are still underdeveloped. As a heated topic among students, time arrangement is of great interest to them. (Cognitive development)

1. 与高考必修课的语言基础相比，他们的语言能力处于相对较低的水平。（语言能力）

2. 学生们对本文的结构相当熟悉，但他们缺乏根据结果总结图表的能力。（学习能力）

3. 尽管手头有相对可支配的资金，但他们对如何安排资金的意识仍然不足。时间安排是学生们的一个热门话题，他们对此非常感兴趣。（认知发展）

◎ Analysis of text（教材分析）

Theme of context: People and self-life and study

Type of text: Charts; Argumentation

Duration: 40mins

【What】

The types of this reading text consist of pie charts and argumentation. The former introduces the expenses of students in senior 1 and puts forward two questions: 1. What are the top three things students from this school spend their money on? 2. What else do you think students often spend their money on?

Starting from the question "what to do with their money", this passage introduces the topic "How to manage money well". Based on two money arrangement practices from an 8-year-old girl Khloe Thompson and Jerry Witkovsky, practice suggestions are provided for students to help them manage money.

这篇文章的内容包括饼图和论证两部分。前者介绍了高一学生的支出情况，并提出了两个问题：1. 这所学校的学生花钱最多的三件事是什么？ 2. 你认为学生们经常把钱花在其他什么事情上？

本文从"如何处理他们的钱"这个问题开始，介绍了"如何管理好钱"这个话题。根据 8 岁女孩科勒·汤普森和杰里·维特科夫斯基的两次理财经验，为学生提供了帮助他们理财的实践建议。

【How】

Results from the pie chart shows that the top three things are books and magazines, school supplies and clothes.

Money management practices are as follows:

1.Khloe Thompson provided tooth tapes, socks and soaps for homeless people using her own money and money raised in her community.

2.Jerry Witkovsky taught his grandchildren how to manage money well through sending them four jars, which are named as: spending, saving, giving and investing.

饼图的结果显示，排名前三的是书籍和杂志、学习用品和衣服。

资金管理实践如下：

1. 科勒 · 汤普森用自己的钱和在社区筹集的钱为无家可归的人提供牙带、袜子和肥皂。

2.Jerry Witkovsky 通过给孙子们寄四个罐子来教他们如何理财，这些罐子被命名为：支出、储蓄、捐赠和投资。

【Why】

The results from the pie chart guide students have a better understanding of the status quo of their ability to manage money and be psychologically prepared for reading the upcoming passage.

Aimed at helping students managing money well, this passage provides students with insights on future development based on money management practices.

饼图的结果引导学生更好地了解现状。

他们管理金钱能力的现状，并且阅读接下来的文章做好心理准备。

这篇文章旨在帮助学生更好地管理资金，为学生提供基于资金管理实践的未来发展见解。

◎ Learning objectives（基于核心素养的学习目标）

By the end of this lesson, the students will be able to...

1.Summarize spending habits and the ability to manage money of students in Boya through reading the pie chart and given tips.

2. Sort out the money management practices in reading using the chart and mind map.

3. Make a supposed plan of money management through "four jars" and group discussion, including the share of each jar and places each uses in.

4. Reflect on our money management and make adjustments to it based on what we learnt today.

到本节课结束时，学生将会：

1. 通过阅读饼状图表，根据所给提示，总结出本班学生花费情况和钱财管理能力。

2. 利用思维导图，梳理语篇中的金钱管理实践，定位每一个存钱罐的目的和作用。

3. 通过小组讨论，利用存钱罐实践，制定出金钱管理的计划，包括：每一份额所占比例、每一份额用途和每一份额所用之处。

4. 反思自己的金钱管理方式，对自己以往的金钱规划进行调整。

◎ Teaching key points and difficult points（教学重难点）

【Key points】

1.Summarize spending habits and the ability to manage money of students in Boya through reading the pie chart and given tips.

2.Sort out the money management practices in reading using the chart and mind map.

【Difficult points】

1. Make a supposed plan of money management through "four jars" and group discussion, including the share of each jar and places each uses in.

2.Reflect on our money management and make adjustments to it based on what we learnt today.

◎ Teaching procedures（教学过程）

Preparations before class（教学前准备）

1.Students should finish the questionnaire on their habits of money management (find it in Appendix 1).

2.Students should preview the passage and finish the handout before class (see in Appendix 1, find it in Handout).

课前准备：

1. 学生完成关于其理财习惯的问卷调查（见附件 1）。

2. 学生在上课前预览文章并完成讲义（见附录 1，在讲义中找到）。

Activity 1　4'（Lead-in 导入）

同学们通过回答以下问题，总结出课前完成的问卷汇总出来的图表信息，并通过阅读文章标题和图片，猜测标题的含义。

1.Students read the pie chart from the results of Money Management Questionnaire finished before class and try to summarize it based on teachers' guidance and the given questions.

Questions:

1.What are the top three things students from our school spend their money on?

2.Where does most of our money go to?

3.Most of us have the habit of ___________, but some of us just have no idea about how to ________________money.

4.Students express their opinion on their ability to manage money and the topic of this class "Money Management" is naturally introduced.

5.Students read the title and pictures of the passage and think what "values" refers to in this passage and why the "values" are "valuable".

Purpose（设计意图）：

To guide students pay attention to their ability of managing money and motivate them to read;

To Introduce the topic through their questions on the title.

设计意图：

1. 引导学生注意自己的理财能力，激发学生阅读的积极性。

2. 通过他们在标题上的问题介绍主题。

Activity 2　14'（learning and comprehension 学习与理解）

通过阅读，学生利用思维导图，梳理出文章中金钱管理实践的主要内容和意义，并通过讨论总结出金钱管理实践在文章结构上的作用，从而梳理中文章的结构框架。

1.Ss show their understanding of money management practice 1 mentioned in the passage in groups with mind map; T asks Ss how and why the author mentions these practices to guide students focus on the association between the topic and supporting evidence.Hopefully, Ss may find the topic explained is " Age is no barrier to making good use of money".

2.Ss dig deeper into money management practice 2 and will be guided to summarize the function of it is to support the topic “How teenagers manage their money?” to again confirm the benefit of examples to support a topic.

3.T asks Ss how and why the author mentions these practices to guide students focus on the association between the topic and supporting evidence. In this way, the structure of this passage is deduced, which can be helpful in explaining and supporting the topic in this class—how to manage money well.

4.Ss move further into “Four Jars” in order to summarize the meaning of “investing”, “giving”, “saving” and “spending” and the function of “Four Jars” based on the exercise on the book. Then think with deskmates about what can be included in each jar. Through sharing, what “investing”, “giving”, “saving” and “spending” can be used for will be illustrated clearly on the blackboard.

5.Finishing reading and analyzing, Ss will be guided to reflect the previous three questions concerning the title of this passage. Hopefully, they will refresh their answers and better understand the passage.

Questions:

☆ Whose “values” are mentioned in this passage?

☆ What does “values” refer to in this passage?

☆ Why are these “values” valuable?

Purpose（设计意图）:

☆ To make this lesson more focused on the function of practices and the structure of the passage through flipped classroom.

☆ To get students more familiar with the passage through handouts.

☆ To get students have a better understanding of what “investing”, “giving”, “saving” and “spending” should be for.

☆ The structure of this passage will be used in the Lesson 4 to help Ss explain a certain topic, such as how to keep honesty in exam.

设计意图：

1. 通过翻转课堂，使本课更加注重实践的功能和文章的结构。

2. 通过讲义让学生更熟悉这段话。

3. 为了让学生更好地理解“投资”“给予”“储蓄”和“支出”应该是什么。

4. 第 4 课将使用这段话的结构来帮助学生解释某个主题，例如，如何在考试中保持诚实。

Activity 4　15’（application and practice 应用与实践）

教师和学生通过讨论，商量出四罐金钱管理时间的份额分配。

学生通过小组合作完成以下任务：假如我有 2000 元，我会如何分配？

Task: if we were given 2000 yuan, how will we manage it?

1.Before finishing the task, teacher provides students with some expert suggestions on how many shares a jar can have to make it clearer for students to make a better spending plan based their own spending habits.

2.Students talk and decide what should be included in each jar and how many shares should be given to each of it to manage 2000 yuan properly and meaningfully based on what they read and expert suggestions provided from this class.

3.Each group should stick their plans to the blackboard and some of them will be invited to share their plan. After sharing, one member in other group will be invited to give comments on it to provide some suggestions and find highlight in their plan.

Purpose（设计意图）:

☆ A task is set to practice managing money.

☆ Discussion may make their arrangement more reasonable and learn from each other.

☆ Find the difficulty and insights on managing money.

设计意图：

1. 主要任务是锻炼他们的理财能力。

2. 讨论可以使他们的安排更加合理，并相互学习。

3. 找出管理资金的困难和观点。

Summary　5'（课堂总结）

学生通过回顾本节课的学习目标，对本节课所学内容进行总结和反思。

Students check whether they have finished the objectives set at the beginning of the class to reflect and will find the last question remains unsolved. This objective will be solved through homework.

Purpose(设计意图):

☆ Reflect what has been learnt in this class and confirm whether they have take all in.

设计意图：

反思学生在这节课上学到的东西，并确认学生是否已经全部吸收。

Assignment（作业）(see in Handout in Appendix 2)

1.Finish the Self- Assessment Log;

1. Check(√) the things you did in this lesson. How well can you do them? ...

	Very well	Fairly well	Not very well
1. I can summarize the results of the pie chart.	□	□	□
2. I can sort out(梳理) money management practices in this passage.	□	□	□
3. I can understand what each jar is for.	□	□	□
4. I can talk in groups to help make a plan about how to manage 2000 yuan better.	□	□	□
5. I can reflect on myself about how to manage money based on what I have learnt today.	□	□	□

2. New words I learnt in this lesson:

____

3. New reading skills I learnt in this lesson:

____

4. New ways of money management I learnt in this lesson:

____

5. The part I like/dislike about this lesson:

____

2.Make a money management plan:

Based on what we learnt today, reflect on the problems existing in your money management, the reason why they exist and give specific solutions. Your plan should answer the following questions and follow the structure of "topic+example":

✓What problems do you have on spending habits normally?

✓Why do you think so?

✓How will you solve them?

✓What's your future money management plan?

Purpose(设计意图):

☆ Self-assessment enables students to reflect, monitor and adjust their money management behavior.

☆ Reflection and plan-making enable students to think critically based on real situations.

课堂小结：本节课的教学重点是通过金钱管理的学习和课堂实践，提升学生金钱管理意识，并能够将课堂所学应用到实际生活中，对自己的零花钱进行管理实践。课堂通过课前问卷调查、课前预习、小组讨论和任务驱动实践等任务，锻炼学生的阅读能力、合作能力，提升学生的反思意识，培养学生的金钱管理能力，便于学生合理使用金钱。

Appendix 1

金钱管理小调查

*1. 除了日常吃饭，每月我的花费包括以下哪几个方面呢？（可多选）【最少选择1项】

- ☐ 零食
- ☐ 游戏
- ☐ 书本/杂志
- ☐ 学习文具
- ☐ 电影和聚会
- ☐ 衣服
- ☐ 运动
- ☐ 礼物
- ☐ 交通工具
- ☐ 旅游
- ☐ 其他

*2. 除去花销外，我还有以下（定期）习惯（可多选）【最少选择1项】

- ☐ 存钱
- ☐ 捐赠
- ☐ 投资
- ☐ 以上都无

*3. 我认为存钱

- ○ 非常有用
- ○ 有点用处
- ○ 没什么作用

*4. 关于如何存钱，我

- ○ 有钱也不会存
- ○ 想存钱但存不下来
- ○ 一直有存钱的习惯

*5. 我认为捐赠

- ○ 非常有意义
- ○ 有点意义
- ○ 没有意义

*6. 关于捐赠的习惯，我

- ○ 从来不捐钱
- ○ 有组织带头的话，会参与
- ○ 会主动寻找需要帮助的对象进行捐赠

*7. 我认为投资

- ○ 很想投资
- ○ 有点想法
- ○ 没有想法

*8. 关于如何投资，我

- ○ 一点也不会
- ○ 会一些简单的理财方式
- ○ 一直有理财的习惯

Appendix 2

Valuable values–handout

Preview

1.Translate the following words into Chinese.

1.vary v.		2.max out	
3.in contrast to		4.barrier n.	
5.district n.		6.necessity n.	
7.toothpaste n.		8.crowd funding	
9.unprecedentedly adv.		10.have no access to	
11.value v./n.		12.independence n.	
13.represent v.		14.objectively adv.	

2.Through the questionnaire of money management, what aspects do you think of should be included in money management?

Pre-reading

1.Look at the title and pictures and answer the following questions.

Whose "values" are mentioned in this passage?

____

What does "values" refer to in this passage?

____

____

____

____

Why are these "values" valuable?

____

____

____

____

While-reading

1.Read money management practices mentioned in this passage carefully and finish the following chart and mind-map.

Practice 1:

An eight-year-old girl named _________made " _____________ " for the____and ____
people in her district. Inside the bags are necessities such as __________, __________ and
____________. The money for it comes from her __________ first and then through
____________. On receiving a Kare Bag, one woman said, " You make me feel like a _________ ."

Practice 2:

_______ sent _________ to his grandchildren as birthday gifts.

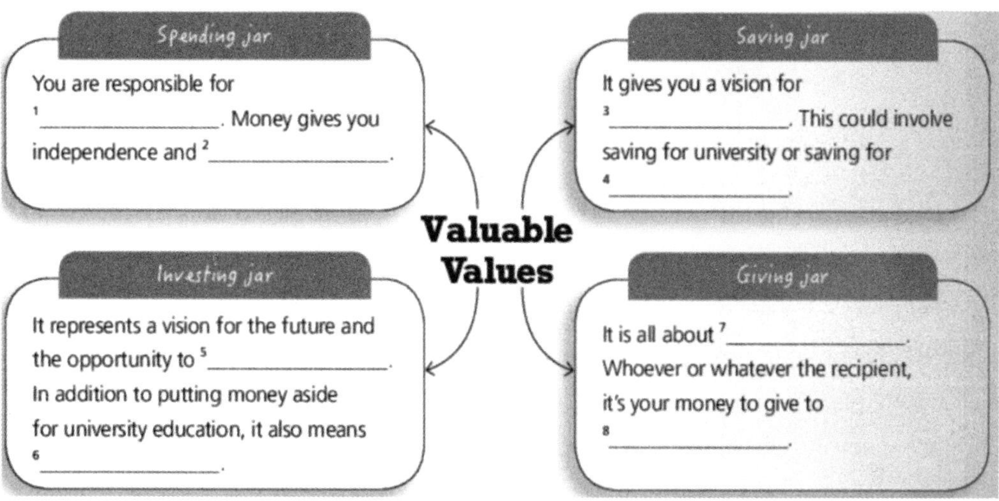

Spending jar
You are responsible for 1______________. Money gives you independence and 2______________.
Saving jar
It gives you a vision for 3______________. This could involve saving for university or saving for 4______________.
Valuable Values
Investing jar
It represents a vision for the future and the opportunity to 5______________. In addition to putting money aside for university education, it also means 6______________.
Giving jar
It is all about 7______________. Whoever or whatever the recipient, it's your money to give to 8______________.

2.Structure of this passage.

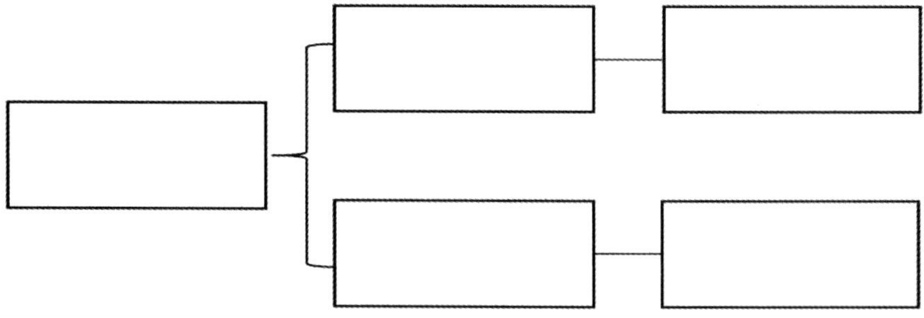

Post reading

Task setting: If you were given 1000 yuan, what would you do with it? Please make a proper plan based on four jars and your needs.

Homework

1. Check(√) the things you did in this lesson. How well can you do them? ...

	Very well	Fairly well	Not very well
1. I can summarize the results of the pie chart.	□	□	□
2. I can sort out(梳理) money management practices in this passage.	□	□	□
3. I can understand what each jar is for.	□	□	□
4. I can talk in groups to help make a plan about how to manage 2000 yuan better.	□	□	□
5. I can reflect on myself about how to manage money based on what I have learnt today.	□	□	□

2. New words I learnt in this lesson:

____

3. New reading skills I learnt in this lesson:

____

4. New ways of money management I learnt in this lesson:

____

5. The part I like/dislike about this lesson:

____

2.Based on your expenses and pocket money in one month, make a proper money management plan. Your plan should include:

How much money do you have in one month?

How many part will you divide them into?

How much money will you put in each part?

What will you do in each part?

Optional:

Share your opinions about the most important part in money management using your life experience within 8 sentences.

Or share your opinions about other things that can also be included in money management within 8 sentences.

Example 1:

I think __________ should also be included in money management. One reason is that ... The other reason is that ...

Example 2:

In my opinion, _____________is the most important part in money management. (+supporting examples)

In a word ...

【总评】

本节课基于“英语核心素养”设置了学生学习目标：通过阅读饼状图和给出的技巧，总结学生的消费习惯和理财能力；用图表和思维导图整理阅读中的理财方法；通过“四罐”和小组讨论，制定一个假想的资金管理计划，包括每个罐的份额和每个用途的位置；反思我们的资金管理，并根据今天的经验教训作出调整。本节课的教学重点是通过金钱管理的学习和课堂实践，学生能够提升金钱管理意识，并能够将课堂所学应用到实际生活中，对自己的零花钱进行管理实践。

为达成学习目标，该节课通过学情分析、教材分析、课前的问卷调查——基于本校学生的消费现状等，教师做了大量的课前准备工作，课堂通过课前问卷调查、课前预习、小组讨论和任务驱动实践等任务，锻炼学生的阅读能力、合作能力和反思意识，培养学生的金钱管理能力，合理使用金钱。

课程学习中，老师设置应用环节，采用小组代表展示，其他小组评价的方式。有呈现，有反馈。

这样做体现了新课标的教学理念：自主、探究、合作。还展现了一节有“灵魂的课堂”：老师通过自身对教材的理解促进、引导和支持学生运用已有的知识与经验，自主构建。老师讲授的目的是学生更好地学，讲多少、何时讲，该讲些什么，应视学生的需要而定，讲与不讲有机辩证。如果一味地讲就会剥夺学生在学习过程中的思考、交流和体验的机会。“如何讲”对老师的讲提出了更高的要求，老师要讲在关键处、讲在知识的概括处、讲在思维的提升处。讲的目的是提示、点拨、引导、知道。“讲”与“不讲”虽然是教学行为，但反映了老师的教学理念。

“Valuable values”课堂实录

——英语　高一年级　选择性必修　第二册（外研版）　Unit 2

执教：博雅高中英语　王　颖

评点：深圳市罗湖区教研员　冯晓林

Teacher: Good morning, everyone! Recently we’ve finished some questionnaires about your self-management, are you curious about the results?

Student: Yes!

Teacher: Ok, then we’re going to explore them today! Before exploration, let’s make sure what we have to do today and pay attention to the red words.

Student: By the end of this class, I will be able to: 1. summarize spending habits and the ability to manage money of students in Boya through reading the pie chart and given tips; 2. sort out the money management practices in reading using the chart and mind map; 3. make a supposed plan of money management through “four jars” and group discussion, including the share of each jar and places each uses in; 4. reflect on our money management and make adjustments to it.

Teacher: Do keep these tasks in mind and we’ll check them later in this lesson. Look at the pie chart based on your answers in the questionnaire. Can you summarize what the top three things students from our school spend their money on are?

Student:They are snacks, school supplies and transportation.

Teacher: Then where does most of our money go to?

Student: It mostly goes to entertainment!

Teacher: Look at this chart, what kind of information can you infer?

Student: Most of us have the habit of saving, but some of us just have no idea about how to manage money.

Teacher: Concluded from the above information, our ability of money management is great or so-so or bad?

Student: So-so.

Teacher: Then do you want to improve your ability to manage money?

Student: Yes!

Teacher: Great! Let’s start our exploration today! There is a passage talking about some good ways to manage money with the title of "Valuable values"! Look at the title and pictures, can you find the answers to these questions? Making a guess is also acceptable. Question 1: Whose "values" are mentioned in this passage?

Student: Money?

Teacher: Question 2: What does "values" refer to in this passage ?

Student: Buy things?

Teacher: Question 3: Why are these "values" valuable?

Student: Because money is valuable!

Teacher: Hahaha... fine, let's find these answers in the picture! All of you have successfully previewed the whole passage and summarized two money management practices based on the given example. I will invite one of your groups to introduce the first one to us! Who would like to have a try?

Student: Khloe Thompson donated Kare Bag to poor and homeless people. There were toothpaste, soap and socks in the kare bog.

Teacher: How did these homeless people respond?

Student: They said, You make me feel like a human being.

Teacher: Yes. Then, what's your understanding of it?

Student: Khloe Thompson gave what the homeless people need.

Teacher: Don't they need foods and money most?

Student: Maybe. But sometimes dignity is more important①.

Teacher: I love your idea. Then why does the author mention the first money management practice? What's the function of mentioning it?

Student: To prove age is no barrier to making good use of money!

Teacher: Where can you find the topic?

Student: Para 2.

Teacher: So the function of it is to ...

Student: Support the topic.

Teacher: Yes! When we try to talk about something more deeply, we may bring up the topic first, then use examples to help others better understand us. This practice is aimed to supporting the topic. We'll find similar ones later in this passage. Ok, which group would like to introduce the second money management practice?

Student: Jerry Witkovsky sent four jars to his grandchildren, which included saving, investing, giving and spending!

Teacher: Why did he send these?

Student: To teach them how to manage money well!

---

①【评点】这个答案的提炼可能有难度。

Teacher: Yes! But more than that, he gave his grandchildren four jars to give them the opportunity to learn lifelong values. Do you agree? Why?

Student: I agree! Because we can do more things with money!

Teacher: For example?

Student: Pay for online courses!

Teacher: Yes! We can learn a lot with money and find our own values. That's why Jerry sent these to his grandchildren. But how these four jars are used? Can someone make it clearer based on the mind map?

Student: In spending jar, you are responsible for your own happiness. Money gives you the independence and the opportunity to buy something you like. In saving jar, it gives you a vision for the future. This could involve saving for university or saving for special something you've seen in the story. In giving jar, it's all about kindness and helping. Whoever or whatever the recipient, it's your money to give to whatever you believe in. In investing jar, it represents a vision for the future and the opportunity to build for the future. In addition to putting money aside for university education, it also means investing in yourself.

Teacher: Well done! Then anyone of you are still confused about the four jars?

Student: No!

Teacher: Really? Hope you won't find it difficult later. So what's the author's purpose in mentioning this practice?

Student: To prove that managing money is vital to younger generations.

Teacher: Yes! I bet you have found the secret of these practices! All of them are examples to a certain topic. But what's the function of these two practices together? Try to find the answer in the beginning of this passage.

Student: To teach us how to manage money.

Teacher: Great! So now we have successfully summarized most of the structure of this passage. But how about the last paragraph? Read it silently and find out its main idea.

Student: It mainly talks about the importance of money management.

Teacher: How can you tell that?

Student: From the first sentence, it tells us the advantage of managing money.

Teacher: Nice. Now the structure of the passage is summarized here. Obviously we can tell the text type is ...

Student: Argumentation!

Teacher: Great! Do you still remember the three unsolved questions at the beginning of our class today? Let's try to solve them now! What "values" are mentioned in this passage?

Student: Managing money well.

Teacher: What does the "values" refer to in this passage?

Student: They have been summarized on the blackboard!

Teacher: Why are these "values" valuable?

Student: Because they make us a better person.

Teacher: Do you want to become a better person?

Student: Yes!

Teacher: Then let's put what we learnt today into practice! There is a task for all of your groups! If you were given 1000 yuan, what would you do with it? Please make a proper plan based on four jars and your needs including share (份额) and specific use of each. How can we decide the share of each jar?

Student 1: Money?

Student 2: Habits?

Student 3: Needs?

Teacher: All of them can be considered! Then how will you divide them into? The investing, spending, saving and giving? Talk with your members and decide your plan of share. Ok, which group would like to share your decision and reason?

Student: Our group decides to use 1/2 in spending because we want to buy something we like, use 1/4 in saving and 1/4 in giving. But if we have nothing left, we will give up giving.

Teacher: Sounds reasonable. But how about investing? Any group has the plan of investing?

Student: Yes! We decide to spend 1/3 of 2000 yuan, and save 1/3. The rest 1/3 will be divided into half, one for investing, and one for giving! Because we want to learn something to be well prepared for our future.

Teacher: Great! Both of your groups provide reasonable plans. So when we manage money, except money for necessary things, half of the rest should go to saving, and half of it can go to investing and giving. But these are just suggestions, what you really do still depends on your needs. Talk with your group members in 5 minutes and make a sound and specific plan on how to manage 2000 yuan better. The task sheet can help you.

Student: Our group decided spend 1000 yuan on books, clothes, magazines, transportation, movies, parties and something we especially like, then we will save 900 yuan for buying something expensive and give 100 yuan since we have nothing to invest.

Teacher: Any group would like to give your comments?

Student: I think they save a lot of money but investing on ourselves is worthwhile. Saving money for an online course or university is also a good choice.

Teacher: I agree. Saving is important, but how to spend the saving also needs our wisdom. Any other group?

Student: Our group decide to spend 600 yuan on parties, clothes, games, snacks and something we like. Because our parents pay for our foods, we can save 1000 yuan a month to buy a phone we want. 200 yuan will be invested and 200 yuan will be given to students living in mountainous area.

Teacher: Any group to comment?

Student: I think your group is kind to help others. And it's wonderful to save so much money! But maybe saving can also be used to travelling!

Teacher: Also a good idea! Travelling is also another way of investing ourselves! The last chance to share your plan!

Student: Our group also decide to spend 600 yuan, but we will only save 600 yuan. Because we will invest 600 yuan to learn a musical instrument! The rest 200 yuan will be given to people who need help!

Teacher: Any group to comment? ①

Student: I really love your plan. It's cool to learn something useful! I will also use some of my money to learn something!

Teacher: That's the point of sharing, so we can learn from each other! Glad to see that you all make your own plan and hope you can make it more reasonable based on your real situation! It's a pity that we almost come to the end of our lesson today. Now let's check what we have learnt today! Anyone would like to make a summary?

Student: We succeed in summarizing the structure of the reading passage and learn something meaningful from it, especially how to manage our money well. It can not only bring us benefits, but also help others in need. I guess that is what we call "valuable values".

Teacher: I love your summary! Money is important, but what makes it important is how we use it. The better we manage money, the better we ourselves will be. Ok, so let's look at these learning objectives again, do we finish them all?

Student: No!

Teacher: Which one?

Student: The last one!

Teacher: Yes, this one will be achieved through our homework today! First, we have to

① 【评点】小组互评是很好的课堂实践。

finish the Self- Assessment Log in the handout to check whether we still have misunderstandings. Second, make a proper money management plan based on your expenses and pocket money in one month. Your plan should include: How much money do you have in one month? How many part will you divide them into? How much money will you put in each part? And what will you do in each part? Also there is an optional homework. Share your opinions about the most important part in money management using your life experience within 8 sentences. Or share your opinions about other things that can also be included in money management within 8 sentences. You can find the given example in your handout. Expect to see your feedback! See you tomorrow!

Student: See you tomorrow!

师：大家早上好！最近我们完成了一些关于你们自我管理的问卷调查，你们对结果感到好奇吗？

生：是的！

师：好的，那么我们今天就一起来探索一下！在探索之前，让我们确定今天要做什么，并注意红色的单词。

生：到这节课结束时，我将能够：通过阅读饼状图表并根据所给提示，总结出本班学生花费情况和钱财管理能力；利用思维导图和表格，梳理语篇中的金钱管理实践，定位每一个存钱罐的目的和作用；通过小组讨论，利用存钱罐实践，制定一个金钱管理的计划，包括：每一份额所占比例、每一份额用途和每一份额所用之处；反思自己的金钱管理方式，对自己以往的金钱规划进行调整。

师：一定要记住这些任务，我们将在稍后进行落实。根据你在问卷中的回答看饼状图。你能总结一下我们学校学生花钱最多的三件事是什么吗？

生：买零食、学习用品和乘坐交通工具。

师：那么我们大部分的钱都花在哪里了？

生：主要用于娱乐！

师：看看这个图表，你能推断出哪些信息？

生：我们大多数人都有储蓄的习惯，但有些人就是不知道如何理财。

师：从以上信息可以得出结论，我们的理财能力如何？

生：一般。

师：那么你想提高你的理财能力吗？

生：是的！

师：太好了！让我们开始今天的学习吧！这里有一段文章是关于"有价值的价值观"，谈论一些理财的好方法！通过观察标题和图片，你能找到这些问题的答案吗？同学们也可以猜测一下。问题 1：这篇文章提到了谁的"价值观"？

生：钱。

师：问题 2："价值观"在这篇文章中指的是什么？

生：买东西。

师：问题 3：为什么这些"价值观"有价值？

生：因为钱是有价值的！

师：哈哈哈……好吧，让我们在图片中找到这些答案！你们所有人都已经预览了整篇文章，并根据给定的例子总结了两种资金管理实践。我将邀请你们的一个小组向我们介绍第一种管理实践！谁愿意试一试？

生：科勒·汤普森向穷人和无家可归的人捐赠了爱心包。爱心包里有牙膏、肥皂和袜子。

师：这些无家可归的人是怎么回应的？

生：他们说，你让我感觉自己活得像个人。

师：是的。那么，你对此有什么理解呢？

生：科勒·汤普森给了无家可归者所需要的东西。

师：他们不是最需要食物和金钱吗？

生：也许吧。但有时尊严更重要。

师：我喜欢你的想法。那么，为什么作者会提到第一次资金管理实践呢？提到它有什么作用？

生：证明年龄并不是我们管理金钱的障碍！

师：你在哪里能找到这个观点？

生：第 2 段。

师：所以它的作用是？

生：支持主题。

师：是的！当我们试图更深入地谈论某件事时，我们可以先提出这个话题，然后用例子帮助别人更好地理解我们。这种做法旨在支持这个话题。我们将在本文后面找到类似的内容。好的，哪个小组想介绍第二种资金管理实践？

生：Jerry Witkovsky 给他的孙子们送了四个罐子，其中包括储蓄、投资、捐赠和消费！

师：他为什么寄这些？

生：教他们如何理财！

师：是的！但更重要的是，他给了孙子们四个罐子，给他们终身学习价值的机会。你同意吗？为什么？

生：我同意！因为我们可以用钱做更多的事情！

师：例如？

生：在线课程付费！

师：是的！我们可以用金钱学到很多东西，找到自己的价值。这就是杰瑞把这些寄给他的孙子们的原因。但是这四个罐子是怎么用的呢？有人能根据思维导图把它说得更清楚吗？

生：在消费罐里，你要为自己的幸福负责。金钱给了你独立性和购买你喜欢的东西的机会。在储蓄罐中，它给你一个未来的愿景。这可能包括为大学存钱，或者为你在故事中看到的特别的东西存钱。在给予罐子时，一切都是为了善意和帮助。你的钱可以花在任何你相信的人或事上面。投资罐它代表着对未来的愿景和为未来建设的机会。除了为大学教育存钱之外，这也意味着对自己进行投资。

师：干得好！那么你们中有人还对这四个罐子感到困惑吗？

生：没有！

师：真的吗？希望你们以后不会觉得困难。那么，作者提到这种做法的目的是什么呢？

生：证明理财对年轻一代至关重要。

师：是的！我相信你已经发现了这些做法的秘密！所有这些都是这个确定主题的例子。但这两种做法结合在一起有什么作用？试着在这段文章的开头找到答案。

生：教我们如何理财。

师：太好了！所以现在我们已经成功地总结了这段话的大致结构。最后一段讲的是什么？默读它，找出它的大意。

生：主要讲的是资金管理的重要性。

师：你怎么知道？

生：从第一句开始，它告诉我们理财的好处。

师：很好。现在，文章的结构总结如下。显然，我们可以清晰地看出文本类型是？

生：议论文！

师：太好了！你还记得我们今天开始上课时未解决的三个问题吗？让我们现在就尝试解决它们！这段话提到了什么"价值观"？

生：好好理财。

师：这篇文章中的"价值观"指的是什么？

生：他们已经在黑板上总结了！

师：为什么这些"价值观"很有价值？

生：因为他们让我们成为一个更好的人。

师：你想成为一个更好的人吗？

生：是的！

师：那么让我们把今天学到的东西付诸实践吧！你们所有小组都有一项任务。如果给你 1000 元，你会用它做什么？请根据四个罐子和你的需求（包括分享）

制定适当的计划（份额）以及每一个罐子的具体用途。我们如何决定每个罐子的份额？

生 1：钱？

生 2：习惯？

生 3：需要吗？

师：所有的都可以考虑！那么你将如何将它们划分？投资、消费、储蓄和捐赠？小组成员互相进行讨论，并制定你们一会儿要分享的方案。好的，哪个小组想分享你的决定和理由？

生：我们小组决定用 1/2 来消费，因为我们想买自己喜欢的东西；用 1/4 来储蓄并用 1/4 去捐赠。但如果我们一无所有，我们就会放弃捐赠。

师：听起来很合理。但投资呢？任何小组都有投资计划吗？

生：是的！我们决定花掉 2000 元中的 1/3，省下 1/3。剩下的 1/3 将被分成两半，一半用于投资，另一半用于捐赠！因为我们想学习一些东西，为我们的未来做好充分准备。

师：太好了！你们两个小组都提供了合理的计划。因此，当我们管理金钱时，除了必要的钱外，其余的一半应该用于储蓄，另一半可以用于投资和捐赠。但这些只是建议，你最后做什么仍然取决于你的需求。小组内交流 5 分钟，并就如何更好地管理 2000 元制定一个合理而具体的计划。任务表可以帮助你。

生：我们小组决定花 1000 元买书、衣服、杂志，乘坐交通工具，看电影，开派对和用于我们特别喜欢的东西，然后我们会省 900 元买昂贵的东西，因为我们没有什么可投资的，所以会给 100 元。

师：有小组愿意发表你们的意见吗？

生：我认为他们节省了很多钱，但在自己身上投资是值得的。为在线课程或大学存钱也是一个不错的选择。

师：我同意。储蓄很重要，但如何使用储蓄也需要我们的智慧。还有其他小组要发表看法吗？

生：我们小组决定花 600 元组织聚会，买衣服、游戏、零食和我们喜欢的东西。因为我们的父母为我们的食物买单，所以我们每个月可以存 1000 元买一部我们想要的手机。并且将投资 200 元，再向生活在山区的学生提供 200 元。

师：有小组要评论吗？

生：我认为你们小组乐于助人。能省下这么多钱真是太棒了！但也许储蓄也可以用于旅行。

师：这也是个好主意！旅行也是投资自己的另一种方式！最后一次机会分享你们的计划。

生：我们小组也决定花 600 元，但我们只会存 600 元。因为我们将用 600 元来学习一种乐器。剩下的200元将捐赠给需要帮助的人。

师：有小组要评论吗？

生：我真的很喜欢你们的计划。学习有用的东西很酷！我也会用我的一些钱来学习一些东西。

师：这就是分享的重点，这样我们就可以互相学习了！很高兴看到你们都制定了自己的计划，希望你们能根据自己的实际情况制定出更合理的计划。很遗憾，我们今天的课快结束了。现在让我们检查一下我们今天学到了什么。有人想做个总结吗？

生：我们成功地总结了阅读文章的结构，并从中学到了一些有意义的东西，尤其是如何管理好我们的钱。它不仅能给我们带来好处，还能帮助其他需要帮助的人。我想这就是我们所说的“有价值的价值观”。

师：我喜欢你的总结！钱很重要，但更重要的是我们如何使用它。我们越能理财，我们自己就会越好。好吧，让我们再看看这些学习目标，我们都完成了吗？

生：没有完成。

师：哪一个没有完成？

生：最后一个。

师：是的，这个将通过我们今天的家庭作业来完成。首先，我们必须完成讲义中的自我评估日志，以检查我们是否对学习内容仍有误解。其次，根据一个月内的支出和零花钱制定一个适当的资金管理计划。你的计划应该包括：一个月内你有多少钱？你会把它们分成多少部分？你会在每个部分投入多少钱？你会在每一部分做什么？还有一个可选的家庭作业，用你的生活经验在8句话内分享你对理财最重要部分的看法，或者在8句话内分享你对金钱管理中其他事情的看法，你可以在讲义中找到给定的例子。期待你们的表现噢！明天见。

学生：明天见。

【总评】

本节“选择性必修二 Unit 2”课堂实录片段的教学目标是：通过阅读饼图并给出建议，总结博雅学生的消费习惯和理财能力；在阅读过程中利用图表和思维导图整理出财务管理实践；通过“四罐”和小组讨论，制定一个假想的理财计划，包括每个罐的份额和使用位置；反思我们的资金管理并做出调整。本节课的教学重点是：通过金钱管理的学习和课堂实践，提升学生金钱管理意识，并能够将课堂所学应用到实际生活中，对自己的零花钱进行管理实践。课堂通过课前问卷调查、课前预习、小组讨论和任务驱动实践等任务，锻炼学生的阅读能力提升学生合作能力和反思意识，培养学生的金钱管理能力，便于学生合理使用金钱。为达成教学目标，突出教学重点，老师做了大量的课前准备工作，如问卷调查——基于本校学生的消费现状，学生通过“主题活动、目标评价，进行自主学习，产生问题、形成需求”；师生都带着前所未有的准备走进课堂，老师依据学生所需，有的放矢地进行教学。课中，老师设置应用环节，采用小组代表展示，其他小组评价的方式，有呈现，有反馈。这样做体现了新课标中的教学理念：自主、探究、合作；还展现了一节有“灵魂的课堂”：老师通过自身对教材的理解，促进、引导和支持学生运用已有的知识与经验，自主构建。老师讲授的目的是学生更好地学。讲多少、何时讲，该讲些什么，应视学生的需要而定，讲与不讲有机辩证。如果一味地讲就会剥夺学生在学习过程中的思考、交流和体验的机会。“如何讲”对老师的讲提出了更高的要求，讲在关键处、讲在知识的概括处、讲在思维的提升处。讲的目的是提示、点拨、引导、知道。“讲”与“不讲”虽然是教学行为，但反映了老师的教学理念。总之，这节课体现了老师对新课标教、学、评一体化的理解与落实。

"'丽娅的朋友'整本书阅读展示课"课堂设计

——多维阅读　第 20 级（外研版）　第 6 课时

设计：高中部英语科组　熊婷婷

评点：高中部英语科组　梁洁文

◎本课时学习目标①

本课时在教学目标的设定上基于英语学习活动观视角下的学习理解、应用实践和迁移创新三类层层递进的活动，旨在促进学生语言知识与技能、思维水平和学习策略的多方位提升。在本课学习结束后，学生能够：

目标 1- 学习理解：提取故事中的事实性信息，概括人物的情感态度变化，获取目标词汇及语句。

目标 2- 应用实践：基于故事原文，展开问题讨论，阐释自己对故事情节、主题及人物的看法。

目标 3- 迁移创新：推理人物性格形成的深层原因，探讨人际关系与社会交往正确的价值体系，发掘故事情节、人物或主题与自己生活的关联，评价中西方文化的相似与不同等。

◎本课时学情分析②

24 位学生为深圳外国语学校高二年级学生，英语水平中等偏上，能够在常规阅读中获取表层信息，能够理解故事结构，在认词及事实性信息的提取和理解上问题不大，但在语言运用及文章深层理解方面，会有一些困难。学生较熟悉且对人际交往话题感兴趣，但受年龄阅历所限，他们的价值观并不成熟。

单元教学流程如下图所示。

---

①【评点】学习目标的设定有依有据，符合英语学科核心素养的培养目标。

②【评点】基于对学生的全面了解来设计教学活动必定会增强有效性。同时，也体现了深外"六有"好课堂当中的"有人"。

时间	内容
第一课时	学生独立进行文本的整体阅读，整体感知人物、情节及语言。
第二课时	教师系统介绍每个文学圈角色需要承担的任务，之后依照学生喜好及特点将学生分成 4 个小组，每个小组都有 6 个不同的文学圈角色。
第三课时	学生独立阅读文本，完成承担的角色任务，并填写角色任务单，教师及时给予书面及口头反馈。
第四课时	教师组织学生课上进行组内讨论，总结概括者、故事演绎者、讨论组长、词汇大师、实际生活联结者与文化发现者互相交流自己的任务成果，教师及时给予书面及口头反馈。
第五课时	教师组织学生形成同角色专家组，进行组间讨论，即所有小组的同一角色就该角色的任务成果进行进一步分享和讨论，教师及时给予书面及口头反馈。
第六课时	教师邀请小组成员在课堂上展示其作品，进行反馈评价并邀请其他小组进行评价和补充。

◎课堂导入语

该节课采用阅读圈进行小组活动，班上的 24 位学生被分成 4 个小组。每个文学圈小组有六个角色，分别是总结概括者、讨论组长、词汇大师、实际生活联结者、文化发现者和故事演绎者（见下图）。教师带领学生回顾课程内容，学生在文学圈小组内阅读故事及讨论图片。

角色名称	任务职责
讨论组长	主要负责根据本节课的故事内容提出有意义的问题，并负责组织成员进行讨论。
总结概括者	主要负责完整地复述故事和文章中值得注意的要点。
实际生活联结者	主要负责将文章内容与自己的实际生活相结合，抒发所思所感。
文化发现者	主要负责课前搜集信息，带领组员思考故事的文化背景和中外文化差异。
词汇大师	主要负责制作词汇单，寻找体现人物生活差异及表达故事主题的词块。
故事演绎者	主要负责根据文章内容，编写剧本并排练英文小短剧。

设计意图：教师带领学生回顾文本，激活已学知识。通过展示学生讨论的图片及表情包，教师能够创设愉快的学习氛围，调动学生参与课堂的积极性。

环节1：教师邀请总结概括者对小说情节进行复述。两位总结概括者用简洁生动的语言合作总结了故事的开端、发展、高潮及结局。然后，教师给出评价标准供学生进行同伴互评③[①]（见下图）。

What do you think of their performance?

Criteria	Marks
Do the facial expressions and gestures show what the characters think and feel?	1 2 3 4 5
Do the tones express how the characters think and feel?	1 2 3 4 5
Is the pronunciation clear?	1 2 3 4 5
Do performers cooperate well?	1 2 3 4 5

设计意图：教师引导两位学生梳理小说的脉络，合作梳理并展示有利于提高学生语言表达和内容理解，同时提升学生课堂专注度。同伴互评可以增加课堂评价的多样性，同时也能够锻炼学生的思维和表达能力。

环节2：教师邀请故事演绎者共同展示英文小短剧，之后进行同伴互评，教师提供的评价标准见下图。

What do you think of their summaries?

Criteria	Marks
Content	1 2 3 4 5
Language: accuracy and variety	1 2 3 4 5
Coherence and Cohesion	1 2 3 4 5
Pronunciation	1 2 3 4 5
Illustration	1 2 3 4 5

设计意图：英文小短剧增强了学生的参与感，加深了学生对于文本的理解，提升了课堂的趣味性，也给了学生锻炼口语的机会。学生在台上精彩的表现离不开台下的多次练习及与同伴的相互配合，不断修改提高的稿子记录了学生写作水平的提升和对文本理解的深化。

①【评点】老师给出评价的维度，使得学生进行评价的时候有依有据；同时也明确了学生自我反思的参考和努力的方向。

环节 3：教师列出讨论组长所提问题，同学们在文学圈小组进行讨论①。教师邀请同学回答问题并给予评价反馈，讨论组长所提问题如下。

Questions by Discussion Leader

1. What traits does each character have? Who is your favorite? (Lyn)
2. What factors may have contributed to personality differences between Lea and Izzie? (Violeta)
3. "Then she remembered when she was a young girl. She remembered that she had done something similar."(P22) What might Lea's mom have done? (Iris)
4. What do you think of the ending? Were you the author, would you have ended the story this way ? Why? (Carin)

设计意图：这一环节展现了学生与文本、教师、学生的互动。教师通过一系列问题链，深化了学生对于故事情节、人物形象及主题意义等的理解。针对同伴给出的答案，学生并未被动接受，而是主动提出自己的观点，有利于激发学生主动性与创造力，培养批判性思维。

环节 4：教师邀请词汇大师展示描述主人公差异的词汇，讲解自己所选择的词汇及选择相应词汇的原因（见下图）。四位同学分别从衣着、生活方式、父母性格及生活环境四个方面对比两位主人公的差异。

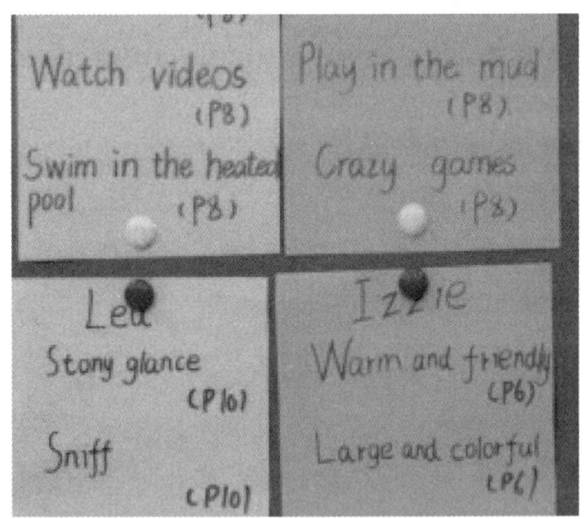

设计意图：引导学生关注文本中的语言形式及其在篇章中的功能，扩充学生的语言知识，加强学生的篇章意识，将语言知识与主题意义相结合，让学生不再脱离语境机械学习单词，符合新课标的核心理念。

①【评点】鼓励学生积极思考、敢于批判与质疑并提出问题，能有效提升学生的参与度和促进学生高阶思维的发展。

环节 5：教师邀请实际生活联结者分享从小说情节、人物和主题联想到的现实生活的人和事，四名学生分别谈论了父母眼中最佳好友的标准、父母的陪伴、家庭规则等。①

设计意图：学生将在故事中所获取的信息与自己的生活建立起关联，进行信息提取和概念整合。在这一过程中，他们既学习了语言知识，增加了社会文化阅历，也使用了语言技能，提高了表达观点的能力。当学生建立了文本与自身的联系时，他们能更加理解故事中角色的感受与想法，加深对文本的理解，实现对学生思维品质和语言能力的锻炼。

环节 6：教师邀请文化发现者通过 PPT 展示故事中呈现的中西方差异。三位学生分别展示了在剪发、互送卡片、校服穿戴、父母教育四方面中外文化的差异，之后进行同伴互评（见下图）。

What do you think of their presentation?

Criteria	Marks
Content: cultural points	1 2 3 4 5
Language: accuracy and variety	1 2 3 4 5
Delivery: eye contact, gesture	1 2 3 4 5
Pronunciation and intonation	1 2 3 4 5

设计意图：教师通过布置 PPT 展示任务，旨在锻炼学生使用信息技术的能力。通过引导学生思考中外文化异同，促进学生深层思考，增强文化意识，落实英语学科核心素养。同伴互评增加课堂评价多样性，锻炼学生思维及表达能力。

环节 7：教师给出评价标准（见下图），邀请同学们评价 *Lesson from Lea*《丽娅的朋友》这本书。

How many stars would you give to this book? ★★★★★

Criteria	Marks
Plot	1 2 3 4 5
Character description	1 2 3 4 5
Language	1 2 3 4 5
Theme	1 2 3 4 5

设计意图：教师邀请学生整体感知并评价文本。该活动能够帮助学生综合运用语言技能，培养批判性思维，加深对主题意义的理解。

①【评点】这一环节是深层次的阅读教学活动，引导学生建立与文本的关联，使阅读真正地发生，阅读的价值得以实现。

环节 8：布置课后作业：鼓励学生改变故事中的一个细节，如改变故事发生的场景，或添加或删除一个人物，或改变故事发生的一个事件等，并解释此种改变会给整本书带来什么影响。①

设计意图：该改写练习帮助学生整合原文本中的语言知识及情感态度，进而创造性地表达他们对于故事的理解，实现知识内化与迁移。

◎教学评价②：

1. 教师评价：教师在课上根据学生的回答给予及时的反馈；也要求学生上交各自完成的角色任务单，了解学生的所思所想，给予及时的引导和个性化评价。

2. 同伴互评：总结概括者展示、故事演绎者展示、文化发现者展示之后皆有同伴互评。

3. 学生自评：学生课下及时撰写反思日志，评价自己的课堂表现。

◎教学反思：

基于现场的授课体验及与学生的交流，授课教师对于阅读圈应用于整本书阅读的教学实践有以下两点深刻体会。第一，将阅读圈应用于整本书阅读有利于培养学生的英语学科核心素养。例如，讨论组长需要全面理解文本，提出质量高可供小组成员讨论的问题，而非简单的事实判断问题，思维品质得以锻炼提升。词汇大师角色促使学生关注目的语的使用，通过鉴赏和评价来促进理解能力和表达能力的发展，从而提升语言能力等。第二，教学设计要"以生为本"。教师通过阅读圈任务驱动，将课堂大部分的时间都留给学生。教师退居幕后，进行总结、追问、评价及升华。当课堂上出现质疑时，教师应引导学生根据文本多处信息源发表观点，以理服人。当学生努力用语言去表达自己和解决分歧时，学习才能真正发生。

【总评】

这节阅读课的教学设计从多维目标的设定、多维评价的实施、环环相扣的教学环节和丰富多样的教学活动的设计以及学生良好的课堂参与度和获得感，都体现了教师扎实的专业素养与教学组织能力，并一起成就了一节具有高度示范性与借鉴价值的展示课。

---

①【评点】一节好课少不了精心设计的作业。这个作业基于课堂学习内容又高于课堂学习内容，既能巩固教学内容，又能培养学生的创造力和思辨力。

②【评点】多维度的、有效的、可实施的教学评价是本课的一大亮点。

"'丽娅的朋友'整本书阅读展示课"课堂实录

——多维阅读 第 20 级（外研版） 第 6 课时

设计：高中部英语科组 熊婷婷

评点：高中部英语科组 梁洁文

课堂导入语：该节课采用阅读圈进行小组活动，班上的 24 位学生被分成 4 个小组。每个文学圈小组有六个角色，分别是总结概括者、讨论组长、词汇大师、实际生活联结者、文化发现者和故事演绎者。教师带领学生回顾课程内容，学生在文学圈小组内阅读故事及讨论图片。

T: Good afternoon, my dear students.

Ss: Good afternoon, Sophia.

T: Please turn around and face the audience. All the discussion leaders, please say hi.

Discussion leaders: Hi (waving their hands happily)

……（教师引导其他角色依次向观摩教师问好）

T: Sit down please. In the past weeks, after careful reading, all of you have already discussed with your group members and students who have the same role (showing the pictures of student discussions). Now are you ready for our journey of exploring Lesson from Lea? ①

Ss: Yes!

环节 1：教师邀请总结概括者对小说情节进行复述。两位总结概括者用简洁生动的语言合作总结了故事的开端、发展、高潮及结局，然后，教师给出评价标准供学生进行同伴互评。

T: Before making comments on a story, we have to know its storyline. Let's invite our summariser to come to the front and give a summary. Who wants to go?

Ss: We want to do it together. We also have pictures drawn by Bianca and Iris!

T: Let's welcome Bonnie and Focus. (applause)

Bonnie: Lea, a girl born in a rich family, wanted to be ordinary. Her only real friend was Izzie from an underprivileged family. The friendship was discouraged by Lea's mum who

①【评点】把这节课的教学活动称作"our journey of exploring Lesson from Lea"，而不是简单的 reading 或 learning about，很生动地点出了这节课的过程性、体验感与深入度。

believed her daughter should only make friends with rich kids. After Lea visited Izzie's home and came back with grass-stained jeans with holes, Lea's mom banned her from hanging out with Izzie after school. Afterwards, faced with Izzie's frequent invitation, Lea racked her brains and came up with many excuses to refuse Izzie. Knowing that she wasn't invited to Lea's birthday party and unaware of Lea's situation, Izzie confronted Lea, who finally told her the truth. Do you want to continue, Hao?

Focus: Yes, thank you, Bing. To Lea's surprise, Izzie was very understanding. In order to go to Izzie's home again, Lea chose to lie to her mom by saying she was going to the rich Simmons. However, due to the sudden mudslide that blocked the road, Lea couldn't go back home on time. Informed of Lea's whereabouts, Lea's mom, who was extremely worried, rushed to the Berryman's. Receiving a warm welcome and recalling her own childhood, Lea's mum finally changed her attitude towards the Berryman's and friendship. She realized that money and possessions were not as important as how you treated others. Later, Lea was grounded for lying. Her mom invited all the Berryman's home and planned to have a party with only people in the valley on the invitation list, saying that she has learnt a lesson from Lea.

T: Well done. We are so impressed! Who wants to make some comments on their summary?（此处及后续评价环节，教师均用 PPT 呈现评价维度，供学生参考）①

Charlotte: Me! I can give them probably all five but four on pronunciation. Their summary and those pictures are amazing, but I think their oral English still needs improving.

T: You guys have done a really good job. From this, we know that we can make a summary both verbally and visually, right?

Ss: Yes!

环节 2：教师邀请故事演绎者共同展示英文小短剧，之后进行同伴互评。

T: In the story, we have a beginning and an ending. What do we call the most exciting part of the story?②

Ss: Climax.

T: Yes! What is the climax in this story?

Ss: Lea's mother coming to Izzie's house.

T: Why do you say this is the climax?

Amanda: Because at that time, Lea's mother is furious, while Lea is so frightened. It's like something big is going to happen.

---

①【评点】本课的一大亮点是课堂评价的多维度，除了有老师及时的评价外，还有同伴互评与学生自评；老师给出评价的维度，使得学生进行评价的时候有依有据；同时也明确了学生自我反思的参考和努力的方向。

②【评点】这种提问能有效提升学生分析文本结构的意识。

T: Yes. There is conflict between them right? Do you want to go over that part again?

Ss: Yes!

T: We've got some really talented performers here. Please come to the front.

（Students' show time 学生表演短剧①：Charlotte, Evan, Alice, Emily, Layla）

T: You guys look like movie stars. Please be seated. What do you think of their performance?

Amanda: I would like to give all 5. Their body language was vivid and expressive. They had really fluent pronunciation. I could hear all my classmates laughing loudly all the time, but the performers did not laugh.

T: They have really good stage control, right?

Amanda: Yes. I really admire that. They are very professional.

T: Indeed, Let's give them big hands again.

环节 3：教师列出讨论组长所提问题，同学们在文学圈小组讨论。教师邀请同学回答问题并给予评价反馈②。

T: Layla, which question do you want to answer?

Layla: I want to answer the first question. I think Lea's obedient.

T: Why do you say so?

Layla: Because when Lea's mother told Lea not to play with Izzie, she just followed at first. I think Lea's mother is very strict. Like what I said.

T: She had many requirements for Lea, right?

Layla: Yes. I think Izzie is very enthusiastic. She is always happy and energetic. Izzie's mom is very positive. When Lea came to Izzie's house first time, Izzie's mom is very welcome.

T: You mean her mother welcomed Lea warmly, right? Who is your favorite then?

Layla: Izzie's my favorite, because when she knew she wasn't invited, she still forgave her and played with her. If my friend doesn't invite me to her party, I'll definitely be angry and break the relationship with her.

T: So you really appreciate Izzie's understanding nature. Any other ideas?

Kate: Lea's my favorite, because she is very innocent. She doesn't care about money.

T: So she doesn't care about money. Very good answer. Any other ideas?

Carin: First, I disagree with Layla, because Lea lied to her mother, she is not that obedient. Also, if Lea is too obedient, there won't be a story.

---

①【评点】学生创造性地再现语言、使用语言，增加参与感与趣味性，加深对语言的理解，促成语言知识的运用。

②【评点】讨论组长这个角色以及其任务的设定，鼓励学生积极思考、敢于批判与质疑，能有效促进学生高阶思维的发展。

T: You mean that the story will be too plain without any exciting plot, right?

Carin: Yes. Also I'd like to talk about Lea's mother. Many people think she is snobbish, but I think she is very concerned about Lea. Her worries about Lea's friendship are normal in reality.

T: So Lea's mother is a mother that cares about her daughter, just like other mothers in the world.

Linda: I want to answer the second question: what factors may have contributed to personality difference between Lea and Izzie? In my opinion, those two families have different family backgrounds, living conditions, social circles and family education. Lea's mom, always regards Lea as a noble woman, but Izzie is relatively not that rich.

T: So family backgrounds have great effects right? Very good! Anything to add?

Kate: I think because Izzie plays crazy games like sliding down the slopes, but Lea just stays at home and watches videos every day. I think that's one of the reasons.

T: Kate is saying that because Lea plays indoors while Izzie plays outdoors, so maybe that can also be one of the reasons why Izzie is more outgoing. Great answer, sit down please! Any other ides?

Violeta: I think the way of parenting is the key factor that leads to their character differences. Lea's mother is snobbish and dominant, while Izzie's mom is kind and warm-hearted, so their world view and ways of educating their kids are totally different. All these contribute to their personality differences.

T: So, in addition to family conditions and all those daily activities, Violeta mentioned another point, which is way of parenting. Because Lea's mother and Izzie's mother are totally different people, so they educate their kids in different ways. It is also important to know that daily activities are also influenced by their way of parenting and family financial conditions.

环节 4：教师邀请词汇大师展示描述主人公差异的词汇，讲解自己所选择的词汇及选择相应词汇的原因。四位同学分别从衣着、生活方式、父母性格及生活环境四个方面对比两位主人公的差异。

T: Based on those questions, the main characters in the story, Lea and Izzie, are they similar or different?①

Ss: Different!

T: Yes, their differences can also be seen from the expressions used in the story. Now, Let's welcome our word masters to present the words they have found.

Winny: The phrases I found are about the differences in clothes between Lea and Izzie. Lea was born in a rich family, and her mother often tells her that she is a privileged child.

①【评点】承上启下，引导学生从上一个环节自然过渡到下一个环节，环环相扣，逻辑紧密。

Therefore, she often wears “designer clothes”, and “latest footwear”. She is asked to dress like a child of a royal family, even though Lea doesn’t want to. Her clothes are both fashionable and high-quality, which can be seen from the expression “smooth material.” However, Izzie was born in a poor family. Having four siblings, she can only wear “torn jeans” and “bare her feet” whenever she could. When she plays games, she doesn’t really care whether her clothes get “grass stains”. From those expressions, we can tell Lea and Izzie have totally different family financial condition. That’s all, thank you!

T: Very sharp contrast. Who is next?

Amanda: Here are some phrases describing their totally different living conditions. First, the phrases are “a huge mansion” and “a small wooden one”. The adjectives “huge” and “small” show the difference in the size of the house. What’s more, “mansion” means “a large and imposing house”, while “wooden” can be a symbol of poverty. Secondly, the phrases are “a tennis court”, “fancy cars” in comparison with “crying out for care” and “slide through holes”. We can infer that Lea’s family is rich enough to afford expensive facilities. On the contrary, Izzie’s house is crying out for care ,with rain water dripping from the hole. “Cry out for care” uses personification, which vividly gives life to the house needing repairing. The last phrases are “great iron gates” and “old iron roof”. Although both made of iron, the iron gates are strong, while the iron roof is cold in winter and hot in summer. With the adjectives “great” and “old”, the contrast becomes even more obvious.

Linda: It’s my turn. Here are phrases I found showing the huge differences of lifestyles between Lea and Izzie. The first two, for example, are “lie around in the large bedroom” and “slide down slopes”. The phrase describes Lea’s status at home ---- She has nothing interesting to do, that is to say, her life is boring. But the phrase for Izzie “slide down slopes” shows us how exciting her life is. The second two are “watch videos” and “play in the mud”. Together with the third pair, “swim in the heated pool” and “crazy games”, those phrases show that Lea mostly play indoors by herself while Izzie prefers outdoor activities. This is also one of the most important factors that shaped the different personalities of Lea and Izzie. Lea’s life is more restricted, while Izzie enjoys more freedom.

T: Which expression is your favorite?①

Linda: I like “slide down slopes” the best, because it uses alliteration, which can make the language more vivid and ...(停顿中)

T: More musical, like the flow of music.

Linda: Yes, that’s what I want to say!

Evan: Ladies first. The phrases I found are about the personality differences between

①【评点】尊重个性差异，鼓励学生独立思考、做出个性化的判断。并由此引出“赏析语言”这一环节。

Lea's and Izzie's mum. First, words about Lea's mother. The first one is "stony glance". "Stony" means showing little sympathy and "glance" means looking quickly at something. Together they mean looking quickly at something coldly. It vividly shows that Lea's mother was not happy and unwilling to let Lea play with the Berrymans. The second word is "sniff". It means saying something in a complaining or disapproving way. Like the first one, this word also specifically shows Lea's mother was critical of Lea getting too close to Izzie. The third sentence is "Her mind was closed like a steel trap". A steel trap is a trap made of steel with a strong sharp tooth-like projections to hold the prey. The simile vividly describes Lea's mother's stubbornness and aggressiveness. However, the words describing Mrs. Berryman are quite different. I found warm and friendly. There is also another word: "colorful". It means having striking colors, which shows that Mrs Berryman is interesting and full of variety, which matches her career as an artist. There is also a simile saying Mrs Berryman smells like a warm bun straight from the oven, which makes readers feel warm and pleasant. All these phrases help form sharp contrast between two mothers.

T: Very fluent, good job! Guys, what are your favorite words?

Ss: Crying out for care.

T: Why?

Ss: It is very vivid. It uses personification.

T: Yes, we can use rhetorical devices to make our language better, such as personification. Among those phrases, what other rhetorical devices have we used?

Ss: Her mind was closed like a steel trap. It uses simile.

T: Exactly! So we have used rhetorical devices and also here, if you pay attention, "crying out for care", you hear some...①

Ss: Voice.

T: Yes, the sound. Also we have "smell like a warm bun", we have...

Ss: Smell.

T: Excellent! Are there other senses that you can find?

Ss: Sight.

T: Where is it?

Ss: Grass stains.

T: What senses are missing here?

Ss: Touch and taste.

T: Where is touch?

Ss: Slide down the slopes.

T: That's more like sight.

---

①【评点】启发学生对"感官细节描写"这个写作手法的关注与应用，完成从读到写的过渡。

Ss: Smooth material.

T: Well done. So during your writing, you can use rhetorical devices, and five senses to make language better.

环节 5：教师邀请实际生活联结者分享从小说情节、人物和主题联想到的现实生活的人和事，四名学生分别谈论了父母眼中最佳好友的标准、父母的陪伴、家庭规则等。

T: Despite all the differences, do you think they have any similarities?

Ss: Yes. They are both teenagers. I guess that's why they can be friends.

T: Very good point indeed! You guys are also teenagers. Is there any connection you can make between you and those characters in the story?①

Lauren: On page 10, Lea's mom said "I want you to find some decent friends, more like us." Knowing her mother was wrong, Lea dare not tell her mom that she disagreed with her, and lied to play with Izzie. I think Lea should have queried and communicated with her mom directly. When I was a primary school student, my parents wanted me to play only with those who got excellent academic performance. I believed parents shouldn't make too many rules for us, especially about the choice of friends. So I asked them why, and they said, "it's good for you. When you grow up, you will understand". I argued with them, saying we can learn different things from different people. It's true that those top students have some good qualities, but others also have many good qualities that we can learn. Maybe they are good at computer science and have broader views, and some are simply fun to be around with. Eventually, my parents understood and allowed me to play with different kinds of people afterwards. As a social being, we receive information from different places every day. It's important for us to think independently. We can't just go with the flow.

T: You are very well-prepared and you have got a very charming voice. Lauren mentioned a word "query". What does this word mean?

Ss: Maybe ask.

T: Close enough. It means expressing doubts. Like Lauren said, when having doubts, we have to learn to express our doubts instead of just accepting them and going with the flow. Other connectors?

Jane: On page 12, we know that Lea's dad was busy with work and couldn't spend much time with Lea. This is quite common in society when the father works really hard and ignores the importance of communicating with their kids. When I was 9 years old, my dad worked in Daya Bay, far away from our home. He came home once a week at that time. The time when

① 【评点】"实际生活联结者"这个角色及其任务的设定，是深层次的阅读教学活动，引导学生深入阅读、建立与文本的关联，使得阅读的价值得到真实体现。

he came home was the happiest moment for me.

T: Is your father still busy now?

Jane: No. He still works for the same company but different branch. It is closer to our home, so he can come home every day.

T: That's great for you! Very good！

Candy: Everybody, please turn to page 10. It's the same sentence like Lauren. In the story, Lea's mother asked Lea not to play with poor children like Izzie. It's obvious that Lea didn't like it. There are also some strange rules in my family. For example, my father doesn't allow me to lock the door of my room because he thinks I don't have a good control over myself so without parents' supervision I will not work hard. In addition, my parents often say that it's dangerous for a girl to go outside at night so I must get home before 9 p.m.

T: Candy talked about her special family rules. Is there any special rule in your family?

Charlotte: I have to sit straight while I am eating.

T: Good habit!

环节 6：教师邀请文化发现者通过 PPT 展示故事中呈现的中西方差异。三位学生分别展示了在剪发、互送卡片、校服穿戴、父母教育四方面中外文化的差异，之后进行同伴互评。

T: Although we are teenagers like Lea and Izzie, there are still many cultural differences between us. Now, let's invite our culture collectors. They are going to do their presentations using the slides.

Bianca: From pictures on page 4, we can see at school Lea wears her hair in a bun with a flower-shaped band, while Izzie lets down long curly hair with fringe. Their hairstyles are more colorful than ours. So, the first cultural difference I want to share is students' hair styles at school. Aren't they beautiful? I wanted to have these hair styles too. Unlike Lea and Izzie who can choose their hairstyle, I quit when thinking of the school "standards". Letting down long hair below the chin is not accepted, and no fringes (if there are fringes, eyebrows should be visible). Please be realistic, I said to myself. Full of envy, I can't help thinking: Why are Chinese and American attitudes to students' hairstyle so different? In China, having simpler hair style can save time. Washing and caring long hair consume more time, while time is what high school students need. In addition, this will help reduce the chance of puppy love so students will focus more on academic study. Thirdly, it can also help avoid comparisons and reduce peer pressure. When a new hairstyle comes in, you just want to have it! Also, in the story, Lea said "she wanted to be ordinary, cut her own hair." For ordinary western girls like Izzie, they can cut their own fringe. However, in China this is not encouraged by the elder generations. As an old Chinese saying goes, "Your body, hair, and skin are bestowed by your parents." (身体发肤受之父母) You have to take so much care of them to show your respect for your parents. However, in America, most children are allowed to grow by trial and error, cutting their own hair, except kids like Lea who has a dominant mom. As a Chinese, I cut my own special fringe. You might ask why. I've always had open and sincere communication with my parents. I respect their choice and they respect mine.

T: Very fluent!

Ashley: In the story lesson from Lea, Izzie sent Lea a get-well card after hearing that Lea's Grandma was sick. However, Chinese may react differently in this situation. So, today I want to share some cultural differences about sending cards. In the United States, greeting cards are closely related to life, with annual sales of at least 6.5 billion. There are greeting cards for important holidays such as Christmas, and Teachers' Day. You can also send cards on other occasions. For example, when friends go to university, graduate, get married, and have babies, you can always find the right card to express your feelings. Some cards are sent out even in different seasons to express season's greetings. But in China, people obviously prefer to express their greetings verbally by making a phone call, paying a visit or by giving a big red envelop. Despite the cultural differences, sending cards and talking in person are both the expression of love worth cherishing. Lindsay Roy said that no matter how the form of love changes, experiences, memories, and affection will last forever with the passage of time.

T: We are so impressed!

Shirly: From the picture on page 4 and 5, we learn that Lea and Izzie don't have to wear uniforms at school, which reflects the differences between Chinese and foreign cultures. Firstly, most schools in China require students to wear uniforms while most schools in the west allow the students to go to school dressed in their own way. When it comes to the design and color matching, while Chinese school uniforms tend to be simple with stripes, those in the foreign countries tend to be artistic, varied and stylish. Why should we wear uniforms? The reasons may be similar to those stated for the hair style. Firstly, it is conducive to more convenient management of the school. Secondly, the dress code can help cultivate students' positive values, to pursue internal beauty rather than external vanity. In my view, although wearing school uniforms may seem to suppress students' natural desire for beauty, it is actually more beneficial to the sustainable development of students. On page 14, Lea made an excuse, saying she was grounded because her mother caught her texting late at night. On page 24, Lea was really grounded by her mother for telling lies. However, in China, parents seldom ground their children. Ways of punishment from parents, therefore show cultural differences. When you do something wrong, what will your parents do? Shouting like King Kong? For Chinese parents, physical punishment, is traditional and can be seen now and then. This is not seen as a wise choice. but the reasonable use of it sometimes works well in teaching children a good lesson. Besides, depriving children of some rights is also widely applied. When a child is found playing phone games with his homework ignored, parents will confiscate the phone and suspend their pocket money. Finally, some parents may demand their children to apologize and do self-reflection, which is often adopted by more open-minded parents. However, the punishments given to their children by western parents are partly different. You know, in the US the parents who punish their children physically may invite the police to their doors. When kids do something wrong, western parents prefer to wait patiently, letting children experience the consequence by themselves. In this way, those kids can be more responsible for their own behavior and learn to discipline themselves.

T: Thank you so much! I think they have done a pretty good job! So which way do you prefer? Sending a card or paying a visit?

Ss: Paying a visit.

T: Why?

Charlotte: I think face to face is much better than a card. Nowadays we often communicate on Internet. But I think nothing is better than you stand face to face and talk.

T: Excellent! Paying a visit is more personal. That's why we need to stick to Chinese style. We should be proud of our culture.①

环节 7：教师给出评价标准，邀请同学们评价 *Lesson from Lea*《丽娅的朋友》这本书。

T: After discussing so many aspects of this book, what mark would you give to this book?

S1: Five.

T: Why?

S1: We have learnt a lot!

T: Any different ideas?

S2: Four.

T: Why?

S2: Because the ending is way too convenient. We need more details!

T: We have mentioned the benefits of reading. Since you are all teenagers, you share some similarities with characters in the story. So we have this saying: Great books help you understand, and they help you feel understood.② So reading can change your...

Ss: Thinking.

T: So in other words, "words can change your worlds". Remember that, that's why we need to be more devoted to reading in the future. Do you think you guys can do that?

Ss: Yes!

---

①【评点】引导学生通过客观的文化比较，提升对自己民族传统与文化的认同感与自豪感。

②【评点】加深学生对阅读的功能与价值的认知，促使学生多阅读、多思考，实现阅读教学的意义。

环节 8：布置课后作业：鼓励学生改变故事中的一个细节，如改变故事发生的场景，或添加或删除一个人物，或改变故事发生的一个事件等，并解释此种改变会给整本书带来什么影响。

T: After being an active reader, now it's time for you to become the author. Please change a detail of the story, such as altering the setting, adding or deleting a character, or changing an event of the story, and explain how this modification will affect the whole book. Are you clear about it?

S: Yes!

【总评】

该阅读展示课以学生为主体，通过"阅读圈"的形式，鼓励学生自主阅读，独立思考，自由表达和大胆质疑，符合《课标》所倡导的指向学科核心素养发展的英语学习活动观和自主学习、合作学习、探究学习等学习方式，有利于培养学生的英语学科核心素养。每个角色及其任务的设定，都具有较高的科学性、可操作性以及可评价性。在阅读过程中，总结概括者归纳概括的思维认知能力得到培养。讨论组长提出的问题可以有效训练学生的思维能力，通过分析、评价、批判，学生的高阶思维得到锻炼和提升。词汇大师角色促使学生关注主题语境下目标词汇的使用，从而提升学生语言能力。实际生活联结者对文章中内容进行联系、分析、评价、阐释等，这一系列思维活动能够极大提升思维品质。故事演绎者编写剧本并排练英文小短剧，提升语言能力及合作学习能力。文化发现者的展示能够培养学生文化意识，使学生在学习语言的同时增强文化敏感度，提升客观看待和反思文化差异的能力。总而言之，这是一节具有很高示范性与借鉴价值的展示课，体现出执教老师对文本深刻到位的解读以及自身强大的专业素养，也展现了学生扎实的英语语言基础和良好的英语学习能力。

“函数的概念与性质”课堂设计

——数学　高一年级　必修　第一册（人教版）　第三章

设计：龙华部　陈　萍　马　爽

评点：龙华部　苏永潮

◎设计导语

客观世界里面有丰富多彩的运动变化的现象，其中很多的变化现象几乎都表现为变量间的一种对应关系，而这种对应关系往往可以借助函数模型来加以描述，而且我们能够通过探究函数模型掌握对应的运动变化的相关规律。

函数是贯穿高中数学的一条主线，是解决问题极为重要的基本工具；函数概念以及其中所反映出来的数学思想方法已经逐渐渗透到数学的方方面面，是学生深入学习数学的关键。另外，函数相关的知识在实际中有着广泛的应用，同时还是学习和研究其他学科领域的重要基础。

本单元学生将在初中学习的函数概念的基础上，借助具体典型的实例来学习用集合语言与相关的对应关系去描述函数的概念。利用函数不同的表示法，提升对函数概念的理解和掌握，初步掌握借助精确的数学符号语言来表述函数的性质的方法。同时，利用学习幂函数的过程来学习函数的相关的内容、过程和方法。就“函数的概念与性质”这一大概念，我们提炼了四个环节，环环相扣，紧扣主题进行设计①。

具体来看，本单元包括四节内容：3.1 函数的概念及其表示，3.2 函数的基本性质，3.3 幂函数，3.4 函数的应用。这一知识结构相关体系表达了研究一个数学对象以及相关应用的基本思路与方法。

◎任务框架

本单元课堂设计任务安排如下图：

①【评点】大单元设计围绕“函数的概念与性质”这一大概念进行设计，体现了新课程、新教材大单元设计的用意。设计的四个环节体现了“深外好课堂要有清晰的衔接性与系统感”的思想。

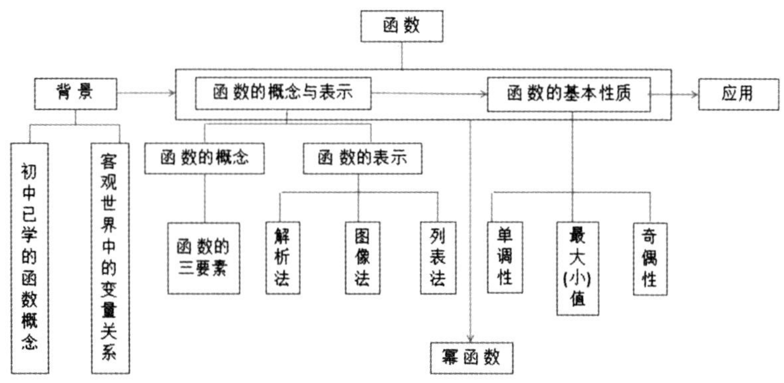

◎学习过程

环节一　3.1 函数的概念及其表示（4 课时）

学习任务 1：分析教材第 60 页至 62 页的问题 1 至问题 4，思考上述问题中的函数有哪些共同特征？由此你能概括出函数概念的本质特征吗？

学生阅读教材的四个问题，建立小组合作模式①，小组成员理解并归纳问题：自变量的集合、对应关系、函数值所在集合以及函数值的集合，小组合作完成下表。

教师 PPT 展示：

问题情境	自变量的集合	对应关系	函数值所在集合	函数值的集合
示例：问题 1	$A_1=\{t\mid 0\leqslant t\leqslant 0.5\}$	$S=350t$	$B_1=\{S\mid 0\leqslant S\leqslant 175\}$	B_1
问题 2				
问题 3				
问题 4				

通过上表，引导学生得出它们的共同特征：

（1）都包含两个非空数集 A,B。

（2）都有一个对应关系 f。

（3）尽管对应关系 f 的表示方法不同，但它们都有如下特性：对于数集 A 中的任意一个数 x，按照对应关系，在数集 B 都有唯一确定的数 y 和它对应。

设计意图：

能通过丰富具体的实例，用归纳的方式概括出函数的概念，并用建立在集合语言与对应关系基础上的函数概念去理解函数；能够说出构成函数的三要素。

①【评点】课堂要把更多时间交给学生，建立小组合作模式，让学生行动。唯有学生时时躬行，才会获得真知。让学生先思考，再小组内讨论，再请学生上台分享。因为审查知识就是主动思索、自主建构知识的过程。

教师点拨：

教学中教师可以先给出问题 1 的示范，后面的几个实例都要求学生在独立思考的基础上进行模仿性表述，让学生熟悉这种语言的表述方式。

学习任务 2：研究函数时常会用到区间的概念，那什么是区间呢？如何能说两个函数是相同的呢？

让学生先阅读教材第 64 页关于区间的相关概念，请学生根据自己的理解完成下面的表格。在填表格的过程中，让学生进行不等式、区间与数轴表示的互相转化，来熟悉区间的概念。

教师 PPT 展示：

含义	名称	符号	数轴表示
$\{x\|a\leqslant x\leqslant b\}$	闭区间	$[a,b]$	
$\{x\|a<x<b\}$	开区间	(a,b)	
$\{x\|a\leqslant x<b\}$	半开半闭区间	$[a,b)$	
$\{x\|a<x\leqslant b\}$	半开半闭区间	$(a,b]$	
$\{x\|x\geqslant a\}$			
$\{x\|x>a\}$			
$\{x\|x<b\}$			
$\{x\|x\leqslant b\}$			

设计意图：

能用区间正确表示函数的定义域、值域；能够解出简单函数的定义域；能根据自变量的值正确计算出对应的函数值。

教师点拨：

教师介绍“区间”概念，“两个函数相同”及其判断，进一步加深学生对函数概念以及函数记号的理解。课上可以让学生自己阅读教材，再进行不等式、区间与数轴表示的互相转化，来熟悉区间的概念。

学习任务 3：在初中我们已经接触了函数的三种表示方式，比较一下，它们各自的特点是什么？

让同学们再次分析教材第 60 页至第 62 页的问题 1 至问题 4，通过具体应用，比较函数的三种表示法，体会各自的特点，为下一课时函数在实际情境中的应用做准备。同时在讲解例题的过程中介绍分段函数的概念及其表示。

教师在黑板上进行总结：

（1）解析法，就是用数学表达式表示两个变量之间的对应关系，用一个等式表示。

（2）图像法，就是用图像表示两个变量之间的对应关系，常常用于生产和生活中。

（3）列表法，就是列出表格来表示两个变量之间的对应关系，如银行的利率表、列车时刻表等。

设计意图：

在实际情境中，会根据不同的需要选择恰当的方法（如解析法、列表法、图像法）表示函数，体验解析法、列表法、图像法的应用，感受各自的特点。

教师点拨：

教材的四个实例为学习函数的三种表示方法做了铺垫。实际教学时，可以先引导学生比较三种表示方法各自的特点，师生再一起进行评价并总结。在这个阶段的教学中，在了解三种表示法各自优点的基础上，重点在于使学生面对实际情境时，会根据不同的需要选择恰当的方法表示函数。

学习任务 4：对于一个具体的问题，如果设计函数，我们应当如何恰当地表示问题中的函数关系呢？

对学生进行分组，给学生 10 分钟时间阅读教材第 69 至 70 页的例 7 和例 8，让学生在小组内分享看法和交流。

教师在巡视学生学习和交流的过程中，及时引导学生观察图像，学习如何从图像上获取有用的信息。让学生尝试用函数模型去表达实际问题，同时进一步学习分段函数的表示，让学生体会分段函数在实际应用中的价值。

请各个小组的代表上讲台分享本组的想法，教师最后根据学生的发言进行总结。①

设计意图：

通过两个实际问题，引导学生观察图像，学习如何从图像上获取有用的信息。让学生能够在实际的生活情境中，根据不同的需要，选择恰当的方法来表示函数，对于一些简单的函数，能根据函数的解析式画出函数的图像。

教师点拨：

安排两个实例，不仅能够让学生尝试用函数模型去表述实际问题，培养学生用数学的眼光观察、分析并解决身边问题的能力，而且渗透了公民意识教育。让学生进一步体会根据问题的特点恰当选择函数的表示法，能更方便地理解并解决问题。

环节二 3.2 函数的基本性质（3 课时）

学习任务 5：观察教材第 76 页的图 3.2–1 中的各个函数图像，你能说说它们分别反映了相应函数的哪些性质吗？

教学时可以让学生将三幅图像进行比较，引导学生得到第一幅图的特点是图像从左到右保持上升，第二和第三幅图的特点是图像从左至右有升也有降。这是函数的一种性质，我们把这种性质归为函数的单调性。结合图像的分析，教师及时在黑板上引

①【评点】课堂的自主性和互动性体现在以问题的研习为目的的师生以及生生的课堂对话与交流中。把课堂的主动权交给学生，让知识与方法，以学生的问题和错误呈现，以学生的思维的活跃与老师的引导呈现，才是一节好课堂。

出单调性的概念：

一般地，设函数 $f(x)$ 的定义域为 I ，区间 $D\subseteq I$ ：

如果 $\forall x_1$，$x_2\in D$，当 $x_1<x_2$ 时，都有 $f(x_1)<f(x_2)$，那么就称函数 $f(x)$ 在区间 D 上单调递增。

如果 $\forall x_1$，$x_2\in D$，当 $x_1<x_2$ 时，都有 $f(x_1)>f(x_2)$，那么就称函数 $f(x)$ 在区间 D 上单调递减。

设计意图：

通过学生熟悉的函数及其图像特征，结合初中对增减性的认知，进一步抽象出单调性的符号语言，掌握增（减）函数的定义和图像特征，并且介绍单调区间的定义和增（减）函数的判断方法。

教师点拨：

在教学中，除了教材呈现的例子之外，还可以让学生再举几个自己熟悉的例子①，用高中单调性概念的方法来描述函数的增减情况。在教学中，既要重视由函数获得单调区间，也应重视由函数的单调性帮助画函数的图像。这样数形结合并解决问题，不仅可以更方便地发现解决问题的途径，而且有利于培养学生的直观想象素养。

学习任务 6：你能以 $f(x)=-x^2$ 为例说明函数 $f(x)$ 的最大值的含义吗？$f(x)=x^2$ 的最小值呢？

留时间给学生在草稿纸作图，并请一位学生上讲台作图，同时表达自己的想法。学生往往是用生活的语言进行陈述，此时教师应及时给出最大（小）值的定义。

教师 PPT 展示：

一般地，设函数 $y=f(x)$ 的定义域为 I，如果存在实数 M 满足：

$\forall x\in I$ ，都有 $f(x)\leqslant M$ ；

$\exists x_0\in I$ ，使得 $f(x_0)=M$ 。

那么，我们称 M 是函数 $y=f(x)$ 的最大值。

最后，指导学生进行函数最小值定义的表述。

设计意图：

类比单调性的探究过程，通过学生熟悉的函数及其图像特征，发现有的函数具有最大（小）值的特征并归纳最大（小）值的定义，介绍求函数最大（小）值的方法。

教师点拨：

函数的最大（小）值与函数的单调性有着密切的关系。通常，知道了函数的单调性，就能较方便地找到函数的最大（小）值。教学时不要由教师取而代之，要给学生提升思维能力的机会，并结合具体实例解决函数最大（小）值的理解问题。

学习任务 7：画出并观察 $f(x)=x^2$ 和 $g(x)=\dfrac{1}{x}$ 的图像，你能发现这两个函数图像有什么特点吗？

---

①【评点】让学生多举跟自己生活息息相关的例子，增强参与感。当课堂讨论此起彼伏，这种热闹的课堂往往也是思维火花碰撞的课堂，有思维的流量，就是有气场感的好课。

学生进行两个常见函数的作图，让学生去观察图像的特点，引导学生发现其中的对称性[①]。另外，让学生多举几个学过的函数，进行作图，观察归纳它们的对称情况，教师及时引出偶函数和奇函数的定义。

设计意图：

类比单调性的探究过程，通过学生熟悉的函数及其图像特征，发现有的函数具有轴对称和中心对称的图像特征并归纳奇偶函数的定义，介绍奇偶函数的判断方法和简单应用。

教师点拨：

教学时，不要一步到位地用符号语言刻画函数图像的对称性，要为培养学生的数形结合思想创造机会。同时在教学过程中，应让学生认识到并不是所有的函数都具有奇偶性，可以通过举例来直观认识。

环节三　3.3 幂函数（1 课时）

学习任务 8：观察教材第 89 页的实例（1）至（5），它们有什么共同特征？

教师提出问题，学生思考并回答，教师根据学生的回答，引导学生去抓住幂函数的形式特点，从而得到幂函数的定义。接着，教师画出 $y=x$， $y=x^2$， $y=x^3$， $y=x^{\frac{1}{2}}$ 和 $y=x^{-1}$ 的图像，让学生观察它们的图像，完成相应的表格。

教师 PPT 展示：

	$y=x$	$y=x^2$	$y=x^3$	$y=x^{\frac{1}{2}}$	$y=x^{-1}$
定义域					
值域					
奇偶性					
单调性					

设计意图：

通过五个实例，归纳五个函数的共同特征，抽象出幂函数的基本定义[②]，介绍五个幂函数的对应图像及其相关性质与简单的实际应用。

教师点拨：

在引导学生探究的过程中，应注意提醒学生从函数图像和解析式两个角度认识函

① 【评点】让学生动手作图，自己去发现和捕捉关键信息，这样学生才会有强烈的获得感，有了获得感，学生的心灵就是饱满充盈的，而这种饱满充盈的体验会激发学生的学科兴趣与爱好，从而激发出学生极大的学习热情。

② 【评点】从具体的函数的例子入手，引导学生完成表格，再抽象出基本定义，符合由特殊到一般的数学思想，更能让学生理解和接受。一个好的课堂问题的设定，能够更好地围绕主题和目标进行展开，最终达到掌握知识的目的。

数的性质，从解析式中可以获得定义域、奇偶性等性质，这些性质也可以反过来帮助作图，使研究解析式和作函数图像相辅相成。

环节四　3.4 函数的应用（1 课时）

学习任务 9：阅读教材第 93 页至 94 页的例 1 和例 2，该如何使用学习过的函数模型来解决实际问题呢?

先给学生时间去审题和理解题意，引导学生去借助数学模型去解决问题。例 1 是应缴个税与应纳税之间的函数关系，例 2 是需要利用图形中的信息及问题中的数据建立数学模型。引导学生感知数学模型的重要性：有了函数模型，就可以通过研究函数的性质而获得实际问题中量的变化规律，通过画出函数的图像也可以很直观地看到这种整体的变化规律。

设计意图：

由实际具体生活问题抽象成对应的函数问题，体会利用函数模型来解决实际问题的过程和方法。

教师点拨：

在教学中，首先要引导学生分析这一问题存在的几个变量，它们之间是什么关系，如何通过这些关系解决问题，同时，应注意让学生充分体验上述数学抽象的过程。

【总评】

我们评价一个课堂是否为好课堂，会从以下的课堂共识去审视：

课堂应该是围绕主题目标展开的师生对话的合作学习共同体，要有充分的自主性和互动性。这节课任务分解合理，位置恰好在学生跳起来能摘到的高度。同时设置了多个师生互动，小组合作的问题，能够让学生主动思索，自主建构。

课堂应该要有清晰的衔接性和系统性，概念切割清晰，一步步走不易引起学生思维混乱。同时设置了四个环节，环环相扣，能做到行云流水，看起来自然流畅，不矫揉造作，流程和环节清晰，不无中生有，从学生已有的知识出发生长新知识，深得建构主义的三昧。

课堂应该是把提问和试错作为教学的起点，教师设置问题，学生自主解决问题、化解错误，从而培养学生的思维能力。这节课的每个环节都设计了多个紧扣“函数的概念与性质”的问题，先让学生进行试错，不畏惧错误，才能打败错误，从而得到正确的做法。

一节好的课堂应该具备任务设计、状态激发、独立自学、精诚合作、有效展示、点拨提升、针对练习以及及时反馈。这节课的大单元课堂设计就很好地体现了这八个动作，不失为一个好的大单元课堂设计。

“函数的概念与性质”课堂实录

——数学 高一年级 必修 第一册（人教版） 第三章

执教：龙华部 马 爽
评点：龙华部 苏永潮

师：在开始今天的新课之前，请同学们一起来看这则材料。通过这个材料，你能发现什么规律？由此得到了什么样的启示与感悟？

【材料】[①] 德国有一位著名的心理学家艾宾浩斯，对人类的记忆牢固程度进行了有关研究。他经过测试，得到了以下一些数据（如表 1）：

表 1

时间间隔 t	刚记忆完毕	20 分钟后	60 分钟后	8 ~ 9 小时后	1 天后	2 天后	6 天后	一个月后
记忆量 y（百分比）	100	58.2	44.2	35.8	33.7	27.8	25.4	21.1

以上数据表明，记忆量 y 是时间间隔 t 的函数。艾宾浩斯根据这些数据描绘了著名的“艾宾浩斯遗忘曲线”，如图 1：

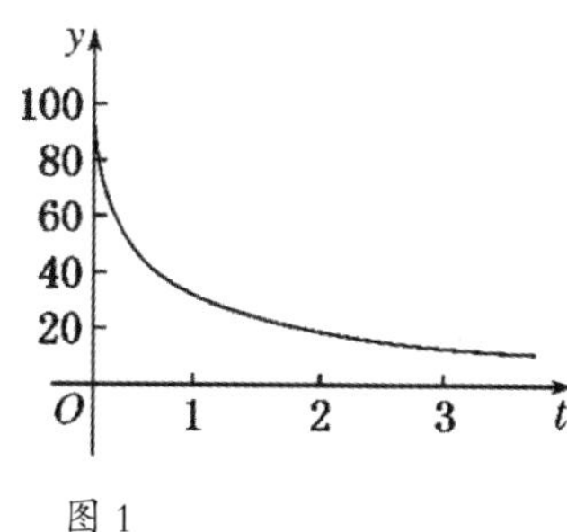

图 1

生：通过描点、光滑曲线连接起来得到的艾宾浩斯遗忘曲线。我发现随着时间间隔 t 逐渐增大，记忆量 y 逐渐变小，图像从左往右看也是下降的。所以对于今后的学习，我们要及时整理新知和复习旧知，防止短期内快速遗忘。

师：既然我们知道艾宾浩斯遗忘曲线从左至右是下降的，那如何用数学的观点来解释呢？回忆一下初中是怎么刻画的？例如学习二次函数 $f(x)=x^2$ 时，研究方

①【评点】通过这段材料，学生可以直观地感受到图像的变化趋势在现实生活中应用的重要地位，结合初中已学的知识，利用定性的方法引入探究函数单调性，培养学生观察、猜想、归纳的能力和创新意识。同时，这个实例也启发学生认识到温故而知新、及时复习的重要性。

法步骤是什么？小组讨论一下吧！

生：在初中研究函数的步骤是列表（如表 2）、描点连线、画图（如图 2），通过作图发现图像从左至右是先下降再上升的，即 y 随 x 的增大是先减少再增大的。（教师在讨论巡视时适当引导学生回忆起初中已学的 y 随 x 的增大而增大或减小的定性方法，在学生展示结果的同时可在 PPT 上同步显示预设的图表。）

表 2

x	…	−4	−3	−2	−1	0	1	2	3	4	…
$f(x)$	…	16	9	4	1	0	1	4	9	16	…

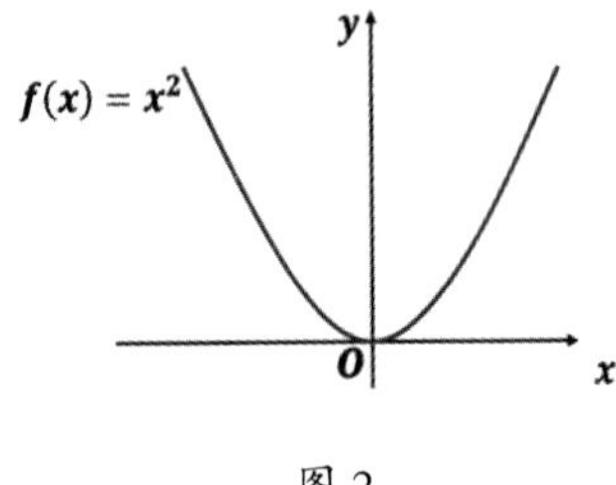

图 2

师：非常好！这个就是我们今天学的主要内容，也是函数很重要的一个性质，单调性。图像在这个区间内逐渐上升，对应着函数在这个区间内是单调递增的；图像在这个区间内是下降的，对应着函数在这个区间内是单调递减的，这是通过图像来看。如何用数学语言准确地描述一下单调递增和单调递减呢？先来看二次函数 $f(x)=x^2$ 在 0 到正无穷的区间内单调递增，怎么定量地刻画随小的增大而增大？进一步想一想这里的增大如何表示？请同学们先思考并分小组讨论。

生：说起 x 的增大，就是会有比较大小，那么至少要有两个 x，所以在这个区间内找两个 x，不妨设为 x_1，x_2，其中 $x_1 < x_2$，故其对应的函数值 $f(x_1) < f(x_2)$。

师：想法很好，既然如此有同学便说，函数 $f(x)$ 在 $[0,+\infty)$ 单调递增的定义可以这样描述：$f(x)$ 在 $[0,+\infty)$ 的图像上存在两点 A $(x_1, f(x_1))$、B $(x_2, f(x_2))$，满足，$x_1 < x_2$ 并且 $f(x_1) < f(x_2)$，同时画出了如下示意图（图 3），你认为他的说法对吗？想一想为什么？

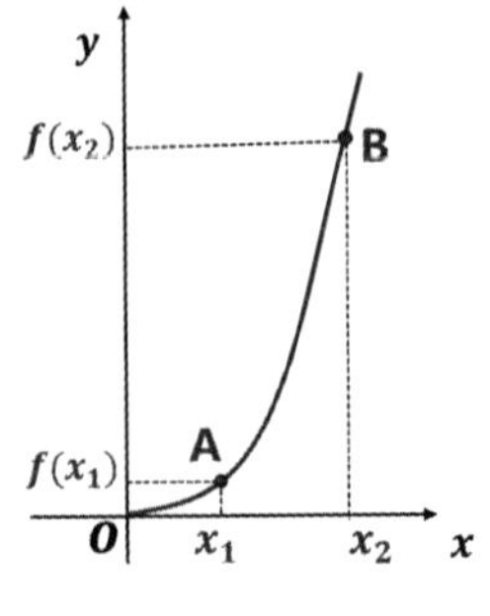

图 3

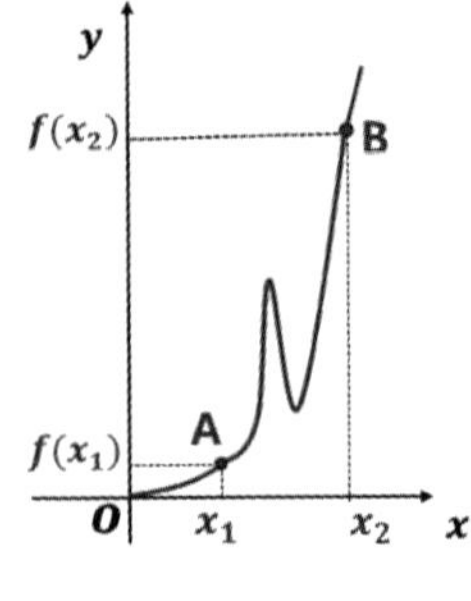

图 4

生：不对！这个同学只是比较图像上这两个点的高低，中间怎么样的变化趋势并不清楚，很有可能是这样的图像（图 4）。（引导学生解释并画出反例，最后展示 PPT 的反例帮助学生理解，同时加深印象。）

师：非常好，若只比较这两个点的高低，中间可以先上升再下降再上升。那单调递增的定义应该怎么给呢？

生：应该是任意的两点，描述里的存在量词“存在”要变成全称量词“任意”。

师：太棒啦！所以我们就可以得出单调递增的定义了。类似地，再想一想单调递减的定义是什么？①

生：若函数 $f(x)$ 定义域为 I，区间 $D \subseteq I$，如果 $\forall x_1$，$x_2 \in D$，当 $x_1 < x_2$ 时，都有 $f(x_1) < f(x_2)$，称函数 $f(x_1)$ 在上单调递增；$\forall x_1$，$x_2 \in D$，令 $x_1 < x_2$ 时，都有 $f(x_1) > f(x_2)$，称 D 在 $f(x)$ 上单调递减。

师：我们来看一下这个定义，关键的地方在哪里啊？

生：任意的，要规定 x_1，x_2 的大小，判断 $f(x_1)$，$f(x_2)$ 的大小。

师：很好！相应的函数具有单调性的区间，就叫作单调区间。单调区间就是包括单调递增区间和单调递减区间。特别的，如果 $D=I$ 呢？

生：整个定义域内都具有单调性。

师：对，在定义域内单调递增的函数就叫作增函数，相应的减函数的定义是什么？

生：在定义域内单调递减的函数。

师：概念要深刻理解，我们来看一下例题 1。

1. 函数 $h(x)$ 图像如下图（图 5），问：函数的单调增区间是什么？

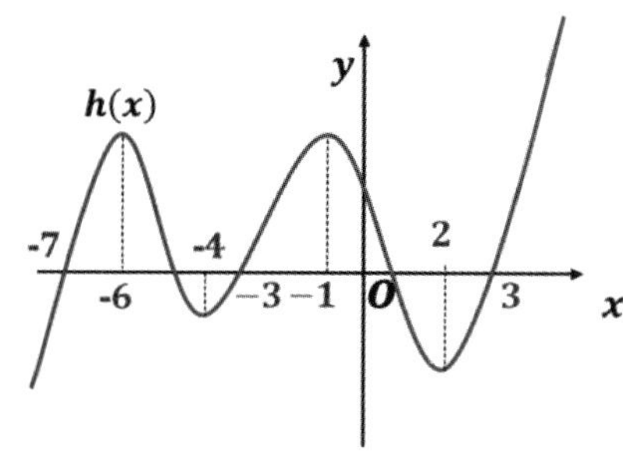

图 5

师：问单调增区间是什么？先想一想，单调区间写成开区间还是闭区间呢？

生：开，闭……

师：这里同学们出现了分歧，那小组继续讨论并思考一下，区间端点影响区间内函数的单调性吗？

①【评点】该环节体现了本节课的重点，能让学生充分体会数学抽象和形式化的力量，通过数学符号语言把“无穷”的问题转化为具体可操作的有限过程，同时得出了一个与“无限”相关的变化规律的定量描述。学生通过从具体到抽象的过程，学会用严格的数学符号语言刻画函数的单调性，同时问题串的提出使得概念不断精化，也“逼”出学生的潜意识中的“任意”二字，见识了数学符号的威力，有效地突破在区间上任意取值的难点。

生：区间端点函数值是否存在不会影响图像在整个区间内上升下降的变化，也就不会影响函数的单调性。所以只要连续函数在这个点处有定义，就可以写开区间，也可以写成闭区间的形式。

师：对啦，为防止出错，通常写成开区间的形式。再讨论一下，回答这类问题时，多个单调增区间之间可不可以用并集符号？（在观察巡视学生讨论时适当引导学生得出并集符号的含义。）

生：不可以，并集符号连接的两个集合代表它俩其实是一个集合，再结合单调性的定义验证一下，任取同一个集合的两个 x，例如这样取，就不能满足单调递增的定义，因此多个单调区间之间不能写并集符号。

师：解释得非常正确，条理也很清晰！同学们注意啊，多个单调区间中间一定不要写并集符号，要用逗号或者写文字也可以。我们再来看例题 2 求函数 $f(x)=2x-4$ 的单调区间。

师：求函数的单调区间。那怎么描述呢？

生：单调增区间是 R。

师：但是不够，因为让求单调区间，必须要把单调减区间也说一下。故还要写上无单调减区间。那以上都是通过图像的方法来判断单调性。但是在平常做题时图像是人为手画的，可能会有误差，因此我们就需要严格的证明。证明的话就需要根据定义来证明。再举个例子，看看这个题，根据定义证明函数 $f(x)=\frac{1}{x}\ (x>0)$ 的单调性。先尝试判断一下它的单调性，并解释一下如何判断的？①

生：因为这个函数是反比例函数，图像已知，于是我先通过作图，观察该函数的图像，判断出该函数的单调性是单调递减的，进而明确了单调性证明的方向。

师：很不错，再根据定义来证，函数一定要先写定义域，为 $(0,+\infty)$，$\forall x_1$，$x_2\in(0,+\infty)$，且 $x_1<x_2$ 这是第一步，称为“取值”。接下来要证明什么呢？用什么方法证明？大胆地动手尝试吧！

生：接下来要证明，就是比大小，常用做差与 0 比较的方法。（这步学生们会遇到困难，还会循环论证，用结论当已知来证明结论，教师点评后在黑板演示证明过程。）

师：通过这道例题，你们能总结一下用单调性的定义来证明函数单调性的方法步骤吗？其中哪个步骤是最难的？

生：第一步为“取值”，设 $\forall x_1$，$x_2\in D$，且 $x_1<x_2$。第二步是做差变形，常用通分、因式分解、配方等方法变形，方便与 0 进行比较。第三步是定号，判断 $f(x_1)-f(x_2)$ 的符号。最后一步是下结论，若 $f(x_1)-f(x_2)<0$，则 $f(x)$ 在该区间单调递增；若，则在该区间单调递减。我觉得这四步里面做差变形是最难的，需要变成乘积的形式，并且每一个因式都容易判断符号。

①【评点】通过这个比较简单的推理过程，学生可以体会如何利用定义严格的逻辑推理证明结论以及形式化定义的作用，强化证明题的规范性训练，也可以由此题总结提炼该类问题的基本证明方法。

师：总结得很全面，那我们来看一下这个例题，做一下，一会儿找个同学上来写。判断并证明函数 $f(x)=x^2-2x\ (x\geqslant 1)$ 的单调性。（动画演示一下此函数图像，先作图判断单调性）都做完了吗？不会的看黑板上同学写的，能不能给你提供一些思路呢？看一看他写的对不对？谁来说一说？①

生：定义域为 1 到正无穷，第一步取值，研究哪个区间就取哪个区间，然后做差，利用平方差公式，再提取公因式 x_1-x_2 就完成了因式分解，之后再来判断每个因式的正负，最后就下结论即可。

师：做两道小题练习一下：巩固理解单调性和单调区间的定义。回顾一下今天我们学了什么？有哪些收获？

生：首先是单调性的概念，之后要学会从图形上来判断单调性，最后也是最重要的，利用定义证明函数单调性。

师：总结得很不错，至于函数单调性的应用，下节课还要继续深入挖掘。作业是这里，同学们下课！

生：老师再见！

【总评】

以上看来，本节课可以称为一节好课堂，从与学生密切相关的遗忘曲线出发，激发学生兴趣，一步一步注重细节的引导，深得柏拉图精神“助产术”的精髓，也十分符合现代心理学基础，再辅以图形直观和典例展示，非常有助于学生把握单调性的本质，也有助于学生掌握单调性的一般规律，一举两得。

①【评点】学生板书以及学生点评可以激发学生学习兴趣，将课堂主动权交给学生。通过严格的代数推理，学生能进一步体会到单调性的定义，作用及一般方法，掌握了用单调性定义来研究和证明函数单调性的方法，培养学生的逻辑推理、数学运算等素养。

“楞次定律”课堂设计

——物理　高二年级　选择性必修　第二册（人教版）　第二章

设计：龙华部　赵海霞　陈庆炜　陈　铭
评点：龙华部　王方彪

◎设计导语

电磁感应是电磁学的基本原理之一，它与电场、磁场、电荷、电流等概念密切相关。了解电磁感应原理可以帮助学生更好地理解电磁学的其他基本概念和原理。电磁感应作为一种基本的物理现象，是现代科学的重要组成部分，在现代社会中有着广泛的应用。学习电磁感应可以帮助学生更好地理解物理学的思维方式和科学方法，提高他们的科学素养和科学思维能力。本单元由 5 小节组成，核心概念是电磁感应，介绍了电磁感应现象、感应电流产生的条件，并且从感应电流、感应电动势以及感应电动势的两种非静电力来源等角度揭示电磁感应现象。

◎单元教学目标

单元教学目标的设计应基于学习内容和学情分析①，确定单元教学的重难点，并结合学生的发展空间，最终确定单元教学目标。

（一）学习内容分析

学习内容的分析首先要以课程标准为依据，《普通高中物理课程标准（2017 年版 2020 年修订）》和《普通高中物理课程标准（2017 年版）》是进行学习内容分析的重要抓手。新、旧课标对选修二模块电磁感应的学业要求均为“通过实验，了解电磁感应现象，了解产生感应电流的条件；知道电磁感应现象的应用及其对现代社会的影响；探究影响感应电流方向的因素，理解楞次定律；通过实验，理解法拉第电磁感应定律；通过实验，了解自感现象和涡流现象，能举例说明自感现象和涡流现象在生产生活中的应用”。

进一步结合教材，分析得出本单元涉及的重要概念（或规律）：磁通量、楞次定律、右手定则、电磁感应定律、感应电动势、动生电动势、感生电动势、涡流、电磁驱动、

①【评点】单元教学设计应该以一个单元学习内容为整体，既能统筹规划，统揽全局，按步骤有序地开展系列教学活动；又能基于学生学习能力，利用已有知识和教师经验等，从学习基础和学习困难两方面对学生进行学习情况分析，从而取得最佳的教学成效。

互感和自感等。本单元的知识结构图如图 1 所示。

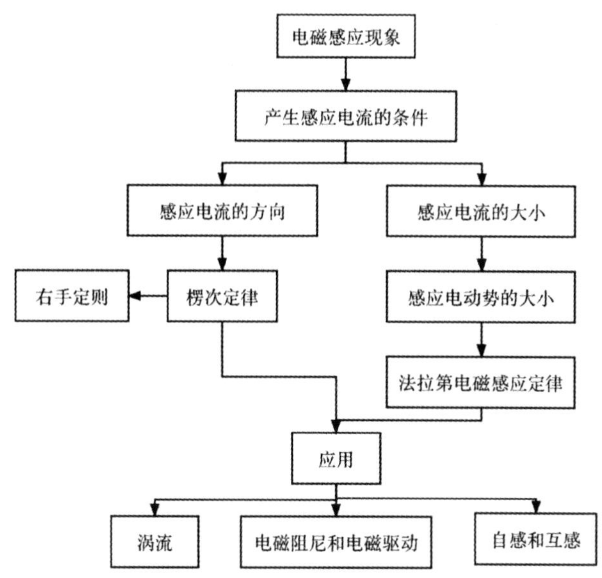

图 1 电磁感应知识结构图

通过以上分析，确定楞次定律解决感应电流方向问题，是法拉第电磁感应定律的一部分内容，同时也是电磁感应的重点[①]。

（二）学情分析

在初中，学生已经初步接触过电磁感应的知识，知道闭合电路的一部分切割磁感线会产生感应电流，了解电磁感应在生活中的应用。通过必修三的学习，知道了磁通量的概念，能够计算磁通量的大小。通过加速度概念的学习和类比，学生能较好地区分磁通量、磁通量变化量和磁通量变化率。

相比初中内容[②]，学生需要从大量的实验事实归纳总结出产生感应电流的条件、判断感应电流的方向，对学生归纳推理能力有较高的要求。在知识层面，电磁感应涉及力学、磁场、电路、能量守恒等多方面的知识，对学生的理解能力要求高。

在学情分析的基础上，确定本章教学难点：通过实验探究、分析、归纳、概括、

①【评点】电磁感应这个单元应该有三条重要的线索：一是观察到电磁感应现象，探究电磁感应现象的规律，学会应用电磁感应原理；二是理论分析磁通量的变化，磁通量变化的方向和快慢；三是能量概念的理解，先要从实验事实中观察到发生电磁感应现象时磁能生电，通过楞次定律的深入学习，理解楞次定律实质就是能量守恒定律的结果，体会非静电力做功把其他形式能转化为电能，再到理解各种电磁感应现象都遵守的能量守恒定律。

②【评点】学生在初中阶段学习了一部分电磁感应现象，但是从初中到高中的进阶，无论是知识还是能力上，都有很大的跨度。从知识的综合性看，电磁感应往往涉及力学知识（如牛顿运动定律、功、动能定理等）、直流电路、磁场和能量守恒等多个知识点，对学生的理解能力、分析综合能力要求较高。在学习电磁学相关知识的过程中，绝大多数高中二年级的学生还不具备学习这部分知识所需要的抽象思维能力和形象思维能力，多数学生的认识感性多于理性，仍旧关心物理世界的表面特征，很难上升到本质联系，所以对于学情分析还应该更细致和全面。

总结得出感应电流方向遵循的一般规律——楞次定律。

根据以上学习内容和学情分析，聚焦物理学核心素养，总结出本单元的教学目标，如表 1。

表 1　指向学科核心素养的单元教学目标

物理观念	通过楞次定律、法拉第电磁感应定律的学习，逐步完善学生的能量观、运动观与相互作用
科学思维	通过探究感应电流产生的条件、感应电流的方向，让学生体会归纳推理的方法；与力学中加速度定义类比，通过比较磁通量、磁通量变化、磁通量变化率，理解法拉第电磁感应定律，培养学生的科学思维
科学探究	通过探究得出影响感应电流方向的因素；经历实验探究得出楞次定律
科学态度与责任	了解涡流现象的利用和危害，知道互感现象与自感现象的防止和应用，能用电磁感应知识解释生产生活中的相关现象并解决问题

◎单元教学流程关键任务

单元教学需要用一个大问题或大任务统领全章内容，并按照符合学生认知逻辑的方式统筹教学流程并确定关键任务。本单元的学习过程设计可以分为：一是归纳总结产生感应电流的一般条件；二是从磁通量变化的方向探究感应电流的方向；三是从磁通量变化的快慢得出感应电动势的大小；四是能够运用电磁感应知识分析涡流、自感等生活中的电磁感应现象。本单元通过一个大问题统领全章内容，综合以上教材分析，聚焦学习目标，设计“解释线圈小车运动的原理”这一任务，并按照符合学生认知逻辑的方式统筹教学流程，确定了关键任务，如图 2 所示。

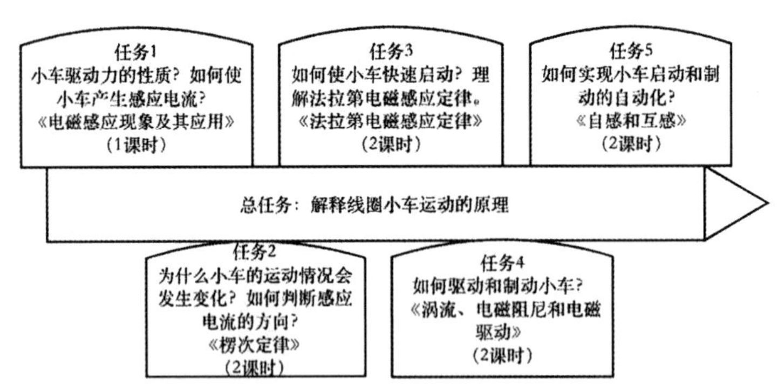

图 2　单元教学流程及任务

◎创设承载学科核心素养的单元学习情境

新课程标准要求在教学设计和实际的课堂实施中重视情境的创设，创设的情境要符合学生的认知发展，贴近学生的日常生活，要促进学生概念的形成、规律的掌握、问题解决能力的发展，将实际情境转化为物理情境进而解决问题是物理学科核心素养的重要体现。

本单元设计中，“解释线圈小车运动的原理”就是一个真实的情境。除此之外，具体每节课还需要介入承载学科核心素养的小情境，这种情境可来源于生活实践、实验探究等。对教材和课程标准仔细研读还可以发现更多的情境素材。

新人教版和新粤教版非常突出情境的创设，例如在人教版的章首语中提到了三峡水电站安装着 32 台巨型发电机，总装机容量 2250 万千瓦。学生可能会思考“发电机为什么能发出这么多的电？磁生电的规律是什么？”在人教版中，电磁炉炉盘下的线圈通电可使炉盘上的铁锅发热，将涡流的知识蕴含在生活情景中；线圈 A 与线圈 B 无导线连接，线圈 A 却能听到线圈 B 所连接的 MP3 的音乐声，这种互感的应用也将激发学生强烈的学习热情。在粤教版中，“超速电子眼”和“航母阻拦技术”将电磁感应应用到日常生活和国防军事中，大大提升学生的社会责任感和爱国热情。

下面以楞次定律和法拉第电磁感应定律为例，阐释在单元任务中创设情境的方式。

教学内容：楞次定律

子任务 1：

如何判断小车线圈中感应电流的方向？

具体教学情境：

情境 1：利用自制教具（如图 3），演示当条形磁铁的 N 极或 S 极插入小车上的线圈时，小车呈现出时而排斥时而吸引的“来拒去留”力学现象。

图 3

总任务追问：

追问 1：为什么小车上的线圈会与原磁铁展现来拒去留的力学现象呢？

完成这一任务需要分析出原磁通量发生变化，线圈中产生了感应电流，从而激发出感应磁场与原磁场相互作用。

追问 2：当磁通量增加或减少时，感应电流的磁场方向为什么会发生变化？两者之间存在什么联系？

追问 3：谁在阻碍？阻碍谁？如何阻碍？能否阻止？为何阻碍？

追问 4：如何利用楞次定律判断感应电流的方向？

完成这一任务需要从实验记录表格中分析出增反减同以及感应电流的磁场总要阻碍原磁通量变化的效果，从而引出楞次定律的表述，再从能量守恒定律的观点分析该情境中楞次定律的本质。最后利用楞次定律中的“阻碍”① 二字结合安培定则判断感应电流的方向。

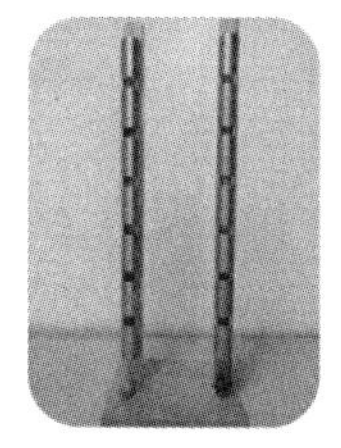
图 4

情境 2：如果把线圈换成铝管，演示落磁法实验（如图 4），请学生利用楞次定律分析磁性小球下落变慢的原因以及铝管中感应电流的方向。

①【评点】本部分由对比实验引入，学生感受到感应电流有“阻碍”的效果。分组实验过程要注重对实验现象进行分类和归纳，提升学生对实验结果定性分析的能力，得到感应电流的效果总是阻碍引起感应电流的原因，培养学生的科学探究能力，发展学生的科学思维。

教学内容：法拉第电磁感应定律

子任务 2：

如何让小车启动的加速度更大?

具体教学情境：

情境 1：利用自制的线圈小车演示：无论是让磁铁更快速地插入小车上的线圈，还是换上磁性更强的磁铁插入时，小车不仅启动加速度更大，而且与线圈相连接的灵敏电流计指针偏角更大了。

追问 1：以上的现象告诉我们影响线圈中感应电流大小的物理量是?

追问 2：通过闭合电路欧姆定律可知，感应电流的来源是?

完成这一任务需要分析出磁通量变化越快，感应电流越大，安培力越大，所以加速度越大，而感应电流的本质是线圈中感应出了感应电动势。

追问 3：线圈若不闭合，线圈中是否有感应电动势?

由此可得出感应电动势是感应电流的本质。

◎关注学习过程，进行持续性评价

单元教学中，评价任务可以起到承前启后的作用，在应用已学知识的过程中进一步深化理解，提升能力，同时发现新问题，启发后续的学习和探索。因此，在单元教学过程中，要对学生进行持续性评价，以了解学生在日常学习中表现出来的素养水平以及综合能力，改进教学，同时促进学科核心素养的发展。

在任务 1 阶段，学生通过阅读物理学史材料，了解电磁感应现象的发生过程及其意义。通过分组探究活动，归纳总结产生感应电流的条件。再通过配套导学案及习题对学习内容进行巩固检测。

在任务 2 阶段，学生分组探究、讨论、归纳总结得出楞次定律。通过课堂例题，例如判断双环线圈中电流的方向，解释线圈炮的原理等。再通过课时作业中的习题强化练习。

在任务 3 阶段，通过对如何使小车快速启动问题的探索，寻找影响感应电流大小的因素，进而总结出影响感应电流大小的定量表达式，理解法拉第电磁感应定律。在课堂上分析扬声器的原理，对所学知识进行即时评价。课堂作业结合实际情境，调动电路、安培定则、左手定则等知识，结合法拉第电磁感应定律解决实际问题。

在任务 4 阶段，通过自主学习与讨论，结合实验探究，认识电磁阻尼与电磁驱动。探究如何驱动与制动线圈小车，并运用楞次定律及法拉第电磁感应定律的知识，解析驱动与制动的原理。本任务评价方式以解释现象为主，比如解释蹄形磁铁之间圆盘为何会逐渐停下、铝管中的磁铁为何下落变慢等。

在任务 5 阶段，以电磁炮引入，启发学生如何实现小车运动自动化。这一过程中理解线圈互感与自感。课堂上通过课堂例题即时评价，课后借助课时作业进行阶段性评价。

◎反思与启示

本设计以线圈小车为活动线，基于学习进阶理论梳理了电磁感应现象相关知识间的内在逻辑，挖掘隐性知识，发展学生的物质、运动与相互作用和能量等物理观念；培养学生的模型建构、科学推理、科学论证、质疑创新等科学思维；培养学生发现问题、解决问题的能力。单元教学设计注重创设真实的物理情境，解决真实的物理问题，激发学生的探索兴趣。

【总评】

本单元学习过程设计可分为四个层级：一是归纳总结感应电流产生的一般条件；二是从磁通量变化的方向探究感应电流的方向；三是从磁通量变化的快慢得出感应电动势的大小；四是能运用电磁感应知识分析涡流、自感等生活中的电磁感应现象。这四个部分相互独立，又层层递进。

本设计基于学习进阶理论，梳理知识间的内在逻辑，挖掘隐性知识，发展学生的物质、运动与相互作用和能量等物理观念。在电磁感应知识结构化的过程中发展了学生的模型建构、科学推理、科学论证、质疑创新等科学思维，形成解决物理问题的大概念、大思路，培养了学生的科学探究、科学态度与责任等物理学科核心素养。

本单元教学设计注重创设真实的物理情境，本着落实以学生为中心的理念，设计合理的学习方式与教学活动，可操作性较强。

“楞次定律”课堂实录

——物理　高二年级　选择性必修　第二册（人教版）　第二章

执教：龙华部　陈庆炜

评点：龙华部　王方彪

片段一：提出探究问题：感应电流的磁场和原磁通量变化的关系。①

师：同学们，这辆小车上载着一个闭合的线圈，线圈能否吸引磁铁呀？

生：不能。线圈不是铁钴镍材料，不吸磁。

师：接下来我们请一位同学上来，在不接触线圈的前提下，将条形磁铁插入和拔出线圈，请同学们仔细观察，小车的运动情况是怎样的？

课堂实录精彩剪影

参与演示的一位学生：演示N极插入和拔出。

师：在磁铁插入与拔出时，同学们观察到了什么？

生：小车动了。

师：这位同学，你在将磁铁插入与拔出时，手有什么感觉？

①【评点】研究问题的过程和结论不是教师讲出来的，也不是学生念出来的，而是学生“悟”出来的。有趣新鲜的自制实验教具，确实让学生们积极参与到了课堂中去。师生互动真的很巧妙，教师根据所教内容，积极自主探究实验、边学边实验，对观察到的实验现象，在师生的共同研讨下，逐步对现象进行分析，深入到问题的本质，形成实事求是的科学态度的同时又提高自改进实验设计的能力。

生：有感受到阻力。插入时好像在推着小车走，离开时好像在拉着小车走。

师：对了，这个力的感觉很关键。那同学们，在N极插入时，线圈和磁铁之间存在什么力？

生：排斥力。

师：那N极拔出时呢？

生：吸引力。

师：换成S极插入与拔出呢？情况会不会不同？

参与演示的一位学生：将N极换成S极，演示插入和拔出。

生：情况是一样的，靠近时是排斥力，拔出时是吸引力。

师：过来就想拒绝，走了就想挽留。这种来拒去留的现象，告诉我们闭合线圈和磁铁之间的力应该是一种磁力，好像线圈处感应出一个磁场。

（注：通过学生演示和观察实验，可以得出随着磁铁的靠近和远离，由来拒去留的力学现象得到线圈处感应出一个磁场。）

师：那大家回忆我们上一章所学的知识，告诉老师，这个感应的磁场是谁产生的呢？

生：学生沉思，回答有些困难。

师做铺垫：磁铁靠近和远离时，线圈中的哪个物理量在变化呢？

生：磁通量发生变化，便产生了感应电流，而这个感应电流会产生一个感应磁场来跟原磁场相互作用。

师：这个感应磁场本来就存在吗？能否证明？

生：感应磁场本来是不存在的，磁铁放在线圈旁，磁铁只要不动，线圈就不动。

师：是的，只有磁通量变化了，才有感应电流，才有感应磁场，才有力的效果。

（注：通过学生演示和观察实验，可以得出原磁通量发生变化，产生了感应电流，从而激发出感应磁场来与原磁场相互作用。）

师：那同样是N极，当靠近时原磁通量增加，反映出来是排斥力；远离时原磁通量减少，反映出来是吸引力，这说明了什么呢？

生：感应电流的磁场方向与原磁通量的变化有关。

师：是的，要想揭开来拒去留的力学现象，我们需要一起来探究感应电流的磁场方向与原磁通量的变化之间的关系。

（注：问题引导，让学生在实验中观察现象，寻求物理量之间的变化关系，从而提出探究问题。）

片段二：总结楞次定律，并用能量守恒定律对楞次定律进行解释。[①]

师：分析表1的二三列，可以得出什么规律？

①【评点】教师先引导学生从实验事实中观察到发生电磁感应现象时磁能生电，通过对前面实验的总结，理解楞次定律的实质是能量守恒定律的必然结果，体会非静电力做功把其他形式的能转化为电能，再到理解各种电磁感应现象都遵守的能量守恒定律，逻辑思维连贯，学生容易理解。

表 1　探究感应电流的方向

结论步骤		$\varphi_{原}$	$B_{感}$与$B_{原}$的方向	$B_{感}$对$\varphi_{原}$的影响
N 极	靠近	增加	相反	____ 其增加
	远离	减少	相同	____ 其减少
S 极	靠近	增加	相反	____ 其增加
	远离	减少	相同	____ 其减少

生：当原磁通量增加时，感应电流的磁场与原磁场相反；当原磁通量减少时，感应电流的磁场与原磁场相同。

师：我们可以归纳为“增反减同”。

师：分析表 1 的二四列，大家认为$B_{感}$对$\varphi_{原}$的影响是怎样的？

生：学生沉思，回答有些困难。

师：这个影响能促进吗？能阻止吗？

生：不能促进，也不能阻止。如果是阻止的话，磁铁插入线圈时，小车就跑了。磁铁离开线圈时，小车应该跟磁铁共速。

师：这种让物理量变化得更慢，又阻止不了它变化，能用什么词来描述呢？

生：阻碍。

课堂实录精彩剪影

师：于是我们就得到了这样的结论：感应电流具有这样的方向，即感应电流的磁场总是要阻碍引起感应电流的磁通量的变化。这个结论是德国物理学家楞次在无数组实验现象中，通过创造性地提出感应电流的磁场这一中间桥梁，才把感应电流的方向和原磁场的方向联系起来。

师：接下来我们仔细来理解楞次定律的内涵并思考谁在阻碍？

生：“感应电流的磁场”。

师：阻碍什么？

生：阻碍的是"引起感应电流的磁通量的变化"，而不是阻碍原磁场，也不是阻碍原磁通量。

师：怎样阻碍？

生："增反减同"。

师：能否阻止？

生：仅仅使引起感应电流的磁通量的增加或减少变慢了，但原磁通量还在变化。原磁通量是在阻碍中"变化"的，没有"变化"也就没有阻碍。

课堂实录精彩剪影

师：其实呀，楞次定律还蕴含着更深层次的物理规律——能量守恒定律。①

师：大家分组讨论一下，在课前的实验中，能否从能量转化的角度来分析磁性小球下落变慢的原因？

生：如果是普通的小球下落，为自由落体，重力势能全部转化为动能。而磁性小球在铝管中下落时，重力势能不仅转化为动能，还有一部分转化为感应电流的电能。

师：很好。如果磁性小球下落不变慢，那就违反了能量守恒定律了。因此，楞次定律的"阻碍"效果本质就是能量守恒定律②。

【总评】

本节课教师根据教材内容和课标要求，设计了"一般规律的实验探究－特例验证－规律的运用"的教学过程。设计思路清晰明了，实验探究过程自制了实验教具，又很

① 【评点】回扣演示实验，从能量角度分析感应电流的方向，找到楞次定律的本质。

② 【评点】本节课蕴含了归纳推理、因果解释、效果阻碍原因等物理学科核心素养和跨学科的科学概念和方法，教师还应予以充分发掘。

好地发挥了学生的主观能动性，能比较充分地体现出教师为主导，学生为主体的新课程理念。本节课进一步探究感应电流与磁通量变化之间是如何相互作用的？找到“感应电流的磁场”这个重要的物理量，通过对学生实验结果进行进一步分析，得到楞次定律的第二种表述。发展了学生寻找物理量间关联的能力，提高了学生分析、论证及归纳的能力，发展了学生的科学思维能力。

单课时
课堂设计与实录

"读懂窦娥之'冤'"课堂设计

——语文　高一年级　必修　下册（人教版）　第二单元

设计：史世峰名师工作室　高中部　林　晗
评点：高中部　史世峰

◎本课时学习目标

知识与能力：

1. 提取信息，概括要点，深入把握窦娥的人物形象。

2. 联系社会背景，围绕窦娥之"冤"①展开讨论，分析悲剧产生的原因，解读悲剧的必然性。

过程与方法：

1. 运用文本细读的方法，对剧本中的人物语言进行细致研读②。

2. 运用对比阅读的方法，探究《窦娥冤》体现出的文化特质。

情感态度与价值观：

通过剧作体悟作者悲天悯人的情怀和社会责任感，培养人文关怀意识与社会正义观③。

◎本课时学情分析

本课学习主体是高一学生，之前在课内学习中未接触过中国传统戏曲，对元杂剧及相关文学常识非常陌生。因此在第一课时中，学生通过自主学习④的方式，了解了戏曲相关文化常识，并进行了分角色诵读⑤，理解字意，熟悉内容，结合书下注释了解剧情。

---

①【评点】学习目标体现以学生学习为中心，为学生学习指明方向，聚焦文本价值之关键，提纲挈要，注重问题意识，围绕窦娥之"冤"展开讨论，这正是基于学情、基于文本的需要。

②【评点】聚焦文本，注重文本细读和对比阅读的方法，体现对文本纵向深入、横向比较拓展。"观文者，披文以入情"，细读人物语言，引领学生走进文本世界，触及情感和精神的内核，正是语文核心素养的要求。

③【评点】聚焦高考评价体系素质教育目标的"核心价值"内涵，突出文本学习的情感温度与价值导向，引导正确的情感态度和价值观。

④【评点】注重学情与文本相结合，先学后教，指导学生自主学习。基于学情，以学定教，体现"基于学生学的教，而不是基于教师教的学"理念。

⑤【评点】教无定法，读无定法，建议采用范读、自由读、分角色读等多种朗读方式，以读入文，由声传情，达到朗读的全方位和立体化。

◎课堂导入语

大家想必都听过这样一种说法，“我比窦娥还冤”，那这位“窦娥”究竟是什么人？她蒙受了什么样的冤屈呢？今天我们继续学习关汉卿的《窦娥冤》，读懂窦娥之“冤”。

环节一：研读·分析：窦娥的悲剧形象

任务1：根据课文内容，概括窦娥的形象，完成下面表格。

窦娥形象特点	依据
总结：窦娥是一位______、______、______的______。	

第一步：分组讨论、总结[①]。

第二步：概括形象特点，给出依据（要求学生有观点和依据，能够多角度分析）。

第三步：总结人物形象（包含外在特质和内在特质）。

例：

①贞洁刚烈，依据：张驴儿数次调戏，坚决不从；面对威逼，拒绝嫁给张驴儿；在府衙中，受尽三推六问，吊拷绷扒，誓死不从。

②善良孝顺，依据：为了婆婆不被拷打，屈认罪名；为了不让婆婆伤心，赴刑场走后街不走前街。

③富有反抗精神，依据：指斥官吏；痛骂天地鬼神；许下三桩誓愿。

总结：窦娥是一位贞洁刚烈、善良孝顺、富有反抗精神的年轻寡妇。

任务2：再读课文，整体把握，为第三折中窦娥的经历划分阶段，体悟这几个阶段窦娥的情绪变化。[②]

---

①【评点】注重学习方法，注重学习过程，引导学生主体参与、互动、交流。从学生出发，从文本出发，从方法出发，最终回归文本，回归学生。在合作、交流、互动中，有感悟、有生发、有收获。

②【评点】在教学中，教师所起到的作用就是拉近学生与作品的距离，教师引导学生贴近作者语言，走入文本，感受文本，从而升华出他们的独特感悟。

例：（如下表所示）

窦娥经历	情绪变化	曲词
绑赴刑场（窦娥指斥天地鬼神）	冤	例：“没来由犯王法，不堤防遭刑宪，叫声屈动地惊天！”“地也，你不分好歹何为地？天也，你错勘贤愚枉做天！”
婆媳诀别（窦娥告别婆婆）	悲	例：“可怜我孤身只影无亲眷，则落得吞声忍气空嗟怨。”“这都是我做窦娥的没时没运，不明不暗，负屈衔冤。”
临刑发誓（窦娥立下三桩誓愿）	怨	例：“你道是天公不可期，人心不可怜，不知皇天也肯从人愿。做甚么三年不见甘霖降？也只为东海曾经孝妇冤，如今轮到你山阳县。这都是官吏每无心正法，使百姓有口难言。”

任务3：第三个阶段临刑发誓，情节和窦娥的情感都达到了高潮。面对无助的困境、不公的命运以及冤死的结局，窦娥大胆发下三大坚定的誓愿，坚贞不屈地守护自己的清白。结合课下注释，梳理窦娥的三桩誓愿的用典①，体会窦娥的用意。

第一步：结合注释，理解典故。

第二步：讨论总结，分析用意。

例：（如下表所示）

	誓愿内容	典故	用意
第一桩	血溅白练	苌弘化碧、望帝啼鹃	她希望刑场上的人立刻了解她的冤屈
第二桩	六月飞雪	飞霜六月因邹衍	她希望自己的冤屈会得到上天反应，让白雪覆盖身躯，表明她的清白
第三桩	亢旱三年	东海曾经孝妇冤	希望上天惩治邪恶

思考与讨论：窦娥最开始指骂天地，为什么最后又对天痛发誓愿？如何理解窦娥对天地的态度？

明确：窦娥的怨天地，实为诉说自己蒙受的冤屈。在封建社会，政权总是借神权来巩固自身的权威，封建官吏常以“青天”自居，因而窦娥对鬼神天地的大胆谴责，实际是对统治阶级昏庸残暴、恶霸横行的强烈控诉。而最后的痛发誓愿，则体现出她走投无路，无法改变自身的悲剧命运，只能靠天地动容来昭雪冤情。她在诉冤过程中对天的怀疑和依赖是始终交织在一起的。

小结：窦娥是关汉卿笔下一位具备了传统社会一切美好品质的弱女子，但就是这样一位美好的女子，她短暂的一生却经历了失母丧夫、泼皮欺压、酷刑冤狱、含冤处

①【评点】一个好的教学设计，要巧设教学中的“抓手”。本任务中切入点抓取得好，用典故特有的内涵情境，引导学生进入窦娥痛发誓愿之文本可感的情境，去体会，去感悟。

决等种种不幸。正是这样的人物塑造和情节发展，让她最后的喊冤抒愤痛快淋漓，也使得我们深深地为窦娥的命运感到悲叹。

环节二：思考·探究：悲剧产生的原因

任务 4：窦娥为什么会落得个被冤枉而死的结局呢？

（提示：梳理剧本中的人物关系，分析促成窦娥悲剧的因素。）

例：张驴儿诬告、桃杌贪赃枉法、官府屈打成招、窦娥孤立无援、蔡婆引狼入室……

任务 5：如果有时光机器，窦娥可以改变自己的选择，那么她的命运会发生变化吗？

小组讨论并分享：假如……窦娥的命运会有变化吗？

（1）假如窦娥不怕连累婆婆，拒绝承认罪行，那么她就不会死，但是她善良孝顺，不会这么做。

（2）假如窦娥遇到一个清官，明断是非，那么她就不会死，但从“这都是官吏每无心正法”看出，吏治黑暗，清官难寻。

（3）假如窦娥当初同意嫁给张驴儿，就不会有后来的诸多是非，但她忠贞刚烈，不会这么做。

（4）假如窦娥贿赂官吏，就不会死，但她安分温顺，不会这样做。

小结：回顾窦娥的悲剧，窦娥除了冤死之外，没有其他的结局，她的悲剧具有必然性。这种必然性与人物的具体性格相关，也与当时的社会状态相关。窦娥遵从封建道德，孝顺、安分，却不被封建社会保护。元蒙统治下的社会充斥着横行霸道的流氓恶棍、腐朽昏庸的统治阶级，这并非个人的行为和选择的变化能够影响的。

窦娥无法摆脱的悲剧命运揭示出封建社会的黑暗窒息与底层民众的悲惨境遇，这也使得窦娥的冤情更加深沉，使得作者对于社会的批判更显义愤填膺！

环节三：比较·反思：悲剧的文化特质

任务 6：拓展阅读，比较研究《窦娥冤》和《哈姆莱特》的故事结局①，分析悲剧效果。

例：（如下表所示）

剧本	结局	悲剧效果
《窦娥冤》	窦娥被斩，三桩誓愿应验，窦天章为之申冤，张驴儿被处死，桃杌被革职	大悲后有小喜，给观众心理上的安慰
《哈姆莱特》	哈姆莱特误杀了大臣波洛涅斯，情人奥菲利亚发疯溺亡，王后饮毒酒而亡，哈姆莱特与叔父克劳狄斯同归于尽	一悲到底，彻底的毁灭带来强烈的震撼

①【评点】好的课程建构在拓展教学资源中有生成。拓读比较中，引导学生对比，分析悲剧之效果，实现课堂上的动态生成。

小结：两个剧本分别是中西古典剧作的代表，都展示了悲剧人物的毁灭，但《窦娥冤》明显带有不同的色彩，它在大悲之后仍有小喜，三桩誓愿逐一实现，窦天章亦为窦娥申了冤，最终恶有恶报，这在本质上还是"团圆式"的收尾。

任务 7：阅读以下观点，思考问题。

"戏剧在中国几乎就是喜剧的同义词，中国的剧作家总是喜欢善得善报，恶得恶报的大团圆结尾……中国戏剧的关键往往在亚里士多德所谓'突变'的地方，很少在最后的结尾。剧本给人的总印象很少是阴郁的，仅仅元代（即不到一百年时间）就有五百多部剧作，但其中没有一部可以真正算得悲剧。"（朱光潜《悲剧心理学》）

"吾国人之精神，世间的也，乐天的也，故代表其精神之戏曲小说，无往而不着此乐天之色彩，始于悲者终于欢，始于离者终于合，始于困者终于亨，非是而欲餍阅者之心，难矣。"（王国维《红楼梦评论》）

中国传统戏曲与西方古典戏剧不同，即使是"悲剧"，一般也都有着"团圆式"的结局。朱光潜就此评论（元代）戏剧"没有一部可以真正算得悲剧"，你怎么看？

明确：中国古典戏曲一般都有着"团圆式"的结局，朱光潜评论"其中没有一部可以真正算得悲剧"，这是依据西方戏剧对"悲剧"的定义做出的评价。西方的悲剧展现的是西方文化对个人英雄主义的崇尚，高尚的英雄抗争不得而毁灭能够引起读者的怜悯，比如《俄狄浦斯王》。而中国古典戏曲的"悲剧"结尾往往会做出补偿，冲突之后往往有和解，体现出儒家文化"中庸""仁义"等理念，哀而不伤，既有道德教化作用，也有利于维护社会稳定，二者的不同背后是文化观念的差异。

◎课堂小结

这节课我们解读了窦娥的形象和心理变化，分析了窦娥之"冤"的必然性，感受到了作者悲天悯人的情怀和对社会的批判。通过对比阅读，了解了中西方古典悲剧的差异性①及背后的文化特质。希望大家可以带着本课的阅读经验去感受更多的经典剧作，感受戏剧，感受文化，感受人生。

◎作业检测

中西古典剧作的差异不仅体现在结局上，阅读《窦娥冤》与《哈姆莱特》，比较二者在人物设置、戏剧冲突上的不同，完成一篇随笔，400 字左右。

【总评】

叶圣陶先生说"教材无非是个例子"，语文教学要从"一课一例"中见"大千世界"，要注重发现文本的价值，拓展延伸，绵密细腻，给学生以丰厚的文化浸润与滋养。本

①【评点】"教材无非是个例子"从教教材到用教材，以比较视角思考中西方古典悲剧的差异，体现新课程的教材整合与运用。

设计基于学情，以文本为原点，纵向文意文情的深化渗透，横向文本文体的对比关联。课堂因绵密更加丰富，更加立体。一纵一横之间，着力建构一个浩瀚无际、色彩斑斓的语文天地，教师借中西方戏剧文化去激荡学生的心灵。学生徜徉其中，可以开阔生命视野、丰富知识体系、提升文化修养，体现出语文课特有的生命厚度、宽度和广度。

本单课时课堂设计，体现以下三方面的亮点：一是体现以学生学习为中心，既有基于学情的学习活动设计，又有学法与过程的两相关注，更有聚焦核心价值的价值态度引导；二是以教材文本为原点，注重文本诵读，在读中有所思、有所悟，引导学生细读文本，读懂窦娥之“冤”；三是注重教材的拓展与整合，教材处理贵在“入乎其内”，同时又能“出乎其外”，在悲剧文化特质上拓展比较，以一个审美的大视野有效整合教材资源。

"读懂窦娥之'冤'"课堂实录

——语文　高一年级　必修　下册（人教版）　第二单元

设计：史世峰名师工作室

执教：高中部语文科组　王　迪

悟课：高中部语文科组　卢　密

高中园弘知高中语文科组　袁　思　许倩莹　伍　芳

高中园博雅高中语文科组　肖　昕

评点：高中部语文科组　史世峰

师：朱光潜先生曾经在《悲剧心理学》中说："西方悲剧这种文学'体裁'几乎是中国所没有的"。在文化界中被流传为，中国没有悲剧。但实际上，那些书写了封建社会中底层民众的生命体验的作品，无不揭示着人生的悲剧性要素①。尤其是《窦娥冤》这部作品，我们为窦娥的经历而叹惋，那么窦娥为什么会落得个被冤枉而死的结局呢？②我们找位同学来回答一下原因。

生：因为张驴儿的诬告。

师：从哪里获取的信息呢？

生：在课下注释里提到之前的情节，张驴儿想要下毒毒死蔡婆婆不成，结果误杀了自己的父亲。他趁机诬赖窦娥下毒，并以此相要挟："要官休，告到官司，你与俺老子偿命。若私休，你便与我做老婆。"窦娥不从，以此导致窦娥的悲剧。

师：很好，该同学关注到了正文之外的细节。大家在得出结论时，要关注一定要有文本的支撑③。不过仅仅是张驴儿的因素导致了窦娥的悲剧吗？

生：并不是，还有官府的屈打成招。

师：很好，如果官府能够起到正面的作用，也许能够避免悲剧的发生。除了官府的要素之外，还有没有其他的人物起到了作用呢？

生：应该没有了吧。

①【评点】注重思维导向，引入带有思考，直指悲剧性作品中的"底层民众的生命体验"和"人生的悲剧性要素"，进而奠定了教学的高起点。

②【评点】问题设计，抓住关键人物、关键情节，引导思考，逆向梳理，回溯文本，由窦娥被冤枉而死的结局，引学生思考并探究其原因。

③【评点】此处点拨好，引导学生回归文本、关注文本、思考文本、比之现在的有些课堂，往往过多地关注学生互动与交流，却忽略对文本的关注，变成"虚空的高蹈"，脱离了文本实际。

师：那么我们就从本部戏剧中出现的人物以及人物间的关系入手来一同分析一下，促成窦娥悲剧的因素有哪些？①

【悟课】课堂观察有趣维度：一节真正有趣的语文课不应该是教师一人的独角戏或“一言堂”，而应该是师生互动、合作探究的。王老师的这节课以情境激发学生思维活力，以问题驱动学生深度思考，问题设计环环相扣、因势利导，启发学生回归文本、深入挖掘。“把课堂还给学生”，就是让学生自己在文本中“走”出一条路来，不怕学生走错一步，就怕学生一步不走。而老师在课堂上的作用就是适时充当一块“指路牌”，让学生“迷途知返”。在不断提问、思考、质疑、解惑的互动过程中，学生定能领会到“曲径通幽”“柳暗花明”的思维之妙。

（在电脑屏幕上呈现《窦娥冤》的补充文本）

师：那么我们从各个人物来入手。首先还是分析一下我们一同认定的重要“凶手”——张驴儿，那么张驴儿是怎么纠缠上窦娥的呢？

生：因为张驴儿父子解救了险些被赛卢医勒杀的蔡婆婆，成了蔡婆婆的救命恩人。

师：那么张驴儿的父子是见义勇为的正面角色吗？

生：并不是，他们想要趁火打劫，并以此威胁蔡婆婆。如果蔡婆婆不答应将自己和窦娥“以身相许”，就要勒死她。

师：可以说是才离狼群又入虎口。这也足见当时社会之混乱，一个人的生命竟可以这样随意被剥夺。由于张驴儿父子是心狠手辣、趁火打劫之徒，所以让蔡婆婆一个老婆子难以应付。蔡婆婆有没有其他的办法来摆脱张驴儿父子呢？张驴儿父子怎么就可以光明正大地住进蔡婆婆的家呢？

生：没有办法摆脱。因为蔡婆婆是个老寡妇，家里除了窦娥没有他人撑腰。

师：是这样的。这也是张驴儿父子可以为所欲为的重要原因。我们之前也学过《乡土中国》中的差序格局②，在书中作者提到以“血缘”为纽带构建起来的具有伸缩性的结构。在这个结构中，乡土社会中的人们进行伦理实践。蔡婆婆在这个结构中可谓是最“紧缩”的了，没有可以依靠的亲人，在社会上孤立无援，面临不公只能忍气吞声。那么蔡婆婆对于张氏父子是何种态度呢？

【悟课】课堂观察有人维度：执教者以问题驱动学生任务，帮助学生明晰文本的内在逻辑关系，在关注学生阅读体验的同时，又步步引导学生向纵深处思考。此外，执教者亦注重强调新旧知识的联结，将学生对文本的感知方向从常规的生活经验引至深层次的社会现象分析，有效实现知识迁移。教师引导，学生思考，师生“沉醉其中”，成就一节充满活力与无限可能的课堂。

---

①【评点】建构作品人物关系，引导学生关联思考，多角度挖掘窦娥悲剧的因素，正体现学科素养指标中“根据问题情境的分析，从多元性、情境性、关联性、层次结构性、动态平衡性、开放性和时序性等方面把握问题与事物的本质”。

②【评点】此处关联巧妙，引导学生结合所学，为文中人物的社会状态，提供确切的理论支撑，形成案例与理论的互解，达成有价值的迁移。

生：比较暧昧。她与张驴儿父子互让羊肚汤[①]似有端倪。

师：就连窦娥也看出来似乎有猫腻，而愤愤不平。如果蔡婆婆与张驴儿的老爹也暗生情愫，那窦娥想要摆脱张驴儿更是难上加难了。如果蔡婆婆已经“投降”了，那么窦娥有没有方法摆脱张驴儿的纠缠呢？

生：没有办法。从窦娥的身世[②]来看，她三岁亡母、七岁父亲离家、十八岁丧夫、婚后无子。

师：也就是说，窦娥作为寡妇其实也是处于孤立无援[③]的境地，并且张驴儿作为心狠手辣之人，想要置窦娥于死地的心也不会变，所以最后的希望只能寄托在受理案件的官员上了。那么官员能否还给窦娥清白呢？

生：不能。官员在登场时说了一句话“我做官人胜别人，告状来的要金银。若是上司当刷卷，在家推病不出门。”说明他是一个以权谋私、敲诈勒索的官员。

师：是的。窦娥没有钱来送给他，所以他就胡乱判案，况且多一事不如少一事，既然控告窦娥行凶，索性就判其死刑了事。

师：所以我们一起来看，窦娥在面临行刑之时对于天地的指责就显得意味深长了。那么，窦娥为什么要呵责上天呢？

生：因为窦娥十分的冤屈。

【悟课】课堂观察有序维度：思维的发展与训练引导学生从混沌模糊走向清晰有序，好的课堂就是充分呈现条理性。执教教师的提问紧扣逻辑层次的最优化，精准清晰，带领学生一步步分析“张驴儿是如何缠上窦娥”“窦娥有没有方法摆脱纠缠”。师生语言干净，表意清晰。教学内容环环相扣，层层深入，使学生捕捉问题背后的秩序，扩展思维的广度，逐渐建立起探寻真理的能力。

师：那么，我们先不要把结论直接得出来，稍慢些，分析一下这一观念的内在逻辑。指责天，说明窦娥认为天对于她的冤屈负有责任。换句话来说，也就是在窦娥的观念中，天在某种程度上是可以避免这一冤屈的发生，无论是用哪一种方式，或是用雷电将张驴儿劈死，或是上苍感动主判官良心发现。这一观念，在封建社会是一种共识，无论是民间盛传的因果报应，还是文人所谓的敬天意识。那么这个“天”指的是什么呢？

【悟课】课堂观察有效维度：法国古典主义悲剧创始人高乃依强调：“悲剧的唯一目的是给观众以快感，而教化则寓于快感之中。观众欣赏完作品后应是清醒的，而不是迷狂的。”除开叹息窦娥冤，本课教学直指悲剧必然性的分析。梳理时，执教教师警惕学生“脱口而出”的结论。与学生抽丝剥茧，分析窦娥“冤”的谴责对象及形成原因，

①【评点】体现学生在自主学习中，注重文本细读，并能够在文本情节中审视人物。

②【评点】聚焦窦娥身世，梳理其个人关键信息点，注重从人物自身命运，描述其悲剧性的人生状态，为后文揭示人物悲剧的必然性蓄势。

③【评点】还原文本情境，在文本细读中去发现人物，并在情境中真实地描述人物。这里“孤立无援”表达精准，在揭示其个人悲剧情境基础上，更写出了底层民众悲剧命运的现实。

用恰当策略唤醒学生的内驱力。

生：是一种超自然力量。

师：很好，但不确切。“天”不是某位神，不像西方的上帝是一个人格化的，有具体形象的神祇。我们都知道有一种说法叫作“天理昭彰”。这里的天，是有着道德意味的，是一种超越世间的道德原则。所以在古代，天，既包含了自然之天（“天行有常”），也包含了道德之天（“存天理，灭人欲”），还包含了神性之天（天佑观念）。窦娥的呵责，在某种程度上而言，是对传统的对天的信仰的根本性否定①。原本她可能还会寄希望于天，即使社会再黑暗，也有天理的庇佑，但是在此却并没有王法，没有天理。

【悟课】课堂观察有料维度：针对学生暴露出的辨析不清重要概念“天”的问题，执教教师及时通过辩证阐释、事例阐释和内涵阐释多种方法，帮助学生准确辨析重要概念，从而推动学生深入理解窦娥呵责上天背后的复杂心理和时代局限。随着课程改革进入核心素养阶段，思辨性阅读与表达愈发得到重视，执教教师通过充分的课前准备，为学生如何准确界定概念并展开论述作出了良好的示范。

师：那么同学们，如果我们回顾一下整个窦娥的悲剧，大家觉得窦娥除了冤死之外，有没有其他能够避免此种结局的方法？

生：没有。

师：她失去了一切的帮助，无论是世间伦理，还是天理，这就是人物悲剧的必然性。这也体现了关汉卿艺术水平之高超，他没有给窦娥安排一个虚假的“大团圆”结局。窦娥无法摆脱的悲剧命运也揭示着封建社会的黑暗窒息与底层民众的悲惨境遇。②这也使得窦娥的冤情更加深沉，使得作者对于社会的批判更显义愤填膺！无论关汉卿是否有意如此，窦娥之死都摧毁了当权统治一切的合法性来源，官无正义，社会无序，天理无存。

【总评】

新课标指出：“阅读教学是学生、教师、文本之间对话的过程。”就语文教学而言，师生对于教材的动态把握、挖掘和延伸是很重要的。“要用教材教”而不是“教教材”，聚焦学生的核心素养，用教材为学生打开一扇窗，这里面涉及“用教材教什么”“怎样用教材教”“师生围绕教材怎么学”等不同角度的思考，有了学生、教师、文本“三位一体”的对话，师生互动的课堂就会有光芒。

本节课恰是体现学生、教师、文本“三位一体”的对话，一种围绕窦娥人物悲剧的对话，

①【评点】引导分析，水到渠成，此处点评，一语中的，精准而深刻。在逻辑推演之下，不拘时代，跳脱封建，思辨、审视、挖掘、体现文本分析把握的一种深度意识。

②【评点】教师总结语言，简洁凝练，直指主题，揭示本质。由窦娥个体人物的悲剧命运，进一步揭示封建社会底层人物的悲惨境遇，发掘文本悲剧之根源及深层意蕴。

这种对话体现着学科思维意识，从问题设置到点拨评价，注重引导并培养学生思维；这种对话体现着教材文本意识，学生的回答和教师的引导，注重结合文本、升华文本；这种对话体现着思辨生成意识，师生互动交流中，体现对文本动态把握，并在思辨中有生成。从这个意义上说，本节课师生一同走进教材、发现教材、对话教材，互动、探讨、思辨，融入生命感发体悟，以生命对话文本，以生命对话生命，恰当的追问，机智的点拨、巧妙的关联、思辨的对话、深刻的解读、生命的体悟……这一切在动态的课堂上自然生发。

“同样的深情，不同的纪念”课堂设计①

《记念刘和珍君》与《为了忘却的记念》联读

——语文 高二年级 选择性必修 中册（人教版） 第二单元

设计：李冬梅名师工作室

龙华部：秦 思 李冬梅 崔 琼 赵 琦 马秀兰
周亚华 晓 丽 金莎莎 项 敏 童娈娈
陈一新 崔宇贺 徐映荷 李雪斌 陈亚丹
孔 玲

评点：李冬梅

◎本课时学习目标

1. 学生能概括鲁迅在两篇文章中所记念的革命青年形象，了解他们的性格与品质。

2. 学生能体会鲁迅在文中抒发的复杂而深沉的情感，探寻其表达情感的特殊方法，感受其或直抒胸臆，或曲折隐晦的抒情特点。

3. 学生能理解鲁迅采用“曲笔”背后的时代因素，并借此体会革命的不易，了解鲁迅在革命斗争过程中的理性思考。

◎本课时学情分析

学生在本节课之前，已经梳理过两篇文章的写作结构与内容，并且分析了刘和珍、白莽、柔石的人物形象，但仍然没有深刻体会鲁迅在文中寄寓的复杂而深沉的情感，尤其对《为了忘却的记念》中曲折隐晦的情感表达特点没有形成透彻的理解。鲁迅在特定时代背景下采取的特殊写作方式成为了学生理解作品的一大障碍，因此学生在阅读文章时会产生一定程度的畏难心理。本课时旨在疏通障碍，让学生通过文本细读，由浅入深地探寻文字背后的深意。

---

①【评点】课题一方面呈现了两篇文章联读的核心对比点——“深情”和“记念”，既能提醒学生本节课要探究的重点，又是一条贯穿整节课的逻辑线索，使得课堂内容集中紧凑；另一方面又点出了连读对比的多个角度——“同样”和“不同”，深情相同，但记念方式不同，因此要探讨抒情方式。如此就把人物形象、思想情感、艺术手法整合在一起，完成文本的综合鉴赏。

◎教学过程

教学流程[①]示意图，如下图所示。

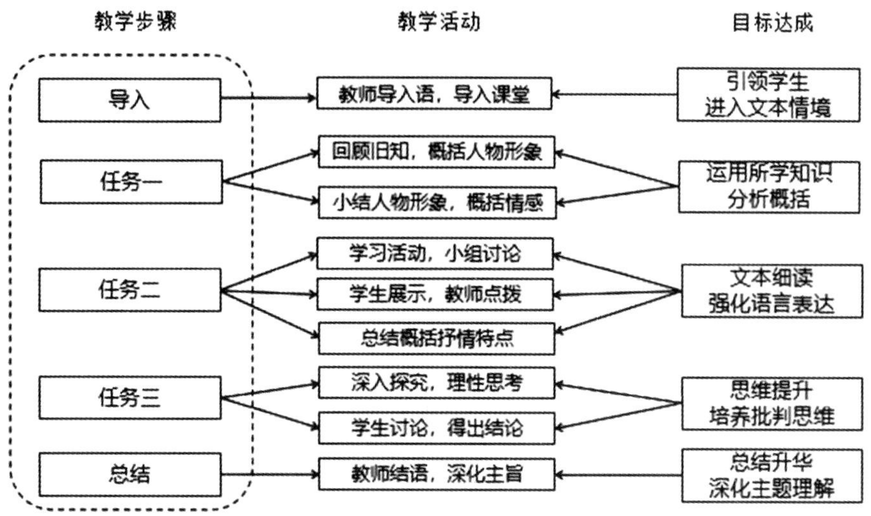

第一步　课堂导入语：[②]

1926年3月18日，包括刘和珍在内的四十余位徒手请愿的青年在段祺瑞执政府的门前被残忍虐杀。两周后，鲁迅先生愤而提笔写下了《记念刘和珍君》。1931年2月7日，又有二十四位革命青年被国民党反动派秘密杀害，鲁迅在两年后痛定思痛，写下了《为了忘却的记念》。

同样是悼念青年革命烈士的文章，同样是饱含着深情，鲁迅在两篇文章的抒情和议论中，呈现出诸多相通之处，同时也体现出一些值得寻味的差别。让我们一起重新走进这两篇文本，去探寻鲁迅在文字中寄寓的深情与思考。

设计意图：

教师通过课堂导入语，带领学生进入文本情境之中。

---

①【评点】教学过程环环相扣，层次分明，逐步深入。课堂主体部分分为三项任务，先"温故"，从学生已知的人物形象入手，迅速让学生回到熟悉的文本中去；再过渡到作者情感，顺理成章地进入抒情特点的体悟与鉴赏，结合文本的细读，提供给学生发挥的舞台，培养学生的表达能力；最后从感性上升至理性，带着鲁迅式理性来分析文本背后的鲁迅本人，挖掘文本的意义，让学生在思维火花的碰撞中深化认知。

②【评点】本课的导入环节结合两篇文章的时代背景与创作动机，在对照中点出二者的异同，在尊重学生学习起点的同时抛出引导性的问题，注重引领学生建立双文本之间的联系，以精练明晰的语言带领学生进入到文本情境之中。

核心素养培养目标：

语言建构与运用

任务 1

回顾旧知：鲁迅在两篇文章中分别记念了怎样的青年？①

第二步

思考 1：请概括分析他们的人物形象。他们具有怎样的性格和精神品质？

明确：

刘和珍：渴求真理与进步，富于斗争精神，温和善良，勇敢坚毅，富有爱国热忱。

白莽：爱憎分明，心思敏感，率直真诚，积极乐观，勇于斗争。

柔石：“硬气”（讲义气，宁折不弯，勇敢无畏），“迂”（执着坚定，善良纯真，勤勉憨厚）。

点拨：三位青年性格各异，但他们身上体现出来的共同点是？

小结：都是可爱的、可敬的。

思考 2：鲁迅对这群可爱又可敬的青年怀抱着怎样的情感？

明确：鲁迅对他们的人格非常欣赏、喜爱、敬佩；对他们的惨烈牺牲感到悲哀、愤怒、痛惜。

点拨：两篇文章的情感是相通的，如果用一个词准确概括鲁迅在其中抒发的情感，应该是——悲愤。同样是抒发悲愤之情，两篇文章的抒情方式却有所不同。

设计意图：

引导学生回顾并概括鲁迅在两篇文章中所记念的革命青年形象，并引出对文章情感的分析。

核心素养培养目标：

语言建构与运用

任务 2

比较探究：鲁迅在这两篇文章中的抒情特点有何不同？

第三步　学习活动：②请找出两篇文章中你认为最能表现鲁迅抒情特点的段落进行赏析，与小组中的同学分享。

（三分钟讨论）

---

①【评点】任务 1 的设置抓住了两篇文章的核心人物形象，在分析、比较和探究中层层深入，最终过渡到思考作者对笔下形象寄托的感情，通过精准地设问，启发学生积极主动地比较文本中的细节，对双文本中的语言、对象和情感进行有效地整合与链接。

②【评点】该学习活动是对“学生主体性的发展”和“探究精神、实践能力的培养”的具体实践。紧扣教学目标，依据文本细读及比较阅读，帮助学生更好地理解鲁迅表达的情感，进一步探究其写作目的。这样的探究过程不仅可以激发学生的阅读兴趣，更为学生搭建了探究分享的平台，有利于培养学生的探究精神和实践能力。

明确：

1.《记念刘和珍君》中的第 3、4、12 段最为典型，其中“我已经出离愤怒了。我将深味这非人间的浓黑的悲凉……”“真的猛士，敢于直面惨淡的人生，敢于正视淋漓的鲜血”“不在沉默中爆发，就在沉默中灭亡”等句子，鲜明地体现了本文直白显露的抒情特点，给人以心灵的强烈冲击和震撼。

2.《为了忘却的记念》与前文不同，抒情曲折隐晦。

（1）第 35 段：“年轻时读子期《思旧赋》，很怪他为什么只有寥寥的几行，刚开头却又煞了尾。然而现在我懂得了。” 点拨：鲁迅懂得的是什么？为什么“现在懂得了”？是不是因为他身处与向秀相似的处境？

司马氏杀害天下文士，残暴无情，致使向秀不能直书其事来表达自己的哀思，所以《思旧赋》简短隐晦。这恰如鲁迅当时的处境。暗指国民党反动派残杀青年的暴行和高压统治，使鲁迅只能如向秀一样克制笔端对朋友的哀思。

（2）第 29 段所写的诗歌。点拨：“惯于长夜过春时”一诗中书写了哪些内容？表达了怎样的情感？抓住重点字词：长夜、变幻、忍看、怒向、无写处。作者写出了社会动荡、百姓不安的社会现状，表达了悲愤交织的心情，暗含了对国民党反动派的控诉。诗歌的语言含蓄凝练，便于作者委婉抒情。

（3）第 31 段提到的木刻。点拨：仔细观察课本第 49 页的木刻《牺牲》的图片，谈一谈这木刻背后所包含的情感。失明的母亲对儿子有万般的眷恋与爱，但只能悲哀地托举着孩子，成全孩子拳拳的爱国之心，把孩子送到他想要为之奋斗牺牲的革命道路上去。“她以深广的慈母之爱为一切被侮辱和损害者悲哀、抗议、愤怒、斗争。”鲁迅当时无法直接写关于柔石的文章，所以借木刻曲折委婉地表达对柔石和广大做出牺牲的群众的敬意与自己的悲痛之情。

总结：《记念刘和珍君》的抒情特点偏于直白显露，而《为了忘却的记念》抒情特点偏于曲折隐晦。

设计意图：

用课堂活动引导学生深入文本情境之中自主探究，并用自己的语言对文中抒情的内容和形式进行赏析，以此落实语言建构与运用及审美鉴赏的核心素养。

核心素养培养目标：

语言建构与运用，审美鉴赏与创造。

任务 3

深入思考：[①] 在这两篇文章中，鲁迅表达了他对革命斗争方式怎样的态度和思考？

---

①【评点】该任务的设置紧扣了“文化传承与理解”这一核心素养，也照应“苦难与新生”的单元主题。正是一代又一代有志之士前赴后继，以巨大的奉献和牺牲才换来了国家的解放和民族的新生。通过两篇文章的比较连读，可以帮助学生理解特殊历史时期革命志士的英勇选择，有利于培养学生的爱国主义精神，让他们更珍惜当下来之不易的幸福生活。

第四步

思考：鲁迅对刘和珍参加的徒手请愿持有怎样的态度？对柔石的天真想法又是怎样的态度？请从文章中找出相关段落进行分析。

明确：1. 从《记念刘和珍君》第 17、18 段可看出，鲁迅并不赞成徒手请愿。鲁迅认为："改革自然常不免于流血，但流血非即等于改革。血的应用，正如金钱一般，吝啬固然是不行的，浪费也大大的失算。"应该尽量避免无谓的流血牺牲。

2. 从《为了忘却的记念》中第 10、15、26 段可看出，鲁迅认为柔石的想法过于理想化，也过于天真单纯，"但他向来看得官场还太高，以为文明至今，到他们才开始了严酷。其实是不然的。"可读出鲁迅认为不应对敌人抱有任何一丝幻想，应透彻而清醒地认识到敌人是残暴无情的。

讨论：面对如此严酷的斗争形势，鲁迅自己选择怎样做？你如何看待鲁迅的选择？①

明确：鲁迅在《记念刘和珍君》中称自己为"苟活到现在的我"，在《为了忘却的记念》第 21、22、34 段中，他写到自己"不愿意到那些不明不白的地方去辩解"，在柔石被捕后连夜烧掉了和朋友的旧信札，带着妻子孩子逃跑。

点拨：鲁迅的这种做法是否是一种贪生怕死、苟且偷生的行为？②

明确：从鲁迅借用的《说岳全传》的典故来看，鲁迅想要抛弃"奴隶所幻想的脱离苦海的好方法"，而是认清现实，不把自己置入到敌人的囹圄之中去白白送命。这就是鲁迅所倡导的"壕堑战"，不提倡无谓的牺牲，但也并非提倡作壁上观，更不会同流合污，还是要战。只是要有策略地战，保护自己，保存实力，和敌人做持久的、韧性的战斗。

设计意图：

引导学生更深一步地探究鲁迅采用"曲笔"背后的时代因素，分析鲁迅在革命斗争过程中的理性思考，训练学生的批判性思维。

核心素养培养目标：

思维发展与提升，文化传承与理解。

教师总结

---

①【评点】该环节与前文环节环环相扣，层层递进，紧扣课标学生思维发展与提升的要求，继续通过对比连读的方式深入探讨，以"鲁迅对革命斗争方式的态度和思考"为切入点，通过对比对于刘和珍和柔石不同的情感表达，凸显当时特殊的社会背景。两篇文章结合起来，有助于全面理解鲁迅的革命态度，感受其内心愤懑却又难以呐喊的悲痛之情，为培养学生的理性思考和辩证思维搭建了良好的阶梯。

②【评点】该问题的设置让学生以鲁迅的视角，进入文本语境，辩证思考鲁迅先生看似逃避，实则关切的"智慧"，认识到手无寸铁的革命青年牺牲的重要价值，切身体会和感受革命青年的革命理想与情怀，帮助学生了解中国革命传统作品的价值和意义，从而理解鲁迅先生深邃的精神世界。

第五步

结语：[①]

在鲜血中开辟道路，从苦难中孕育新生。

鲁迅在两篇文章中都抒发了对青年革命烈士沉痛的哀悼和痛惜，表达了对国民党反动派强烈的愤怒与痛恨。即便鲁迅反复在“说与不说”之间徘徊，即便用尽了曲折隐晦的笔墨也难以书尽满腔悲愤，但我们依然可以从他冷冽如刀锋的笔端看到那颗热血难凉的赤子之心。

鲁迅相信：即便不是他，这群牺牲的青年也一定会在将来被人们记起，被人们永久纪念。在经历了漫长而深重的苦难之后，这个坚韧而自强的民族，不会在沉默之中消亡，一定会孕育出一代又一代“真正的猛士”。他们会挺身而出，奋然前行，带领人民走向光明的新生。

设计意图：

教师进行总结，升华课堂的主旨，与单元主题进行勾连。

核心素养培养目标：

文化传承与理解

作业：[②]

革命者们曾经抛洒的热血换来了我们今日和平安定的生活，站在一百年后的今天，你有怎样的感悟？请从鲁迅记念的三位青年中任选一位，用你自己的方式写一段记念他们的文字。

（传记、散文、诗歌均可）

【总评】

一、整体构架有序，有明确的育人性和方向感。本教学设计环环相扣，层次分明，逐层深入。按照“温故旧知－情感体悟－文本细读－主题探究”的脉络，有目的、层次地展开教学。既有对已知知识的关联，也有对未知知识探究，体现了立德树人、育人为本的教学理念。

二、目标清晰，任务明确，师生合作探究，教学有生成。如秦老师在任务2中设置了紧扣教学目标的学习活动，引导学生就两篇文章的抒情特点开展比较赏析，有助于学生更深刻地领会鲁迅复杂的情感内涵，更清晰地把握鲁迅独特的抒情方式。课堂围绕中心任务，有表达，有倾听，有生成。

三、尊重学生的主体地位，循循善诱，师生互动关系和谐。秦老师在教学活动过程中，始终以学生为主体，充分尊重学生主体地位，循循善诱，逐步引导学生思考，不断挖

①【评点】最后，及时总结课堂，对比两篇文章的异同，回扣单元主题，再次对学生进行了价值观引导，引发学生对“文化传承”的进一步理解和思考。

②【评点】作业设计紧扣课内所学，亦有效地开启课外迁移。指导学生将上课所学、所感、所思汇总成文字，既整合了学生的思考，也训练了他们的写作能力。

掘鲁迅先生文章思想的深刻性，为学生的思维搭建阶梯，教学过程流畅和谐。

四、活动设计与情境营造有针对性、衔接性和系统感。本课以对比两篇文章时代背景与创作动机的异同为导入，在尊重学生学习起点的同时，抛出引导性的问题，注重引领学生建立双文本之间的联系，以精练的语言带领学生进入文本情境，让学生以鲁迅的视角理解鲁迅的情感，有利于调动学生的学习热情，激发学生倾情投入课堂，引领学生探究问题的本源。

五、提问巧妙，有启发性，有利于培育学生解决问题的思维能力。秦老师在第四步的“讨论”环节中，紧扣思维发展与素养提升的目标，以“鲁迅对革命斗争方式的态度和思考”为切入点，借助对比对刘和珍和柔石的情感表达，凸显当时特殊的社会背景。这种双篇连读的方式，为培养学生理性思考和辩证思维搭建了良好平台，有利于学生设身处地站在鲁迅视角，进入文本真实语境，辩证思考理解鲁迅先生看似逃避，实则关切的“智慧”；也有利于学生认识到手无寸铁的革命青年牺牲的价值，切身体会和感受革命青年的革命理想与情怀，帮助学生进一步了解中国革命传统作品的价值和意义。进一步理解鲁迅先生深邃的精神世界，对培养学生良好的人生观和价值观有积极的指导作用。

六、善于发现和捕捉课堂中最动人的细节，有亮点，有感动。这节课创设了学生自主研究、主动探索的空间，注重培养学生自主赏析能力，符合新课程标准下培养学生审美鉴赏与创造能力的教学理念。老师能及时抓住学生感知细节，引导学生深入探究，激发亮点，助力学生的课堂思考，有效生成情感体悟。在秦老师问道“还有没有同学找到其他的比较典型的抒情段落呢？”那位学生的回答惊艳了全场，学生根据自己阅读体验，分享了自己的独特解读，非常精彩，既体现了学生优秀的学习能力和品德素养，也体现了教师的引导智慧。

七、总结紧扣重难点，借助最佳情境，启发学生思考，有获得感。这节课通过对比两篇文章的异同，回扣单元主题，再次对学生进行了价值观引导，引发学生对“文化传承”进一步理解和思考。

八、课内课外有机结合，作业设计紧扣课内所学，较有成效。秦老师积极指导学生将上课所学、所感、所思汇总成文字，既整合了学生的思考，也训练了学生的写作能力，有效地实现课内与课外的联动。

总之，好课堂是一种特殊的育人境场，关涉的要素很多。秦老师这堂课较好地体现了深外好课堂的相应标准。在这次好课堂活动中，我们语文科组同心协力，共享智慧，让我们再次欣喜地看到了一位年轻教师快速的成长。但是，在这堂课里依然还有许多有待提升、有待完善之处，例如：大单元整体阅读的关联，师生有效共情的培养等，都还有待秦老师在日后的教育教学中慢慢去感悟，细细去打磨，相信秦思老师一定会继续努力，向上生长，遇见一个更优秀的自己！

"同样的深情，不同的记念"课堂实录

《记念刘和珍君》与《为了忘却的记念》联读

——语文　高二年级　选择性必修　中册（人教版）　第二单元

执教：龙华部　秦　思

评点：龙华部　李冬梅

【学习活动】[①] 请在两篇文章中分别找出你认为最能表现鲁迅抒情特点的段落进行赏析，与小组同学分享。

师：根据刚才同学们的分析，我们发现鲁迅在《记念刘和珍君》这篇文章中的抒情特点是偏于直白显露的，那么我们再来看《为了忘却的记念》这篇课文，你觉得最能体现他抒情特点的是哪个段落？

生：我找到的是第 31 段，鲁迅献给逝去的柔石一个木刻，借木刻来抒情。同时我看到后文中有借用向秀的典故，是因为向秀不能直书其事表达自己的哀情。这时候鲁迅的处境也是和向秀是一样的，他很难过，但是他不能直说，因为如果他像《记念刘和珍君》中那样直接说出来的话，他也有可能会面临和柔石一样的下场，所以他就只能借用木刻来表达自己的心情，让读者共鸣、共情。

师：在刚刚你提到的这一段当中，有没有哪一句话告诉我们，鲁迅为什么要借助木刻而不能直接抒情呢？

生："可是在中国那时是确无写处的，禁锢得比罐头还严。"

师：这句话说明什么呢？

生：说明当时国民党反动派的高压统治让鲁迅不能直说很多话。[②]

师：很好，刚刚他提到的这个木刻，我们大家一起看一下（展示书中图片，见图 1），你能不能给大家描述一下这个木刻体现出来的信息。

---

①【评点】该学习活动设置紧扣教学目标，引导学生就两篇文章的抒情特点开展比较赏析，有助于学生更深刻地领会鲁迅复杂的情感内涵，更清晰地把握鲁迅独特的抒情方式。

②【评点】在教学活动过程中，教师能始终以学生为主体，充分尊重学生的主体地位，并循循善诱，逐步引导学生思考，不断从文本中挖掘鲁迅先生的深刻思想，为学生搭建了思维台阶，教学过程流畅和谐。

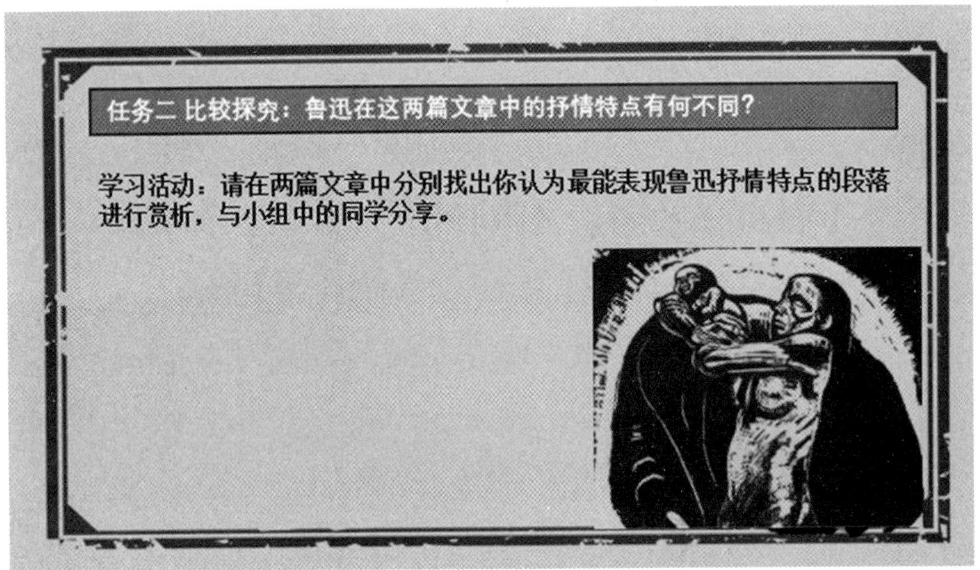

图 1

生：这个木刻上面是一位母亲，她在用自己手臂护着自己的孩子，并把他往上伸出去。这个木刻的①名字叫“牺牲”，这是一位母亲去献出自己的孩子。我注意到这个献出的动作很特别，一般的话献出是双手捧上去，但这里的母亲是用臂弯使劲地搂着，体现出她很不愿意，很艰难地作出决定。

师：非常好！他发现了一个很好的细节，就是一般来说献出去的双手是捧着出去，但是木刻中的母亲是环抱着献出去的，说明这位母亲内心是怎样的情感？

生：不舍、眷恋。

师：在这一段当中鲁迅说：“我知道这失明的母亲的眷眷的心，柔石的拳拳的心。”这个“眷眷”和“拳拳”之间就形成了一个对应，母亲是很舍不得孩子的，但还是不得不把孩子献出去，这是为什么呢？②

生：因为当时的社会需要这份牺牲，需要这份贡献。用进步青年的牺牲去唤醒人们看清这个世界的现实。

师：很好。我们大家再一起来仔细看一下这位母亲的形象。大家看出来她的身体是怎样的特点？

生：瘦。

师：没错，骨瘦如柴。你看到她的肋骨了吧？然后这位母亲的身上还布满了？③

生：斑斑点点的伤痕。

师：说明这位母亲的生活已经怎么样？

①【评点】在此环节中，教师利用多媒体展示教材所配图片，创设学习情境，引导学生细致观察图片的细节，让学生在形象直观的画面中，体会作者深刻隐晦的复杂情感。

②【评点】由学生发现的细节，引发学生思考石刻中的母亲与柔石之间的联系，进而思考柔石牺牲的重要意义。此处很好地展现出课堂中师生的良性互动。

③【评点】及时抓住学生感知细节，引导学生深入探究，激发亮点，助力课堂有效生成。

生：艰苦，很凄惨。

师：但是她依然要献出自己这么幼小的一个孩子，所以你觉得鲁迅他想通过这个木刻表达什么情感?

生：他想表达对那些平凡的劳苦大众为革命事业做奉献的一种崇高的敬意。

师：是的。鲁迅选择这幅木刻发表在他的刊物上，直接意图是献给柔石，但我们扩大开去，其实这个世界有千千万万的柔石这样的家庭，也有千千万万像柔石的母亲这样的母亲。她们都不得不把自己的孩子奉献出去。所以“牺牲”不只是革命青年的牺牲，也是母亲的牺牲，是千千万万家庭的牺牲，也是民族的牺牲。鲁迅无法直抒胸臆，所以借这个蕴含着丰富信息的造型艺术作品来委婉地表达自己的感情。

师：还有没有同学找到其他的比较典型的抒情段落呢?

生：我找到的是第29段，这个段落和其他段落有些不一样。鲁迅先生在这一段用的是一首诗来抒情，是他在柔石去世那天晚上的所思所想，拼凑出一首完整的诗歌。首联：“惯于长夜过春时”，点出了背景，当时鲁迅是在院子里，在半夜作诗。他带着自己的妻子儿女一起逃离至此，为了躲避逮捕。“长夜”不仅仅是指他当时作诗的漫漫长夜，更象征着当时国民党反动派统治的压抑气氛。颔联：“梦里依稀慈母泪，城头变幻大王旗”，我们要注意一下课下注释，这里指国民党政府与地方军阀的连年混战，统治者的旗号不断变化，更点出了当时中国的时局动荡。我个人觉得最能表达他情感的是颈联：“忍看朋辈成新鬼，怒向刀丛觅小诗”，从这儿我们已经能非常明显地看出来，鲁迅不能忍受看到像柔石这样的有志青年被杀害，于是他必须要作诗来表达他的悲愤，来刺醒当时中国依然在沉睡当中的人，我觉得这也是他写这篇作品的原因之一。尾联：“吟罢低眉无写处”，我觉得依旧表达了他的悲愤之情，甚至是有一些悲凉的情感。但是为什么“无写处”呢?像刚刚那位同学所提到的：“可是在中国那时是的确无写处的，禁锢得比罐头还严密”，更表现了当时因为政府控制思想，所以鲁迅的情感传达得很隐秘。①

师：非常好，你刚才把这首诗做了一个很完整的分析。那我想问一个问题：鲁迅为什么非得要写诗来表达他的情感呢?他明明是在写一篇散文，那为什么中间他突然放了一首诗上来呢? ②

生：写诗相比起直接抒情来说，其实是可以让整个文章更显魅力。并且鲁迅有一个特点，就是他喜欢把语言的语序给打乱，不同于正常的语序，这样就能打破当时人们对语言文字运用比较传统的思想，增加不常规性。

师：好的，他刚才说因为这个诗歌放上去会使语言变得有魅力，那么诗歌语言的

①【评点】这位学生的回答惊艳了全场，学生根据自己的阅读体验，分享了自己的独特解读，非常精彩！这体现了学生优秀的学习能力和品德素养，也体现了教师提问的巧妙。

②【评点】学生赏析之后，教师及时点评和指导，并顺势引入了新的探究，教学环环相扣，结构紧凑。

独特的魅力是什么呢？

生：朗朗上口。

师：这是音韵方面的，还有吗？

生：言简意赅。

师：没错。我们再进一步说，是通过简练的语言，表达很深刻的情感。所以我们说诗歌的语言是含蓄的、凝练的。我们看到，刚刚的两位同学找到了借木刻抒情，以及写诗歌来抒情的段落。那么两者共同能够体现出鲁迅在这篇文章中的抒情特点是什么呢？①

生：委婉的、曲折的。

师：是的，我们可以与《记念刘和珍君》做一个对比，《记念刘和珍君》当中鲁迅直接写道："真的猛士，敢于直面惨淡的人生，敢于正视淋漓的鲜血"，但在这篇文章当中，他没有这样的直抒胸臆，而是写他献给柔石一个木刻，写一首诗。情感没有直接地抒发，而是蕴含在一些特殊的抒情方式之中，所以我们说这是曲折隐晦的抒情特点。

【总评】

本节课紧扣语文学科核心素养，抓住两篇文章的异同开展对比连读，以此激发学生深入领会鲁迅的复杂情感。课堂始终以学生为主体，充分尊重学生的主体地位，利用多媒体，为学生创设了直观的学习情境，给学生带来多种感官体验，激发了学生深刻的理解。借助照片，由学生发现的细节引发学生进一步思考石刻中的母亲与柔石之间的联系，引发学生思考柔石牺牲的重要意义。此处很好地展现出课堂中师生的良好互动，在教师的循循善诱中学生的思考逐步深入。课堂中，教师及时抓住学生感知细节，引导学生探究，激发亮点，让学生的精彩回答惊艳了全场，也让全班学生有效生成了对柔石的敬仰，体现了教师提问的艺术。在学生对文中情感鉴赏之后，教师有针对性地借助阶梯性的追问逐层启发学生，将学生对诗歌情感内容的感性认识提升到对诗歌文体特点的理性认知上。总体而言，本节课师生活动张弛有度、自然和谐。教师善于发现和捕捉课堂中最动人的细节，有亮点，有感动，有生成。

① 【评点】在学生对文中情感鉴赏之后，教师有针对性地借助阶梯性的追问，逐层启发学生，将学生对诗歌情感内容的感性认识提升到对诗歌文体特点的理性认知上。

"古典概型"课堂设计

——数学　高一年级　必修　第二册（人教版）　第十章

设计：高中部　杨　亚
评点：高中部　谢小翔

◎本课时学习目标①

1. 通过具体实例，感受古典概型样本点、样本空间的特征。

2. 掌握古典概型的概念，理解古典概型的两个特征，能判断一个试验是否为古典概型。

3. 掌握古典概型的概率计算公式，会用列举等方法求解古典概型中简单随机事件的概率。

4. 培养数学抽象、数学建模和数学运算等核心素养。

◎本课时学情分析

古典概型是最简单的数学概率模型。学生在初中阶段已经了解了频率和概率的关系，会计算一些简单的等可能事件发生的概率，但对古典概型中的随机事件所包含的基本事件的等可能性和样本空间的有限性认识不足，对古典概型及其概率计算公式的认识并不能直击本质，②导致在利用古典概型公式来求解概率时经常出错。

◎课前游戏③

将学生分成三个大组，分别完成以下三个游戏。

游戏 1：第一大组每人抛掷 2 枚质地均匀的相同骰子 1 次，并在表 1 中统计其点数之和的频数。

---

①【评点】《普通高中数学课程标准（2017 年版）》对于古典概型提出的要求是："结合具体实例，理解古典概型，能计算古典概型中简单随机事件的概率"。该教学设计具体解读为以下几个含义的内容。

②【评点】在初中，学生对概率的认识是随机事件发生的"大概规律"，学生会在直观感知的基础上进行一些简单的概率计算，但没有形成古典概型的概念。所以在高中阶段需要使学生在过去经验的基础上，将直观的感性认识提升到理论层面，通过归纳提炼出基本事件的概念和古典概型的基本特征、计算公式，并能正确应用。

③【评点】让学生动手操作，通过试验和观察的方法，得到概率的估计，初步体会在什么情况下所列举的基本事件具有等可能性，为本节课的讲解做好铺垫。

表 1

点数之和	2	3	4	5	6	7	8	9	10	11	12
频数											

游戏 2：第二大组每人抛掷 2 枚质地均匀的不同颜色的骰子 1 次，并在表 2 中统计其点数之和的频数。

表 2

点数之和	频数	点数之和	频数	点数之和	频数	点数之和	频数	点数之和	频数	点数之和	频数
1+1=2		1+2=3		1+3=4		1+4=5		1+5=6		1+6=7	
2+1=3		2+2=4		2+3=5		2+4=6		2+5=7		2+6=8	
3+1=4		3+2=5		3+3=6		3+4=7		3+5=8		3+6=9	
4+1=5		4+2=6		4+3=7		4+4=8		4+5=9		4+6=10	
5+1=6		5+2=7		5+3=8		5+4=9		5+5=10		5+6=11	
6+1=7		6+2=8		6+3=9		6+4=10		6+5=11		6+6=12	

游戏 3：第三大组每人抛掷 1 枚质地均匀的骰子 2 次，并在表 2 中统计点数之和的频数。

环节一：再现历史，了解概率①

文艺复兴时期，意大利医生兼数学家卡当（1501—1576）曾热衷于骰子游戏，试图研究不输的方法，如掷两枚骰子，以两枚骰子向上点数之和打赌，卡当认为押 7 点最有利，你认为呢？在这个问题中“两枚骰子向上点数之和为 7”是随机事件，“卡当认为押 7 点最有利”则表示该随机事件发生的可能性最大。那么如何计算这个可能性的大小呢？在数学上，我们把随机事件发生的可能性大小的度量（数值）称为事件的概率，事件的概率用 $P(A)$ 表示。

问题 1：让我们穿越时空，推测卡当是如何得出结论“掷两枚骰子，向上的点数之和为 7 的概率最大”的。

环节二：归纳辨析，形成概念

问题 2：写出以下试验的样本空间（见表 3）。

（1）试验 1：掷 1 枚质地均匀的硬币，其落地时朝上的面。

（2）试验 2：掷 1 枚质地均匀的骰子，其落地时朝上的点数。

（3）试验 3：有红心 1、2、3 和黑桃 4、5，这 5 张扑克牌，将其牌点向下置于桌上，

①【评点】创设历史素材背景下的数学情境，将数学史中有关的既有娱乐性又有知识性的趣题、名题引入课堂，不仅能激发学生学习的兴趣、勇于解决难题的斗志，而且也能激发学生深入研究问题的信心、培养解决问题的能力。

且随意打乱顺序后，再从中任意抽取一张扑克牌。①

表 3

	样本空间	每个样本点发生的可能性
试验 1	$\Omega_1=\{$正面、反面$\}$	相等
试验 2	$\Omega_2=\{1,2,3,4,5,6\}$	相等
试验 3	$\Omega_3=\{$红心 1，红心 2，红心 3，黑桃 4，黑桃 5$\}$	相等

引导学生从样本空间及样本点的角度分析归纳三个试验的共同特征：

（1）有限性：样本空间的样本点只有有限个。

（2）等可能性：每个样本点发生的可能性相等。

我们将具有以上两个特征的试验称为古典概型试验，其数学模型称为古典概型。

问题 3：以下几个随机试验是古典概型试验吗？②

（1）从区间［1,10］中任取一个实数。

（2）从区间［1,10］中任取一个整数。

（3）随机地向一射击靶（如图 1，共 10 环，环距都是 1cm）进行射击，观察命中的环数。

图 1

问题 4：在以下古典概型试验中，事件 A 和事件 B 的概率如何计算？

（1）掷 1 枚质地均匀的骰子，事件 $A=$“点数为奇数”。

（2）有红心 1、2、3 和黑桃 4、5，这 5 张扑克牌，将其牌点向下置于桌上，且随意打乱顺序后，再从中任意抽取一张。事件 $B=$“抽到的牌为红心”。③

引导学生归纳概括出古典概型的概率计算公式：

一般地，设试验 E 为古典概型，样本空间 Ω 包含 n 个样本点，事件 A 包含其中的 k 个样本点，则事件 A 的概率 $P(A)=\frac{k}{n}=\frac{n(A)}{n(\Omega)}$，其中 $n(A)$ 和 $n(\Omega)$ 分别表示事件

①【评点】通过简单的随机试验，引导学生归纳试验的共同特征，从而厘清古典概型的两个基本特征，体验概念生成和数学建模的过程。

②【评点】通过设置反例，让学生对概念进行辨析，加深对有限性与等可能性的认识，深化对概念的理解。

③【评点】引导学生体会运算过程，由特殊到一般，归纳概括出古典概型的概率计算公式。

A 和样本空间 Ω 包含的样本点个数。

环节三：试验探究，深化概念

典例：抛掷 2 枚质地均匀的骰子（分别标记为Ⅰ号和Ⅱ号）1 次，观察两枚骰子分别可能出现的基本结果。

（1）写出这个试验的样本空间，并判断这个试验是否为古典概型。

（2）求事件 A =“两个点数之和为 3”的概率。

师生活动：学生尝试用枚举、树状图、列表等形式探究样本空间，得出该试验的样本空间共有 36 个样本点，该试验是古典概型。教师投影展示学生成果（见表 4）。

表 4

Ⅱ \ Ⅰ	1	2	3	5	6
1	(1,1)	(1,2)	(1,3)	(1,5)	(1,6)
2	(2,1)	(2,2)	(2,3)	(2,5)	(2,6)
3	(3,1)	(3,2)	(3,3)	(3,5)	(3,6)
4	(4,1)	(4,2)	(4,3)	(4,5)	(4,6)
5	(5,1)	(5,2)	(5,3)	(5,5)	(5,6)
6	(6,1)	(6,2)	(6,3)	(6,5)	(6,6)

之后，教师通过课前游戏抛掷骰子的统计结果和 Excel 模拟（见表 5 和图 2），引导学生找出正确计算古典概型概率的关键所在，深化对古典概型概率计算的理解。①

表 5　点数之和的概率估计

点数之和	2	3	4	5	6	7	8	9	10	11	12
频数	290	584	865	1097	1383	1615	1358	1151	812	559	286
频率	0.029	0.0584	0.0864	0.1097	0.1383	0.1615	0.1358	0.1151	0.0812	0.0559	0.0286

①【评点】通过试验合作探究，体会怎样选择样本点才满足等可能性的特征。引导学生得出结论：抛掷 2 枚相同的骰子 1 次、抛掷 2 枚不同编号的骰子 1 次、先后抛掷 1 枚相同的骰子 2 次，从结果上来说都是等效的。

第一次	第二次					
	1	2	3	4	5	6
1	269	264	264	288	243	310
2	272	298	282	277	301	272
3	288	300	253	272	282	268
4	274	254	284	296	272	292
5	310	244	294	244	286	272
6	256	290	279	301	272	277

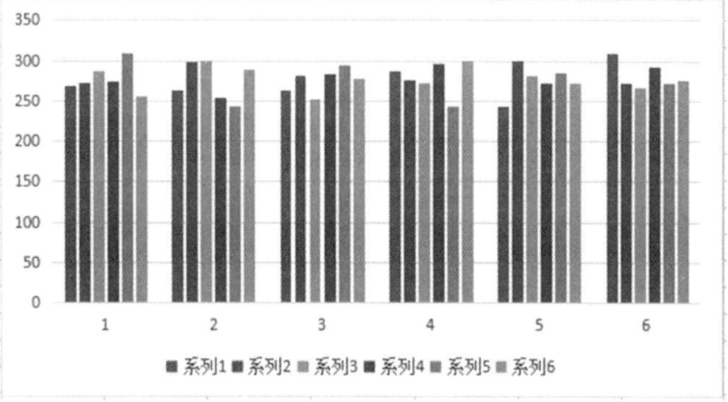

图 2　抛掷两枚质地均匀的骰子试验 10000 次的结果

问题 5：你觉得卡当的推测正确吗？为什么？（学生交流讨论）[①]

问题 6：为什么要把两枚骰子标上记号？如果不标记会出现什么情况？你能解释其中的原因吗？

师生互动，合作探讨：如果不标上记号，类似于 (1,2) 和 (2,1) 的结果将没有区别，样本点合并为 21 个，不做标记后 (1,1) 和 (1,2) 两个样本点发生的可能性大小不等，不符合古典概型的特征。

环节四：变式训练，巩固概念

练习 1：[②] 袋子中有 6 个质地完全相同的小球，其中 2 个红球，4 个黄球，从中任取两个球。

（1）分别写出有放回简单随机抽样、不放回简单随机抽样、按颜色等比例分层抽样的样本空间。

（2）在三种抽样方式下，分别计算取出一个红球和一个黄球的概率。

（3）在三种抽样方式下，分别计算取出两个红球的概率。

思考：有人说“在‘不放回简单随机抽样’中，可以将 (1,2) 与 (2,1) 看成是相同的样本点，但是在‘有放回简单随机抽样’中，必须将 (1,2) 与 (2,1) 看成是不同的样本点。”你认为正确吗？

①【评点】指导学生在经历建模运算之后，自主探究情境创设中提出的问题，引导学生通过量化对比得出问题的结果，初步感知概率分布的表达，为后续学习埋下伏笔。

②【评点】典例的掷币模型相当于有放回摸球模型。练习 1 则是典例的延伸，是教材例 9 和例 10 的整合，代表了最常见的两类古典概型，有放回摸球和不放回摸球模型。通过对比它们的共同点和不同点，突出对样本点等可能性的判断。许多古典概型都可以用“球—盒模型”来表述，其好处是容易理解样本点的随机性和等可能性。

练习 2：单选题和多选题是标准化考试中的常用题型，单选题是从 A、B、C、D 四个选项中选择一个正确答案，多选题是从 A、B、C、D 四个选项中选择出所有的正确答案（四个选项中至少有两个是正确的）。假设某考生随机地选择答案，你认为单选题和多选题哪种更难选对？①

练习 3：姚明通过自身努力成为我国迄今为止成就最高的篮球运动员。他职业生涯的罚球命中率为 0.8，现假设他连续进行 3 次投篮且每次命中率都相同，记 A_i = “第 i 次投篮命中” ($i = 1,2,3$)，试写出其样本空间。若记事件 B = “3 次投篮都命中”，则 $P(B)=\frac{1}{8}$。该计算方式正确吗？说说你的想法。②

环节五：文化渗透，拓展素养③

古典概型的发展史（小视频）：

历史上一般认为，最早研究随机性的数学家是帕斯卡和费马。1654 年在他们的往来信件中有这样一则故事，有一天帕斯卡的赌徒朋友向他请教了一个问题：两个赌徒 A 和 B 水平相当，胜率各自 50%，约定谁先赢 6 局就拿走所有奖金。当 A 赢了 5 局，B 赢了 3 局的时候，由于某些原因导致比赛中断，问这时候如何分配奖金是公平合理的？有人提出按照已发生的事件进行分配，即 5∶3，而费马考虑用剩余的赌局来决策：如果比赛不终止，那么最多还需要比赛 3 场就可以分出胜负。可能的结果分别为 $\{AAA,AAB,ABA,ABB,BAA,BAB,BBA,BBB\}$，在所有的结果中，B 只有一个结果获胜，也就是连胜三局。所以分金比例应该为 7∶1。

虽然各种不确定性问题无法找到一个确定的答案，但是其背后依然是有规律可循的。而一直到 18 世纪，伟大数学家拉普拉斯才定义了概率，以及它的计算。他先定义了一种可能性相等的基本事件（样本点），由它们构成了一个样本空间。而任何一个随机事件 A，都是样本空间的一个子集，则随机事件 A 的概率为 $P(A)=\frac{\text{事件}A\text{包含的样本点个数}}{\text{样本空间包含样本点个数}}=\frac{n(A)}{n(\Omega)}$。拉普拉斯为一个在随机变化的概率问题中制作了一个有规则的概率计算的数学模型，得到了数学家们的广泛认可，因此概率的许多运算规则也都基于古典概型。

其实拉普拉斯的古典概型还存在一些漏洞：①必须是由等可能的基本事件组成的有限样本空间，而这样的事件是否真实存在就是个问题；②在没有概率的定义之前，提出等可能性，相当于用概率解释概率，有循环定义的嫌疑。

我们高中阶段确定随机事件概率的工具和方法主要是古典概型和频率估计概率的

① 【评点】列举试验的样本空间，熟练用数学语言表达解题过程。

② 【评点】考查学生对古典概型的概念的理解和应用。练习 3 也为后面“事件的独立性”的学习做铺垫。

③ 【评点】教师将一些与课堂内容相关的数学史穿插于教学中，让学生了解数学家的成就，了解概率在人类发展中的应用，使抽象的概率理论变得直观，渗透了数学文化，提升了学生的人文素养。

方法。近代概率论基于概率测度论定义和严密的公理化体系，已经发展成了一门严谨的学科，是决策、风险理论的基础工具，广泛使用于其他领域。

◎课堂小结

1. 古典概型的特征是什么？概率的计算公式是什么？

2. 你能否举出生活中满足古典概型的例子？

3. 谈谈本节课你的收获和感受。

◎布置作业

1. 甲、乙、丙三名同学站成一排，则甲站在中间的概率是__________。

2. 袋中有大小相同的 5 个白球、3 个黑球和 3 个红球，每球有一个区别于其他球的编号，从中摸出一个球。

（1）有多少种不同的摸法？如果把每个球的编号看作是一个样本点概率模型，该模型是不是古典概型？

（2）若按球的颜色为样本点，有多少个样本点？以这些样本点建立概率模型，该模型是不是古典概型？

3.（多选）一个袋中装有四个大小完全相同的球，球的编号分别为 1，2，3，4。下列说法正确的有（　　）

A. 从袋中随机取两个球，求取出的球的编号之和不大于 4 的概率为 $\frac{1}{2}$。

B. 从袋中随机取两个球，求取出的球的编号之和不大于 4 的概率为 $\frac{1}{3}$。

C. 先从袋中随机取一个球，该球的编号为 m，将球放回袋中，再从袋中随机取一个球，该球的编号为 n，则 $n \geqslant m+2$ 的概率为 $\frac{3}{16}$。

D. 先从袋中随机取一个球，该球的编号为 m，将球放回袋中，再从袋中随机取一个球，该球的编号为 n，则 $n \geqslant m+2$ 的概率为 $\frac{3}{8}$。

4. 某旅游爱好者计划从 3 个亚洲国家 A_1，A_2，A_3 和 3 个欧洲国家 B_1，B_2，B_3 中选择 2 个国家去旅游。

（1）若从这 6 个国家中任选 2 个，求这 2 个国家都是亚洲国家的概率。

（2）若从亚洲国家和欧洲国家中各任选 1 个，求这 2 个国家包括 A_1 但不包括 B_1 的概率。

5. 思考题：有 A，B，C，D 四位贵宾，应分别坐在 a，b，c，d 四个席位上，现在这四人均未留意，在四个席位上随便就座。

（1）求这四人恰好都坐在自己的席位上的概率。

（2）求这四人恰好都没坐在自己的席位上的概率。

（3）求这四人恰好有 1 位坐在自己的席位上的概率。

【总评】

概率的教学历来是高中数学教学中的一个难点。概率内容看似简单，但是教师要教好概率、学生要学好概率并不是一件容易的事情。作为一种“不确定性数学”的内容，概率与传统的“确定性数学”内容有较大区别。概率是随机事件发生可能性大小的度量。古典概型是最简单的概率模型，可以直接计算相关事件的概率。教学中要注重培养学生的随机意识、应用意识和对不确定事件的判断和决策能力。

在本节课的教学设计中，我们可以看到杨老师做了精心的设计，以体现知识的发生和发展过程。古典概型是从哪里来的？为什么要研究这个内容？怎么研究这个内容？这些都是需要在教学中渗透的，也就是帮助学生解决“为什么”“怎么想”的问题，而不是将知识强加给学生。古典概型起源于博弈问题，杨老师的教学就从“抛掷骰子”的数学名题导入新课，这不仅激发了学生的学习兴趣，符合学生的认识需求，还渗透了数学文化。同时，如何从“确定性”过渡到“随机性”，杨老师在学法上引入了数学实验，让学生通过参与小组试验，对试验现象进行观察记录，对试验数据进行记录和处理，并建立概率模型。之后运用数学软件对概率模型进行模拟验证，有效地突破了教学重难点。在教法上，改变了以往概率教学轻概念（学习）重解题（教学）的教学习惯，高度重视古典概型的概念生成过程，加强对随机试验的分析，注重挖掘试验的来龙去脉，关注模型建立的合理性，区分了不同模型（如“有放回摸球”和“不放回摸球”）对概率的影响。

“古典概型”课堂实录

——数学 高一年级 必修 第二册（人教版） 第十章

执教：高中部 杨 亚
评点：高中部 谢小翔

师：文艺复兴时期，意大利医生兼数学家卡当（1501—1576）曾热衷于骰子游戏，试图研究不输的方法，如掷两枚骰子，以两枚骰子向上点数之和打赌，卡当认为押 7 点最有利，你认为呢？

在这个问题中“两枚骰子向上点数之和为 7 ”是随机事件，“卡当认为押 7 点最有利”则表示该随机事件发生的可能性最大。那么如何计算这个可能性大小呢？在数学上，我们把随机事件发生的可能性大小的度量（数值）称为事件的概率，事件的概率用 $P(A)$ 表示。

师：问题 1：让我们穿越时空，推测卡当是如何得出结论“掷两枚骰子，向上的点数之和为 7 的概率最大”的。

生：他可能通过大量的试验和观察得出了结果。

师：是的，通过试验和观察的方法可以得到随机事件的概率估计，但这种方法费时费力，仅能得到概率的近似值，或许他可以通过建立适当的数学模型，直接计算出这一随机事件的概率。

师：请看问题 2。（1）（2）中有关键词“质地均匀”，（3）中有“随意打乱顺序”“任意取出”，它们意味着什么？如果“不均匀”会怎样？

生：“质地均匀”“任意取出”意味着每一个样本点发生的可能性是相等的。

师：很好。请看问题 3，以上试验与“在 1—10 中任取一个实数”有什么区别？

生：在 1—10 中任取一个实数，试验结果有无限种，而以上试验样本空间中的样本点是有限的。

师：很好，我们将样本空间中的样本点具有“有限性和等可能性”两个特征的试验称为古典概型试验，其数学模型称为古典概率模型，简称古典概型。（板书标题和定义）

师：请看问题 3，想一想，以下随机试验是古典概型吗？

生：（1）不满足有限性；（2）是古典概型；（3）不满足等可能性。

师：非常好！初中我们已经接触了概率，是用它来度量随机事件发生的可能性的大小。请你尝试计算问题 4 中事件 A 和 B 的概率。

生 1：事件 A 发生的可能性大小，取决于骰子的奇数点在所有点数中的比例大小。这个随机试验的样本空间中有 6 个样本点，随机事件 A 有 3 个样本点，因此 $P(A)=\dfrac{3}{6}=\dfrac{1}{2}$。

生 2：事件 B 发生的可能性大小，取决于“抽到红心”这个事件包含的样本点在样本空间包含的样本点中所占的比例大小。这个随机试验的样本空间中有 5 个样本点，随机事件 A 有 3 个样本点，因此 $P(A)=\dfrac{3}{5}$。

师：很好！你能概括出这类概率问题的计算吗？

生：如果试验 E 为古典概型，样本空间 Ω 包含 n 个样本点，事件 A 包含其中 k 个样本点，则事件 A 的概率 $P(A)=\dfrac{k}{n}$。（板书古典概型计算公式）

师：下面请看典例①。

师：设数组 (m,n) 表示这个试验的样本点，关于试验的样本空间，有同学提供了这样一些不同的解答方案：②

生 1：因为所有可能取值为 2,3⋯12 共 11 种，而正面朝上点数之和为 3 有两种情况：（1,2）和（2,1），$\therefore P(A)=\dfrac{2}{11}$.

生 2：该试验共有 21 种可能结果：

$$
\begin{array}{lllll}
\Omega=\{(1,1), & (1,2), & (1,3), & (1,4), & (1,6), \\
 & (2,2), & (2,3), & (2,4), & (2,6), \\
 & & (3,3), & (3,4), & (3,6), \\
 & & & (4,4), & (4,6), \\
 & & & & (5,6), \\
 & & & & (6,6)\}
\end{array}
$$

而正面朝上点数之和为 3 只有一种情况：（1,2），$\therefore P(A)=\dfrac{1}{21}$.

生 3：将两枚质地均匀的骰子分别编号为Ⅰ、Ⅱ，该试验共有 36 种可能结果：

$$
\begin{array}{lllllll}
\Omega=\{ & (1,1), & (1,2), & (1,3), & (1,4), & (1,5), & (1,6), \\
 & (2,1), & (2,2), & (2,3), & (2,4), & (2,5), & (2,6),
\end{array}
$$

① 【评点】典例的整个分析过程充满了对话和鼓励，教师指导学生发表见解，有效表达自己的思维过程，培养逻辑思维能力。

② 【评点】用古典概型计算概率时，一定要验证所构造的样本空间中的样本点是否满足等可能性，否则计算出来的概率是错误的。

(3,1),　(3,2),　(3,3),　(3,4),　(3,5),　(3,6),

(4,1),　(4,2),　(4,3),　(4,4),　(4,5),　(4,6),

(5,1),　(5,2),　(5,3),　(5,4),　(5,5),　(5,6),

(6,1),　(6,2),　(6,3),　(6,4),　(6,5),　(6,6)}

而正面朝上点数之和为 3 有两种情况：(1,2) 和 (2,1)，$\therefore P(A)=\dfrac{2}{36}=\dfrac{1}{18}$.

师：到底以上哪种计算方式正确呢?

生：掷币游戏的结果可以用来验证一下吗?

师：会不会数据太少，不够准确呢?

生：我们可以把全班同学的数据整合一下。

师：那么在课前游戏中，第二大组同学的两枚骰子颜色不一样，第三大组是抛掷 1 枚骰子 2 次替代抛掷 2 枚骰子 1 次，会不会对结果有影响呢?

生：不会，骰子哪一面朝上都是等可能的。并且不管骰子颜色是否一样，和的结果都不受影响。抛掷 1 枚骰子 2 次就相当于抛掷 2 枚骰子 1 次。

师：嗯。根据我们课前游戏统计的结果(公布结果),第三种计算方式正确的可能性大，这里也有可能是我们数据不够多，所以产生的误差比较大。我们让 Excel 来帮帮忙。10000 次试验中点数之和的概率约为 0.0584，与法 3 的结果最为接近。①

师：这三种计算方案的区别是什么呢?

生：列举的样本点不一样。

师：第 3 种方案列举的样本点合理吗?

生：法3列举的样本点才是等可能的！其他两种方案列举的样本点不具有等可能性，却利用了古典概型公式计算，所以出错!

师：法 1 和法 2 列举的样本点不具有等可能性，你能举个例子说明吗?

生：比如法2中的(1,2),其中1既可以是第1枚骰子抛的,也可能是第2枚骰子抛的,样本点（1,2）与（1,1）就不是等可能的。

师：解释得太好了！结合课前游戏和 Excel 模拟试验，你还有什么收获吗？或者有哪些疑问?

生：抛掷 2 枚颜色相同的骰子与抛掷 2 枚颜色不同的骰子效果是一样的，颜色不一样相当于对骰子进行了编号。而在古典概型的计算中，要对 2 枚相同的骰子进行编号，样本点发生的可能性才是相等的。(用 Excel 来呈现样本点发生的等可能性)。

师：很好！那抛掷 2 枚不同的骰子 1 次和 1 枚骰子抛掷 2 次，从结果上来说有差别吗?

---

①【评点】在学生动手实践（课前游戏）、动脑思考、数学分析的学习活动中，深化对古典概型概率计算的理解。

生：没有！

师：那么抛掷 2 枚相同的骰子 1 次、抛掷 2 枚不同编号的骰子 1 次、1 枚骰子先后抛掷 2 次，从结果上来说都是等效的！另外，古典概型要对相同的物品进行编号，才能保证基本事件的等可能性。

师：有前面的研究做基础，你觉得卡当的推测正确吗？为什么？

生：从表格中可以看出，从右上角至左下角对角线下样本点分布最多，点数之和为 7 的概率最大，所以卡当的推测是正确的。

师：下面请看练习 1，是否满足古典概型，和典例有没有关系？具体怎么做？

生：将两个红球编号为 1，2，四个黄球编号为 3，4，5，6。有放回地取出两个球，试验共有 36 种可能结果。记 A = "取出一个红球和一个黄球"，事件 A 包含 16 个基本事件，$A=\{(1,3),(1,4),(1,5),(1,6),(2,3),(2,4),(2,5),(2,6),(3,1),(4,1),(5,1),(6,1),(3,2),(4,2),(5,2),(6,2)\}\ \therefore P(A)=\frac{16}{36}=\frac{4}{9}$。

生：不放回地取出两个球，试验共有 30 种可能结果。事件 A 包含 16 个基本事件，所以 $P(A)=\frac{16}{30}=\frac{8}{15}$ 。

生：按颜色比例分层抽样取出两个球，试验共有 8 种可能结果。事件 A 包含 8 个基本事件，所以 $P(A)=1$ 。

生：按有放回地取出两个球，试验共有 36 种可能结果。记 B = "取出两个红球"，事件 B 包含 4 个基本事件，所以 $P(B)=\frac{4}{36}=\frac{1}{9}$。不放回地取出两个球，试验共有 30 种可能结果。事件 B 包含 2 个基本事件，所以 $P(B)=\frac{2}{30}=\frac{1}{15}$ 。按颜色比例分层抽样取出两个球，试验共有 8 种可能结果。事件 B 包含 0 个基本事件，所以 $P(B)=0$ 。

师：练习 1 表明：（1）抽样方法不同，样本空间不同，某个事件发生的概率也不同；（2）取出两个红球的概率在分层抽样中最小，在不放回简单随机抽样中次之，在有放回简单随机抽样中最大，说明分层抽样的效率最高，能有效避免极端样本的出现。

师：有人说"在'不放回简单随机抽样'中，可以将（1,2）与（2,1）看成是相同的样本点，在'有放回简单随机抽样'中，必须将（1,2）与（2,1）看成是不同的样本点。"你认为正确吗？（学生探究）

生：是的。"不放回简单随机抽样"中，如果不考虑摸球顺序，对样本空间中 30 个样本点两两合并，15 个样本点仍然是等可能的，所以可以认为依次摸出两球和同时摸出两个球，结果没有差异。因此关于不放回抽样，计算基本事件个数时，看作是没有顺序的，元素是不能重复的；关于有放回抽样，计算基本事件个数时，看作是有顺序的，元素可以重复。（掌声）

生：练习 2，要看哪种题型更难选对，就是看哪种题型选对的概率更小。单选题样本空间为$\{A,B,C,D\}$，答对的概率为$\frac{1}{4}$。多选题样本空间为：$\{AB,AC,AD,BC,BD,CD,ABC,BCD,ABD,ABCD\}$答对的概率为$\frac{1}{11}$。随机选择答案的情况下多选题更难选对。

生：练习3，用树状图列出样本空间，样本点不满足等可能性，不能用古典概型计算。①

师：本节课我们通过具体实例，抽象归纳出古典概型及其计算公式，结合掷币试验，研究古典概型样本点等可能性的特征，到最后正确而熟练地应用。

师：你能举出生活中符合古典概型的例子吗？②

生：5个人中任选2人去新疆支教。

师：很好！这相当于是一个不放回摸球模型。

生：2个人生日在同一个月的概率。

师：很好！这相当于是一个有放回摸球模型。

师：你能分享一下本节课你的收获和感受吗？

生1：我更加深刻地理解了随机事件和样本点的关系以及随机事件和样本空间的关系。

生2：运用古典概型公式计算概率，要先判断是否满足古典概型条件：有限性和等可能性。

生3：我的收获是抛掷2枚相同的骰子1次、抛掷2枚不同编号的骰子1次、1枚骰子抛掷2次，从结果上来说是等效的！古典概型的计算要对相同物品进行编号。

师：同学们讲得很好！这节课就上到这里了，请用半小时完成课后作业。最后我们一起来了解一下古典概型的发展史吧。（小视频）

【总评】

在本节课的教学中，老师让学生在问题情境中感受古典概型，在归纳辨析中构建古典概型，在试验探究、经典例题中深化古典概型，在变式练习中巩固古典概型，在总结反思中掌握古典概型。结构严谨，衔接自然，过程流畅，突出亮点如下：

一、借鉴数学史，渗透数学文化

数学家史密斯认为：“数学史为数学教学改革提供重要借鉴。”数学史提供了探究的机会，并通过古今数学方法的对比，拓宽学生的思维，激发学生的兴趣。

本节课以数学史开头，又以数学史结尾，首尾呼应，渗透数学文化。古典概型涉

①【评点】学生在应用古典概型知识解决问题时，往往着眼于如何“计数”，而忽视了概念判断，特别是等可能性的判断，导致公式误用，这也是本节课的难点。

②【评点】让学生自己举例，既可以加深学生对古典概型特征的理解，又可以将数学联系生活，提升学生的学习兴趣，同时还巩固了最常见的两类古典概型：有放回摸球和不放回摸球模型。

及的历史素材主要是博弈问题。老师便以数学史的趣题、名题导入新课，提出：卡当认为，抛掷两枚质地均匀的骰子，押7点最有利。这一数学史问题一下就吸引住了学生，为什么数学家觉得押7点最有利？是否有科学依据？如何验证？在讲解完古典概型的概念与计算公式后，老师再次让学生探讨这一问题，学生便能够很清楚地讲解其中的原理，激发了学生学习的兴趣、勇于解决难题的斗志，也让抽象的概率理论变得直观。

二、动手操作，软件模拟，提升教学实效

从古典概型概率计算公式的本质和产生过程而言，概率是“做”出来的，不是推理论证而来的。老师在课堂中准备了一些实物模型，如硬币、骰子等，设置了课前游戏，让学生进行动手操作，并在课堂上借助了计算机Excel软件模拟来验证随机试验的概率，对于学生理解概率公式的意义很有帮助。在此过程中，学生的数学合情推理能力及逻辑推理能力也得到了提高。

三、问题串、例题习题的设计“浅入深出”，目标明确

老师为本节课精心设计的问题串、例题习题能够有效地引导学生经历知识的形成过程，条理清晰、梯度合理、思维连贯。具体到各个环节，可谓是导入“直”，直截了当，快速切入；引例“明”，简单明了，助力形成；辨例“准”，找准要点，一辨击破；应用举例“渐行渐远”，在简单基本问题中规范落实方法，复杂变式中参悟本质。特别是计算古典概型概率时，学生常常忽视对等可能性的判断，老师设置了多个问题和变式，引领学生亲历模型的建构过程，经过质疑探究，促进学生对概念内涵和外延的理解。

“向量的数量积（一）”课堂设计

——数学　高一年级　必修　第二册（人教版）　第六章

设计：致远高中　陈秀英
评点：高中部　汪举平

◎设计导语

人教 2019 版高中数学必修第二册第六章属于“平面向量及其应用”学习任务群，在进行单元教学时首先要明确单元“数形结合”的学习价值。向量是联系代数与几何的桥梁，“用数学的眼光观察世界”是学生成长路上一项重要的技能，现实生活中的力、位移、做功等等也势必会引发学生的思考。学生经过必修第一册的学习，对函数的认识有了进一步的提升，但并不能用这种代数的方法解决生活中的很多问题，而对几何方法学生又缺乏理性的分析，向量的出现联系了这两者的关系，同时拓展了几何问题的解决思路，即用代数运算解决图形的关系。

◎本课时学习目标分析①

1. 用数学的眼光观察世界：通过观察日常生活中力对物体做功，能抽象出向量的数量积运算的定义，运算法则及符号的含义。

2. 用数学的思维思考世界：通过学习数量积的运算法则，逐步地养成讲道理，有条理地进行逻辑推理的思维习惯，同时形成实事求是的科学态度，并能够准确地计算出两个向量的数量积。

3. 用数学的语言表达世界：通过使用数量积这种数据模型，解决几何图形的位置关系，用数学语言中的“数”去表达几何世界的“形”，强化“数据分析”能力的现实作用。

◎内容分析

本单元是在学生已经学习了平面向量线性运算的基础上，以物理中功的概念，引入向量“数量积”的概念。学生学习了向量的基本运算——线性运算，迫切地想知道向量的运算是否能等同于实数的运算，有强烈的求知欲望。

---

①【评点】用数学素养的三方面设置教学目标，既传承了以往教学目标的三维设计，又与新课程的核心设计理念相符合，同时目标直指学生数学素养的提升，有助于学生的发展。

向量的数量积运算结果是实数，它不仅满足交换律，而且对加法满足分配。向量数量积可以刻画两个向量的夹角和向量的长度（可以看成两点间的距离），而距离和角又是刻画几何元素（点、线、面）之间度量关系的基本量。因此，向量数量积在解决平面几何问题中发挥着独到的作用。

向量的数量积是一种新的向量运算，与向量的加法、减法、数乘运算一样，它也有明显的物理意义和几何意义。但与向量的线性运算不同的是，它的运算结果不是向量而是数量。

本单元在研究平面向量的数量积时，借助物理中的有关模型或借助与数的运算的类比，如借助物理中功的概念引出数量积的概念；借助与数的运算的类比，发现数量积的运算律。本单元的内容蕴含了数形结合、类比、归纳、抽象等数学思想方法，是培养学生数学抽象、逻辑推理、数学运算、直观想象等数学学科核心素养的极好载体。

基于以上分析，可以确定本单元的教学重点是：平面向量数量积的定义，平面向量数量积的运算。

◎学习任务分析

任务 1：理解平面向量数量积的概念及其物理意义，会计算平面向量的数量积。

任务 2：会用数量积判断两个平面向量的垂直关系。

任务 3：通过图形直观了解平面向量投影的概念以及投影向量的意义。

◎学情分析[①]

任务 1 是通过本单元 6.2 平面向量的运算完成的，学生对向量线性运算的学习得以深入，结合物理学中力对物体做功的模型，提出向量的一种新的运算法则：数量积运算。两个向量夹角的定义是指同一点出发的两个向量所构成的较小的非负角，因此对向量夹角定义理解不清而造成解题错误是常见的误区。另外向量的数量积是一种新的向量运算，与向量的加法、减法、数乘运算一样，它也有明显的物理意义、几何意义，并且用途广泛。但与向量的线性运算不同的是，它的运算结果不是向量而是数量，正是这个不同点沟通了向量运算与数量之间的关系。教学时，学生须深刻体会：两个非零向量的数量积是数量，而不是向量。它的值是两个向量的长度与两个向量夹角的余弦的乘积，其符号由夹角的余弦值决定。并且规定，零向量与任一非零向量的数量积为 0。从而理解平面向量数量积的概念及其物理意义，学会计算平面向量的数量积。

达成目标 2 可能存在的难点是：由于向量的数量积是学生没有遇到的一种新的运算，与数的乘法有联系，但也有很大的区别。教学中，让学生思考向量运算与实数运算的一个不同之处，可以让学生先独立思考，并从数量积的定义中想清楚：当 $\boldsymbol{a} \neq 0$ 时，由 $\boldsymbol{a} \cdot \boldsymbol{b}=0$ 不能推出 $\boldsymbol{b}$ 一定是零向量。这是因为任一与 $\boldsymbol{a}$ 垂直的非零向量 $\boldsymbol{b}$，都有 $\boldsymbol{a} \cdot \boldsymbol{b}=0$。

---

①【评点】提出了学生达成每个任务时可能出现的误区，以及采取哪些措施走出误区，对学情的把握清晰，解决的办法务实而有效。

能得出两个非零向量垂直等价于其数量积为零的结论。

达成任务 3 的标志是，学生能从图形中判断向量投影与投影向量，知道向量投影是一种正交变换，并能表示投影向量与原向量之间的关系，能借助向量投影与投影向量体会向量数量积的几何意义。

◎课堂导入语①

通过前面几节课的学习，我们知道向量的加、减、数乘运算，那么日常生活中，在两个向量的作用下是否有其他的运算法则呢？

设计意图：温故而启新，联想生活中最常见的两种向量力和位移，引导学生得出做功这种新的向量的运算法则，进而揭示课题《向量的数量积》，启发思考，顺理成章。

◎情境引入②

在物理课中我们学过功的概念：如果一个物体在力 $\boldsymbol{F}$ 的作用下产生位移 s（如图 1），那么力 $\boldsymbol{F}$ 所做的功 $W=|F||S|\cos\theta$。

图 1

问题 2：决定功的大小的量有哪几个？

设计意图：力和位移的大小本质上是向量的模，通过分析做功的公式引出研究的重点落在了两个向量的夹角上。设问轻巧灵活，直指本节课难点内容。

环节一：带着以下问题阅读课本第 17 页第 5 段至例题 10 的内容。③

（1）什么是向量的夹角？

（2）什么是向量的数量积？

设计意图：学生有疑问并不急着告诉其答案，让学生带着疑问阅读，尝试从课本中找到答案，一方面培养学生的阅读及自学能力，另一方面让学生体会通过自己的学习也能成功得到正确答案的喜悦。

环节二：新知探究

新知一　向量的夹角

已知两个非零向量 $\boldsymbol{a}, \boldsymbol{b}$，$O$ 是平面上的任意一点，作 $\overrightarrow{OA}=\boldsymbol{a}$，$\overrightarrow{OB}=\boldsymbol{b}$，则 $\angle AOB=\theta\ (0\leqslant\theta\leqslant\pi)$ 叫作向量 $\boldsymbol{a}$ 与 $\boldsymbol{b}$ 的夹角。

显然，当 $\theta=0$ 时，$\boldsymbol{a}$ 与 $\boldsymbol{b}$ 同向；当 $\theta=\pi$ 时，$\boldsymbol{a}$ 与 $\boldsymbol{b}$ 反向。

如果 $\boldsymbol{a}$ 与 $\boldsymbol{b}$ 的夹角是 $\frac{\pi}{2}$，我们说 $\boldsymbol{a}$ 与 $\boldsymbol{b}$ 垂直，记作 $\boldsymbol{a}\perp\boldsymbol{b}$。

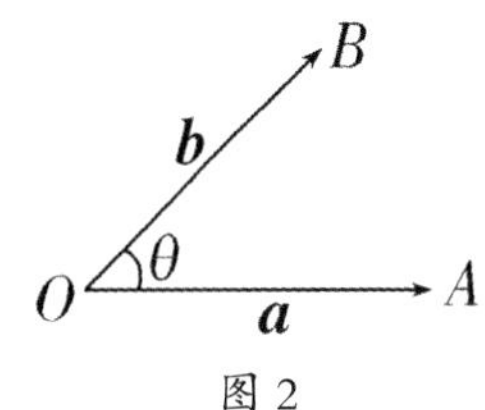

图 2

---

①【评点】以旧带新，同时又不言明新的运算法则，让学生去体会数和向量的异同。

②【评点】从现实生活入手，从学生已有的经验中提出困惑，引导学生养成用数学的眼光观察世界的习惯，提升数学核心素养。

③【评点】回归课本，引导学生以课本为本，提升学生的阅读与自学能力，同时在当下学案练案满天飞的现状下，引导学生重视基础知识，走出题海战术。

自主思考 1. 计算向量的夹角时，两个向量需满足什么条件？①

思考题预设答案：要将两个向量的起点放到同一位置。

设计意图：师生共研，体会找出两个向量夹角的过程与方法，通过特例明确夹角的范围，以及通过学生自主思考，找出两个向量夹角的关键点：起点相同。

例 1　已知 $|\boldsymbol{a}| = |\boldsymbol{b}| = 2$，且 $\boldsymbol{a}$ 与 $\boldsymbol{b}$ 的夹角为 60°，则 $\boldsymbol{a}+\boldsymbol{b}$ 与 $\boldsymbol{a}$ 的夹角是多少？ $\boldsymbol{a}-\boldsymbol{b}$ 与 $\boldsymbol{a}$ 的夹角又是多少？

变式训练：$\boldsymbol{b}-\boldsymbol{a}$ 与 $\boldsymbol{a}$ 的夹角又是多少？

预设答案：解：如图 3 所示，作 $\overrightarrow{OA} = \boldsymbol{a}$，$\overrightarrow{OB} = \boldsymbol{b}$，且 $\angle AOB = 60°$。

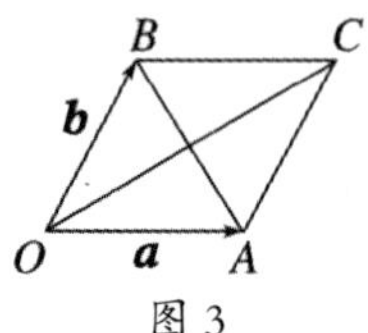

图 3

以，$\overrightarrow{OA}$，$\overrightarrow{OB}$ 为邻边作平行四边形 $OACB$。

则 $\overrightarrow{OC} = \boldsymbol{a}+\boldsymbol{b}$，$\overrightarrow{BA} = \boldsymbol{a}-\boldsymbol{b}$。

因为 $|\boldsymbol{a}| = |\boldsymbol{b}| = 2$，

所以平行四边形 OACB 是菱形，

又 $\angle AOB = 60°$，

所以 $\overrightarrow{OC}$ 与 $\overrightarrow{OA}$ 的夹角为 30°，$\overrightarrow{BA}$ 与 $\overrightarrow{OA}$ 的夹角为 60°。

即 $\boldsymbol{a}+\boldsymbol{b}$ 与 $\boldsymbol{a}$ 的夹角是 30°，$\boldsymbol{a}-\boldsymbol{b}$ 与 $\boldsymbol{a}$ 的夹角是 60°。

变式训练：$\boldsymbol{b}-\boldsymbol{a}$ 与 $\boldsymbol{a}$ 的夹角即为 $\overrightarrow{AB}$ 与 $\overrightarrow{OA}$ 的夹角，为 $\angle AOB$ 的补角为 120° ②

设计意图：通过动手作图，学生体会了寻找两个向量夹角的方法，起点不同的三种向量夹角的例题设置，让学生体会紧扣定义解决问题，变式训练再次强化向量减法的运算法则及向量夹角的本质。

任务 1　向量的数量积

已知两个非零向量 $\boldsymbol{a}$ 与 $\boldsymbol{b}$，它们的夹角为 θ，我们把数量 $|\boldsymbol{a}|\,|\boldsymbol{b}|\cos\theta$ 叫作向量 $\boldsymbol{a}$ 与 $\boldsymbol{b}$ 的数量积（或内积），记作 $\boldsymbol{a}\cdot\boldsymbol{b}$，即 $\boldsymbol{a}\cdot\boldsymbol{b} = |\boldsymbol{a}|\,|\boldsymbol{b}|\cos\theta$。

规定：零向量与任一向量的数量积为 0。

自主思考 2. 向量的数量积与向量的数乘有什么区别？ $0\cdot\vec{a}$ 和 $\vec{0}\cdot\vec{a}$ 是否相同？③

预设答案：两个非零向量的数量积是数量，而不是向量，向量的数乘运算得到的结果是一个向量 $0\cdot\vec{a}=\vec{0}$，$\vec{0}\cdot\vec{a}=0$。

设计意图：通过两个相似概念的辨析，学生明晰了数量积是数量，数乘向量是向量，真正把握数量积的本质内涵，强化数量积的定义，突出重点，突破难点。

---

①【评点】强调关键点，既是对概念的深化，又是对向量夹角的深度认识。

②【评点】及时的变式，既完善了求向量夹角的三种情形，又提升了在有限课堂的时间与空间内的效率。

③【评点】通过相近概念的辨析，既回顾了以往的知识，又使得学生加深了对新概念的认识，既要用数学的逻辑思维思考世界，又学会用数学的语言表达世界，真正体现了新课程的设计理念。

例 2　在等腰 Rt $\triangle ABC$ 中，$AB = BC = 4$，则$\overrightarrow{AB}\cdot\overrightarrow{BC}=$ ________，$\overrightarrow{BC}\cdot\overrightarrow{CA}=$ ______，$\overrightarrow{CA}\cdot\overrightarrow{AB}=$ ________。

预设答案：解析：由题意，得 $|\overrightarrow{AB}|=4$，$|\overrightarrow{BC}|=4$，$|\overrightarrow{CA}|=4\sqrt{2}$，

所以$\overrightarrow{AB}\cdot\overrightarrow{BC}=4\times4\times\cos 90°=0$，$\overrightarrow{BC}\cdot\overrightarrow{CA}=4\times4\sqrt{2}\times\cos 135°=-16$，$\overrightarrow{CA}\cdot\overrightarrow{AB}=4\sqrt{2}\times4\times\cos 135°=-16$。

设计意图：学生初步尝试计算向量的数量积，通过计算感知两非零向量数量积为 0 的充要条件是这两向量垂直，对学生可能出现找错两向量的夹角的情况给予纠正，再次巩固深化计算两向量数量积的关键点，提升对概念的再认识。

任务 2　两非零向量垂直的充要条件

设 $\boldsymbol{a}$，$\boldsymbol{b}$ 是非零向量，则 $\boldsymbol{a}\perp\boldsymbol{b}\Leftrightarrow\boldsymbol{a}\cdot\boldsymbol{b}=0$。

追问：两个非零向量的数量积符号和这两个向量夹角的取值范围有什么关系？①

预设答案：

$$\vec{a}\cdot\vec{b}>0\Leftrightarrow\theta\in\left[0,\frac{\pi}{2}\right)$$

$$\vec{a}\cdot\vec{b}=0\Leftrightarrow\theta=\frac{\pi}{2}$$

$$\vec{a}\cdot\vec{b}<0\Leftrightarrow\theta\in\left(\frac{\pi}{2},\pi\right]$$

设计意图：由例题 2 的计算学生初步感受两向量垂直时，数量积为 0，归纳为一般情形，让学生体会向量的代数性质与几何性质的关系，感受向量作为沟通代数与几何的工具作用。追问进一步启发思维，提升学生的数形结合的意识。

任务 3　投影向量

如图 4，设 $\boldsymbol{a}$，$\boldsymbol{b}$ 是两个非零向量，$\overrightarrow{AB}=\boldsymbol{a}$，$\overrightarrow{CD}=\boldsymbol{b}$，我们考虑如下的变换：过$\overrightarrow{AB}$的起点 A 和终点 B，分别作$\overrightarrow{CD}$所在直线的垂线，垂足分别为 A_1，B_1，得到$\overrightarrow{A_1B_1}$，我们称上述变换为向量 $\boldsymbol{a}$ 向向量 $\boldsymbol{b}$ 投影，$\overrightarrow{A_1B_1}$叫作向量 $\boldsymbol{a}$ 在向量 $\boldsymbol{b}$ 上的投影向量。

如图 5，我们可以在平面内任取一点 O，作$\overrightarrow{OM}=\boldsymbol{a}$，$\overrightarrow{ON}=\boldsymbol{b}$. 过点 M 作直线 ON 的垂线，垂足为 M_1，则$\overrightarrow{OM_1}$就是向量 $\boldsymbol{a}$ 在向量 $\boldsymbol{b}$ 上的投影向量。

图 4　　　　图 5

追问：

设与$\vec{b}$方向相同的单位向量为$\vec{e}$，$\vec{a}$与 $\vec{b}$的夹角为 $\boldsymbol{\theta}$，那么$\overrightarrow{OM_1}$与$\vec{e}$，$\vec{a}$，$\boldsymbol{\theta}$之间有

①【评点】由数转形，让数量运算不再空洞，让几何关系有了具体的着力点，让学生感悟向量作为沟通代数与几何桥梁的实际价值。

怎样的关系？[①]

$\overrightarrow{OM_1}$，与$\vec{e}$共线，则$\overrightarrow{OM_1}=\lambda\vec{e}$。

预设答案：当θ为锐角时，$\overrightarrow{OM_1}$与$\vec{a}$方向相同，$\lambda=\left|\overrightarrow{OM_1}\right|=|\vec{a}|\cos\theta$

所以$\overrightarrow{OM_1}=\left|\overrightarrow{OM_1}\right|\ \vec{e}=|\vec{a}|\cos\theta\vec{e}$

追问：还有没有其他的情况？θ为直角、钝角，$\theta=0$，$\theta=\pi$，又是什么形式呢？[②]

学生活动：分组讨论θ取不同值时投影向量的表达式。

设计意图：通过讨论，完善了θ取不同值时投影向量的表达式统一为$|\vec{a}|\cos\theta\vec{e}$，明确了投影向量的计算方法，同时分组分类讨论让学生体验合作共赢的探索氛围。

例 3　已知$|\boldsymbol{a}|=5$，$|\boldsymbol{b}|=4$，$\boldsymbol{a}$与$\boldsymbol{b}$的夹角$\theta=120°$，与$\boldsymbol{b}$同向的单位向量为$\boldsymbol{e}$.

（1）求$\boldsymbol{a}\cdot\boldsymbol{b}$;

（2）求$\boldsymbol{a}$在$\boldsymbol{b}$上的投影向量。

预设答案：解：（1）$\boldsymbol{a}\cdot\boldsymbol{b}=|\boldsymbol{a}|\,|\boldsymbol{b}|\cos\theta=5\times4\times\cos120°=-10$。

（2）$\boldsymbol{a}$在$\boldsymbol{b}$上的投影向量为$|\boldsymbol{a}|\cos\theta\,\boldsymbol{e}=\dfrac{\boldsymbol{a}\cdot\boldsymbol{b}}{|\boldsymbol{b}|}\boldsymbol{e}=-\dfrac{10}{4}\boldsymbol{e}=-\dfrac{5}{2}\boldsymbol{e}$。

变式训练：（1）已知$\boldsymbol{a}$，$\boldsymbol{b}$是两非零向量，$|\boldsymbol{a}|=5$，$|\boldsymbol{b}|=4$，$\boldsymbol{a}$与$\boldsymbol{b}$的夹角$\theta=120°$，求$\boldsymbol{a}$在$\boldsymbol{b}$上的投影向量。[③]

（2）已知$\boldsymbol{a}$，$\boldsymbol{b}$是两非零向量，$\boldsymbol{a}\cdot\boldsymbol{b}=-10$，$|\boldsymbol{b}|=4$，求$\boldsymbol{a}$在$\boldsymbol{b}$上的投影向量。

预设答案：（1）$\boldsymbol{a}$在$\boldsymbol{b}$上的投影向量为$|\vec{a}|\cos\theta\,\vec{e}=5\times(-\frac{1}{2})\frac{\vec{b}}{|\vec{b}|}=-\frac{5}{8}\vec{b}$。

（2）$\boldsymbol{a}$在$\boldsymbol{b}$上的投影向量为$|\boldsymbol{a}|\cos\theta\boldsymbol{e}=\dfrac{\boldsymbol{a}\cdot\boldsymbol{b}}{|\boldsymbol{b}|}\boldsymbol{e}=-\dfrac{5}{8}\boldsymbol{b}$。

设计意图：尝试利用投影向量的计算公式计算投影向量，通过变式训练感悟投影向量与原向量之间的关系，并初步体会其几何含义，达成任务 3 的要求。

环节三："堂堂清"检测[④]

1. 已知$|\boldsymbol{a}|=\sqrt{3}$，$|\boldsymbol{b}|=2\sqrt{3}$，$\boldsymbol{a}$与$\boldsymbol{b}$的夹角是$120°$，则$\boldsymbol{a}\cdot\boldsymbol{b}$等于（　　）。

A.3　　　　B.-3

C.$-3\sqrt{3}$　　　　D.$3\sqrt{3}$，

①【评点】投影向量作为新教材加入的一个新的概念，近年已成为各大考试的热点，研究其表达形式突出了向量的几何含义。

②【评点】学生分组讨论的形式既完善了概念，又培养了学生分类讨论的思维，教师循序渐进与学生共同探讨，给学生自主探讨的空间，让学生享受发现问题、分析问题和解决问题的乐趣，给学生成功的喜悦和体验，培养学生善于思考的意识和习惯。赞！

③【评点】例题 3 与两个变式构成了求投影向量各种类型的一个有机整体，学生再次经历了"观察—抽象—计算"的认识过程，提升学生应用数学的能力。

④【评点】教师精心设计问题，运用公式解决问题，将主动权交给学生，灵活应用解题时出现的"生成"，通过互动交流不断完善学生的认识，提升解题能力，彰显深外"高质量课堂"的"堂堂清"策略。

2.（多选）对于任意向量 $\boldsymbol{a}$，$\boldsymbol{b}$，$\boldsymbol{c}$，下列命题中不正确的是（　　）。

A. 若 $\boldsymbol{a}\cdot\boldsymbol{b}=0$，则 $\boldsymbol{a}$ 与 $\boldsymbol{b}$ 中至少有一个为 0

B. 向量 $\boldsymbol{a}$ 与向量 $\boldsymbol{b}$ 夹角的范围是 $[0,\ \pi)$

C. 若 $\boldsymbol{a}\perp\boldsymbol{b}$，则 $\boldsymbol{a}\cdot\boldsymbol{b}=0$

D. $|\boldsymbol{a}|=\sqrt{\boldsymbol{a}^2}$

3. 在等腰 Rt△ABC 中，若 $\angle C=90°$，$AC=\sqrt{2}$，则 $\overrightarrow{BA}\cdot\overrightarrow{BC}$ 的值等于（　　）。

A. -2　　B. 2　　C. $-2\sqrt{2}$　　D. $2\sqrt{2}$

4. 已知 $|\boldsymbol{a}|=2$，且 $\boldsymbol{a}$ 与 $\boldsymbol{b}$ 的夹角为 60°，$\boldsymbol{a}$ 与 $\boldsymbol{b}$ 同向的单位向量为 $\boldsymbol{e}$，则向量 a 在向量 $\boldsymbol{b}$ 上的投影向量为 ＿＿＿＿＿＿。

设计意图：当堂检测，及时反馈，既是对学习任务完成度的测试，又是对本节课知识的全面回顾，引导学生学练结合，形成良好的学习习惯。

环节四：【复习回顾，启迪思维】①

1. 向量的夹角：$0\leqslant\theta\leqslant\pi$。

2. 向量的数量积：$\boldsymbol{a}\cdot\boldsymbol{b}=|\boldsymbol{a}||\boldsymbol{b}|\cos\boldsymbol{\theta}$。

3. 向量的投影向量：$\overrightarrow{OM_1}=\overrightarrow{OM_1}\vec{e}=|\vec{a}|\cos\theta\vec{e}$。

4. 向量数量积的性质：设 $\boldsymbol{a}$，$\boldsymbol{b}$ 是非零向量，则 $\boldsymbol{a}\perp\boldsymbol{b}\Leftrightarrow\boldsymbol{a}\cdot\boldsymbol{b}=0$。

追问：数量积还有没有其他的性质呢？

设计意图：通过复习，回顾本节课的重点内容，形成知识网络，加深记忆，加强对思想方法的掌握，同时引导学生思考数量积的其他性质，为下一节课埋下伏笔，承上而启下，一气呵成。

环节五：【布置作业】

必做题：课本 23 页习题 6.2 和 A 组第 7、10 题。

选做题：课本 24 页拓广探索第 21 题。

设计意图：课后作业力求精练有效，分层作业的设计能让不同层次的学生都有收获。

【总评】

在本节课的教学中，陈老师结合教材内容和学生实际，通过创设认知冲突启发学生思考，经历概念的发现、戏形成和发展的过程，让学生亲身体验学习向量的数量积的合理性和必要性，让学生学会用数学思维思考问题，培养良好的数学素养，提升学习能力。

①【评点】通过课堂小结帮助学生回顾知识、总结方法、提炼思想、提升认识，预留时间让学生反思、交流以此升华认知，提升综合素养。

启发式教学贯彻“以生为主”的教学理念，关注学生数学核心素养的落实。数学知识犹如一个“百宝箱”，其中既有知识、技能、方法，还有人的情感与价值观。知识、技能、方法这些客观事物特征和规律的内容可以靠自己阅读或老师讲授完成，但是主观上的思想、情感、价值观等内容是需要学生在参与的过程中慢慢领悟的。因此，教学中陈老师为学生创造机会去经历、去体验，以此丰富学生的活动经验，逐步完善个体认知结构，落实数学核心素养。陈老师通过对教材和学情的分析，将新旧知识进行对比、串联，设计了一条最适合学生发展，最体现知识本真的“问题链”启发学生主动思考、探索、交流。学生不仅总结归纳出了定义，而且完成了数量积的几何性质的学习，教学过程自然流畅，既达到了教学目标，又启发了学生，发展了学生，提升了教学的有效性。

"向量的数量积（一）"课堂实录

——数学　高一年级　必修　第二册（人教版）　第六章

设计：致远高中　陈秀英
评点：高中部　汪举平

师：通过前面几节课的学习，我们知道向量的加、减、数乘运算，比如力的加减，位移的加减，那么日常生活中在这两种向量的作用下是否有其他的运算法则呢？①

生：有，做功的运算。

师：那好，谁能告诉我如果一个物体在力 F 的作用下产生位移 s（如图），那么力 F 所做的功如何计算呢？

生：$W=|F||S|\cos\theta$

师：对，那这是一种什么样的运算呢？决定这种运算的大小的量有哪几个呢？这就是我们今天要学习的一种新的向量的运算——向量的数量积。②

师：我们发现，决定功的大小的量有力的大小、位移的大小以及它们之间的夹角，那什么是两个向量的夹角呢？又如何定义两个向量的数量积呢？请大家带着这样的两个问题阅读课本第 17 页第 5 段至例题 10。（2 分钟后）③

生：1. 我发现两个向量的夹角是它们所表示的有向线段所成的角。2. 不对，两条有向线段所成的角有两个，必须把这两条有向线段的起点放到同一位置，这样这两有向线段所成的角才是两个向量的夹角。

师：这位同学非常善于观察，也找到了求两向量夹角的关键点，即已知两个非零向量 $\boldsymbol{a}$，$\boldsymbol{b}$，O 是平面上的任意一点，作 $\overrightarrow{OA}=\boldsymbol{a}$，$\overrightarrow{OB}=\boldsymbol{b}$，则 $\angle AOB=\boldsymbol{\theta}$ 叫作向量 $\boldsymbol{a}$ 与 $\boldsymbol{b}$ 的夹角，记作 $\langle\vec{a},\vec{b}\rangle$，那么谁能告诉我，两向量夹角的范围吗？

生：0 到 π。

师：能精确些吗？具体到区间的开闭。④

---

①【评点】从学生熟知的运算入手，通过回顾旧知激活学生原有认知，通过类比实数运算知识，为接下来的"再创造"奠定基础。

②【评点】借助实例，逐渐抽象，自然生成。

③【评点】学生能通过自己阅读看懂的概念，放手让学生阅读，教师只需集中力量解决疑难与易错点。

④【评点】精准定义，启迪特殊。

生：0 到 π 的闭区间。

师：非常准确，$\theta=0$，即为两向量同向，$\theta=\pi$，即为两向量同向，$\theta=\frac{\pi}{2}$我们称为两向量垂直，记作 $\vec{a}\perp\vec{b}$ 。根据我们刚才的学习，请大家思考：计算向量的夹角时，两个向量需满足什么条件?

生：要将两个向量的起点移到同一位置。

师：下面咱们通过作图来找一找两个向量的夹角，如例 1 已知 $|\boldsymbol{a}|=|\boldsymbol{b}|=2$，且 $\boldsymbol{a}$ 与 $\boldsymbol{b}$ 的夹角为 60°，则 $\boldsymbol{a}+\boldsymbol{b}$ 与 $\boldsymbol{a}$ 的夹角是多少？ $\boldsymbol{a}-\boldsymbol{b}$ 与 $\boldsymbol{a}$ 的夹角又是多少？有哪位同学到黑板上来找一找吗?（*A* 同学板演）①

师：A 同学求对了吗?

生：对了。

师：那咱们将题目再加一问，来算算 $\boldsymbol{b}-\boldsymbol{a}$ 与 $\boldsymbol{a}$ 的夹角又是多少呢？请 B 同学来说一下并说明理由。②

生：120° ，因为此时它们的起点不同，需要移到同一个起点，那夹角就是 60° 的补角了。

师：真细致！大家以后也要向 B 同学学习哦，切莫脱离定义的要求啊！明白了向量的夹角后，那我们又该如何定义向量的数量积呢?

生：已知两个非零向量 $\boldsymbol{a}$ 与 $\boldsymbol{b}$，它们的夹角为 $\boldsymbol{\theta}$，我们把数量 $\boldsymbol{a}\cdot\boldsymbol{b}=|\boldsymbol{a}|\,|\boldsymbol{b}|\cos\boldsymbol{\theta}$ 叫作向量 $\boldsymbol{a}$ 与 $\boldsymbol{b}$ 的数量积。

师：对，我们还有一个专门的符号来表示数量积的运算，记作 $\boldsymbol{a}\cdot\boldsymbol{b}$，即 $\boldsymbol{a}\cdot\boldsymbol{b}=|\boldsymbol{a}|\,|\boldsymbol{b}|\cos\boldsymbol{\theta}$。在这个记法中 $\boldsymbol{a}$，$\boldsymbol{b}$ 中间的点也是一种积的运算，我们称其为内积，但与实数的乘法不同的是这个点是不能省略的，其目的就是区分向量的另一种，我们以后将要学的向量的外积运算。从这个定义中，我们发现两个向量的数量积得出的结果是一个怎样的量呢？向量的数量积与向量的数乘有什么区别？③

生：两个非零向量的数量积是数量，而不是向量，向量的数乘运算得到的结果是一个向量。

师：$0\cdot\vec{a}$ 和 $\vec{0}\cdot\vec{a}$ 有什么区别呢?

生：$0\cdot\vec{a}=\vec{0}$，得到的是零向量，而 $\vec{0}\cdot\vec{a}=0$ 是具体数值零。

师：非常好，接下来咱们通过具体的实例来求向量的数量积，请看大屏幕：例 2 在等腰 $Rt\triangle ABC$ 中，$AB=BC=4$，则 $\overrightarrow{AB}\cdot\overrightarrow{BC}=$ ________，$\overrightarrow{BC}\cdot\overrightarrow{CA}=$ ______，$\overrightarrow{CA}\cdot\overrightarrow{AB}=$ ________. 请同学们在草稿纸上做一下，待会我们投影部分同学的做法。（3 分钟后）

①【评点】放手让学生尝试，规范作图与书写格式。

②【评点】无惧学生犯错，在犯错中成长，让学生对概念的理解更为深刻。

③【评点】语言连贯，与前面知识的对比也就顺理成章，通过对比加深对概念的理解。

师：请第一组的 C 同学，第三组的 D 同学把你们的解法投影到电子白板上，大家讨论这两位同学的做法①，并提出不同意见。

师：通过同学们的讨论，我们发现，求两个向量的数量积特别要注意这两个向量的夹角，切记要让两向量移至同一起点，同时我们从第一问中发现，两个非零向量的数量积是可以为零的，那么这两个非零向量满足怎样的几何关系时，它们的数量积会为零呢?

生：当这两个非零向量垂直时，它们的数量积为零。

师：真棒！由此可见，两非零向量的数量积为零的充要条件是这两个向量垂直，也就是说我们判断两非零向量是否垂直只要计算它们的数量积即可。可见，向量的数量关系可以对应着图形的几何关系②，我们可以把几何关系的证明过程通过向量这一工具转化为计算过程。下面我们把这一充要条件具体化，即：设 $\boldsymbol{a}$，$\boldsymbol{b}$ 是非零向量，则 $\boldsymbol{a}\perp\boldsymbol{b}\Leftrightarrow\boldsymbol{a}\cdot\boldsymbol{b}=0$。那么下面请大家思考两个非零向量的数量积符号和这两个向量夹角的取值范围有什么关系?

师：请 E 同学来分享一下自己的思考。$\vec{a}\cdot\vec{b}>0$ 能得出夹角 θ 在哪个范围呢?

生 E：θ 属于 0 到 $\frac{\pi}{2}$。

师：能否再精确一点，0 到 $\frac{\pi}{2}$ 的什么区间?

生 E：0 到 $\frac{\pi}{2}$ 的开区间。

师：对吗？有没有同学有不同的看法呢?

生 F：应该是左闭右开区间。

师：对，E 同学请坐下，F 同学，请你来说一下为什么 θ 能够等于零呢?

生 F：当 $\vec{a}$ 与 $\vec{b}$ 同向时它们的数量积也是大于零的。（哦对哟，E 同学恍然大悟。）

师：$\vec{a}\cdot\vec{b}=0$ 以及 $\vec{a}\cdot\vec{b}<0$ 又当如何呢？我们再请 E 同学来说一下。

生 E：$\vec{a}\cdot\vec{b}=0\Leftrightarrow\theta=\frac{\pi}{2}$，$\vec{a}\cdot\vec{b}<0\Leftrightarrow\theta\in\left(\frac{\pi}{2},\pi\right]$。

师：非常棒，在 F 同学的帮助下，E 同学还能够举一反三，可见咱们在日常的学习中互相交流是多么重要啊！那如果我说两向量的夹角为锐角，那么在数量上又该如何体现呢?

生 G：数量积要大于零。

师：这个条件就能保证夹角为锐角吗？③

生 G：哦，不够，还要让它们的夹角不能为零。

①【评点】课堂的讨论才能激发学生思维的碰撞，相互的补充与辩论才能达成共识。

②【评点】数与形并不是数学的两个分支，可以通过向量这个桥梁统一起来，再结合具体实例，让学生体会数学统一之美。

③【评点】逐步设问，层层递进，解决难点，集中力量引导学生的易错点，赞！

师：也就是说这两向量不能同向，那要满足什么条件才能保证他们不同向呢？根据平面向量基本定理，咱们只需让这两个向量不存在正的倍数关系即可。由此可见，向量在联系几何与代数之间有重要的作用，我们通过向量的运算，可以轻松地解决图形间的几何关系，这是多么好的一个工具啊！

【总评】

史宁中教授编写的《数学基本思想 18 讲》中指出，类比推理是基于两个或两类事物的归纳推理，是通过经历过的东西推断未曾经历的东西，是“发现”知识的推理，这是一种创造性思维模式。在数学教育教学的过程中，无论是从时间上还是从内容上，都应该给予足够的重视，应当在学习过程中，让学生感悟这种推理模式的“自然性”，让学生逐步积累“正常”思维的经验，不仅要学会“分析和解决”问题，也要学会“发现和提出”问题。本文陈老师的教学设计与实录完美地展现了类比思想的应用，让学生在数与形的关系中找到了它们联系的枢纽，极大丰富了数学推理过程的想象力，有利于学生创造性思维能力的培养。同时，在类比的过程中，也涉及了特殊与一般，化归与转化等重要的数学思想方法，自然而然地提高学生的数学素养。另外，陈老师在这节课的教学中，数学语言精练，层层设问，又极具启发性，让学生如沐春风，将知识的来龙去脉展现得淋漓尽致。学生不仅仅收获了知识，更重要的是收获了获得知识的方法与信心。任务式的学习模式，突破了传统的“老师讲，学生记”的课堂教学，让学习成为学生自主的行为，让课堂成为学生情感交流与思维碰撞的平台，正是深外“好课堂”教学模式的熏陶，才使得课堂成为学生向往的精神圣地。

"Time changes! Emojis: a new language?" 课堂设计

——英语 高一年级 选择性必修 第二册（外研版） Unit 3

设计：彭春华名师工作室 高中部 赖心妍

评点：高中部 彭春华

◎本课时学习目标[①]

本课时学习目标结合新课标中英语学习活动观与深度学习特征，分解为以下具体目标：

目标一——联想与结构：通过泛读全文，获取和梳理说明文各部分的大意，并分析其与语篇主题之间的逻辑关系。

目标二——本质与变式：通过精读核心段落，分析与判断其中体现观点的要点及相应支撑句的语义逻辑关系，推理出 Stance-Argument-Evidence（SAE）三步走的观点表达模式。

目标三——迁移与创造：联系实际情景，内化与运用 SAE 模式表达观点，批判与评价变化所带来的新事物。

◎本课时学情分析

本课时的授课班级为高二外语书院（历史班）的20名学生。经过一年多的高中学习，该班学生具备了一定的语言运用能力，对各类体裁有一定的认识，并能使用多样的阅读技巧完成各类阅读任务，思维品质得到了发展，初步具备获取、处理、概括信息的能力，但未形成完善的说理逻辑，也不能较好地多角度、批判性看待生活中的各类现象。

◎课堂导入语

From previous classes, we have learnt that changes are something unavoidable. It's hard for us to predict or go against it. So, maybe the best policy is to learn how to deal with

① 【评点】深度学习是在教学中，学生积极参与，全身心投入，获得健康发展的、有意义的学习过程。英语学习活动观是指学生在主题意义的引领下，通过学习理解、应用实践、迁移创新等一系列学习活动，使学生基于已有的知识，依托不同类型的语篇，在分析问题和解决问题的过程中，促进自身语言知识学习、语言技能发展、文化内涵理解、多元思维发展、价值取向判断和学习策略运用等方面能力的发展。本课堂目标清晰，理论基础扎实，非常符合新课标培养学生学习实践能力、高阶思维，以及批判性、创造性思维的要求。

changes.

在之前的课堂中，我们已经了解到了变化是不可避免的，也是难以预测和难以拒绝的。基于此，或许对我们而言，更好的解决办法是学会如何应对变化。

说明：本课作为该单元的中段衔接课时，教师在导入环节中引导学生回顾本单元背景下的大概念，帮助学生将孤立的知识要素联结起来，同时明确本课主题目标。

任务 1：

Lead-in 激活主题[①]（5 分钟）

（1）Guide ss to observe the multimodal features of the text and pick the keyword for the passage. (Key: Emoji)

引导学生观察本文的多模态特点并为本文选取一个关键词。（答案：颜文字）

（2）Lead ss to reflect their own experience of using emojis with help of question chain.

运用问题链引导学生思考现代生活中颜文字的使用情况。

Q1: Are you regular user of emojis? Which one is your favorite? When will you use it?

Q2: One of emojis was even selected as word of the year by the Oxford Dictionary. Can you find out which one is it? Why?

Q3: Can you write a definition (Name, description, usage, etc.) for the emoji?

（3）Present a conversation with emojis and ask ss to translate and act out the conversation.

展示带有颜文字的对话内容，要求学生翻译对话内容，并基于对其隐含情感的理解表演出对话内容。

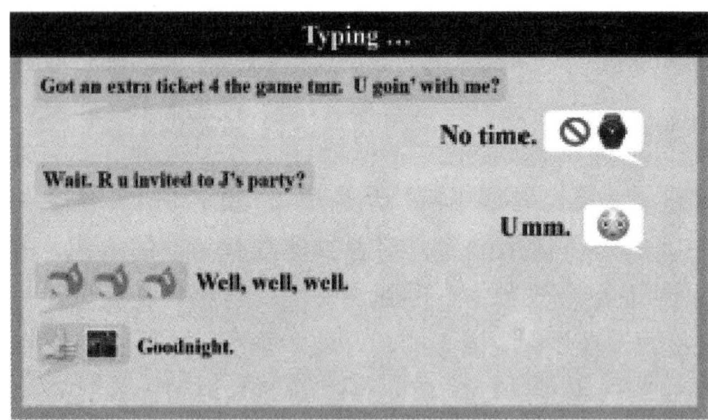

说明：本环节属于英语学习活动观中的感知与注意类任务。在识别本课主题为“颜文字”这个学生熟悉的新兴事物后，教师通过循序渐进的问题建立课堂主题与学生经验的联系，调动学生已有的知识和经验，激发学生兴趣并为后续深入探究主题打下基础。

①【评点】导入围绕单元主题语境，采用学生喜闻乐见的颜表情图片，引导学生思考现代生活中颜文字的使用情况，宏观和微观有机结合，激发了学生的兴趣，自然流畅地激活了主题，起到了很好的引导和衔接作用。

任务 2：

Read for structure 识别语篇结构 ①（10 分钟）

（1）Ask ss to pay attention to the special elements of title (question mark; an emoji) and analyze the underlying meaning of them.

要求学生基于文章标题设计（标点符号，颜文字元素）分析其隐含意义。

（2）Ask ss to read quickly, summarize the main content of three parts of the passage and analyze how these parts together work for the topic.

要求学生速读课文，总结文章三大部分的主要内容并分析其如何服务于该主题。

（3）Lead ss to figure out the key part and the structure of the passage.

引导学生找出文章的核心部分并分析得出文章基本结构。

	1. Main content	2. Function
Part 1 Para. 1-3	*The author's personal experience about emoji*	**To introduce the topic**
Part 2 Para. 4-5	*The history of emoji*	**To introduce the background info. of the topic**
Part 3 Para. 6-8	*Emoji's popularity;* *People's opinion towards it*	**To present different views toward the topic**

说明：本环节属于英语学习活动观中的获取与梳理类活动。在第一次阅读前，教师引导学生关注标题的多模态元素，后教师通过任务引导学生观察作者写作特点，对文本进行初步的信息获取与加工，梳理出此类语篇脉络及结构特征。

任务 3：

Read for ideas 探究写作手法 ②（10 分钟）

（1）Ask ss to brainstorm ways to make an opinion effective and guide ss to notice how the author presents his opinions.

让学生头脑风暴出一个有效的观点，并引导学生观察作者是如何呈现自己观点的。

（2）Present the text from para. 6 with underlined sentences and ask ss 'What is the relationship between these three steps?'

---

①【评点】围绕语篇阅读，从标题入手，分析文本结构与主题意义的联系，引导学生梳理出此类语篇脉络及结构特征，找出文章的核心部分，为下一步的写作学习起到了很好的铺垫作用。

②【评点】立足"观点—论点—证据支撑（SAE）"议论文写作模型，引导学生层层深入，分析文本的写作手法，学会用 SAE 架构清楚地表达观点，搭建语言支架，真正实现深度阅读和"以读促写"的高阶语言学习目标。

In today's world, emojis have become more and more popular. It seems that emojis have clear advantages over written language. People like them because they add emotional meaning, and are quick and easy to use. In fact, this is similar to the gestures we use when we speak. With a smiling or sad face added to a message or post, your reader can "see" your facial expression while reading your words.
Take a stance. Show your attitude to the issue.
J's party is not worth going.
The food there was
Provide evidences to support your argument.
I even found a in my cake!

呈现课文第六段输出观点部分节选，请学生思考选段三个下画线部分之间的关系。

（3）Based on ss' answer, guide them to build the 'Stance-Arguments-Evidence' (SAE) model to present an opinion. (Refer to blackboard design for the model)

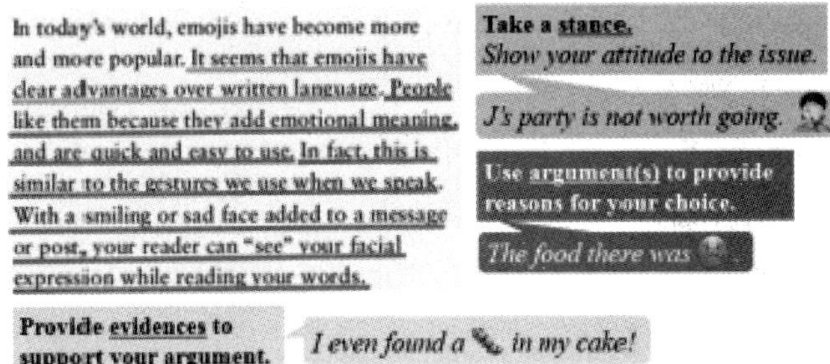

基于学生答案，引导学生建立“观点－论点－证据支撑”模型（模型参考板书设计）

板书设计：

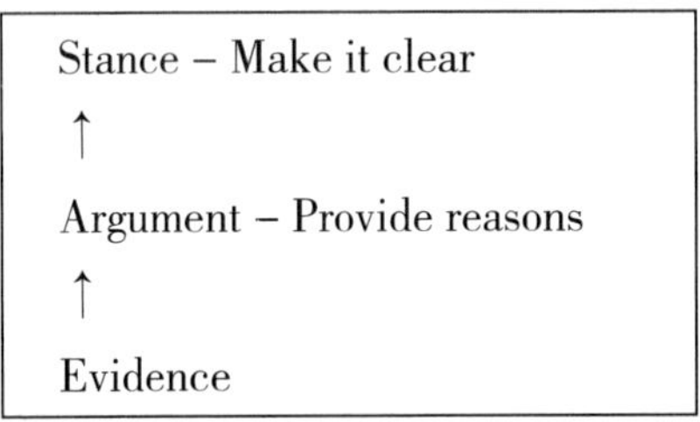

（4）Present another excerpt of the text and ask ss to identify the Argument and Evidence in it.

呈现文章中该观点下另一处观点节选，请学生找出其中的论点及证据支撑片段。

Read it Closely!

Try to identify the argument and evidence here.

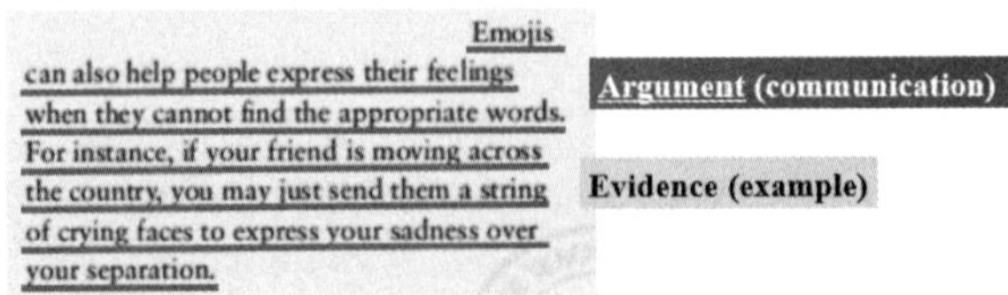

Emojis can also help people express their feelings when they cannot find the appropriate words. For instance, if your friend is moving across the country, you may just send them a string of crying faces to express your sadness over your separation.
Argument (communication)
Evidence (example)

- *Compared to text-only message, emojis provides the reader visual information directly which can help your emotion get across.*
- *They do add colors to our conversation.*

（5）Guide ss to compare the perspective of the Arguments from this and last excerpt. (Add feature of argumentation: Provide reasons from different perspectives)

引导学生对比本节选及上一页节选中“观点”的角度。（板书中补充观点的特点：从多角度提供支持观点的原因）

（6）Present two more sentences as Evidence and lead ss to summarize how they link to the argument. (Add feature of evidence: what; why; how)

呈现另外两句相关“证据支撑”，带领学生总结基于“观点”发展“证据支撑”的方式（板书中补充证据的方向：是什么，为什么，结果如何）。

板书设计：

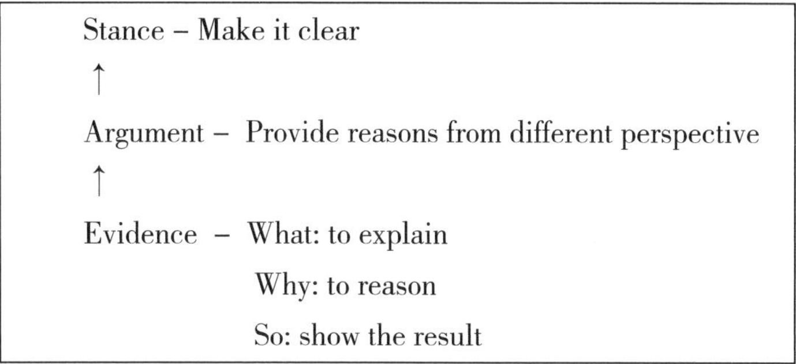

Stance – Make it clear

↑

Argument – Provide reasons from different perspective

↑

Evidence – What: to explain

Why: to reason

So: show the result

说明：本环节属于英语学习活动观中的推理与论证活动，在前一任务后学生已基本把握文脉，此环节聚焦本文核心部分。先以头脑风暴引入，构造有效观点的需求，再引导学生根据该部分抽象出“观点—论点—证据支撑”的说理方式，以补充例子丰富该模型，为后续学生在更多场景的迁移使用做准备。

任务 4：

Voice your opinion 表达及评论观点[①]（15 分钟）

（1）Present screenshot of a conversation talking about short videos, invite ss to act it out and ask ss whether they share the same experience.

呈现一段关于短视频的对话截图，邀请学生表演并询问学生是否有过一样的体验。

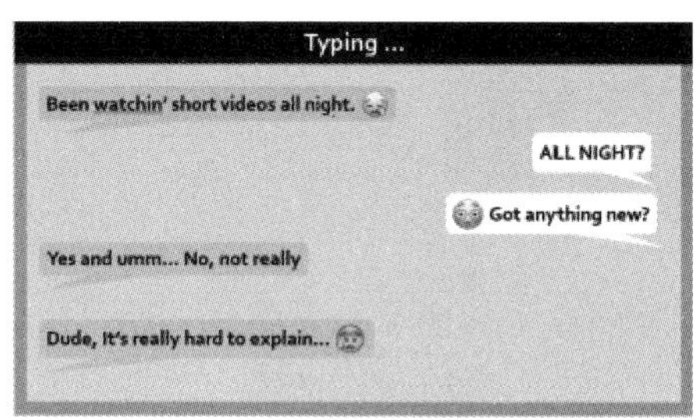

①【评点】以小组为单位，结合实际生活体验，通过对话、讨论、整合，对“短视频”这种媒介的优劣势进行探讨，利用所学的 SAE 模式呈现观点。本环节兼顾迁移与创造，学生积极参与，全身心投入，语言输出精彩纷呈，亮点频出，最后引用梭罗关于批判性思维的名言，归纳本课核心观念，让学生在学习语言和文化的同时，实现了情感价值观的升华，体现了思维品质的核心素养教育。板书部分建议适当改进，可把学生观点输出的亮点、关键词进行归纳总结，以板书呈现，综合且直观地展示课堂成果。

（2）Ask ss to work in groups and use the SAE model to provide the given stance (Short videos: a blessing or a curse) with proper arguments and evidences.

要求学生以小组为单位，使用 SAE 模型为所给观点（短视频：幸事还是祸端）提供论点及证据支撑。

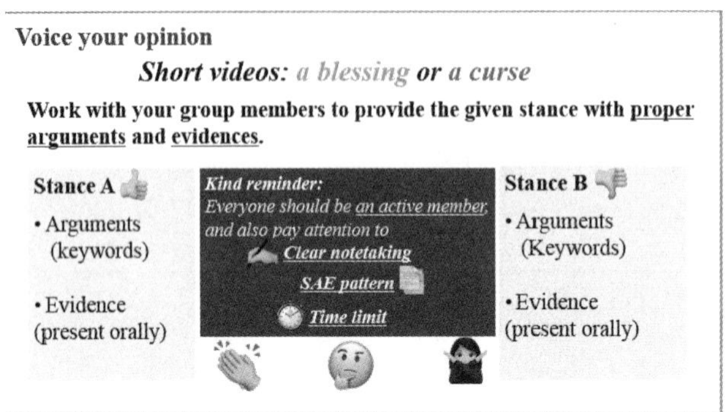

（3）Invite representatives of the groups to share their view with help of the SAE model and ask other ss to give feedbacks with emoji cards.

邀请小组代表上台呈现成果，展示过程中其余学生以颜文字卡片（表示赞许、有疑问或是完全不同意的表情）实时给予评价。

（4）Present a quote from Thoreau as the closing remark of the period. Review the SAE model and use it as advice for the answer raised at the beginning of the class.

以梭罗关于批判性思维的名言归纳本课核心观念。以 SAE 模型的三步串联成一条建议（基于事实证据评估—以论点查验思想—坚守你相信的观点），呼应本课开头时提到的“应对变化”。

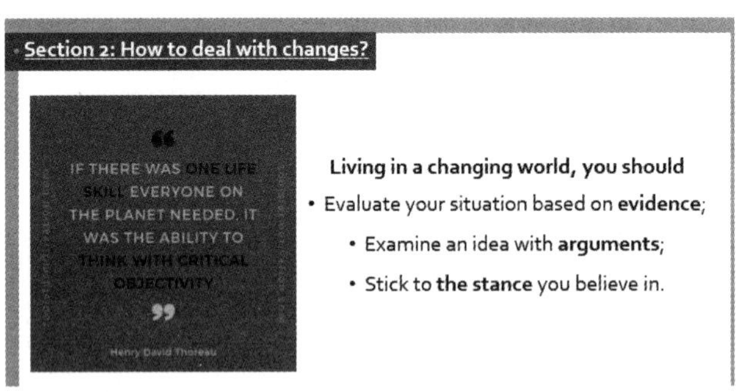

说明：本环节属于英语学习活动观中的迁移与创造活动，要求学生从原话题“颜文字”中跳出，将所学的说理模型运用在新话题“短视频”中。新话题体现了信息时代中信息交流传播方式的变化，也是学生生活中较为熟悉的主题，确保了学生的输出有话可说，能够真实体现学生的说理模型学习情况。在学生的输出过程中，举牌环节确保了广泛的生生互评，每轮展示后教师也会邀请学生做口头点评，教师也对学生的输出进行引导及总结，在评价中深化对本课知识及相关话题的理解。最终的回顾呼应开头，从应对变化的问题开始，在课程结束时以本课内容总结出解决方法。

附：本课自制学案①

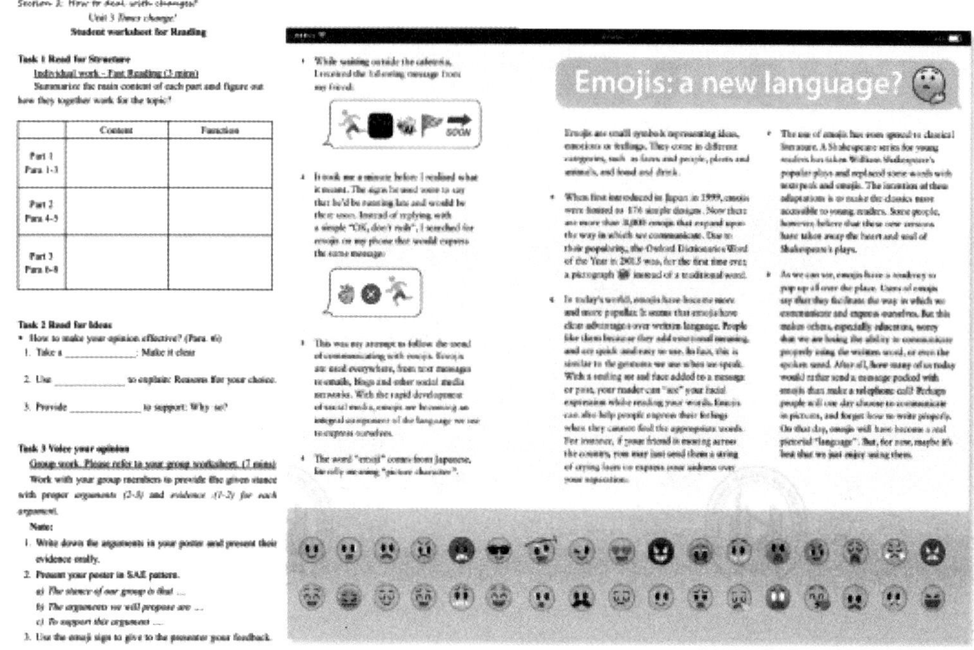

Section 2: How to deal with changes?

Unit 3 Times change!

Student worksheet for Reading

Task 1 Read for Structure

Individual work - Fast Reading (3 mins)

Summarize the main content of each part and figure out how they together work for the topic?

	Content	Function
Part 1 Para 1-3		
Part 2 Para 4-5		
Part 3 Para 6-8		

Task 2 Read for Ideas

- How to make your opinion effective? (Para. 6)

1. Take a ______: Make it clear
2. Use ______ to explain: Reasons for your choice.
3. Provide ______ to support: Why so?

Task 3 Voice your opinion

Group work. Please refer to your group worksheet. (7 mins)

Work with your group members to provide the given stance with proper *arguments (2-3)* and *evidence (1-2)* for each argument.

Note:

1. Write down the arguments in your poster and present their evidence orally.
2. Present your poster in SAE pattern.
   a) *The stance of our group is that ...*
   b) *The arguments we will propose are ...*
   c) *To support the argument ...*
3. Use the emoji sign to give to the presenter your feedback.

Emojis: a new language?

◎课堂小结

作为大单元序列中的衔接课，本课旨在培养学生以批判性的眼光客观看待变化带来的各类新事物。本课时的教学设计遵循深度学习特征，以语篇为依托，带领学生由表及里地探究语篇，抽象出“观点—论点—证据支撑”的模型，并引导学生基于此，在新创设的情境中进行输出，考查学生的知识迁移能力。

◎作业检测

1. Present the evaluation form and ask ss to check their progress.

呈现自评表并要求学生基于表格项目评估本节课的个人学习进度。

Item			
Read for structure • I can analyze how each part of the passage work together for the topic.	😀	😐	😟
Read for ideas • I can identify the stance, argument and evidence when someone is presenting his view. • I can understand the function of the abovementioned elements.	😀	😐	😟
Voice your opinion • I can use the SAE patten to make my opinion effective. • I can evaluate changes from a more critical perspective after today's class.	😀	😐	😟

①【评点】学案设计美观大方、结构清晰、任务明确，与教学目标结合紧密，能帮助学生迅速理解并完成教学任务。

2. Assign the homework.

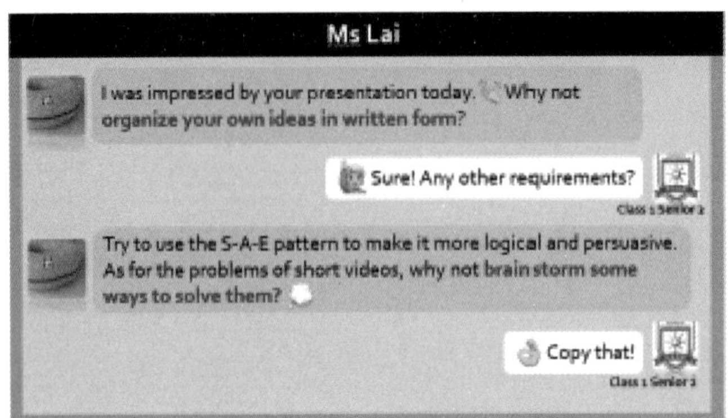

Ms Lai
I was impressed by your presentation today. Why not organize your own ideas in written form?
Sure! Any other requirements?
Try to use the S-A-E pattern to make it more logical and persuasive. As for the problems of short videos, why not brain storm some ways to solve them?
Copy that!

作业布置①：1. 基于 SAE 模型，以写作形式整合课堂口语输出活动内容；2. 针对课堂中提到短视频带来的问题，头脑风暴一些解决方法。

说明：为更好体现本课中的教学评一体化概念，除了课堂中的各类口头反馈，在课时的最后还留有基于每个环节完成度的自评表，以便学生自我检验课堂成效。本课的课后作业使用了对话框的模式，再次呼应本课主题：其中第一项任务要求学生将课堂口语成果以书面写作整合，在笔头整理内容的同时规范语言使用，也便于教师确认学习情况；第二项任务是针对下一课时（解决问题的具体方法）的衔接任务，在得知变化带来的问题后，学生应学会主动思考具体的解决办法，以理智积极的态度面对变化。

【总评】

一个好的课堂，应该是“有人、有料、有趣、有变”的。从这四个维度考察，赖心妍老师上了一堂好课。

一、有人

教育的本质是培养人，是帮助生命的成长。因此，学生是课堂主体，是灵魂人物。这堂课的设计理念、上课步骤、活动安排，都是围绕学生展开的。通过学习，孩子们不仅掌握了语言技能，心智也得到了培养和发展。同时，作为课堂的设计者、引导者，赖心妍老师投入了大量的热情与心血，钻研教学教法，与工作室的老师反复探讨、修改，上出了自己的特色和风格。通过这堂课，我们看到了老师和学生作为“人”的收获和成长。

二、有料

本课时的教学设计是在“世易时移”单元主题意义框架基础上展开的。在关注单元整体性、关联性和综合性的前提下，赖心妍老师根据文本具体特征和自身特长，以“面对变化，分析利弊”为主题，结合工作室“读好书、赏电影、促写作”的教研主题，阅读分析文本，学习并运用观点的表达，以读促写，帮助学生在语言技能、文化意识、和思维品质方面构建完整的知识体系，进而实现学科素养的进阶式发展。这堂课“料足”。

①【评点】作业的布置采用对话框形式，与主题语境交相呼应，对课堂语言的学习和生成进行书面总结和输出，进一步巩固了教学效果。

三、有趣

本课时选取的语言材料非常贴近现实和学生们的生活，教学的每一个步骤都能激发学生的兴趣、洞察力、表现欲，他们的参与度和学习热情能够贯穿始终。就像烹制一道佳肴，只有丰富优良的食材是不够的，需要情趣来调味。这堂课"妙趣横生"。

四、有变

外语学习的核心绝对不是获取僵化的语言知识，它更是人们观察和认识世界的另一只眼睛。这节课从主题语境到教学设计与方法，处处都体现了融会贯通、学以致用的教学理念。最令人印象深刻的是，本课时最初设计，是针对重点高中学生，因为教学交流的需要，赖心妍老师在一所普通学校重新上了一次。学情变了，教学方法也做了相应调整，但是不变的是同学们的热情和求知的欲望。在赖老师的耐心引导，悉心教授下，这堂课学生们积极踊跃，语言输出精彩纷呈，真正做到了"灵活多变"。

好的课堂充满人情，能够在交互中教学相长！

"Time changes! Emojis: a new language?" 课堂实录

——英语　高一年级　选择性必修　第二册（外研版）　Unit 3

执教：彭春华名师工作室　高中部　赖心妍
评点：高中部　彭春华

Lead in

Teacher: From previous classes we have learnt that changes are something unavoidable. It's hard for us to predict or go against it. So, maybe the best policy is to learn how to deal with changes.① From this period, we will start this section (How to deal with changes). Since it is a reading course, why not have a quick look at the target passage. What is the very first keyword that you notice?

Many students: Emojis.

Teacher: Very good. So, let's start from this. How many of you are regular users of Emojis? Raise your hand to let me know.

Most of students raised their hands.

Teacher: Oh, we have a huge fan base of it. Then, from all these, which one is your favorite? (Present different kinds of emojis)②

Student 1: The smiley face with a sweaty. The sixth one of line one.

Teacher: You mean the one with a drop of sweat. On what occasion will you use it?

Student 1: When I'm speechless.

Teacher: Sure. Anyone who would also like to share?

Student 2: My favorite one is the last one of the first line. When I receive a message that I think is very funny, I will use this emoji to show my feelings.

Teacher: To show your happy feelings. Good! Actually, one of the two 'favorites' was once selected as word of the year of the Oxford dictionary. Which one do you

①【评点】简要回顾上节课内容，重申"变化"在我们日常生活中的普遍性，引导学生用积极开放的态度看待变化，拥抱生活，自然流畅地把话题引向本堂课的主题"怎样应对变化"。

②【评点】展示各类学生喜闻乐见的颜文字，并分享平日各自生活中最喜欢最常用的表情，学生的兴趣和关注一下被激发了起来，课堂气氛也被点燃。

think it is?[①]Some students replied option two.

Teacher: You share same taste with the Oxford dictionary. Yes, this one was word of the year. Since it is a "word", can you try to write a definition for this 'word'? How will you name it?

Few students give feedback.

Teacher: (Draw ss' attention to the features of the emojis) What kind of emoji is this one? A happy or a sad one?

Students: A happy one.

Teachers: And you can see that there're tears. Combining the two, the official name of the emoji is "Face with tears of joy". To further understand it, let's have a look at the full description of it. (Present the description of the item from Emojipedia) You can see that even with one emoji you can convey so much information. What about combine some of them together?

引入部分

师：在过去的几节课里，我们已经了解到变化是无法避免的，也是很难预测或难以拒绝。基于此，或许学会应对变化是更明智的选择。在今天的课上我们会开启这个主题的新板块（指向幻灯片副标题"如何应对变化"）。既然这是一节阅读，大家不妨快速扫一眼我们的目标内容，你们第一眼注意到的关键词是什么呢？

生：颜文字。

师：真棒。那我们就从颜文字开始吧。在座的同学中有多少人常用颜文字呢？请举手让我了解一下情况。

多数学生举手。

师：呀，颜文字的忠实用户群体不小呢。那在那么多的颜文字中，哪个是你最喜欢的呢？（展示各类颜文字）

生 1：那个带有"流汗的"的笑脸。第一行的第六个。

师：你指的是那个带有"一滴汗"的笑脸对吧。在什么场合下你会使用它呢？

生 1：当我觉得无话可说时。

师：的确。还有同学想要分享一下吗？

生 2：我最喜欢的是第一行的最后一个。在我收到我觉得很有趣的信息时，我会用这个表情来表达我的感受。

师：用来表达高兴的心情，真好！实际上，这两个你们喜欢的表情里有一个曾经被评为牛津词典的年度词汇。你们觉得会是哪一个呢？

---

①【评点】从学生个人情绪和偏好引向时代共同关注的问题，体现了开放的视野和格局，同时对作为语言媒介的"颜文字"的内涵和外延进行分析和阐释，为本课程的核心内容（怎样用 SAE 架构表达观点）做好了意义和结构上的铺垫。

部分学生回应选择第二个。

师：看来你们和牛津词典的品位一致呀。没错，这是当年的年度词汇。既然这是一个“词汇”，你们能试着给它定定义吗？你会如何命名它呢？

很少学生尝试回应。

师：（引导学生关注该颜文字的特点）这是一个什么类型的颜文字？是高兴的还是伤心的？

生：高兴的。

师：你还能看到它脸上有泪水呢。将两者结合一下，这个表情的官方命名是“带有高兴泪水的脸”。为了加深一下对它的理解，我们来看看官方的介绍吧。（呈现颜文字百科中的官方简介）不难看出，一个小小的颜文字就能传递那么多信息，如果把它们结合在一起又会如何呢？

【总评】

“引入”是教师在教授新知识之前，有目的、有方向、有方法地引导学生进入新的知识情景和学习情景的一种方式（王大宝，2001），它在新课程的开启及推进过程中都起到了很重要的作用。但是很多课程要么没有导入，要么导入比较套路，不痛不痒，很难激发起学生的兴趣和好奇心，形同虚设。本课程导入没有落入程式化，而是紧紧围绕主题语境，充分利用学生熟悉的生活场景与话题，简洁高效，自然推进，既回顾总结了已学课程的内容，又生动活泼地激发了学生对目标语篇的兴趣，为后续教学任务的开展打下了良好的基础。

“电磁感应——自感”课堂设计

——物理　高一年级　选择性必修　第二册（人教版）　第二章

设计及自评：高中部　杨泰金

◎学习目标

物理观念：知道互感与自感现象及其产生的原因，并且知道互感和自感都是一种特殊的电磁感应现象；能说出影响自感电动势大小的因素①。

科学思维：利用电磁感应有关规律，分析通电、断电时自感现象的原因；会运用自感的原理对其应用和防止进行讨论。

科学探究：通过对实验的观察讨论和体验，解释实验中发生的物理现象；利用发光二极管巧妙设计，带领学生从现象出发去探寻物理原理，提升学生解决问题的能力。

科学态度与责任：认识互感和自感是电磁感应现象的两种现象，体验特殊现象的普遍性；领悟科学家对科学执着和对名利淡漠的科学献身精神。

◎学性分析

激活已有经验：从初中到高中，学生已经知道利用“磁”能生“电”，在必修 3 第十三章中已经知道磁通量变化是生“电”的原因。通过选择性必修 2 的学习，能利用楞次定律和安培定则判断感应电流的方向，能利用电磁感应定律计算感应电动势的大小，知道电磁波产生的机理，而“3. 涡流、电磁阻尼和电磁驱动”这一节，让学生理解了互感的应用。

补充缺失经验：通过对两个自感演示实验的深入分析与讨论，知道电流变化，其自身磁通量会发生变化，也会产生电动势，并对电流的变化起阻碍作用，而这种阻碍又直接呈现了“磁惯性”；知道断电自感中“闪亮”是因为灯泡中原有电流小于线圈原来的电流；最终能利用电磁波产生原理，理解自感中的能量，是变化电流产生变化的磁场，而变化的磁场产生电场，电场的能量引起了“触电”的感觉。

改进负向经验：通过自感现象的分析与讨论，知道当开关闭合时，线圈中的电流从无到有，其中的磁场也是从无到有，这可以看作电源把能量输送给磁场，储存在磁场中。开关断开以后，线圈中的电流并未立即消失，依旧有电流，有电流就有磁场，

①【评点】从物理学科核心素养的四个维度确立本节课的学习目标，符合物理现象探究课的特点，体现本节课的价值取向。

能量储存在磁场中，人接触到线圈两端时，通过人体释放能量。“自感”并不是线圈的一个新电源，而是电源能量储存的一个载体。

◎课堂导入语

这是两节干电池，就 3V，别小看这 3V 电，也能产生惊人的感觉，而且接到不同的人身上，还会产生不同的感觉①，你们信吗？想不想看 3V 电，能让人产生什么样的表情呀？下面请两位同学上台表演“摸 3V 电”。通过这个表演，我们会深刻理解一个现象——自感。

环节一：对比表演，设问引悬念。

（投影介绍）请两位同学上台表演，如图 1。

[器材] 两节电池、一个开关，放在一个盒子上。

[人员] 1 位老师、2 位同学。

[操作]（1）两位同学分站盒子两边，两线两手牵（捏）。

（2）老师先闭合开关，停一下，再断开开关。

图 1

[观察] 两同学的表情

（1）接通开关及稳定时的表情

（2）断开开关时的表情

老师巧操作，两位学生表情戏剧性化对比：在学生的期盼眼光下，老师轻轻闭合开关，并停顿一下，大家都看着，两位学生的表情没变化②。然后老师不声不响地突然断开开关，一位学生没事，而另一位学生，表情突变，且很怪异。

见此情景，全体学生一片哗然，好笑又惊奇。

环节二：及时设问，引发思维冲突。

老师（投影提问）：

[问题]（1）开关接通及稳定时，有什么感觉③？

（2）开关断开时，有什么感觉？你们两人的感觉都一样吗？

（3）同捏两根线，怎么会有不同的感觉呢？

（4）就 3V 电压，在什么时候感觉发生变化？为什么会有这样的变化呢？

[猜想] 引起这种感觉的可能原因是什么呢？

---

①【评点】2 节电池很平常，但老师的导语却说“产生惊人的感觉，并且对不同的人，产生感觉不同。”会引发学生产生强烈的好奇心以及对表演的兴趣。

②【评点】“轻轻闭合”“停顿一下”“突然断开”，老师有意控制节奏，把学生的情绪调到最高点，制造更强的悬念，体现出老师教学技能的老到。表演之所以要两位学生，就是为了形成对比，让学生的认知进一步发生冲突——3V 电压太低，应该没什么，正如一位学生的表情那样，可另一位学生的表现，却产生了高压效果。会产生更大的悬念：为什么会这样呢？从而有知其所以然的欲望。

③【评点】学生对实验现象正亢奋又疑惑时，及时抛出学生也想知道的 4 个问题，把学生的悬念变成了思维的焦点。两位学生的回答，让全体同学知道了什么是“触电的感觉”。

[设问] 大家想知道这个原因是什么吗?

环节三：师生互动，思维探究引入深处。[①]

看到了这4个问题，学生们想知道这两位学生的真实感觉，更想知道：同样捏着两根线，为什么会产生这样的感觉？老师及时就这4个问题，采访这两位同学，随着一问一答的展开，让同学们的疑问核心聚焦到：

（1）都是捏两根线，为什么一人一直没感觉，而另一人感觉却如此强烈——说明电路不同。

（2）强烈的感觉叫“触电”——让其他同学知道了什么是触电感觉，并产生也想来一番“触电”的冲动和欲望。

（3）在反应强烈的同学身上，两个阶段对比也明显——闭合开关，一直接通，时间更长，却没有什么感觉，而断开瞬间，时间这么短，为什么却有这么强烈的触电感觉呢？——这便于后面教学定义为断电自感。

这样，把学生从现象悬念引发到思维悬念上，并产生更深入探寻的欲望。

环节四：共同揭秘，思辨升高阶[②]。

1. 内盒秘密：

教师投影出图2，并让学生看桌面上的器材。

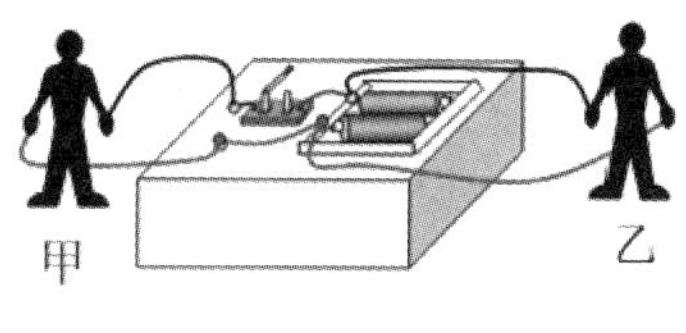

图 2

（1）器材实为日光灯镇流器（一个带铁芯的线圈）、开关、两节电池串联（见图3）。

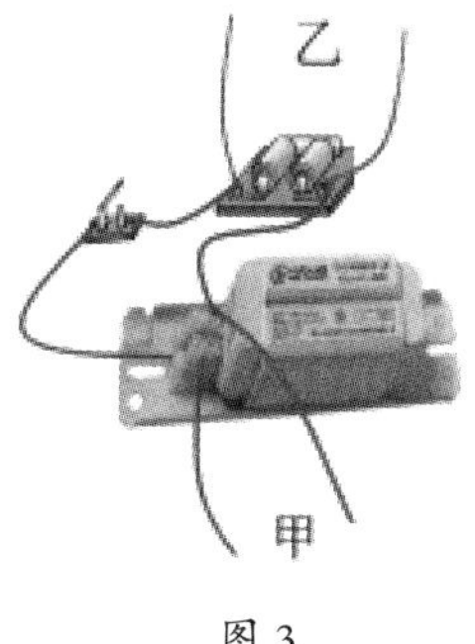

图 3

①【评点】问题设置由浅入深，层层递进。以学生为主体，老师为主导的教学状态得以呈现。把实验展示引向思维探究。成功激发学生的求知欲，这不正是课堂教学的最高境界吗?

②【评点】通过两位学生的表演与采访，学生们知道了不同感觉是因为电路不同，从而产生探知秘密的欲望。为此，老师设计两个层次的揭秘，由浅入深，把思维引入深处，在学生上台板画中，思辨得到高阶提示，通过师生互动，把课堂推向高潮。

（2）甲同学捏的是直接与两节串联电池的正负极连接的两条导线，而乙同学捏是线圈的两端（见图 4）。

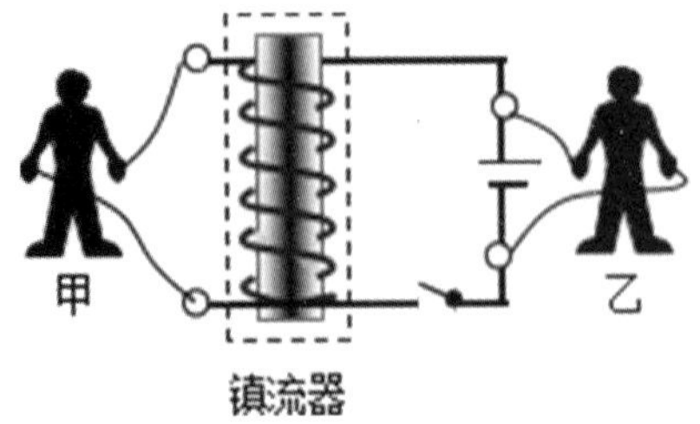

图 4

（3）没感觉，说明甲同学捏的两线电压没变，乙同学是在断开开关时有触电感觉，说明断开开关时，线圈中发生了某种变化。

2. 深层揭秘

抛出三个问题①：

（1）标出线圈中电流的方向，画出铁芯中磁感线。

（2）分析线圈在开关闭合时和断开时，线圈电流如何变化？线圈中因自己电流的变化，磁通量随之发生了什么样的变化？

标出开关闭合时和断开时，产生在线圈中的感应电动势的正负，用电池符号表示。

（3）写出感应电动势大小的式子（线圈匝数 n，横截面积 S）

引导学生先进行独立思考，然后小组进行讨论，最后让学生上黑板进行板画与写式子。

环节五：共同体验，兴趣得共生②。

能否把“他乐变为共乐”呢？设计六套器材：每套一个镇流器、一组干电池（两节）和一个开关，固定在一块木板上（见图 5）。

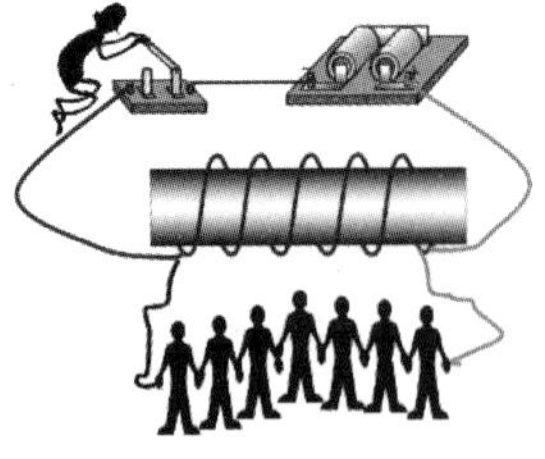

图 5

（1）以小组为单位，集体体验触电。（两节电池）

①【评点】激起兴趣，顺势而为，给足学生时间，利用问题导向，启发学生进行思考与讨论，即引发大家进行一场思维的探究，层层递进，课堂也顺势延伸而展开，符合学生的思维发展，学生的思维得到提升，在讨论与互动中，综合分析能力也得到提高。

②【评点】全班同学亲身体验，加深同学之间的感情，让课堂进入高潮，学生的兴趣得到了共同的激发，悬念得以阶段性满足，符合学生认知发展。

（2）以全班为单位，共同体验触电。（六节电池）

环节六：深层探究，理解得升华。

老师也来演示。改装设计两个电路①（见图 6）：

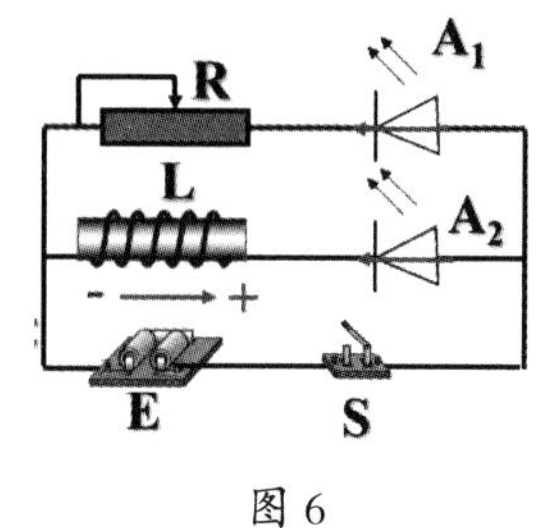

图 6

1. 演示实验一：通电自感

［器材］带铁芯线圈、滑动变阻器、两个相同的发光二极管、电流、开关。

［操作］（1）连接电路。

（2）先闭合开关，调节 R，使两个发光二极管亮度相同。

（3）然后断开开关，再闭合开关，两个二极管达同亮度过程，有什么不同?

［现象］A_1 立刻亮，A_2 慢慢地亮起来。

［思考］A_2 慢慢亮，主要原因是什么?

引导学生一起分析通电自感。

（1）根据二极管导通方向，画出电流的方向。

（2）根据楞次定律和安培定则，画出自感电动势的符号与方向。

总结出：由于自感的阻碍作用，使串联线圈的支路电流增加变慢（延迟），故 A_2 缓慢亮起来。

2. 演示实验二：断电自感（见图 7、图 8）

［器材］带铁芯线圈、滑动变阻器、两个相同的发光二极管、电池、开关。

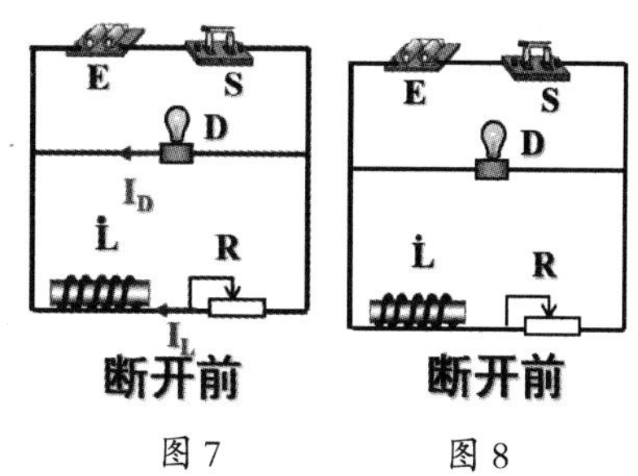

图 7　　图 8

［操作］

（1）已经接好电路。

（2）先闭合开关，灯 D 发光。

（3）然后断开开关。

［现象］D 闪亮一下才灭

［做一做］

①【评点】改装通电自感和断电自感的演示仪，利用发光二极管，展示电路的电流方向，有助于学生分析线圈电流与灯泡中电流的方向和大小关系，并有效地悟出断开开关时，线圈中电流会回流而通过灯泡，并进一步理解灯闪亮与否是由开关断开前线圈中电流与灯的电流大小来决定。实验的递进展示，课堂理论探究高潮迭起，从而使学生的物理核心素养得到进一步提升。

（1）画出开关断开前，通过 D、L 的电流方向。

（2）画出开关断开后，通过 D、L 的电流方向。

［思考与讨论］

（1）开关都断开了，D 中电流应该没了，为什么现在反而会闪亮了呢？电流从何而来？闪亮说明了什么？何时不会闪亮呢？

（2）画出两支路的大致 I_L–t 图线、I_D–t 图线（见图 9）。

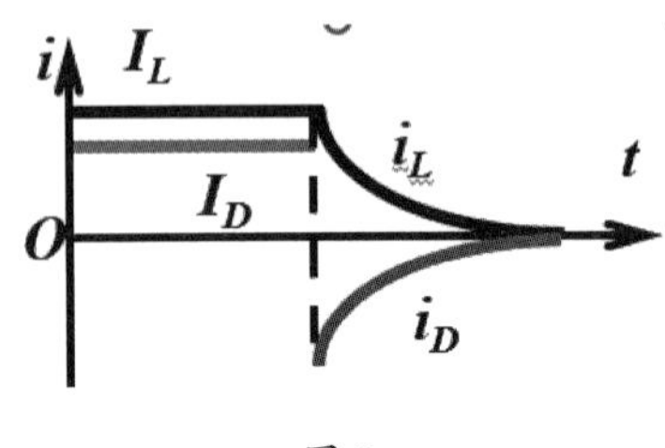

图 9

［说一说］ 没电源了，D 中还有电流，只能是线圈的电流由于自感阻碍，没有立刻为零，并在回路中流过灯。闪亮，说明线圈中原来的电流 I_L 比灯的电流 I_D，真是这样吗？

（进一步演示）

（1）在灯上并接两个反向二极管（见图 10）。

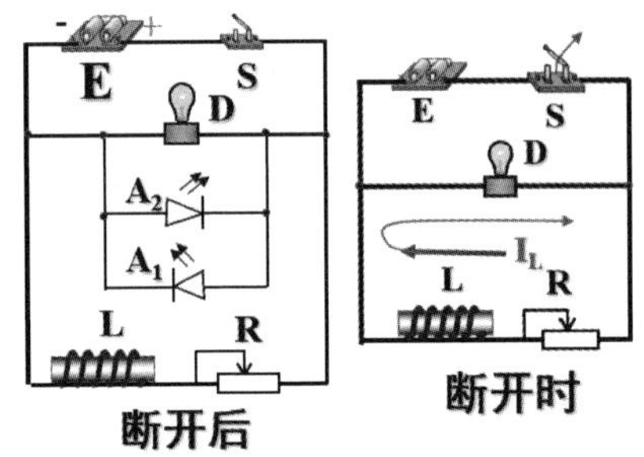

图 10

（2）先调节滑动变阻，使灯亮度暗些。闭合 S，灯和 A_1 同时亮，断开 S 时，D 闪亮的同时，A_2 也闪亮了。

（3）再调节滑动变阻，使灯亮度很亮。闭合 S，灯和 A_1 同时亮，断开 S 时，D 闪亮的同时，A_2 无闪亮。

［说一说］使电流减小变慢 $\begin{cases} I_D<I_L \text{ 有闪亮} \\ I_D>I_L \text{ 无闪亮} \end{cases}$（见图 11）

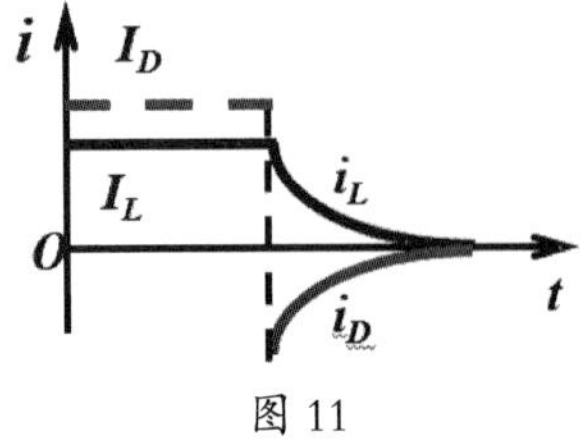

图 11

◎课堂小结[①]

引导学生小结。这一节课的内容讲完了，大家说说，我们主要学了什么呢？

强化两点：

（1）自感

（2）知道自感电动势大小，及自感的作用，并理解两种自感——通电自感和断电自感。

◎作业检测[②]

（1）关于线圈的自感的说法，正确的是（　　）

A. 线圈中电流变化一定会产生自感电动势

B. 自感电动势有阻碍电流的作用

C. 电流变化越大，自感系数就越大

D. 铁芯会增大线圈的自感系数

启思：①假设一个线圈，画电流方向，应该关心什么方面呢？

②自感的作用是什么？可根据什么规律来理解？

③自感系数由谁来决定？

（2）（课本练习改编）如下图所示，L 是自感系数很大的线圈，但其自身的电阻几乎为零，A 和 B 是两个相同的小灯泡，以下说法正确的是（　　）

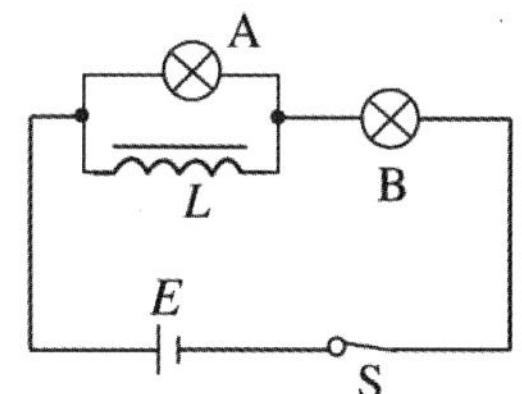

A. 闭合开关 S 时，B 先亮

B. 闭合开关 S 时，A 和 B 同时亮，后 A 熄灭

C. 断开开关 S 时，B 立即熄灭，A 闪亮后再熄灭

D. 断开开关 S 时，线圈 L 中的电流过一会儿再消失，且方向向右

启思：

①闭合开关 S 时，灯是否同时亮，由谁决定？

② L 很大时，闭合开关瞬间，线圈可视为什么状态？

③电阻为零，在电流稳定时，线圈有什么特点？

④断开 S 时，线圈中的电流如何流动？

---

①【评点】简单的小结，清晰点明本节课的教学内容。

②【评点】两道选择题目的是让学生对自感的两个维度进行理解，自感概念的理解和自感现象的分析。通过启思环节，启发学生有的放矢地展开思考。

“电磁感应——自感”课堂实录

——物理　高一年级　选择性必修　第二册（人教版）　第二章

执教及自评：高中部　杨泰金

师：这是两节干电池，就3V，别小看这3V电，也能产生惊人的感觉，而且接到不同的人身上，还会产生不同的感觉，你们信吗？想不想看3V电，能让人产生什么样的表情呀？下面请两位同学上台表演“摸3V电”（如图1）。通过这个表演，我们会深刻理解一个现象——自感。

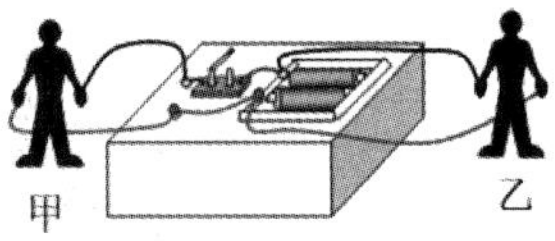

甲　乙

图1

（投影介绍）请两位同学上台表演。

[器材]两节电池、一个开关，放在一个盒子上。

[人员]1位老师、2位同学。

[操作]（1）两位同学分站盒子两边，两线两手牵。

（2）老师先闭开关，停一下，再断开开关。

[观察]两位同学的表情

（1）接通开关及稳定时的表情

（2）断开开关时的表情

生：全体同学很是期待。

师：左手按开关面板，右手压下开关，看学生表情稳定后，再断开开关。

生甲：表情惊吓，并两手突然放开，人跳起来。

生乙：表情自然，状态没变化。

生：全体学生一片哗然，好笑又惊奇。

师（投影提问）：

[问题]（1）开关接通及稳定时，有什么感觉？

（2）开关断开时，有什么感觉？你们两人的感觉都一样吗？

（3）同捏两根线，怎么会有不同的感觉呢？

（4）就3V电压，不同的感觉发生在什么时候？为什么呢？

[猜想]能引起这种感觉的可能原因是什么呢？

[设问]大家想知道这个原因是什么吗？

师：问学生甲：谈一下你的感受。

生甲：有触电的感觉。

师：触电是什么感觉？

生甲：麻一下，就是那种触电的感觉。

师：在什么时候有这个感觉？

生甲：在你断开电开关时才有。

师：转问学生乙：人家都这样啦，你怎么这么淡定呀！

生乙：不知道呀，我没什么感觉呀！

师：（面向全体学生）都是捏两根线，为什么会有不同的感觉呀？

生：可能捏的线（或电路）就不同。

师：两节电池，只有 3V 电压，确实，一直接通却很淡定，为什么断开时就不淡定啦？大家都这样捏着两根线，为什么有不同感觉呢？为什么只有在断开开关时才产生触电的感觉呢？大家想不想知道？（引入课题）

师：（投影引出）我们一起来揭秘！

［揭开盒子面纱］[①] 盒子里是一个日光灯镇流器（见图 2）。

［电路图］实为一个带铁芯的线圈、开关、两节电池串联（见图 3）。

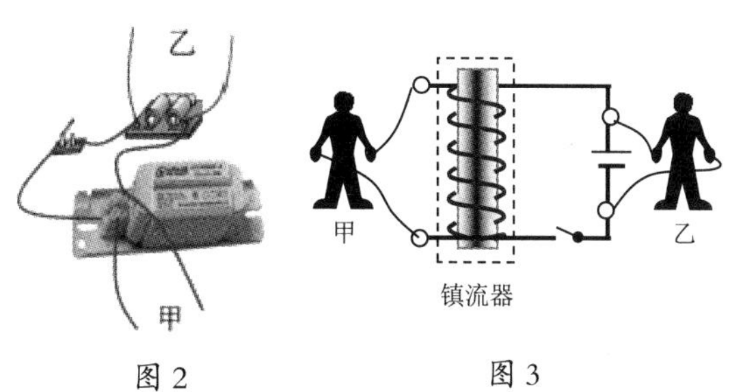

图 2　　图 3

甲两手一直接线圈两端，乙两手一直接电源两端。

师：这样的连接的不同，是产生不同感觉的原因。开关接通与断开，乙感觉没变化，说明电池两端电压没变化，而甲有触电感觉，且发生在开关断开时，说明线圈有了变化，且这个变化是触电产生的原因。

（投影引出）深层揭秘

［电路］

［思考与讨论］

（1）标出线圈中电流的方向，画出铁芯中磁感线[②]。

（2）标出开关闭合时和断开时，产生在线圈中感应电动势的正负，用电池符号表示。（见图 4、图 5）

（3）写出感应电动势大小的式子（线圈匝数 n，横截面积 S）。

师：给学生几分钟进行小组讨论。

生：选两小组各一人，上台画出电流方向和铁芯中磁感线。

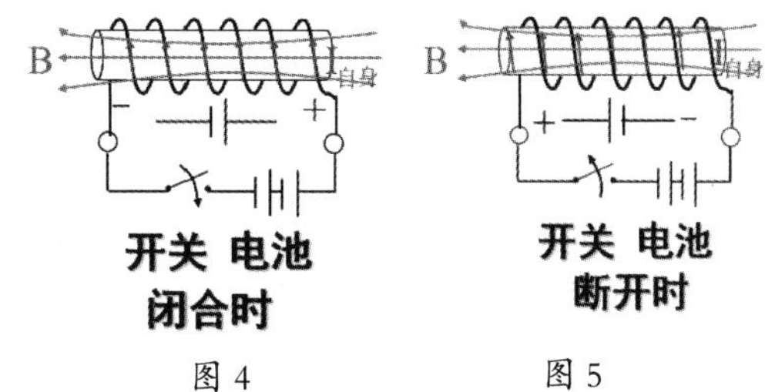

图 4　　图 5

①【评点】用“揭开盒子面纱”形成极强的画面感，回应了前面制造的悬念。

②【评点】给足时间与空间，让同学们进行充分的思考与讨论，让学生在交流中真正理解电磁感应现象的产生是因为磁通量发生了变化，这种变化有因外界磁场变而产生（即互感），也有如本节课所看到的因自己的电流变，自己的磁场变而产生（即自感），顺理成章地引出自感的概念。

选另外两小组各一人，上台画出自感电动势符号与正负[①]。

生：选另外一小组一人，上台写出感应电动势的大小 。

师：线圈自身电流变化，电流就产生变化的磁场，穿过线圈的磁通变发生变化，从而产生感应电动势，这种现象叫自感现象。这种电动势是由于线圈自身电流变化而产生的，叫自感电动势（*E* 自）（引出自感及自感电动势的概念）。根据楞次定律和安培定则，判断感应电动势的方向，并标出符号。根据法拉第电磁感应定律，可以得出感应电动势的大小 $E_{自}=nS\dfrac{\Delta B}{\Delta t}$，而 $\dfrac{\Delta B}{\Delta t}\propto\dfrac{\Delta I}{\Delta t}$，故 $E_{自}=L\dfrac{\Delta I}{\Delta t}$，*L* 叫自感系数，单位叫亨利，与匝数 *n*，线圈横截面积 *S* 和铁芯的有无有关。

根据楞次定律，自感电动势作用是阻碍电流的变化，使其变化（即增减）变慢[②]。

（投影介绍亨利）

约瑟夫 · 亨利（图 6）。他是以电感单位“亨利”留名的大物理学家。1867 年起，任美国科学院院长，他被认为是本杰明 · 富兰克林之后最伟大的美国科学家之一，对于电磁学的贡献颇大。

①强电磁铁的制成，为改进发电机打下了基础。

②电磁感应现象的发现，比法拉第早一年。

③发现了自感现象。

他发明了继电器（电报的雏形），发现了电子自动打火的原理，但却没有及时去申请专利。

图 6

师：（转折）刚才大家看的是别人的体验，大家想不想来一次集体触电呀？

生：想！

师：（投影）我们一起来触电（见图 7）。

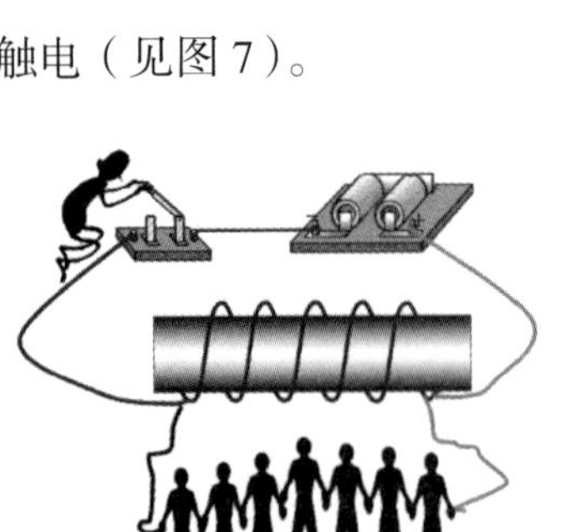
图 7

［操作］每组同学依次手牵手一圈，最后由第一桌同学分别捏线的一端，由一位同

① 【评点】讨论过后，更为深刻的思维提升应该是把所思所议画出来，在视觉中展示综合能力的生成与成长。

② 【评点】给出自感系数的单位后，及时介绍美国科学家亨利。领悟科学家对科学执着和对名利淡漠的科学献身精神，提升了学生的科学素养，实现预先设计的教学目标。

学来操作开关——先闭合，再断开。

［问题］人生第一次触电，有什么感觉？

生：（现场）各组同学不分男女，围成一圈，手牵着手。每组剩出一位同学来闭合开关，再断开开关。这一操作，各组同学全心投入，全班一片热腾。①

师：（投影转折词）这是一次身体的震撼！大家想不想来一次视觉的冲击呀？

生：想！

师：（依次展开投影）请看老师的一个演示：②

［器材］带铁芯线圈、滑动变阻器、两个相同的发光二极管、电流、开关。

［操作］

（1）连接电路（见图8）。

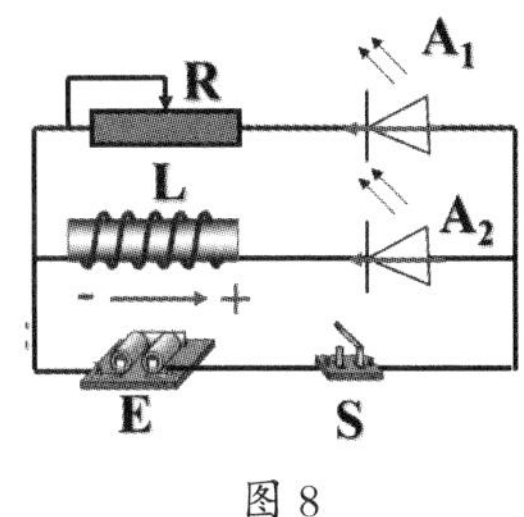

图 8

（2）先闭合开关，调节 R，使两个发光二极管亮度相同。

（3）然后断开开关，再闭合开关，两个二极管达同亮度过程，有什么不同？

［现象］A_1 立刻亮，A_2 慢慢地亮起来。

［思考］A_2 慢慢亮，主要原因是什么？

师：引导学生一起分析通电自感。

（1）根据二极管导通方向，画出电流的方向。

（2）根据楞次定律和安培定则，画出自感电动势的符号与方向，指出自感电动势阻碍电流增加，使电流增加变慢（延迟），故 A_2 缓慢亮起来。

若 L 很大，通电瞬间，线圈视为断路。

电流恒定时，$E_{自}=0$。

若 $R_L=0$，线圈视为短路。

师：（依次展开投影）请看老师的另一个演示③

［器材］带铁芯线圈、滑动变阻器、两个相同的发光二极管、电池、开关 。

---

①【评点】这样设计，基于“乐”情境，“深”探究下的有味物理课堂得以构建。

②【评点】从两位学生表演到全体学生体验，再到老师演示，让课堂的主角与主体都一起上场。设计的实验由简单到复杂，把学生的认知从表层到深处，探究从现象到理论逐渐深入。在师生互动中，在观察中，板画中思考与讨论，学生的学科素养得到提升。

③【评点】断电自感产生和灯泡闪亮的原因是本节课的难点。电路的巧妙设计，利用发光二极管把不可见的电流方向直观地显示出来，帮助学生轻松地理解断电前后的电流方向的改变，从而突破本节课的难点。

［操作］

（1）已经接好电路。

（2）先闭合开关，灯 D 发光。

（3）然后断开开关。

［现象］D 闪亮一下才灭

［做一做］（1）画出开关断开前，通过 D、L 的电流方向。（见图 9、图 10）

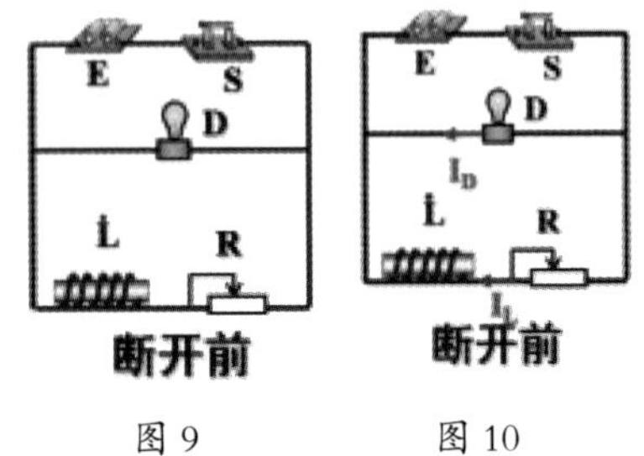

图 9　　图 10

（2）画出开关断开后，通过 D、L 的电流方向。（见图 11、图 12）

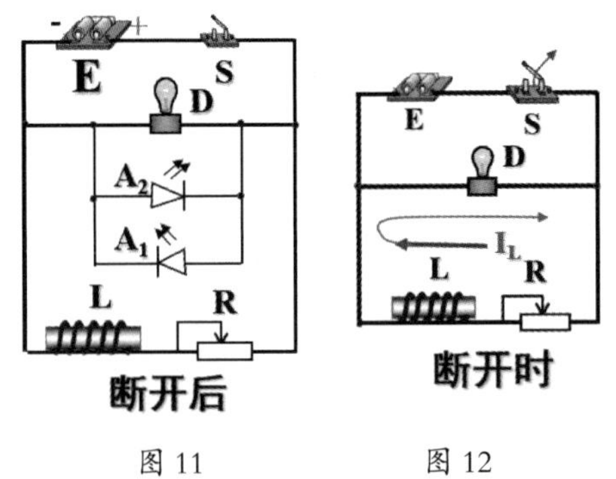

图 11　　图 12

［思考与讨论］

（1）开关都断开了，D 中电流应该没了，为什么现在反而会闪亮了呢？电流从何而来？闪亮说明了什么？何时可不会闪亮呢？

（2）画出两支路的大致 I_L–t 图线（见图 13）、I_D–t 图线（见图 14）。

［说一说］没电源了，D 中还有电流，只能是线圈的电流由于自感阻碍，没有立刻为零，并在回路中流过灯。闪亮，说明线圈中原来的电流 I_L 比灯的电流 I_D。真是这样吗？

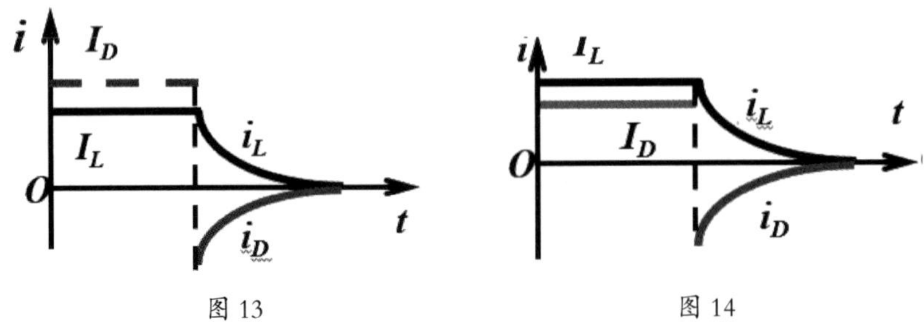

图 13　　图 14

师：（进一步演示）

（1）在灯上并接两个反向二极管。

（2）先调节滑动变阻，使灯亮度暗些。闭合 S，灯和 A_1 同时亮，断开 S 时，D 闪亮的同时，A_2 也闪亮了。

（3）再调节滑动变阻，使灯亮度很亮。闭合 S，灯和 A_1 同时亮，断开 S 时，D 闪亮的同时，A_2 无闪亮。

［说一说］使电流减小变慢，$I_D < I_L$ 有闪亮，

$I_D > I_L$ 无闪亮

【感悟与思考】

自感现象是电磁感应现象的特例，引出现象并分析理解现象产生的原因是本节课的任务。虽然学生从初中到高中，对磁生电已经有了一定的前认知。但自感现象却是新内容，利用外加磁场产生电动势，学生好理解，而自己的电流变化产生电动势却是比较抽象的，加上学生思维的不成熟，给这个任务的完成带来困难。为此，在教学上，要与时俱进，突出学生的主体地位，遵循高中学生求知欲强、观察能力正在发展的认知特点，调动学生的主动性、积极性，激发他们的学习热情。本节课从已有的知识出发，通过亲身体验、理论探究、产生问题、协作交流等过程，让学生主动构建知识体系。无论是教学内容，还是环节的设计都符合了建构主义的理论，体现了“探究—建构式生态”的教学模式，可以说这是一节非常成功的课。成功之处主要体现在以下几个方面：

1. 触电表演，激发探究的欲望。

以“双人捏线，一惊一静”的触电表演开场，成功地引发了学生的好奇心，营造了热烈的课堂氛围，激发了他们急于知道真相的欲望，进而抛出本节课的教学任务。

2. 问题导向，引发认知冲突。

在自感现象的教学中，教师通常会用课堂演示实验的方式带领学生探究自感现象。但是常规课堂都会直接借助通断电自感示教板进行演示实验，向学生介绍示教板并讲解其原理，平铺直叙地将学习内容一览无遗地展现在学生面前。而设计情景，并依托情景引发问题，让学生在问题探究中出现认知冲突，在冲突中进步的由浅（体验现象）入深（主动探究现象产生的原因与本质），顺势设置实验，一步一步引导与启发，使学生思维得到高阶生成。科学探究的设计关注的不仅是使学生通过科学探究活动获得知识，而且要使学生通过探究活动学会如何进行探究。教师在探究过程当中应当充分发挥学生的主体作用，让学生的素养得到充分的表现。通过学生体验、老师演示、现象分析与理论探究，培养学生的物理学科的核心素养。

3. 抓准焦点，突破教学难点。

利用“触电”表演引出自感现象和概念，层层设计问题，引导学生上台板画和分析讨论，让学生在问题解决的过程中，体验到学习的快乐，提升了兴趣，同时又顺利地引出自感现象及自感电动势，进而过渡到两个自感实例的深层探究。而且利用二极管，改进了实验，让抽象的回流电流直观呈现，让“闪亮”原因的难点得以突破，使学生

体会获取知识和提升技能的成就感。

4. 知识自构，关注情感发展。

本教学设计在探究问题的生成、探究方案的设计、探究行动的开展、探究结果的分析上，围绕学生知识的自主建构这一核心来展开，体现了探究式学习的本质与核心。

本节课不足之处：

1. 本节课没有使用传感器来展示通电自感与断电自感中电流的方向问题，技术使用不充分。

2. 利用两个二极管反向并联，再跟灯并联，往往连接不好，实验过程比较容易松动而出现实验效果不稳定的现象。而且二极管比较小，正反向不明显，可见度不够高。

我们知道，物理核心素养主要由“物理概念”“科学思维”“实验探究”和“科学态度与责任”这四个方面的要素构成，培养学生的核心素养是21世纪世界各国基础科学教育改革的核心理念。一节好课堂，应该是教师能站在高处有的放矢地设计核心素养落实的环节，走在实处强化学生的课堂主角地位，巧妙设置能引发质疑的学生表演和集体触电体验，给足空间和时间，让学生充分进行探究，在独立思考又相互合作中培养学生的科学思维和科学态度，引导学生形成能够适应其终身发展所需要的必备品格和关键能力。从这个角度来说，本节课做得尤为出色。

“圆周运动”课堂设计

——物理　高一年级　必修　第二册（人教版）　第六章

设计：致远高中物理组　彭　艺

评点：博雅高中物理组　王小庆

◎本课时学习目标

1. 知道圆周运动、匀速圆周运动的特点。
2. 理解线速度的概念，知道匀速圆周运动中线速度的方向。
3. 理解角速度的概念，掌握线速度和角速度的关系。
4. 理解周期、转速的概念，掌握描述匀速圆周运动的几个物理量之间的关系。

◎本课时学情分析

学生经过前一章节的学习，已了解曲线运动的运动情况和受力特点，并初步掌握了分析曲线运动的方法。此外，学生在学习速度的概念时，已积累了几种比较直线运动快慢的方法以及使用极限法得到瞬时速度概念的经验，为学习线速度以及几个描述匀速圆周快慢的物理量建立了良好的基础。但是，对于圆周运动快慢的描述，比较线速度的大小和比较角速度的大小可能会得到两个不同的结果，教师需要构建好情境，帮助学生逐个学习新物理量的概念，设计好引导性的问题，自然地引出新的物理量。

◎课堂导入语

上一章我们学习了曲线运动，这一章我们来学习一种特殊的曲线运动——圆周运动。

任务 1

认识圆周运动（指向学习目标 1）①

1. 观察风扇扇叶上一点的运动轨迹，联系生活中见到的摩天轮、荡秋千等运动（见下图），思考其特征，学习圆周运动的定义。

---

①【评点】该环节让学生观察生活，通过摩天轮、风扇、荡秋千等生活场景，引导学生概括这类运动的共同特点，得到圆周运动的定义。学生通过身边的工具演示圆周运动，加深对圆周运动的理解。

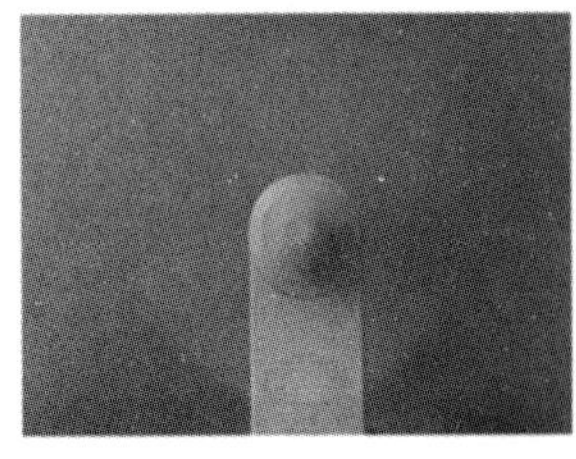

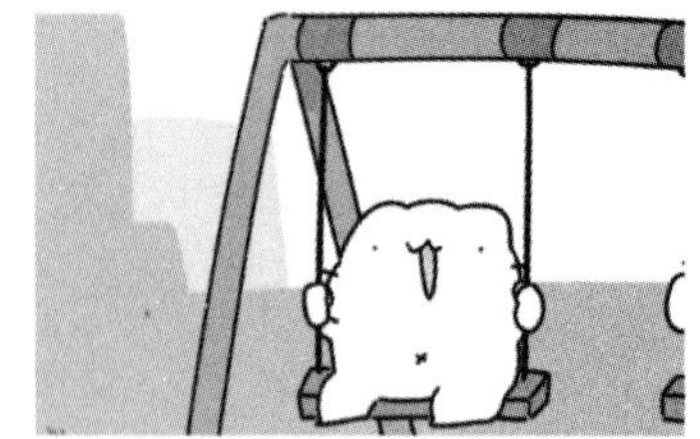

2. 让学生利用所提供的工具，演示圆周运动。

学生利用身边的工具演示了转笔、转书、舞蹈动作点翻等，加深对圆周运动的理解。

任务 2：

比较圆周运动的快慢，学习线速度（指向学习目标 2）①

1. 学生代表使胶带在竖直面内做圆周运动，教师使用同样的实验装置也使胶带做圆周运动，观察比较两个圆周运动的快慢情况。②（见下图）

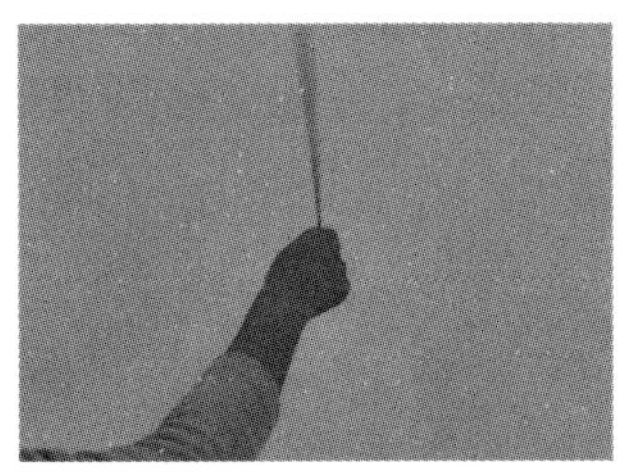

2. 思考如何定量比较两个圆周运动的快慢？③

通过类比直线运动中定量比较物体运动快慢的方法，引导学生思考如何定量比较两个胶带圆周运动的快慢。学生进行思考，发表观点。

3. 总结比较方法的核心思想，学习线速度的定义。

得到在此情景中比较单位时间内通过弧长来比较圆周运动快慢的结论。

4. 作图（如下图）比较圆周运动中弧长和位移的区别，利用极限法的思想对线速度和瞬时速度的关系进行推导，学习线速度的方向。④

$$\frac{\Delta s}{\Delta t} \Longleftrightarrow \frac{\Delta l}{\Delta t}$$

当$\Delta t \to 0$时，可以认为$\Delta s = \Delta l$，$\frac{\Delta s}{\Delta t} = \frac{\Delta l}{\Delta t}$表示物体在某点的瞬时速度。

当$\Delta t \to 0$时，物体在某点的运动方向如何？

沿着圆周在该点的切线

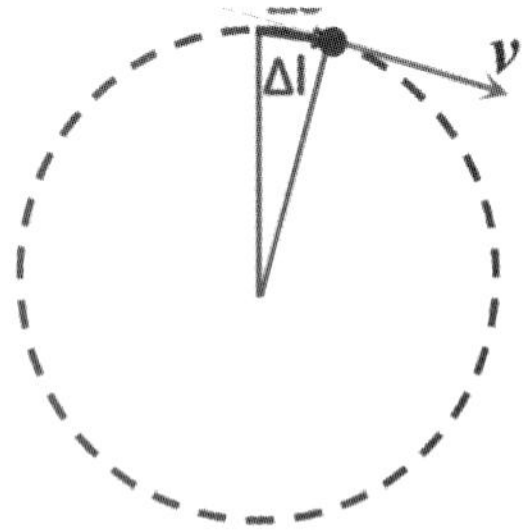

①【评点】教师建立了对比两种胶带在竖直面上的圆周运动的情景，让学生体会到“线速度”等概念的必要性，通过问题引导学生建立线速度概念。

②【评点】对比同种装置在竖直面上的两次圆周运动，引发如何比较圆周运动快慢的讨论。

③【评点】用学生比较熟悉的直线运动做类比，学生进行知识迁移。

④【评点】利用极限法的思想，建立线速度和瞬时速度的关系，培养学生的科学思维。

任务 3：

认识匀速圆周运动（指向学习目标 1）

1. 思考：在圆周运动中，若物体在任意相同的时间内通过的弧长也相等，则该物体的线速度有何特点？

得到匀速圆周运动的定义：如果物体沿着圆周运动，并且线速度的大小处处相等的运动叫做匀速圆周运动。

2. 思考：匀速直线运动中的“匀速”与匀速圆周运动中的“匀速”，其物理意义有何不同？①

区分匀速圆周运动和匀速圆周运动中的“匀速”。匀速直线运动中的“匀速”指的是速度的大小和方向都不发生改变的运动，而匀速圆周运动中的“匀速”是一种速度大小不变、方向时刻变化的变加速曲线运动。

任务 4：

学习角速度（指向学习目标 3）②

1. 观察紫色点和橙色点，在相同时间内的运动过程，如下图所示，讨论哪个点的运动更快？并说明理由。③

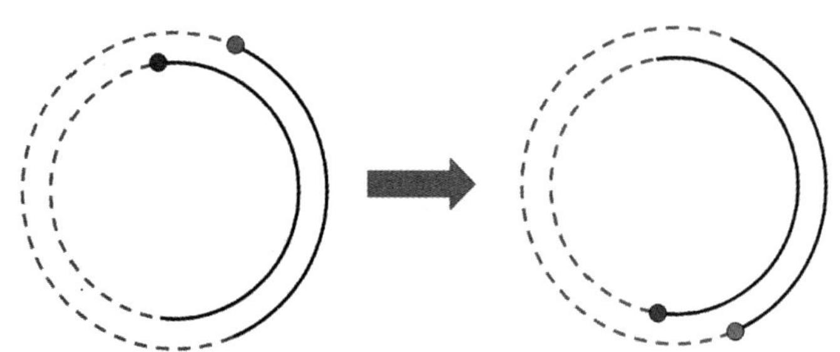

2. 观察实验装置上同一个圆盘的不同点（A 点和 B 点）的运动，如下图所示，判断哪个点的线速度更大？思考哪个点的线速度可以表示圆盘的速度？④

①【评点】学生回忆曲线运动的特点，思考匀速圆周运动是否为速度不变的运动。帮助学生建立知识框架，加深对匀速圆周运动的理解。

②【评点】该环节通过建立情境，引发学生思考，经历探究过程，帮助学生建立新的描述圆周运动快慢的物理量，突破重点难点。

③【评点】建立情境，引发学生思考在无法比较线速度的情况下，应该如何比较两个圆周运动的快慢。

④【评点】抛出问题，线速度无法表示同一个圆盘的快慢，需要另一个物理量去描述圆盘转动的快慢，引出角速度概念的建立。

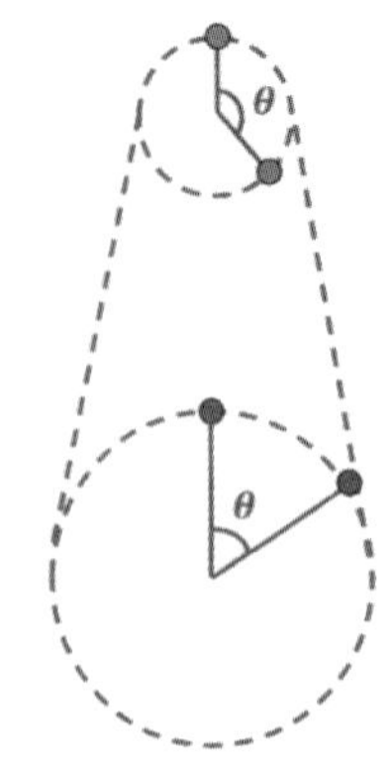

比较单位时间内的转过的圆心角

$$\frac{\Delta\theta}{\Delta t}$$

通过线速度的定义，可以判断出 *A* 点的线速度更大。*A* 点的线速度与 *B* 点的线速度不相等，但 *A* 点与 *B* 点均在同一圆盘上。因此，线速度无法用来表示圆盘转动的快慢。

3. 观察实验装置上不同圆盘的点（*A* 点和 *C* 点）的运动，判断哪个点转得更快？

通过观察，可以判断出 *C* 点转得更快。

4. 观察实验装置中皮带上绑带的运动，发现两个点的线速度大小是相等的。

5. 再次观察 *A*、*B*、*C* 三点的运动，寻找新的物理量描述圆盘运动的快慢，学习角速度的定义。①

该新的物理量对于 *A*、*B* 两点是一致的，对于 *A*、*C* 两点是不一致的，学生思考讨论，得到可以利用单位时间内转过的圆心角来描述圆盘运动的快慢，建立角速度的概念。

任务 5：

学习周期、转速

1. 以摩天轮的运动为例，感受圆周运动周而复始的特点。

2. 为学生提供转盘和秒表，学生自行设计方案来比较圆周运动的快慢。②

学生利用转盘和秒表，提出了不同的方案：

比较相同时间内转盘转过的圈数，圈数越高，运动得越快。

比较转盘转一圈所用的时间，所用时间越短，运动得越快。

3. 总结归纳学生的方案，引出周期和转速的定义。

任务 6：

掌握描述匀速圆周运动的几个物理量之间的关系（指向学习目标 4）③

对一个物体匀速圆周运动一周通过的弧长、转过的弧度进行计算，掌握匀速圆周运动中线速度、角速度、周期、转速之间的等量关系。

---

①【评点】总结归纳，让学生自行讨论出新的描述圆盘运动快慢的物理量，建立角速度的概念。

②【评点】让学生自行设计方案，培养学生的科学探究的能力。

③【评点】总结四个物理量的定义、单位和物理意义，将四个物理量联系起来，利用数学工具，对四个物理量进行关系推导。

$$v = \omega r = \frac{2\pi r}{T} = 2\pi rn$$

$$\omega = \frac{2\pi}{T} \qquad n = \frac{1}{T}$$

【评价任务一】检测目标 1——反馈练习 1

1.（多选）对于做匀速圆周运动的物体，下列理解正确的是（ ）

A. 匀速圆周运动是线速度不变的运动

B. 匀速圆周运动是角速度不变的运动

C. 匀速圆周运动的匀速是指速率不变

D. 匀速圆周运动一定是变速运动

【评价任务二】检测目标 2、3——反馈练习 2

2. 如图所示，做匀速圆周运动的质点在内由 A 点运动到 B 点，AB 弧所对的圆心角为 30° ，圆周运动的半径为 10 cm。关于质点的运动，下列说法正确的是（　　）

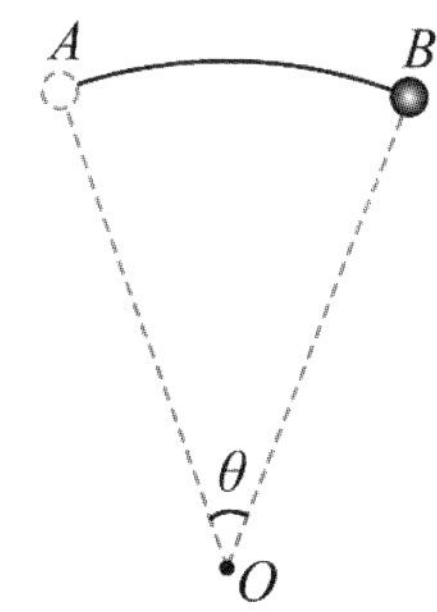

A. 角速度为 3 rad/s

B. 角速度为 $\frac{\pi}{60}$ rad/s

C. 线速度为 0.3 m/s

D. 线速度为 $\frac{\pi}{6}$ m/s

【评价任务三】检测目标 4——反馈练习 3

3. A、B 两个质点分别做匀速圆周运动在相等时间内通过的弧长之比 $S_A : S_B = 4 : 3$，转过的圆心角之比 $\theta_A : \theta_B = 3 : 2$，则它们的（　　）

A. 线速度之比 $v_A : v_B = 4 : 3$　　B. 角速度之比 $\omega_A : \omega_B = 2 : 3$

C. 周期之比 $T_A : T_B = 3 : 2$　　D. 转速之比 $n_A : n_B = 4 : 3$

◎课堂小结

1. 通过观察现象，了解轨迹是圆或者圆弧的机械运动称为圆周运动。

2. 通过类比直线运动中运动快慢的描述，清楚物体做圆周运动在一段时间内通过的弧长与时间之比称为线速度 v，$v = \frac{\Delta s}{\Delta t}$，单位为 m/s。

3. 通过实验探究，知道物体做圆周运动在一段时间内转过的弧度与时间之比称为角速度 ω。

4. 线速度大小不变的圆周运动，称为匀速圆周运动，匀速指的是匀速率，本质上是变速运动。

5. 物体做圆周运动转过一周所经历的时间称为周期 T，单位为 s；单位时间内转过的圈数称为转速 n。单位为 r/s 或 r/min。

6. 通过数学推导，得到四个描述匀速圆周运动的物理量之间的关系，在匀速圆周运动中，$v=\omega r=\frac{2\pi r}{T}=2\pi rn$。

◎作业检测

1. 关于物体做匀速圆周运动的速度，下列说法中正确的是（　　）

A. 速度的大小和方向都改变

B. 速度的大小和方向都不变

C. 速度的大小不变，方向改变

D. 速度的大小改变，方向不变

2. 如图所示，在圆规匀速转动画圆的过程中（　　）

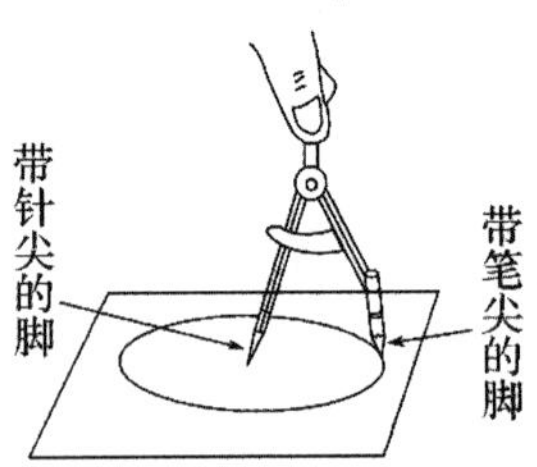

A. 笔尖的速率不变

B. 笔尖做的是匀速运动

C. 任意相等时间内笔尖通过的位移相同

D. 相同时间内笔尖转过的角度不同

3. 关于做匀速圆周运动的物体的线速度、角速度、周期的关系，下列说法正确的是（　　）

A. 线速度大的角速度一定大

B. 线速度大的周期一定小

C. 角速度大的半径一定小

D. 角速度大的周期一定小

4. 一种叫“指尖陀螺”的玩具如下图。当将陀螺绕着中心 A 的转轴旋转时，陀螺上 B、C 两点的周期、角速度及线速度的关系正确的是（　　）

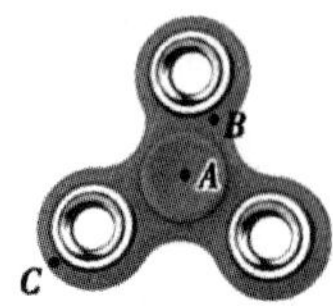

A. $T_B = T_C$，$v_B < v_C$

B. $T_B > T_C$，$v_B < v_C$

C. $\omega_B = \omega_C$，$v_C < v_B$

D. $\omega_B > \omega_C$，$v_B < v_C$

5. 如图所示，电风扇同一扇叶上的 P、Q 两点到转轴的距离分别为 r_P、r_Q，且 $r_P < r_Q$，电风扇正常转动时（　　）

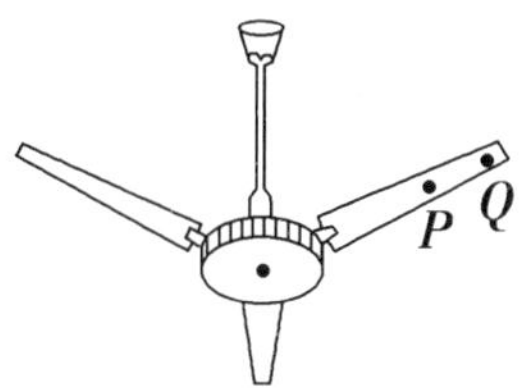

A. P 点的线速度比 Q 点的线速度小

B. P 点的角速度比 Q 点的角速度小

C. P 点的线速度比 Q 点的线速度大

D. P 点的角速度比 Q 点的角速度大

6. 从圆周运动的角度分析机械钟表，下列说法正确的是（　　）

A. 秒针转动的周期最长　　B. 时针转动的角速度最小

C. 秒针转动的角速度最小　　D. 分针的角速度为 $\frac{\pi}{30}$ rad/s

7. 火车以 60 m/s 的速率驶过一段圆弧弯道，某乘客发现放在水平桌面上的指南针在 10 s 内匀速转过了 10°，在此 10 s 时间内，火车（　　）

A. 运动位移为 600 m

B. 加速度为 0

C. 角速度约为 1 rad/s

D. 转弯半径约为 3.4 km

8. 风能是一种绿色能源，如图所示，叶片在风力推动下转动，带动发电机发电，M、N 为同一个叶片上的两点，下列判断正确的是（　　）

A. M 点的线速度小于 N 点的线速度

B. M 点的角速度小于 N 点的角速度

C. M 点的转速大于 N 点的转速

D. M 点的周期大于 N 点的周期

9. 如图所示为“南昌之星”摩天轮，它的转盘直径为 153 m，转一圈的时间大约是 30 min. 乘客乘坐观光时，其线速度大约为（　　）

A. 5.0 m/s　　B. 1.0 m/s

C. 0.50 m/s　　D. 0.27 m/s

10.（多选）如图所示，在轻绳的一端拴一个小沙袋，另一端握在手中，将手举过头顶，使沙袋在水平面内做匀速圆周运动，A、B 为绳上两点。下列说法正确的是（　　）

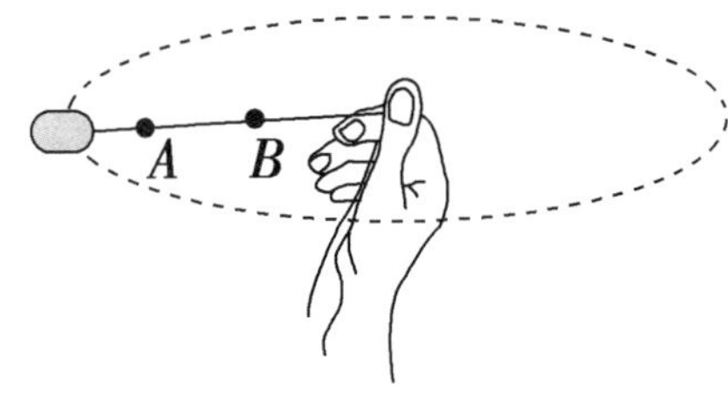

A. A 点的线速度大于 B 点的线速度

B. A 点的线速度等于 B 点的线速度

C. A 点的周期大于 B 点的周期

D. A 点的周期等于 B 点的周期

【总评】

我们评价一个好的课堂，一个成功的课堂，应该看教学的目标是否清晰明确，有指向性；教学环节是否环环相扣，有逻辑有条理；老师提问是否围绕中心主题激发学生思考，引领学生走向学习的深处；针对练习是否对症下药，典型而优化。

首先从本节课的教学目标上分析。本节课是圆周运动的第一节课，学生需要认识圆周运动，了解描述圆周运动快慢的基本思路，理解线速度、角速度、转速和周期的物理意义。圆周运动与日常生产、生活紧密相连，学好圆周运动的知识可以来解释生活中的相关现象，解决生活中的实际问题。本节课的目标清晰明确，一目了然，学生了解圆周运动并能比较圆周运动快慢，即能用物理知识解决实际问题，充分激发了学生的学习兴趣。

其次从教学环节上分析。本节课从生活情景出发，先让学生认识圆周运动，并从生活场景中寻找不同圆周运动快慢不一样，引导学生去寻找描述运动快慢和转动快慢的物理量，把问题细化、分解，引领学生走向学习的深处，体会探究的过程。整个教学过程由易到难，层层递进，通过老师构建的有意义情境，让学生充分体会到建立“线速度”“角速度”“周期”和“转速”等概念的必要性，通过问题引导学生建立这些概念。

整节课采用的教学方法也多种多样，注重启发学生思考，除了讲授，还通过动手演示、讨论、小组合作等多种形式，有表达，有倾听，有静默沉思，有激烈讨论，使得整个课堂丰富多彩。从生活的圆周运动出发，到探究描述圆周运动快慢的物理量，最后学以致用，用学习的知识去解决生活的中圆周运动的问题，丰富了运动观念。在真实的情境中，经历探究和思维的加工，保证物理概念的内化，形成物理学科的思想，从生活实际出发，又回到生活，重视实际问题的解决，发展学生提出问题、分析问题和解决问题的能力，循序渐进地培养学生的核心素养。

总而言之，本节课无论是从教学目标、教学环节还是师生互动、课堂结构等方面，都是一堂不可多得的好课堂。

“圆周运动”课堂实录

——物理　高一年级　必修　第二册（人教版）　第六章

设计：致远高中物理组　彭　艺
评点：致远高中物理组　卞媛媛

师：刚刚我们学习了用线速度比较圆周运动的快慢，那这个方法是不是所有情况都适用呢？我们一起来看一下，图中有两个正在做圆周运动的点，外圈是橙色的点，内圈是紫色的点，请同学们认真观察，你能判断出哪个点运动得更快吗？觉得紫色点更快的请举手，并说出你的理由。①

生：我觉得紫色点更快，因为开始的时候橙色点在紫色点的后面，但是结束弯道的时候紫色点超过了橙色点，所以我觉得紫色点更快。

师：非常好，谢谢这位同学，这位同学指出，紫色点一开始在橙色点后面，但在运动过程中实现了对橙色点的超越，因此他认为紫色点运动得更快。其他同学呢，有没有觉得橙色点运动更快或者觉得无法比较的？

生：我认为没有办法比较。根据刚刚学习的线速度，线速度等于 $\Delta s/\Delta t$，所以如果不知道外圈和内圈的弧长大小，可能就比较不出来他们速度的大小。②

师：非常好，这位同学用的是我们刚刚学习的线速度来思考这个问题的，线速度是弧长比时间，但是现在两段圆弧的弧长并不知道，所以我不知道线速度的大小，在这里线速度好像并不是那么方便去表示圆周运动的快慢了，那还有没有什么别的物理量可以去表述圆周运动的快慢呢？那我们来看一下这个实验，老师这里现在有一个圆盘，这个大圆盘上有两个点，外圈是 A 点，内圈是 B 点，当我转动圆盘的时候，同学们觉得 A 点和 B 点哪个点的线速度更大？

生：A 点。

师：为什么是 A 点？

生：在相同的时间内 A 点通过的弧长更大，所以它走的应该更快。

师：很好，从线速度的角度来说，A 点的线速度更大，那我们来思考一个问题，A 点和 B 点实际上都在同一个圆盘上，如果想要找一个物理量去描述圆盘转动的快慢，是找 A 点的线速度来描述比较好还是找 B 点的线速度来描述更好呢？

---

①【评点】构建情境，借助问题引发学生思考，体现科学探究的思想，运用创造性思维和逻辑推理来解决问题。

②【评点】教师提出问题，学生基于观察得出结论并作出解释，通过学生得出不同结论，引发比较运动快慢不同方式的讨论。

生：都不行。

师：的确，这两个点的线速度大小都不一样，无论用哪个点的线速度来描述圆盘转动的快慢都不准确。那我们再来观察，在大转盘的上方还有一个小的转盘，它的外圈上也取了一个点为 C 点，接下来我再次转动这个圆盘，由于大圆盘跟小圆盘中间有一个皮带连在一起，所以大圆盘在转动的时候带动小圆盘也在转动，再观察一下，A 点和 C 点哪个点运动得更快？

生：C 点看起来运动得更快。

师：那意味着 C 点的线速度更大吗？这两个点的线速度是什么关系呢？是不是相等呢？我们来验证一下，我们看皮带上绑有一根白色的线，当白色的线转过小圆盘的时候，请同学们观察一下白色的线和 C 点，是不是看起来相对静止了？①

生：没错。

师：接下来我们再观察当白色的线转过大圆盘的时候，白线与 A 点是否也是相对静止的？我们可以看到，白线无论是转过大圆盘的时候，还是转过小圆盘的时候，都是与盘上的一点保持相对静止的，由此可以说明白线的速度与小圆盘、大圆盘的线速度都是相等的，那这就可以得到怎样的结论？

生：A 点和 C 点的线速度大小是相等的。

师：但我们在观察的时候却明显感觉 C 点转动得更快，此时就说明线速度没有办法去描述两个圆盘转动的快慢，所以我们就需要一个新的物理量来描述圆盘的转动快慢②。那这个物理量应该有一些怎样的特点呢？有没有同学能根据我们刚刚的实验，总结一下？

生：这个物理量对于同一个圆盘上的各个点来说，应该都是相同的。所以 A 点和 B 点相同；而 A 点和 C 点在不同的圆盘上，所以这个物理量对于 A 点和 C 点应该是不一样的。③

师：那你觉得这个物理量，它应该跟什么量有关呢？

生：角度，A 点和 B 点转过的角度是相同的，而 C 点转过的角度要大一点。

师：非常好，这个角度准确来说是圆心角。那这个物理量就是转过的圆心角吗？它能够描述圆盘的转动快慢吗？

生：比较快慢的话还需要限定时间，所以应该是在一段时间内转过的角度。④

---

①【评点】提出问题，通过实验演示，学生直观观察到皮带上的点与圆盘边缘的点相对静止，线速度大小相等，有效地进行难点突破。

②【评点】基于实验情境，结合问题，学生能体会到建立“角速度”概念的必要性，通过问题引导学生建立概念。

③【评点】引导学生深入思考如何建立新的物理量比较圆盘转动快慢，新的物理量与什么量有关，引领学生走向学习深处，直抵问题本质，经历知识的生长过程。

④【评点】联系以往建立比较运动快慢的方法，共同经历构建“角速度”概念的过程，提高学生逻辑推理能力，帮助学生抓住事物的关键要素，加深对概念和过程的理解，形成系统性思维，发展学生物理学科核心素养。

师：没错，我们可以通过比较单位时间内所转过的圆心角的大小来比较两个圆盘转动的快慢。假设在一段时间内物体做圆周运动转过的圆心角为 $\Delta\theta$，所经历的时间为 Δt，我们把与的比值定义为一个新的物理量，称之为角速度。角速度用符号 ω 来表示，那它的单位就是角度的单位与时间的单位的比值，但在这里，老师要特别提醒同学们，我们是使用弧度制来描述圆心角的大小的，我们先回忆一下弧度制。360° 和 90° 分别对应弧度制是？

生：2π 和 π/2。

师：很好，所以我们可以得到，角速度的单位是 rad/s。因此，我们又学习了一个新的描述圆周运动快慢的物理量，叫作角速度，那实际上，在我们刚刚的实验中，有同学觉得紫色的点运动得更快，现在可以解释为什么了吗？

生：因为紫色的点的角速度更大。①

【总评】

1. 教学设计方面：整节课的教学设计符合学生的逻辑思维和认知能力，由易到难，层层递进，突出了物理知识建构和物理观念形成的过程。通过实验现象的观察，让学生形成了正确的物理观念，也提升了学生获得证据并解释问题的能力，很好地落实了物理核心素养。

2. 实验探究方面：通过传动装置演示实验，让学生切身体验并感受角速度的不同，形成角速度的概念，凸显了以学生学习为中心的教学理念和思想，培养了学生的科学探究能力和对现象、规律的交流和解释的能力。

3. 教学组织方面：整堂课的教学组织松紧有度，轻松活跃。各环节过渡自然，衔接紧凑。教学语言精炼、精准，教态优雅。本节课以启发式和探究式教学为导向，引导学生积极参与课堂讨论和实验探究，给学生搭建了充分表达和解释的“平台”，一步一步启发学生的科学思维，构建正确的物理观念，落实以学生为主体的教育理念。

① 【评点】首尾呼应，建立角速度的概念之后，在结尾再现刚开始提出的问题，课堂的有效性得到升华，也提升了课堂教学的整体性。

"硫及其化合物"课堂设计

——化学　高一年级　必修　第二册（人教版）　第五章

设计：弘知高中　邱金陵　王　迪　詹益鹏

评点：弘知高中　杨　锐

◎设计导语[①]

本单元是非金属元素氯的延续学习，同时也是对元素化合物的学习思路（结构决定性质，性质决定用途）的复习巩固。内容主要包括硫、二氧化硫和硫酸的性质，硫酸根离子的检验，不同价态含硫物质的转化。基本认识思路为"单质—氧化物—酸—盐—含硫物质的转化"。

教材首先考虑硫在元素周期表中的位置，基于原子结构和元素周期律的相关知识，从化学变化的视角考虑硫单质能否与金属单质、非金属单质、化合物等发生反应，使学生掌握研究非金属单质性质的基本思路。之后，依据物质类别研究硫的化合物（包括二氧化硫、硫酸）的化学性质。教材以工业制硫酸的生产原理为载体，从氧化还原的角度来综合认识含硫化合物的氧化性和还原性，并结合浓硫酸与铜、碳反应的实验，基于证据探究浓硫酸的氧化性。接下来，设计"硫酸根离子的检验"实验，对构成物质的离子进行检验。最后，设置"不同价态含硫物质的转化"探究活动，要求学生从物质类别和元素价态变化的角度，应用氧化还原反应原理设计实验方案，选择适当的实验试剂，探究不同价态含硫物质的转化。

本单元侧重发展学生的变化观念、科学探究、证据推理与模型认知、科学态度与社会责任的化学学科核心素养：第一，突出含硫物质间的相互转化，引导学生系统认识硫的性质及其转化，发展"变化观念"的核心素养；第二，显化基于实验探究并验证转化的科学途径，引导学生通过科学探究实现不同价态含硫物质间的相互转化，在实验探究过程中培养学生"科学探究"的核心素养；第三，凸显基于物质类别和元素价态学习元素及其化合物的认识视角以及"位－构－性"模型，引导学生基于证据合理推测重要非金属元素及其化合物的性质，加深学生"结构决定性质"的化学观念，并形成不同价态含硫物质转化的思维模型，发展学生"证据推理与模型认知"的核心

①【评点】该部分内容，给出了研究非金属元素的一般思路。明确了学习原子结构与元素周期律之后，应该如何学习元素化合物的知识。整个设计能够围绕"结构与性质的关系"这一大概念展开，学习活动突出了"以培养学生学科核心素养为目标"这一新课程改革理念。

素养；第四，侧重联系自然环境和生产生活的真实情境，引导学生体会物质转化在自然界中的物质循环、化工生产和环境保护中的重要作用，感受化工生产中的重要非金属元素及其转化的重要价值，发展学生“科学态度与社会责任”的核心素养。

◎任务框架

大单元课题：假如你拥有自然硫矿，你能以硫为原料制备含硫化工产品吗？

课时 1（板块一）挑战：认识自然硫矿主要成分——硫的性质

课时 2（版块二）挑战：设计硫酸制备的流程

课时 3（板块三）挑战：实验室多途径制备含硫产品

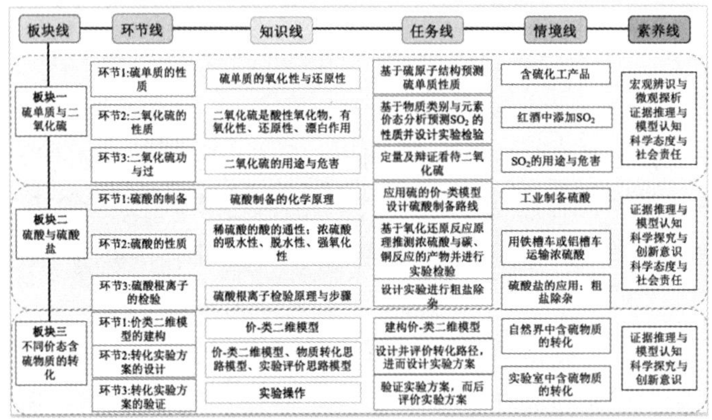

◎学习过程

大单元课题：假如你拥有自然硫矿，你能以硫为原料制备含硫化工产品吗？①

板块一 认识自然硫矿主要成分——硫的性质（1 课时）

环节一：认识硫单质的性质

任务 1–1：请阅读资料卡片，认识归纳硫的物理性质。

任务 1–2：认识硫的化学性质。

（1）应用元素周期表分析硫原子结构，预测硫元素的化学性质，并基于硫的元素价态对硫单质化学性质作出推测。

（2）通过示范实验，认识硫单质的氧化性与还原性，验证推测。

环节二：认识二氧化硫的性质

任务 2–1：观看“深圳大气环境”数据材料，认识二氧化硫。

任务 2–2：认识二氧化硫的化学性质——酸性。

①【评点】该课题的设计，借鉴了山东科学技术出版社化学必修教材的编写。以自然界硫的存在引出该部分知识的学习，有利于引发学生学习兴趣。在“一标多本”国家教材管理体系的当下，整合不同版本教材，进行教学设计，应该是广大中学教师创造性使用教材的有效方式。

（1）观看红酒成分表，通过资料卡片，认识 SO_2 在红酒中作用之一为增酸。继而基于物质类别角度，类比 CO_2，合理推测 SO_2 具备酸性氧化物的通性。

（2）实验探究，聚焦关键实验现象，收集实验证据。推理得出结论，认识“可逆反应”概念。

任务 2-3：认识二氧化硫的化学性质——氧化性与还原性

（1）通过资料卡片，认识 SO_2 在红酒中作用之一为抗氧化。基于 SO_2 中硫元素的价态，推测 SO_2 可能具有还原性与氧化性。

（2）进行小组实验，聚焦关键实验现象，收集实验证据，得出实验结论。

任务 2-4：认识二氧化硫的化学性质——漂白作用

观看二氧化硫在工业中常用于漂白纸浆、毛、丝等。小组合作完成验证二氧化硫的漂白性的实验（品红），认识 SO_2 漂白作用的原理，与次氯酸的漂白原理进行对比区分。

环节三：课堂小结

回顾铁的价－类二维图，本课时所学知识，初步建构硫的价－类二维图。①

说明：

本任务环节一通过列举含硫化工产品导入新课，吸引学生兴趣，发展社会责任的核心素养。通过分析硫原子结构推测硫元素性质，发展学生“结构决定性质”的观念。引导学生基于元素价态预测硫单质性质，同时提高学生从元素价态角度认识物质性质的水平。

环节二联系生活，设置“红酒中添加 SO_2”的问题情境并创设认知冲突，激发学生学习的兴趣。基于物质类别角度引导学生合理猜想 SO_2 的性质，诊断并提高学生从物质类别角度认识物质性质的水平。基于元素价态视角引导学生合理猜想 SO_2 的性质，逐步建立基于元素价态辨识物质性质的视角。通过实验探究二氧化硫的漂白性，解释二氧化硫的漂白原理，建构基于实验探究证明物质性质的一般思路。

环节三初步树立学生“矛盾对立”的辩证法思想；培养学生化学的社会观、生活观、绿色化学观，能主动关心并参与有关的社会热点问题；发展学生社会责任的核心素养。

板块二　设计硫酸制备的流程（1 课时）

环节一：硫酸的制备②

任务 1：基于“物质类别与元素价态”视角，设计从硫化亚铁到硫酸的转化路径。

（1）回顾所学内容，工业上用哪些物质作为原料生产硫酸?

---

①【评点】整个教学过程的设计，符合该部分知识的内在逻辑关系，也符合学生的认知规律。教学活动设计合理，情景素材选取贴近学生生活实际。恰当地将新知识与学生已有的氯和铁及其化合物知识进行对比，有效地加深了学生对知识的理解。

②【评点】该环节的设计，在理论与实践上做到了有机的结合。关注厂址的选择问题，让学生学习有用的知识，符合新课程对教学设计的要求。

原料：	产物：硫酸

（2）根据所学内容，这些物质经过了怎样的反应才能转化为硫酸？

原料：	原料：________→________→________→________→________→硫酸（98%）	反应简述：	产物：硫酸（98%）

（3）这些反应的方程式如何书写？根据物质性质，应该在工厂里怎样的环境中进行？

反应	相关化学方程式（若无则不写）	工厂位置 / 装置
反应 1		
反应 2		
反应 3		

说明：该部分的目的是引导学生在回顾已学内容的基础上，基于特定的视角，设计制备硫酸的流程，通过应用硫的价－类二维图巩固学生基于物质类别和元素价态视角认识物质性质的思维模型，同时也巩固学生对氧化还原反应认知模型的掌握。

环节二：硫酸的性质①

任务 2：基于酸的通性回忆稀硫酸的性质。

（1）回顾所学内容，稀硫酸具有哪些性质？

稀硫酸性质		相关化学方程式（若无则不写）
性质 1		
性质 2		
性质 3		

（2）回顾所见所闻，结合图片、演示实验与视频，思考浓硫酸具有哪些性质？这些性质可能涉及什么样的反应？

浓硫酸性质（物、化）		现象及相关化学方程式（若无则不写）
性质 1		
性质 2		
性质 3		
……		

（3）结合浓硫酸的性质，思考为什么可以用铁槽车或铝槽车运输浓硫酸？

说明：该部分的目的是通过回忆旧知得出硫酸作为酸的通性。并通过相应的图片、演示实验、视频，引导学生归纳浓硫酸特性。在这个过程中，同时引导学生基于物质性质和元素价态视角预测反应的产物。

---

①【评点】该环节的设计，充分让学生体会到了学习化学物质既要关注所属类别物质的通性，又要关注某物质本身的特性这一重要思想方法。通过浓、稀硫酸的对比学习，让学生体会了“量变引起质变”这一重要的辩证思想，发展了学生的核心素养。

环节三：硫酸盐

任务 3：基于已有知识回顾硫酸盐的构成、性质和应用。

（1）回顾所学内容，列举出常见的硫酸盐及其性质、用途，并从物质构成思考硫酸盐具有这些性质的原因。

常见硫酸盐	性质	性质来源（从离子角度）	用途

说明：该部分的目的是通过回忆旧知得出硫酸盐的离子构成，从离子反应的角度思考硫酸盐的性质，并为第四环节做铺垫。

环节四：硫酸根离子的检验①

任务 4：基于已有知识回顾硫酸根离子的性质，并基于相应性质理解硫酸根的检验。

（1）回顾所学内容，思考离子检验的依据是什么？硫酸根有哪些类似的"特殊反应"？

（2）哪些离子的反应也能产生硫酸根的"特殊反应"所产生的现象？

（3）如何去除这些干扰离子？

（4）为何检验硫酸根的时候要先加稀盐酸？能否后加？

任务 5：基于已有的离子反应知识，思考如何提纯粗盐。

（1）如何去除粗盐中的杂质离子？

（2）分别加除杂试剂时对粗盐溶液会产生哪些影响？

（3）如何消除这些影响？

杂质离子	离子性质（反应）	去除方式（试剂）	加试剂时去除、引入的离子

（4）尝试总结出完整步骤？

说明：该部分的目的是引导学生基于离子反应，思考如何在不引入新的杂质离子的情况下对粗盐进行提纯。体现对已学知识、思维的综合应用。

板块三　实验室多途径制备含硫产品（1 课时）②

环节一：含硫物质价－类二维模型的构建

任务 6：展示火山爆发资料卡片等资料，建构硫的价－类二维图。

①【评点】该环节在学习硫酸根离子检验的基础上，学习了其在"粗盐提纯"具体问题中的应用，符合"由简单到复杂""由具体到综合"的认识问题的一般规律，很好地发展了学生的关键能力与核心素养。

②【评点】该板块的设计，起到了对前段学习所得知识综合应用的目的，很好地提升了学生解决实际问题的能力。

请基于物质类别、元素价态对含硫物质进行分类并构建硫的价－类二维模型，归纳出不同价态含硫物质的性质和转化关系。

环节二：不同价态含硫物质转化实验方案的设计

任务7：根据价类二维图，设计不同价态含硫化合物的转化。

从价－类二维的视角分析和预测不同含硫物质的性质，并利用氧化还原反应原理设计转化路径与实验方案。

环节三：不同价态含硫物质转化实验方案的验证

任务8：引导学生基于硫的价－类二维模型，设计不同价态含硫物质的转化路径，并填写提前设计的转化表格。

环节四：课堂小结

（1）根据实验设计方案，完成实验操作、组装实验仪器，从多角度收集实验证据，并基于实验现象和证据进行分析，推理得出合理结论。

（2）从科学性、可行性、安全性和绿色化等视角对实验过程和结果进行多角度评价。

说明：

本任务环节一含硫物质价－类二维模型的构建，基于含硫物质的相互转化，能够设计合理的化学步骤，实现含硫物质的转化，对于简单的化学反应，可以通过自己设计的实验方案，来实现对应的实验目的。

本任务环节二从含硫物质的转化中认识含硫物质可以实现相互转化；从宏观和微观相结合的角度，认识到各物质转化的化学本质。

本任务环节三在实验中培养动手能力，形成理论结合实际的价值观念；认识到化学在现代工业中的实际应用，同时也要认识到：在化学工业的生产过程中，积极运用新技术新方法保护环境，增强学生的科学探究能力、科学态度与社会责任素养。

◎作业检测：①

1. 结合所学知识绘制硫及其化合物的价—类二维图。

2. 结合价—类二维图，完善含硫化合物的转化方案并写出其中主要的化学方程式。

①【评点】实现“教、学、评”的一体化，以及突出“学历案”与“学案”的不同，都要求对学习效果进行及时的评价。

“硫及其化合物”课堂实录①

——化学　高一年级　必修　第二册（人教版）　第五章

设计：弘知高中　邱金陵　王　迪　詹益鹏

评点：弘知高中　杨　锐

师：非金属元素在化工生产中扮演着重要角色。在众多的化工原料和产品中都能看到硫的踪迹，同学们有没有见过？在哪里见过？

生：硫黄皂、氮肥。

师：非常好，硫是化工生产中的重要非金属元素。假如你拥有自然硫矿，你能以硫为原材料制备各种重要含硫化工产品吗？在设计制备路径之前我们要先了解一下硫的性质。请同学们从书本中寻找硫的物理性质有哪些？

生：硫是一种黄色晶体，质脆，易研磨成粉末。硫难溶于水，微溶于酒精，易溶于二硫化碳。

师：非常好！研究元素化合物的时候，我们除了要关注物理性质之外还要关注什么？

生：化学性质。

师：“位置反映结构，结构决定性质”，请依据硫元素在周期表中的位置与原子结构，分析硫的化学性质。

生：硫元素位于第三周期第VIA族，核外电子排布为2、8、6，易得两个电子表现氧化性，也可以失六个电子呈还原性。

师：分析得非常对！接下来我们看看有哪些事实证据可以验证大家的推测。首先硫可以和许多金属单质发生反应，例如铁和铜，请同学们观看相应的实验视频，书写相应的化学方程式。

师：硫除了和金属单质反应外，还可以和非金属单质发生反应，例如氢气和氧气，请大家观看实验视频、关注实验现象。

师：请大家应用氧化还原反应知识分析，在这些反应中硫表现的是氧化性还是还原性？

生：硫和铁、铜、氢气反应表现氧化性，硫和氧气反应表现还原性。

①【评点】该实录片段，很好地实现了教学设计部分的精神，做到了理论与实践的统一。在具体的教学中落实教学设计的初衷，并能够根据课堂情况的发生，做出恰当的“再生”，这是对优秀教师的基本要求。

师：硫和氧气反应生成的二氧化硫相信大家都听过吧，同学们对它了解多少呢？

生：有毒，臭。

师：非常好！二氧化硫虽然有毒，但同学们有可能已经尝过了。因为二氧化硫是食品添加剂的一种，在红酒里面就含有二氧化硫。那二氧化硫在红酒中的作用是什么呢？请大家阅读资料卡片寻找答案。

生：SO_2 在红酒中，一可起增酸作用；二可起抗氧化作用。

师：很好，为什么它可以起到这样的作用呢？“性质决定应用”，我们从性质方面进行探究。首先为什么 SO_2 在红酒中起增酸作用？

生：SO_2 可能和水反应生成亚硫酸。

师：你怎么知道，有哪些理论依据可以支撑你的想法？

生：可以类比二氧化碳。

师：非常好，那 SO_2 在红酒中为什么可起抗氧化作用？

生：因为它具有还原性。

师：为什么它具有还原性？你有什么理论依据？

生：因为二氧化硫的硫是 +4 价，具有价态上升的可能。

师：只能上升？

师：+4 价是中间价态，可升可降，所以可能既表现氧化性，也表现还原性。

师：非常好！那事实是否如同学们预测的这样呢？老师提供了一些药品和仪器，请大家以小组为单位设计实验验证。

师：我们请第一小组的同学分享检验二氧化硫和水反应生成酸的实验方案。

生：可以将二氧化硫溶于水后用 pH 试纸检测溶液的酸性。

师：非常好，大家有没有要补充的吗？有没有别的检验方法或者有没有需要注意改进的地方？

生：可以用其他的酸碱指示剂，做实验过程中要注意安全，因为二氧化硫有毒。

师：补充得非常好。我们再看看第二小组是怎样设计实验检验二氧化硫的氧化性的。

生：将二氧化硫通入硫化钠溶液中。

师：如果这个实验表现了二氧化硫的氧化性的话，你们能预测出实验的现象吗？

生：会生成淡黄色沉淀。

师：同学们推理得非常好，我们等会动手实验检验。检验前我们再听听第三小组检验二氧化硫还原性的实验方案。

生：可以将二氧化硫通入酸性高锰酸钾溶液中，如果溶液褪色，可以说明二氧化硫表现还原性。

师：回答得非常完整！那现在请同学们开始实验检验一下大家的推论是否正确吧！

【总评】

该部分的教学设计和具体的教学过程，能够让学生进一步认识到“物质是多样的”这一化学核心大概念。加深了对物质分为天然物质和人工制造两大类的认识。同类物质在性质上具有一定的相似性，又会有自身的特殊性。再次明确了物质具有广泛的应用价值，物质的性质决定物质的用途。

该设计和实录，充分考虑了该部分知识安排在原子结构和元素周期律学习之后的特点，恰当运用原子结构与元素周期律的知识，预测和推断硫元素及其化合物的性质，帮助学生形成认识非金属元素及其化合物的基本思路和方法，同时进一步加深学生对“结构决定性质”化学核心观念的理解。

教学设计，充分关注了学科知识的内在逻辑顺序，以及学生的认识规律和心理发展顺序，很好地做到了“三序结合”。恰当有效地利用了实际问题情境，很好地发展学生解决实际问题的能力，即体现了“价值引领、素养导向、必备知识和关键能力”培养的新课程改革、新考试改革的要求。以提升学生核心素养为抓手，培养了学生的综合素质。

教学过程中，及时的评价运用，很好地实现了新课程改革要做到“教、学、评”一体化的要求，这也实现了我集团校“双新”课堂，落实“学历案”进行教学设计的总要求。教学实录中多次师生互动的运用，也是对这些方向性问题的落实。以学生为本，使学生得到积极主动的发展是我们不变的追求。

“金属的腐蚀与防护”课堂设计

——化学　高二年级　选择性必修 1　化学反应原理（人教版）　第四章　第三节

设计：高中部　孙 阳

评点：高中部　孙 丽

◎课标解读

1. 内容要求

了解金属发生电化学腐蚀的本质，知道金属腐蚀的危害，了解防止金属腐蚀的措施。

2. 学业要求

能利用电化学原理解释金属腐蚀的现象，选择并设计防腐措施。

◎教材分析

新教材在金属的腐蚀部分突出使用已建构的原电池模型，引导学生研究电化学腐蚀的反应原理。结合已学的原电池知识探究不同条件的电化学腐蚀情况，并应用电子守恒原理，书写电极反应式和总反应式，培养学生“证据推理与模型认知”素养。通过实验科学，探究金属腐蚀的本质及其原因，认识金属腐蚀的主要类型，培养学生“科学探究与创新意识”素养。在对金属的防护教学中，突出对电化学保护的两种模型的建构与认识，从生活中的应用着手，分析现象背后的微观本质，用电化学理论进行解释和表征，促进学生运用将现象与本质相结合的方法思考化学问题、解决化学问题，发展学生“宏观辨识与微观探析”素养。认识金属腐蚀产生的危害和影响，树立防止金属腐蚀的意识，发展学生“科学态度与社会责任”素养。

人教版旧教材中，化学电源的内容属于选修 4 第四章第四节的内容，在新教材中属于选择性必修一第四章第三节的内容，在章节位置和内容上并未有明显变化。新教材删除了关于金属腐蚀给经济带来的损失，弱化化学在生活中的负面性。新教材在“实验 4–3”部分增加了模拟化学腐蚀和电化学腐蚀的实验，使学生更能直观理解“电化学腐蚀速率比化学腐蚀快得多”这一结论。在金属的防护这部分内容上，新教材增加了通过“改变金属材料的组成”和“在金属表面覆盖保护层”这两类防护方式，内容更加全面，逻辑编排更为合理。在电化学保护法命名上，旧教材为“牺牲阳极的阴极保护法”和“外加电流的阴极保护法”，而新教材为“牺牲阳极法”和“外加电流法”，新教材在命名上更为简洁，在保有每种电化学保护法特点的基础上进行删减，极大地减轻了学生的记忆负担。新教材在“实验 4–4”部分增加了铁与不同活动性金属接触时腐蚀程度不同的实验，这组对比实验趣味性强、现象明显，可以极大地调动学生的学习兴趣，注重发展学生“科学探究与创新意识”素养。新教材增加了两个“思考与讨论”模块，第一个是“分析并说明白铁皮、马口铁的腐蚀情况”，第二个是“牺牲阳极法和外加电流法都是用的辅助阳极有何异同点？”注重理论知识与实际相结合，让学生通过分析、推理等方法认识研究对象的本质特征、构成要素及其相互关系，揭示现象的本质和规律。

新教材更加突出思路和方法的引导，更突显培养学生的学科素养。新教材更加具有证据意识，注重通过分析推理对已有结论加以证实，建立观点、结论和证据之间的逻辑关系。新教材更加强调通过分析、推理等方法认识研究对象的本质特征、构成要素及其相互关系，建立认知模型，并能运用模型解释化学现象，揭示现象的本质和规律。①

◎学情分析

通过之前章节的学习和生活经验，学生已经初步了解了金属腐蚀的危害、铁制品锈蚀的条件和金属防护的方法等，但是对铁制品在潮湿的空气中为什么更易生锈及金属的电化学保护法还没有认识。尽管学生已经学习了原电池和电解池原理，但短期内还没有达到熟练掌握的程度，部分学生也缺乏将理论知识应用于解决实际问题的能力。

◎素养目标

教学目标：

1. 认识金属腐蚀的严重性及危害，能用电化学原理解释电化学腐蚀的原因。
2. 能书写析氢腐蚀和吸氧腐蚀的电极反应式及总反应式。
3. 能根据电化学原理选择并设计金属防护的措施。

评价目标：

1. 通过对金属腐蚀的现象和原理的讨论，诊断学生对金属腐蚀的本质的掌握程度。
2. 通过对两类电化学腐蚀的条件、电极反应、总反应等方面的分析对比研究，明确不同类型电化学腐蚀的特点，诊断并发展学生的归纳总结能力。
3. 通过对金属防护措施的讨论，在探讨金属腐蚀与防护措施中的价值中诊断并发展学生的电化学思维模型。

◎教学重点、难点

教学重点：金属的电化学腐蚀及电化学防护原理。

教学难点：金属发生吸氧腐蚀的原理。

---

①【评点】充分解读新课标，对比新旧教材在本节知识编排上的变化，充分理解新教材的编写意图，在教学过程中才能有针对性地对学生进行学科素养训练。正所谓“磨刀不误砍柴工”，有充足的理论架构支持，是上好一堂课的基础。

◎教学方法

图 1

◎教学思路

目标落实	教学环节	知识线	问题线	驱动任务活动线
教学目标 1 教学目标 2	环节一：情境引入，探究金属腐蚀的本质	金属腐蚀	金属被氧化	探究造成金属腐蚀的原因
	环节二：应用原电池原理，建构电化学思维模型	化学腐蚀	氧化还原反应	化学腐蚀的本质
		电化学腐蚀	原电池原理	运用模型分析析氢腐蚀和吸氧腐蚀
教学目标 3	环节三：应用电化学思维模型，深入剖析电化学保护法	金属防护的方法	金属腐蚀的原因	从本质和介质上寻找金属防护的方法
		电化学保护法	运用模型探讨金属保护方法	运用电化学思维模型探究保护金属的方法
教学目标 1	环节四：巩固电化学思维模型，形成认识思路	金属腐蚀快慢的比较	金属腐蚀快慢的判断方法	思考讨论，应用已建立模型

◎教学过程

预习作业：观察日常生活中的金属材料的腐蚀情况，收集具有防腐措施的金属材料。①

环节一：情境引入，探究金属腐蚀的本质

教师活动	学生活动	设计意图
【新课导入】展示金属腐蚀的图片，引起学生思考。 【布置任务】阅读教材，回答以下三个问题： 1. 什么是金属腐蚀？ 2. 金属腐蚀的本质是什么？ 3. 金属腐蚀的种类有哪些？	【自主学习】阅读教材内容，寻找答案。 1. 金属腐蚀是金属或合金与周围的气体或液体发生氧化还原反应而引起损耗的现象。 2. 金属腐蚀的本质是金属原子失去电子变为金属阳离子。 3. 金属腐蚀的种类有两种，分别是化学腐蚀和电化学腐蚀	了解金属腐蚀的危害和对经济造成的影响，培养社会责任感。 掌握金属腐蚀的本质和种类

① 【评点】有趣的预习作业，让学生对课堂充满期待。

环节二：应用原电池模型，构建电化学思维模型

教师活动	学生活动	设计意图
【讲授】化学腐蚀是金属与其表面接触的一些物质直接反应而引起的腐蚀，如铁与氯气直接反应而被腐蚀。 电化学腐蚀是当不纯的金属与电解质溶液接触时发生原电池反应，比较活泼的金属发生氧化反应而被腐蚀	【聆听、理解】	介绍概念，使学生掌握化学腐蚀和电化学腐蚀的原理
【提问】为什么钢铁在潮湿的空气中容易生锈？请同学们结合原电池模型的相关知识，对这种现象进行分析	【分析】钢铁中含有铁和碳，暴露在潮湿的空气中会在表面形成水膜，空气中的二氧化碳、二氧化硫等物质溶于水膜中形成电解质溶液，从而在钢铁表面形成无数微小原电池	回顾原电池原理，分析钢铁和潮湿的空气的特点，应用原电池模型解释
【实验探究】下面我们来进行第一组探究实验：取两支试管，分别加入两颗锌粒和等体积、等浓度的稀盐酸，观察现象。随后向左边的试管中滴加硫酸铜溶液，观察现象并解释原因	【分组实验、观察现象】① 开始时，两支试管中都有大量的无色气泡产生。当向左边的试管中滴加硫酸铜溶液后，发现左边试管中产生气泡的速度明显变快	培养学生的动手能力，通过亲自动手实验，激发学生的学习兴趣
【提问】为什么加入硫酸铜溶液后实验现象会有明显的不同？	【讨论后汇报】开始时，锌与稀盐酸直接接触并发生化学腐蚀。加入硫酸铜溶液后，锌置换出单质铜附着在锌粒表面，满足原电池的发生条件，开始发生电化学腐蚀	引导学生在对实验现象进行观察和分析的过程中，体会探究实验的意义
【追问】从以上现象和分析中我们可以得到什么结论？	【思考并总结】电化学腐蚀速率比化学腐蚀速率大	引导学生通过实验现象进行分析，并获得实验结论
【讲授】根据电解质溶液性质不同，电化学腐蚀分为析氢腐蚀和吸氧腐蚀。 【提问】当电解质溶液酸性较强时，主要发生析氢腐蚀。请大家根据析氢腐蚀原理示意图，尝试写出析氢腐蚀的电极反应式 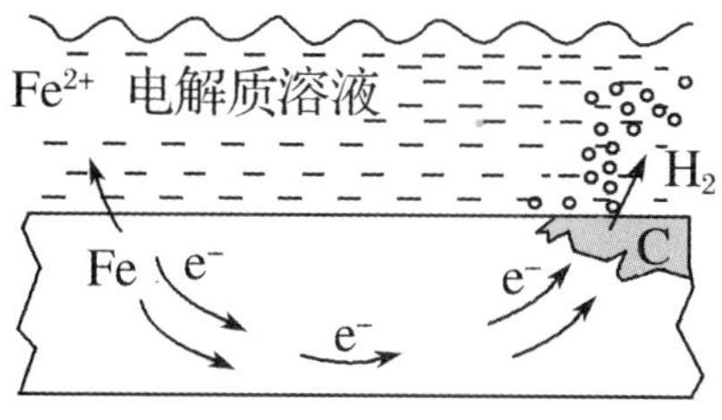 Fe^{2+} 电解质溶液 H_2 Fe e^- e^- e^- C	【练习】 负极：$Fe - 2e^- = Fe^{2+}$ 正极：$2H^+ + 2e^- = H_2\uparrow$ 总反应式：$Fe + 2H^+ = Fe^{2+} + H_2\uparrow$	建立析氢腐蚀模型，掌握析氢腐蚀原理，根据已有知识书写电极反应方程式

①【评点】将教材上的演示实验设计成分组实验，全员参与、全员讨论，学生积极性被充分调动起来。

续表

教师活动	学生活动	设计意图
【讲授】当电解质溶液酸性较弱或呈中性时，主要发生吸氧腐蚀。请大家根据吸氧腐蚀的原理示意图，尝试写出吸氧腐蚀的电极反应式 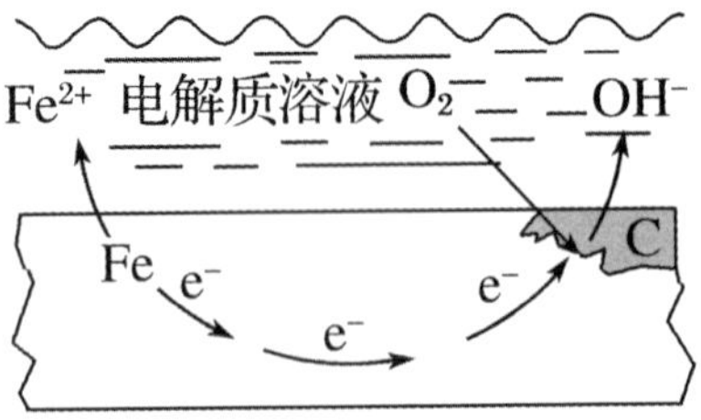	【练习】 负极：$2Fe - 4e^- = 2Fe^{2+}$ 正极：$O_2 + 2H_2O + 4e^- = 4OH^-$ 总反应式：$2Fe + 2H_2O + O_2 = 2Fe(OH)_2$	建立吸氧腐蚀模型，掌握吸氧腐蚀原理，根据已有知识书写电极反应方程式，并与析氢腐蚀模型相对比
【实验探究】接下来我们进行第二组探究实验：在生铁片上分别滴加等量的稀硫酸溶液和饱和食盐水，观察现象。一段时间之后，再滴入铁氰化钾溶液，观察现象	【分组实验、观察现象】 滴加稀硫酸的生铁片表面有气泡产生，滴加饱和食盐水的生铁片表面基本没有现象。 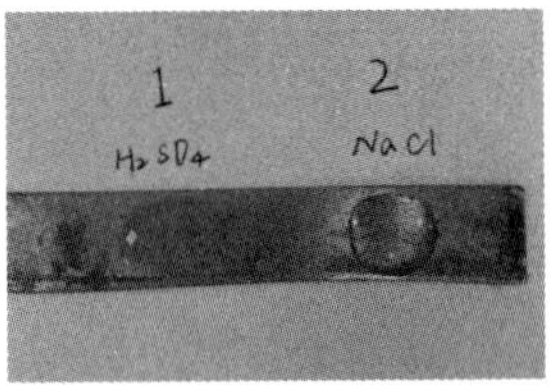 一段时间之后，再滴入铁氰化钾溶液，发现左边滴有稀硫酸处的溶液有蓝色沉淀生成，滴有饱和食盐水处的溶液中间有少量沉淀生成，周围呈现铁氰化钾溶液的黄色 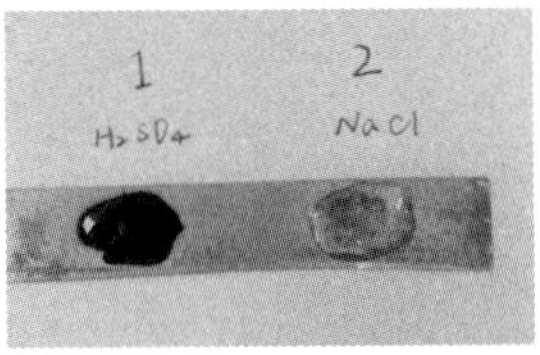	观察实验现象，判断不同电解质下电化学腐蚀的类型和特点。 首先通过直接观察现象，意识到析氢腐蚀的速率更大；随后，通过检验生成物二价铁离子的含量，意识到在相同时间内，析氢腐蚀生成的产物更多，因此，反应速率更大
【提问】从以上现象和分析中我们可以得到什么结论？	【讨论后汇报】生铁片的主要成分为铁和碳，可以作为原电池的两极，滴加电解质溶液后形成原电池发生电化学腐蚀。 滴有稀硫酸处的生铁片发生析氢腐蚀，滴有饱和食盐水处的生铁片发生吸氧腐蚀。 相同时间下，析氢腐蚀生成的二价铁离子更多，所以可以推测析氢腐蚀的速率大于吸氧腐蚀	引导学生运用定量研究的思想，探究两种电化学腐蚀速率的影响，同时进一步强化变量控制、对照实验等科学方法

环节三：应用电化学思维模型，深入剖析电化学保护法

教师活动	学生活动	设计意图
【提问】请同学们根据所展示的自行车图片，结合预习作业收集到有防腐措施的金属材料，谈一下有哪些避免金属腐蚀的防护措施？	【讨论后汇报】 1. 改变金属材料的组成，例如金属中添加其他成分制成不锈钢产品。 2. 在金属表面覆盖保护层，例如可以在金属材料上刷油漆，自行车车铃镀铬、轴承镀锌、车座做发蓝处理等	结合金属腐蚀的原理，意识到可通过阻断原电池反应的发生让金属得到保护，可以从本质和介质两个角度考虑金属的防护
【实验探究】下面我们来进行第三组探究实验：实验台上放有配制好的含饱和食盐水的培养皿，其中添加了酚酞溶液和铁氰化钾溶液。请大家将铁钉用砂纸打磨之后，分别缠好铜丝和锌皮，放置在培养皿中，观察现象	【分组实验、观察现象】 裹有锌皮的铁钉，裸露在外的铁钉附近变红，锌皮附近没有现象；缠有铜丝的铁钉，裸露在外的铁钉附近变蓝，铜丝附近变红 裹有锌皮的铁钉　缠有铜丝的铁钉	创设真实的实验情境，由观察到的现象的差异，让学生产生认知冲突，激发学生的求知欲
【提问】请同学们结合原电池知识，分析产生不同现象的原因？	【讨论后汇报】 裹有锌皮的铁钉放置在培养皿中之后形成了原电池发生吸氧腐蚀，锌的活泼性强于铁，因此锌作负极，铁作正极有 OH^- 生成，附近变红。 缠有铜丝的铁钉同样发生吸氧腐蚀，铁的活泼性强于铜，因此铁作负极有二价铁生成，附近变蓝，铜作正极有 OH^- 生成，附近变红	引导学生从不同的角度分析问题，用已有的原电池模型分析实际问题

续表

教师活动	学生活动	设计意图
【提问】白铁皮和马口铁均为生活中常见的金属材料，若二者表面出现破损时，请分析白铁皮和马口铁的腐蚀情况 	【讨论后汇报】 白铁皮是铁表面镀了一层锌，当出现破损时，锌作负极，铁在正极，在一定程度上仍然可以缓解铁的腐蚀。 马口铁是铁表面镀了一层锡，当出现破损时，铁作负极，锡作正极，在一定程度上会加速铁的腐蚀	应用电化学模型对两种金属材料的腐蚀进行分析，培养学生理论联系实际的应用能力

教师活动	学生活动	设计意图
【讲授】将被保护金属作为正极，活泼金属作为负极的电化学保护法叫作牺牲阳极法 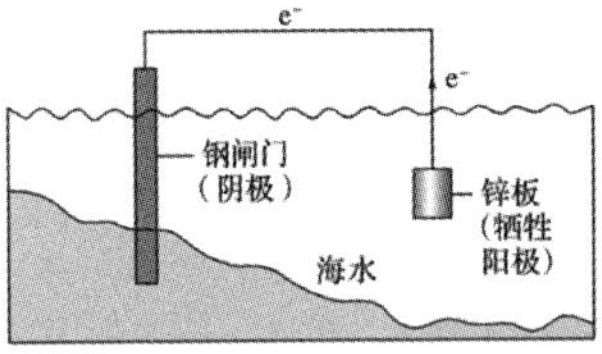 e^- e^- 钢闸门（阴极） 锌板（牺牲阳极） 海水	【聆听、理解】	建构牺牲阳极法模型
【讲授】外加电流法是另一种电化学保护法，将被保护金属作为阴极，惰性电极作为辅助阳极，外接直流电源，使金属被迫成为阴极而受到保护 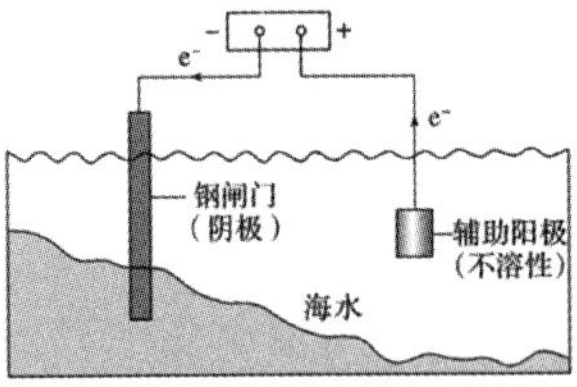 - + e^- e^- 钢闸门（阴极） 辅助阳极（不溶性） 海水	【聆听、理解】	建构外加电流法模型，并与牺牲阳极法模型相对比。意识到牺牲阳极法模型应用的是原电池原理，外加电流法模型应用的是电解池原理

环节四：巩固电化学思维模型，形成认识思路

教师活动	学生活动	设计意图
【提问】在以下各种情况下，铁被腐蚀由快到慢的顺序是怎样的？ 【总结】结合金属腐蚀的快慢规律，对金属的腐蚀和金属的防护进行总结 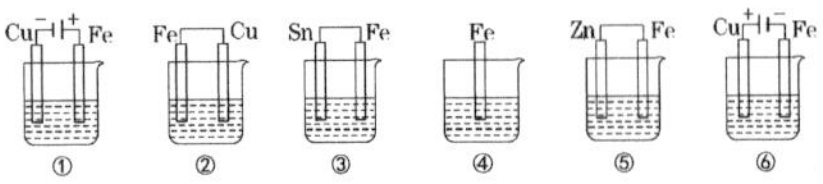 Cu Fe ① Fe Cu ② Sn Fe ③ Fe ④ Zn Fe ⑤ Cu Fe ⑥	【思考】 腐蚀速率由大到小：①>②>③>④>⑤	结合本课所学的金属的腐蚀与金属的防护知识，对不同情况加以分析，总结归纳金属腐蚀快慢的判断方法

环节五：暖贴的设计与制作，体会化学在提高人类生活质量的重要作用①

教师活动	学生活动	设计意图
【布置任务】市场上销售的暖贴是利用金属的电化学腐蚀原理制作的，请大家课下查阅资料，理解暖贴的发热原理，了解制作暖贴的材料及影响暖贴发热效果的因素等。根据收集到的资料和研究结果，动手制作一个暖贴	【查阅资料、动手制作】根据暖贴的特点选择合适的原料，设计实验方案，以小组合作的形式进行讨论、制作、分享成果	培养学生利用化学知识解决实际问题的能力，认识到金属电化学腐蚀的“双面性”

◎板书设计

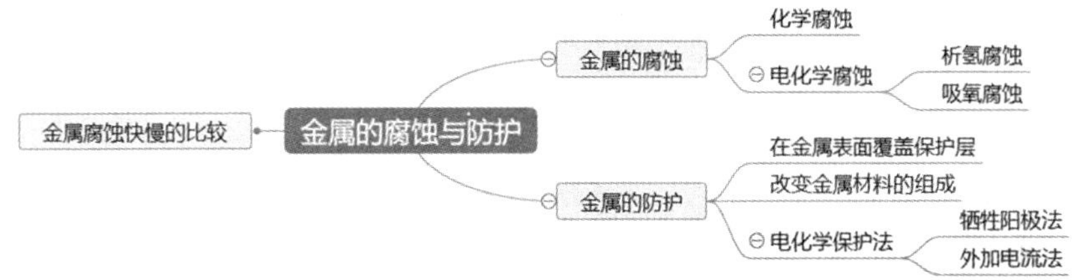

◎课堂练习

1. 下列关于金属腐蚀的说法正确的是（　　）

A. 金属在潮湿空气中腐蚀的实质是：$M + nH_2O = M(OH)n + \frac{n}{2}H_2\uparrow$

B. 金属的化学腐蚀的实质是：$M-ne^- = M^{n+}$，电子直接转移给氧化剂

C. 金属的化学腐蚀必须在酸性条件下进行

D. 在潮湿的环境中，金属的电化学腐蚀一定是析氢腐蚀

答案：B

2. 如下图装置中，U 形管内为红墨水，a、b 试管内分别盛有食盐水和氯化铵溶液，各加入生铁块，放置一段时间。下列有关描述错误的是（　　）

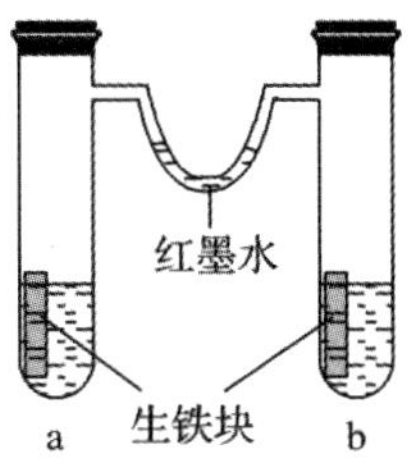

A. 生铁块中的碳是原电池的正极

B. 红墨水水柱两边的液面变为左低右高

C. 两试管中相同的电极反应式是 $Fe-2e^- = Fe^{2+}$

① 【评点】教学环节设计紧凑，环环相扣，知识架构清晰，学生活动设计层层递进，从课前准备到课后手工制作，充分调动学生的积极性，实现课堂内容从理论到实践的轻松迁移。

D. a 试管中发生了吸氧腐蚀，b 试管中发生了析氢腐蚀

答案：B

解析：a 试管中为中性环境，发生吸氧腐蚀，氧气被消耗，气体压强减小；b 试管中酸性较强，发生析氢腐蚀，有氢气放出，气体压强增大，所以红墨水柱两边的液面变为左高右低。

3. 铜板上铁铆钉的吸氧腐蚀原理如右图所示。下列说法正　确的是（　　）

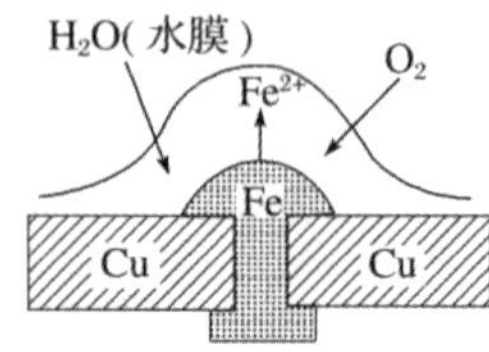

A. 正极反应式为 $2H^+ + 2e^- = H_2\uparrow$

B. 此过程中还涉及反应 $4Fe(OH)_2 + 2H_2O + O_2 = 4Fe(OH)_3$

C. 此过程中 Fe、Cu 均被腐蚀

D. 此过程中电流从 Fe 流向 Cu

答案：B

解析：铁铆钉吸氧腐蚀的正极反应式为 $O_2 + 2H_2O + 4e^- = 4OH^-$，铜作正极不被腐蚀，电子从负极通过导线流向正极。

4. 下列有关金属铁的腐蚀与防护，说法正确的是（　　）

A. 在钢铁表面进行发蓝处理，生成四氧化三铁薄膜保护金属

B. 当镀锡铁和镀锌铁镀层破损时，后者更易被腐蚀

C. 铁与电源正极连接可实现电化学保护

D. 阳极氧化处理铝制品生成致密的保护膜属于电化学保护法

答案：A

解析：由于金属活动性 Zn>Fe>Sn，所以镀锡铁镀层破损时，Fe 作原电池的负极首先被腐蚀，而镀锌铁镀层破损时，由于 Fe 作正极，被腐蚀的是活动性强的 Zn，因此当镀锡铁和镀锌铁镀层破损时，前者更易被腐蚀，B 错误；铁与电源负极连接可实现电化学保护，C 错误。

5. 下列对如下图所示的实验装置的判断错误的是（　　）

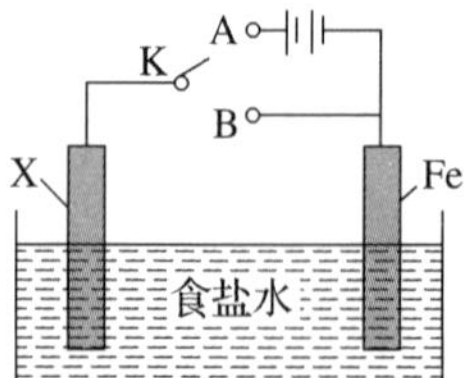

A. 若 X 为碳棒，开关 K 置于 A 处可减缓铁的腐蚀

B. 若 X 为锌棒，开关 K 置于 A 或 B 处均可减缓铁的腐蚀

C. 若 X 为锌棒，开关 K 置于 B 处时，为牺牲阳极法

D. 若 X 为碳棒，开关 K 置于 B 处时，铁电极上发生的反应为 $2H^+ + 2e^- =\!=\!= H_2\uparrow$

答案：D

解析：若 X 为碳棒，开关 K 置于 A 处，Fe 为电解池的阴极，属于外加电流法，A 项正确；若 X 为碳棒，开关 K 置于 B 处，Fe 为原电池的负极，电极反应为 $Fe - 2e^- =\!=\!= Fe^{2+}$，D 项不正确；若 X 为锌棒，开关 K 置于 A 处，Fe 为电解池的阴极，属于外加电流法，开关 K 置于 B 处时，Fe 为原电池的正极，属于牺牲阳极法，B 项和 C 项均正确。

“金属的腐蚀与防护”课堂实录

——化学　高二年级　选择性必修 1　化学反应原理（人教版）　第四章　第三节

执教：高中部　孙　阳

评点：高中部　孙　丽

师：通过刚刚阅读教材，我们已经知道电化学腐蚀是不纯的金属或合金与电解质溶液接触时发生原电池反应，比较活泼的金属发生氧化反应而被腐蚀。请同学们思考一下，为什么潮湿的环境下钢铁更容易生锈？①

生：钢铁的主要成分是铁和碳，可以作为原电池的正负极，潮湿的空气中有大量的水蒸气，夹杂着空气中混有的电解质形成电解质溶液，满足了发生电化学腐蚀的条件。

师：非常正确，钢铁在潮湿的空气中可以在其表面形成无数微小的原电池，因此更容易发生腐蚀。

师：接下来，我们来进行一组探究性实验。取两支试管，分别向其中加入等体积等浓度的稀盐酸和形状大小相同的锌粒，请同学们观察现象。

生：两支试管均产生无色气体。

师：现在我向左边的试管中滴加 2 滴硫酸铜溶液，请同学们观察有什么变化。

生：左边加入硫酸铜溶液后产生气泡的速率明显增大了！

师：很好，请大家分析一下为什么加入硫酸铜溶液后，锌和稀盐酸产生气泡的速率就增大了？

生：锌和稀盐酸直接接触属于化学腐蚀，当加入少量硫酸铜溶液后，锌可以置换出单质铜，单质铜与锌形成了原电池，因此，发生的是电化学腐蚀。②

师：从这组实验现象中我们可以得出结论：电化学腐蚀的速率比化学腐蚀的速率大。在我们实际的生活中，化学腐蚀和电化学腐蚀往往同时发生，但绝大多数属于电化学腐蚀。

师：刚刚我们进行的实验是锌与铜作为负极和正极，在稀盐酸电解质溶液下发生的释放出氢气的电化学腐蚀。这种在酸性环境中，由于在腐蚀过程中不断有氢气放出的腐蚀叫作析氢腐蚀。请大家根据析氢腐蚀的原理和示意图，书写出电极反应式和总反应式。

---

①【评点】由最熟悉的生活场景切入课堂，会迅速激发学生兴趣，课堂气氛瞬间被点燃。

②【评点】通过演示实验，让学生清晰认识金属的腐蚀有两种可能，电化学腐蚀速度更快，为后面探索金属的防腐措施奠定知识基础。

生：负极：$Fe-2e^- = Fe^{2+}$，正极：$2H^2+2e^- = H^2\uparrow$，总反应式：$Fe+2H^+ = Fe^{2+}+H^2\uparrow$ ①

师：请大家根据析氢腐蚀的方程式判断一下，所有的金属都可以发生析氢腐蚀吗？能够发生析氢腐蚀的金属需要具有什么样的性质？

生：不是所有的金属都能发生析氢腐蚀，只有金属活动性在 H 之前的金属可以发生析氢腐蚀。

师：生活中的环境往往都是中性或者酸性很弱的，无法发生析氢腐蚀，但生活中金属的腐蚀却非常普遍。这是因为在这种环境下，溶液中溶有一定量的氧气，就会发生吸氧腐蚀。请大家根据吸氧腐蚀的原理和示意图书写出电极反应式和总反应式。

生：负极：$2Fe-4e^- = 2Fe^{2+}$，正极：$O_2+H_2O+4e^- = 4OH^-$，总反应式：$2Fe+2H_2O+O_2 = 2Fe(OH)_2$

师：吸氧腐蚀生成的 $Fe(OH)_2$ 非常不稳定，在空气中会迅速 变成 $Fe(OH)_3$，$Fe(OH)_3$ 经过风吹日晒后，分解生成我们常见的铁锈的主要成分 $Fe_2O_3\cdot xH_2O$，钢铁等金属的腐蚀主要是吸氧腐蚀。请大家根据吸氧腐蚀的方程式判断一下，什么样的金属可以发生吸氧腐蚀？

生：几乎所有的金属都可以发生吸氧腐蚀。②

师：没错，除了 Au、Pt 等极不活泼的金属外，绝大多数金属都可以发生吸氧腐蚀。

师：下面我们再来进行分组探究实验，请在你面前的生铁片上滴加等量的稀硫酸和饱和食盐水，请认真观察并记录现象。

生：滴了稀硫酸的生铁片表面有较多的气泡产生，滴了饱和食盐水的生铁片基本无现象。③

师：接下来给大家介绍一个试剂——铁氰化钾溶液，铁氰化钾溶液呈黄色，它与 Fe^{2+} 反应生成蓝色的沉淀，因此，可以用铁氰化钾检验溶液中的 Fe^{2+}。现在，请向刚刚的生铁片上再分别滴入 1 滴铁氰化钾溶液，请再观察现象。

生 1：滴了稀硫酸的生铁片表面滴入铁氰化钾溶液后生成了很多蓝色的沉淀，滴了饱和食盐水的生铁片表面滴入铁氰化钾溶液变黄了，中间的部分好像有点蓝色沉淀生成。

生 2：我觉得滴了饱和食盐水的生铁片滴入铁氰化钾溶液后，中间好像是变成了绿色？ ④

---

①【评点】有实验事实作为依据，学生顺理成章写出析氢腐蚀的电极反应式，轻松突破难点。同时为后续理解吸氧腐蚀以及自主书写吸氧腐蚀的电极方程式铺设思维通路。

②【评点】学生顺利书写出吸氧腐蚀的电极反应式，完成电极反应式书写的难点突破。同时教师引导学生理解铁锈形成的原因及成分，实现课堂教学与生活实际的有效迁移。

③【评点】将教材上的演示实验变成学生分组实验，并增设生铁片分别与等量的稀硫酸和饱和食盐水接触的实验，使学生充分活动起来，增加课堂的趣味性，体现以学生为本的教学思想。

④【评点】有趣味的实验设计，打破古板的一言堂，让学生的思想飞扬起来，敢于质疑，敢于探索，学科的自信与素养像春雨一样润物无声，在绵绵之中得以构建。

师：刚刚两位同学观察到的现象稍有不同，我们一起来分析一下。我们先来分析一下两位同学有争议的现象，这个颜色究竟是蓝色还是绿色？我们已经知道，铁氰化钾本身是黄色的溶液，遇到 Fe^{2+} 后生成蓝色沉淀，那么如果是黄色的溶液中有少量的蓝色沉淀，会出现什么颜色呢？

生：是绿色的！

师：没错！所以我们看到的右侧实验中间是有点偏绿色的。那么这两组实验说明了什么问题呢？

生：说明析氢腐蚀比吸氧腐蚀的速率大。①

师：非常好！现在我们来回顾一下刚刚学习的金属腐蚀的相关知识。金属的腐蚀可以分为哪几类？每类腐蚀有什么特点？

生：金属的腐蚀可以分为化学腐蚀和电化学腐蚀，其中电化学腐蚀的速率更大，在生活中电化学腐蚀更为普遍。②

师：电化学腐蚀又可以分为哪几类？分类的标准是什么？每类腐蚀又有什么特点？

生 1：电化学腐蚀可以分为析氢腐蚀和吸氧腐蚀。在酸性较强的环境下，金属活动性在氢之前的金属可以发生析氢腐蚀；在酸性较弱或中性的环境下，大多数的金属都可以发生吸氧腐蚀。

生 2：析氢腐蚀比吸氧腐蚀的速率大，但吸氧腐蚀在日常生活中较为普遍。

师：很好，通过以上的探究学习，我们已经掌握了金属腐蚀的类型和原理，请同学们根据所展示的自行车图片，结合预习作业收集到有防腐措施的金属材料，谈一下有哪些避免金属的腐蚀的防护措施呢？③

生 1：喝水用的保温杯用的是 304 不锈钢材质，可以在金属中添加其他成分，制成不锈钢产品。

生 2：自行车表面的红色和黄色都是刷了油漆，既美观又可以隔绝空气防腐。

生 3：中秋节装月饼的铁盒子是在表面镀了一层锡，因此，也可以在金属表面镀上一层防腐材料。④

师：同学们分析得非常好，我们既可以通过制成不锈钢这种改变金属材料的组成的方法，也可以通过在金属表面覆盖保护层，例如刷油漆、电镀等方法，通过阻断原电池反应的发生来防止金属的腐蚀。⑤

---

①【评点】事实胜于雄辩，由学生自己通过实验得来的结论，会牢牢记在心间，不会遗忘。这就是以学生为主体的课堂的意义。

②【评点】通过环环相扣的教学活动，让学生自己推导出相应结论，比之填鸭式的教学，这样的课堂轻松愉快，学生的思维高度活跃，课堂上思想的火花不断在闪耀，精彩纷呈。

③【评点】每个学生都认真准备了老师布置的预习作业，拿来展示的用品各种各样。

④【评点】因为涉及生活中每个人身边的实例，所以课堂气氛达到最热闹欢乐的情景，大家都积极发言，各抒己见，列举的事例非常全面准确，学生的视界得以从课堂外延到生活实践，体现了化学学科极强的实践性与应用性。在学科教学中能够让学生学以致用，是最成功的教学。

⑤【评点】突破金属的防护这个难点使之变得轻而易举。

【总评】

金属的腐蚀与防护部分的内容属于初高中衔接部分，学生对于金属的腐蚀知识有大致的了解，属于“知其然”的程度，这节课主要解决的是使学生“知其所以然”的问题。在课堂设计部分，教师能让学生全员参与课堂的准备与实验活动，所有重难点的突破都是经由于学生自己通过实验与推理得出，充分体现了新课标背景下以学生为本，教师为引领的双新教学模式。在教学中，学生“证据推理与模型认知”的素养得以充分养成，“科学探究与创新意识”不断提升，课后训练部分让学生自己动手制作暖贴，将课堂上的知识应用于生活实践，是一堂非常完美的化学课。

“表观遗传”课堂设计

——生物学　高二年级　必修 2　遗传与进化（人教版）　第 4 章　第 2 节

设计：弘知高中　黄伊琳　李秋霞　许　蕾　钟　艳

评点：弘知高中　梅　煜

◎学习目标

（1）通过对资料的分析、比较和归纳，构建概念图等方式，自主建构出表观遗传的概念和类型，提升证据意识，认识到科学是不断发展和不断完善的，需要持之以恒的探索精神。

（2）通过自主构建 DNA 甲基化物理模型，加深对基因与性状之间复杂关系的认识和了解，培养动手能力以及化抽象为具体的科学思维，认同结构与功能相适应的生命观念。

（3）通过对抑郁症成因的分析，建立起良好的心态及饮食习惯，保持乐观、健康、向上的生活态度。

◎学情分析

学生通过前面章节的学习，已经初步具备了一定的经典遗传学知识背景，建立起了“基因中的碱基排列顺序就是遗传信息”“基因通过控制蛋白质的合成来控制生物性状”等相关概念。而表观遗传作为经典遗传学的补充和完善，能够引发学生的认知冲突，让学生认识到不改变基因中的碱基排列顺序也能导致性状的改变，进一步加深学生对于基因与性状之间复杂关系的思考和理解。但由于这部分内容较为抽象，学生理解起来有一定的难度，教师可引导学生通过分析资料、建立模型、构建概念图等方式，化抽象为具体，自主建构表观遗传概念体系，形成结构与功能相适应、生物是在不断发展与进化等的生命观念，不断探究创新、基于证据分析现象的科学精神和科学思维以及健康生活的人生态度。

◎课堂导入语①

同学们在日常生活中是否听说过抑郁症？抑郁症离我们的日常生活是否遥远？抑郁症（Major depression disorder，MDD）是以快感缺失、持续心境低落为特征，伴睡眠、

①【评点】表观遗传现象普遍存在于生物体的生长、发育和衰老的整个生命活动过程中，是非常重要的生命现象。本节课的设计者，非常大胆地选择中学阶段热点也是敏感的“抑郁症”话题切入课题，新颖、聚焦，引人入胜，答疑解惑，简明扼要地带入新课学习。

饮食、认知与记忆障碍的精神心理疾病。据世界卫生组织统计，2030 年抑郁症将成为全球疾病负担的首要疾病，且其致死率仅低于癌症。那么，导致抑郁症的原因是什么呢？你觉得抑郁症可以遗传给下一代吗？

环节一：探讨抑郁症的发病原因及可遗传性①

教师提供资料：

资料 1：多项调查发现：不良社会压力及不良生活事件与抑郁症的发生息息相关，在经济发达国家更是如此。这些不良环境包括成年期严重应激、幼儿期虐待等。其中早期情感忽视和虐待更是显著提高了成年后患抑郁症的概率，早期遭受忽视和情感虐待的儿童，成年后患抑郁症的风险分别是正常儿童的 3 倍左右。

资料 2：已有资料显示：抑郁症患者的兄弟姐妹患病风险增加了三倍，而双胞胎的患病遗传率约为 37%。

教师结合资料提出问题，要求学生小组思考讨论，派代表分析看法。

（1）导致抑郁症的原因有哪些？你可以把这些原因分为几类？

（2）抑郁症可以通过遗传传递给下一代吗？

设计意图：通过资料分析，引导学生思考，认识到抑郁症的发病原因是多样的，主要可以分为环境因素和遗传因素，同时为下一步引出表观遗传的概念做铺垫。通过分析资料、相互讨论锻炼学生提取信息的能力及综合多因素分析的科学思维。

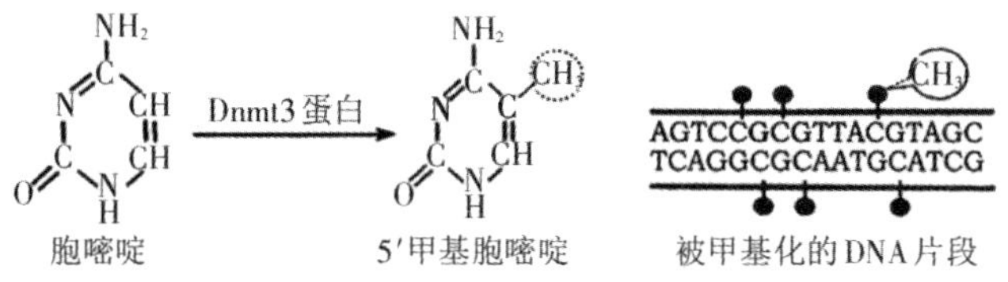

图 1 DNA 甲基化示意图

环节二：初识表观遗传概念，构建 DNA 甲基化模型②

教师提供资料：

资料 3：如果基因的某个地方被加上一个甲基，这个基因的表达就会发生异常，被称为 DNA 甲基化。DNA 甲基化修饰主要发生在胞嘧啶上，是胞嘧啶上第 5 位碳原子的

① 【评点】本环节提供 2 份资料，以“抑郁症的发病原因及是否会遗传给后代”的问题，激发学生的证据意识，训练学生论证能力、批判质疑能力、分类分析与讨论能力、表达与沟通能力。设计意图清晰，学习目标明确，教学层层递进。

② 【评点】资料 3 作为铺垫，为学生提供“DNA 甲基化”新知识信息，帮助学生“知其然”；资料 4 解析重度抑郁症患者的患病机理及治疗效果，与 BDNF 基因不同，基因座的甲基化水平及血清中 BDNF 的量之间的逻辑关系，回扣前面刚刚学习过的“基因的表达及表达水平的高低”的内容，进一步深化对“基因表达水平”的深度认识与理解，启发、引导学生深度学习“知其所以然”，让学生以知识链为载体，促使学生思维显性化、条理化。在这个学习过程中，学生动手动脑，自主构建 DNA 甲基化模型，比较好地实现了本环节的设计意图，学生在认知冲突中，深度理解了“DNA 甲基化影响基因表达的机制”。

甲基化过程，通常会引起转录抑制。

资料 4：相关研究发现，重度抑郁症患者 BDNF 基因不同基因座的甲基化水平明显增加。经抗抑郁治疗的患者，其血清中 BDNF 的量可以上升到正常水平。如果抑郁症患者 BDNF 基因启动子区 CpG–87 位点低甲基化，那么抗抑郁药物较难发挥作用。

教师结合资料提出问题，要求学生小组思考讨论，派代表分析看法：

（1）抑郁症患者的基因序列与正常人的基因序列一样吗？若不一样，这种变异怎么遗传给下一代？

（2）什么是 DNA 甲基化？与 DNA 正常序列有什么不同？

2. 教师结合材料，引导学生自主构建 DNA 甲基化模型。

教师展示拉链和夹子，提出问题引导学生思考：

（1）如果使用拉链和夹子模拟 DNA 甲基化，拉链和夹子分别代表什么？

（2）你能否利用这些材料构建出 DNA 甲基化的物理模型并模拟基因表达的过程？

3. 师生一起分析总结 DNA 甲基化的过程和特点，引导学生构建完善 DNA 甲基化模型，概括出表观遗传的概念。

【设计意图】通过资料、图片引导学生思考，了解 DNA 甲基化的概念。通过构建物理模型，化抽象为具体，让学生更深入地认识到 DNA 甲基化影响基因表达的机制，引发学生认知冲突，使学生更全面地理解基因控制性状的实质，初步建构出表观遗传的概念，有利于落实结构与功能相适应的生命观念，也锻炼了学生识图、分析信息的能力及抽象思维。

环节三：拓展表观遗传类型，完善表观遗传概念①

教师提供资料：

资料 5：组蛋白修饰是指构成染色体的组蛋白在相关酶作用下发生甲基化、乙酰化、磷酸化、腺苷酸化等修饰的过程。其中，组蛋白乙酰化由组蛋白酶乙酰化酶（HAT）和组蛋白去乙酰化酶（HDAC）共同协调。组蛋白乙酰化能激活基因表达，而去乙酰化则可沉默基因表达。有研究发现，急性抑郁发作的患者 HDAC 的水平升高，而症状缓解后，HADC 水平恢复到健康对照组的水平。

资料 6：非编码 RNA 与 mRNA 结合会阻止 mRNA 的转录或使 mRNA 降解，从而抑制翻译。一项研究发现，抑郁症存在 178 种非编码 RNA 异常。还有其他研究显示，使用抗抑郁药物后，患者外周组织和脑组织存在非编码 RNA 改变。

---

①【评点】资料 3 作为铺垫，为学生提供“DNA 甲基化”新知识信息，帮助学生“知其然”；资料 4 解析重度抑郁症患者的患病机理及治疗效果，与 BDNF 基因不同基因座的甲基化水平及血清中 BDNF 的量之间的逻辑关系，回扣前面刚刚学习过的“基因的表达及表达水平的高低”内容，进一步深化学生对“基因表达水平”的认识与理解，启发、引导学生深度学习“知其所以然”，让学生以知识链为载体，促使学生思维显性化、条理化。这个学习过程，学生动手动脑，自主构建 DNA 甲基化模型，比较好地实现了本环节的设计意图，学生在认知冲突中，深度理解了“DNA 甲基化影响基因表达的机制”。

教师结合资料提出问题，要求学生小组思考讨论，派代表分析看法：

（1）除了 DNA 甲基化，还有什么原因可能导致表观遗传？

（2）是否所有表观遗传都是通过影响 DNA 转录进而影响生物性状的？

2. 通过讨论，认识表观遗传的类型，完善对表观遗传的认识。

设计意图：通过资料分析，引起学生的认知冲突和进一步思考，并尝试自主完善“表观遗传”的概念。通过讨论、分析表观遗传机制的相关材料，既可以让学生对抑郁症这一疾病的发生机制有更加完整的了解，也可以提升学生的证据意识。

环节四：探讨环境对生物性状的影响①

教师提供资料：

资料 7：幼儿期虐待、成年期严重应激可引起部分基因的变化，使自主神经系统过度活跃，导致抑郁发生。然而这些患者的基因序列并未发生改变。

资料 8：有一项研究对 514 对母子进行了长期追踪，发现孕期高胆固醇饮食与新生儿 DNA 甲基化呈正相关。

教师结合资料提出问题引导学生思考：

（1）结合表观遗传概念，环境可能是如何影响生物性状的？

（2）以上资料对你保持心理健康有什么启示？

设计意图：通过分析资料，进一步深化学生对环境和生物性状关系的认识，同时提高学生对心理健康问题的重视，加强对社会问题的关注，培养社会责任。

◎课堂小结，巩固应用②

1. 引导学生将“DNA 甲基化、组蛋白乙酰化、组蛋白甲基化、非编码 RNA、DNA 转录、RNA 翻译、表观遗传、表观遗传修饰、环境因素”等本节课的关键词联系起来，自主构建本节课的概念图，形成完整的知识框架。

2. 根据本节课所学，请学生思考以下两个问题：

（1）你认为抑郁症的发生是否与环境因素有关？如果是，哪些环境因素可能会导致抑郁症？应该如何预防？

①【评点】本环节回扣抑郁症话题，舍弃了课本中的表观遗传教学资源，利用抑郁症的致病机理中的“表观遗传”知识内涵，“一站到底”，进一步探讨了幼儿期虐待、成年期严重应激、孕期高胆固醇饮食等环境因素对 DNA 甲基化乃至具体生物性状的影响。整个“表观遗传”新概念的初识、搭建、深化、拓展、升华，整个概念建构过程流畅。学生在自主建构过程中，获得了必备知识，培养了关键能力，学科核心素养得到了提升，引导学生提高自身对心理健康问题的重视，加强对社会问题的关注，培养社会责任，促进学生形成与主流社会一致的价值观。

②【评点】课堂小结时间虽然短，重要性却毋庸置疑。在引导学生复习巩固的基础上，将课堂教学及本节知识的学习，提升到“学以致用”的层面。“生”物学，不是“死”物学，更不能学“死”了。学生在本节课堂上训练了“论证”，训练了“表达”，可以将“抑郁症的发生及其预防”的知识，用于自身心理“自愈”，也可以去尝试帮助有需要的人了。这节课的多层次、多方面的育人价值，达成度高，既可以“渡人”，也可以“渡己”，是为本节课设计者的大善！

（2）如果想诊断或治疗抑郁症，可以采取什么思路或方法？

【设计意图】通过构建概念图的活动，促进学生实现知识的系统化和结构化，厘清表观遗传的概念、类型和特点等内容。最后，回扣本节课关于抑郁症的情境，进一步提出问题，有助于提升学生运用所学知识解决问题的能力。

◎作业检测

查阅资料，尝试从表观遗传角度解释毒品成瘾、肺癌等现象的形成原因，完善对表观遗传的认识。

【总评】

华东师范大学叶澜教授说“一节好课的标准”：有意义的课，即扎实的课；有效率的课，即充实的课；有生成性的课，即丰实的课；常态下的课，即平实的课；有待完善的课，即真实的课。

本小节《表观遗传》内容，是新课程新教材增加的教学内容，学情分析合理，学习目标清晰，重难点把握精准，教学策略运用恰当。大胆舍弃教材中有关表观遗传的教学资源，大胆选择中学阶段热点也是敏感的“抑郁症”话题切入课题，“一站到底”。六步四环节，不断提供学习资料（8 份资料，数量合适，内容恰当，层层递进，逻辑建构清晰、显性、严谨），组织引导学生基于证据的论证、建构，动手模型建构，动脑深度思考。先“知其然”，再“知其所以然”，再“学以致用”，就在课堂上“学得”“习得”，课堂生成性好，教学目标达成度高。以“表观遗传”新概念新知识的建构为载体，激发学生证据意识，训练学生论证能力、批判质疑能力、分类分析与讨论能力、表达与沟通能力。难能可贵的是，课堂小结部分，引导学生将“抑郁症的发生及其预防”的知识，用于自身心理“自愈”，去尝试帮助有需要的人，进一步提升了本节课的多层次、多方面的育人价值。

总而言之，本节课从学习目标达成、教材资源处理、教学策略选择、教学节奏把控等方面来说，都是一节不可多得的优质实验课，是扎实、充实、丰实、平实、真实的好课。

“表观遗传”课堂实录

——生物学　高二年级　必修2　遗传与进化（人教版）　第4章　第2节

设计：弘知高中　黄伊琳　李秋霞　许　蕾　钟　艳
评点：弘知高中　梅　煜

◎课堂导入

师：同学们在日常生活中是否听说过抑郁症？抑郁症离我们的日常生活是否遥远？
展示抑郁症相关资料，提出问题：
导致抑郁症的原因是什么呢？
你觉得抑郁症可以遗传给下一代吗？
请大家自由分享自己的看法。

生：结合相关资料及日常生活认识，分享对于抑郁症形成原因的认识，和周围同学讨论抑郁症是否可以遗传给下一代。

环节一：探讨抑郁症的发病原因及可遗传性

师：大家结合自己的认识对抑郁症的成因发表了看法，那研究表明抑郁症的成因具有哪些呢？请大家阅读资料1和资料2，思考讨论以下问题：
导致抑郁症的原因有哪些？你可以把这些原因分为几类？
抑郁症可以通过遗传传递给下一代吗？
请大家小组讨论后派代表分享自己的看法。

生：分析资料1和2，小组讨论后回答：抑郁症的形成原因包括遗传因素和环境因素。环境因素主要是不良的成长生活环境，抑郁症与遗传有关。

师：由此可见，抑郁症与遗传和生活环境等因素相关。针对生活环境这个方面，提醒大家在日常生活中要及时关注自己的心理健康，淡化不良情绪，用合适的方法给自己减压放松。那抑郁症与遗传又存在怎样的联系呢？

环节二：初识表观遗传概念，构建DNA甲基化模型

师：结合我们这一章已经学习过的基因和性状的关系，你认为抑郁症是如何通过遗传传递给下一代的？

生：思考回答：抑郁症可能与基因的改变有关，进而影响了性状。

师：大家结合自己的认识作出了合理的推测，那抑郁症到底是否与基因有关呢？

请大家阅读资料 3 和资料 4，思考讨论以下问题：

①抑郁症患者的基因序列与正常人的基因序列一样吗？若不一样，这种变异怎么遗传给下一代？

什么是 DNA 甲基化？与 DNA 正常序列有什么不同？

请大家小组讨论后派代表分享自己的看法。

生：小组分析资料 3 和 4 进行讨论，回答：抑郁症患者的基因序列没有改变，但基因的甲基化水平明显增加。

师：下面我们以拉链和夹子类比 DNA 甲基化现象，请大家思考：

如果使用拉链和夹子模拟 DNA 甲基化，拉链和夹子分别代表什么？

你能否利用这些材料构建出 DNA 甲基化的物理模型并模拟基因表达的过程？

生：结合资料回答：拉链代表基因，夹子代表甲基化结构。甲基化会影响基因的正常表达过程，进而影响生物的性状。

师：由此，我们可以总结出 DNA 甲基化过程具有什么特点？

生：DNA 甲基化修饰不改变基因序列，但对基因的表达过程造成影响，进而影响了生物的性状。

师：大家发现了 DNA 甲基化很关键的特征，板书总结 DNA 甲基化的成因和特点。

环节三：拓展表观遗传类型，完善表观遗传概念

师：我们刚刚通过模型的建构已经了解了 DNA 甲基化的本质。那么，除甲基化以外，还有其他原因能够导致表观遗传吗？请大家阅读资料 5，说一说还有哪些原因可以导致表观遗传？

生：分析材料思考后回答：可能通过乙酰化、磷酸化、腺苷酸化等修饰过程实现表观遗传。

师：展示资料 6 并追问：甲基化是通过影响 DNA 转录来影响生物性状。那么，是否所有表观遗传都是通过影响 DNA 的转录进而影响生物性状的呢？

生：分析资料 6，回答：还可能通过阻止 mRNA 的转录或抑制翻译过程来影响生物性状。在对抑郁症的研究过程中，发现了 DNA 的乙酰化以及相关非编码 RNA 的改变。

环节四：探究环境对生物性状的影响

师：通过上述分析，我们丰富了表观遗传的概念，了解了甲基化并非表观遗传的唯一方式。那么，哪些因素会影响表观遗传进而影响生物性状呢？展示资料 7 和资料 8。

生：分析资料 7 和资料 8 并进行思考，回答：幼儿期虐待、成年期的严重应激这些环境因素以及饮食习惯可能会导致表观遗传，从而影响生物性状。

师：那么我们在日常生活中就应该多多关注饮食健康并且保持情绪稳定，关注自

己的身心健康。

课堂小结，巩固应用

师：本节课我们学习了 DNA 甲基化、组蛋白乙酰化、组蛋白甲基化、非编码 RNA、DNA 转录、RNA 翻译表观遗传、表观遗传修饰、环境因素等重要概念，你能否用概念图将本节课的重要概念之间的关系表示出来，形成完整的知识框架。

生：根据自己的理解，通过小组讨论构建概念图，以小组为单位对概念图进行补充、完善。

师：选择优秀小组案例进行展示，并对学生概念图的绘制进行评价。提问：回顾本节课所学知识请大家思考：

抑郁症的发生是否与环境因素有关？如果有，可能与哪些环境因素有关？应该如

何预防？

如果想要诊断或治疗抑郁症，可采取什么样的方式？

生：思考讨论后回答，抑郁症与情绪控制、饮食健康等因素相关。想要诊断或治疗可及时向医生寻求帮助、向家长寻求帮助，通过科学的治疗手段进行合理干预。

师：评价学生回答，布置作业：查阅资料，尝试着从表观遗传的角度来解释，毒品成瘾、肺癌等现象的形成原因。

【总评】

1. 以上文字版的教学实录，可能不足以“全息”记录教学过程的全部内容，可以原生态地录课，以视频形式，忠实地记录“全过程”。

2. 由于没有选用教材教学资源，可以用课本学习资源编一份本节评价练习，检验本教学设计的教学评价，回应个别疑问者的好奇心。

3. 本设计授课后，可以组织学生“小老师”自行独立备课、班级教学授课，进一步拓展、提升本节教学内容的育人价值。

“光合作用的原理”课堂设计

——生物学　高一年级　必修一　分子与细胞（人教版）　第五章　第四节

设计：盐田高中部生物科组　杨　旭
评点：盐田高中部生物科组　肖什元

◎学习目标①

1. 通过分析光合作用过程发现史中的经典实验，利用实验证据构建光合作用过程的概念模型。

2. 归纳叶绿体不同部位光合作用的物质变化和能量转化的过程，形成生命活动的物质与能量观、结构与功能观等生命观念。

3. 通过光合作用科学史的学习过程中，阐明科学探究的基本思路和方法，能概述实验过程，阐释实验结果，得出实验结论；逐步认同科学结论的得出离不开严谨的推理和确凿的证据，认同科学探究是不断深化、不断完善的过程。

◎学情分析

本节课是高中《生物学必修一》中第 5 章“细胞的能量供应和利用”第 4 节的第 2 课时。本章聚焦细胞生命活动所需的能量是通过一系列的化学反应来提供的，能量以物质为载体，其转化过程伴随着物质变化。

本单元的学习对象为高一学生，学生在义务教育阶段学习了绿色植物的光合作用，建立了光合作用的基本反应,以及体内的能量来自细胞中有机物的氧化分解等基础知识，对于细胞的生活需要能量也有一定的了解。但由于化学知识所限，对光合作用物质合成的具体机制和能量变化过程了解有限。

高中阶段逐渐深入生命的本质研究，从生物大分子到组成细胞的结构，已经建立生命活动物质观和结构观，物质和结构是如何通过代谢活动联系起来，代谢中物质变化与能量转化的关系，学生还缺乏总体的认知。在本章的前述内容中已经学习了物质跨膜运输、ATP、酶、细胞呼吸等相关知识，这些知识既是本节课学习的基础，对光合作用过程中物质变化过程和能量转化机制作了铺垫，也可以在应用本节课知识解决问题时得到进一步深化。

---

①【评点】本节课的学习目标是基于高中生物学课程标准中制定的四大核心素养设定的。目标可体现出，教学是基于科学事实和实验证据，通过具体的学习任务和学生活动，引导学生分析、理解、解决问题，逐步发展认知能力及元认知能力等科学思维，形成生命观念，提升学生科学探究的能力，达成科学家的严谨治学科研精神的社会责任。在课堂中落实学科核心素养。

此外，本节还涉及多学科知识的融合。随着高中物理和化学学科的学习，学生对能量转化和守恒定律、质量守恒定律、氧化还原反应等知识理解的深入，也为学生理解光合作用中物质变化和能量转化打下了一定的基础。

◎预习资料①

2021年9月，中国科学院天津工业生物技术研究所马延和研究员带领团队在实验室中首次实现从二氧化碳到淀粉分子的全合成。核磁共振等检测发现，人工合成的淀粉分子与天然淀粉分子的结构组成一致。实验室初步测试显示，人工合成淀粉的效率约为传统农业生产淀粉的8.5倍。在充足能量供给的条件下，按照目前技术参数，理论上1立方米大小的生物反应器年产淀粉量相当于我国5亩玉米地的年产淀粉量。这条新路线使淀粉生产方式从传统的农业种植向工业制造转变成为可能，为从CO_2合成复杂分子开辟了新途径。相关研究成果以题为“Cell-free chemoenzymatic starch synthesis from carbon dioxide”发表于最新一期*Science*上。合成简图如下图所示。

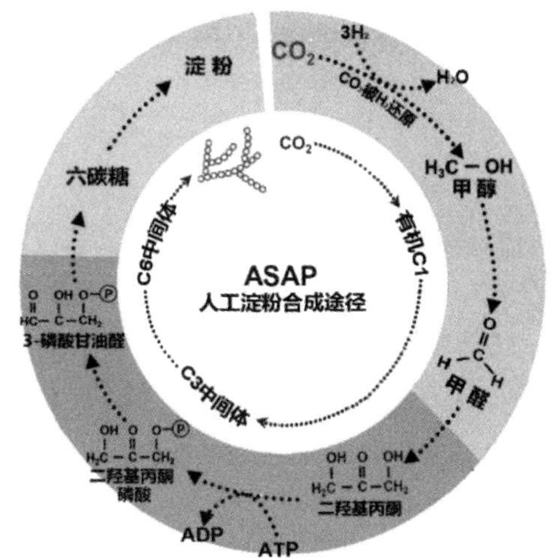

1. 人工合成淀粉的原理与光合作用有何相似之处?
2. 人工合成淀粉对社会发展有什么意义?

环节一：光合作用的定义②

通过以下资料，回忆初中所学的光合作用的知识，尝试对光合作用的概念进行拆分：
1. 只有在阳光下，植物才能够更新由于蜡烛燃烧或动物呼吸而变得污浊了的空气。
2. 绿色植物经暗处理一昼夜（把叶片中原有的有机物转运或耗尽）放入密闭玻璃

①【评点】本节课所选的教学情境具有真实性，真实的情境能激发学生学习的真实性。本节课以科学前沿为情境，以利于学生认同科学学习的价值，并能激发学生投身科研的热情，从而落实学生参与重要社会议题讨论的社会责任。课程标准要求学生能从微观的分子水平和细胞水平理解光合作用的物质变化和能量变化。通过类比人工合成淀粉与光合合成淀粉的异同，正常从这两方面引导学生进入学习主题。可见，情境选择是贴切的。

②【评点】第一个任务，引导学生回忆光合作用的基本过程，起到温故知新的作用。

罩内与氢氧化钠在光下共培养几小时（对照组与清水共培养），再将叶片酒精脱色后用碘液检测。前者的叶片呈蓝色。

3. 观察并检测水中的金鱼藻在光照条件下产生气体的状况，可知绿色植物通过光合作用产生了氧气。

光合作用的原料为 ______、______，产物是 ______、______，反应条件为 ______，反应场所是 ______。

请写出光合作用的反应式：

光合作用的定义：光合作用是指绿色植物通过 ______，利用 ______ 能，将 ______ 和 ______ 转化成储存着能量的 ______，并且释放出 ______ 的过程。

环节二：探究光合作用过程中的物质变化

任务 1：观察以下图片，并结合课本第 102 页“思考·讨论”，尝试完成以下内容①：

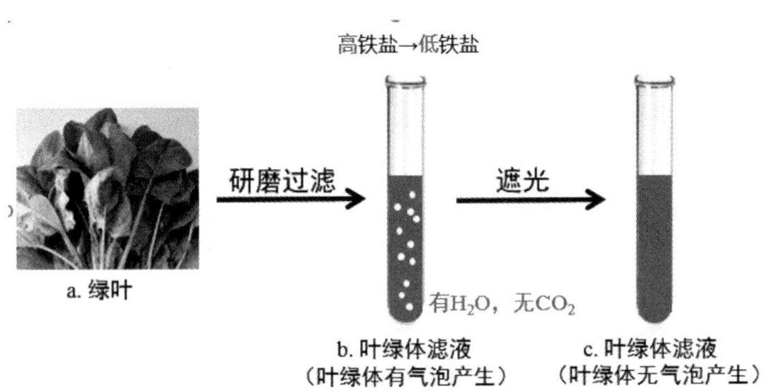

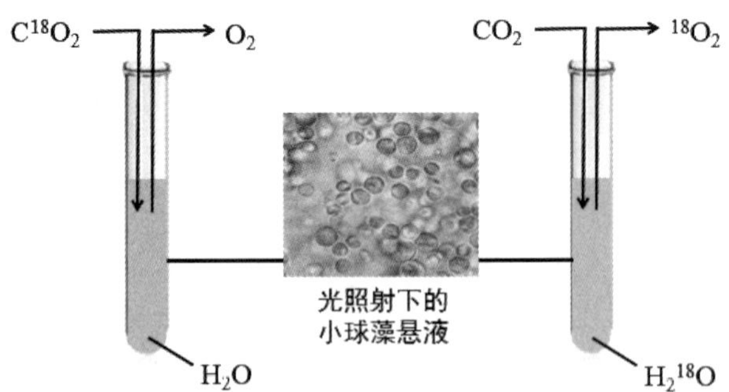

1. 结合希尔及鲁宾和卡门两组实验，光合作用释放的氧气，是来自原料中的水还是二氧化碳呢？

①【评点】教师设计梯度的驱动问题，引导学生自主分析希尔反应实验过程和实验结果，建构“叶绿体在有光条件下，将水分解产生 H+、电子和氧气”这一概念。及时补充阿尔农的实验，使学生完整的从微观视角构建光反应的概念。

2. 希尔的实验是否说明植物光合作用产生的氧气中的氧元素全部都来自水？鲁宾和卡门的实验是否能说明上述结论？

3. 光合作用中氧气的释放和二氧化碳的利用，是可以暂时分离的吗？

4. 希尔反应实验过程：$4Fe^{3+}+2H_2O \rightarrow 4Fe^{2+}+4H^+ +O_2$。铁盐或其他氧化剂是氢的受体，也称希尔氧化剂。若离体叶绿体悬浮液中用 $NADP^+$ 替换高铁盐，在此过程中，氧气产生的同时，还将生成什么物质？

5. 鲁宾和卡门实验采用的对照方式是 ____________，自变量 ____________，因变量 ______。

6. 上述两个实验都需要满足的环境条件是？

7. 阿尔农在离体叶绿体的悬液中加入 ADP 和 Pi，在有光照、无二氧化碳条件下，发现有 ________ 生成，且总是与水的光解相伴随。

合作探究 1：请尝试归纳上述过程中的反应式，构建有光条件下，光合作用的部分过程。

水的光解：（1）$H_2O \rightarrow \quad + H^+$

（2）$H^+ + \quad \rightarrow$

ATP 的合成：$\quad + \quad \rightarrow ATP$

阅读课本第 103 页，光合作用过程被认为人为划分为两个阶段：________________ 和 ____________（现在也称为 ____________），划分依据是 ____。

光反应阶段的进行需要光能，所以在 ________________________ 上进行。

合作探究 2：请尝试绘制光反应过程图解①。

任务 2：阅读资料，结合教材第 104 页课文，完成以下内容。②

资料一：美国科学家卡尔文用 ^{14}C 标记的 $^{14}CO_2$ 供小球藻进行光合作用，追踪 ^{14}C 的去路。向反应体系中充入一定量的 $^{14}CO_2$，光照 5 秒后检测产物，卡尔文等同时检测到了多种带 ^{14}C 标记的化合物：三碳化合物（C_3）、五碳化合物（C_5）和六碳糖（C_6）；将光照时间逐渐缩短至几分之一秒时发现，90% 的放射性出现在一种 C_3 中。

资料二：卡尔文及其同事经过实验发现：

①在光照下，C_3、C_5 的浓度很快达到饱和并保持相对稳定。

②通过改变实验条件发现，C_5 呈规律性变化：在光照下突然中断 CO_2 供应，C_5 就积累起来，C_3 的浓度急速降低；突然停止光照时，C_3 的浓度急速升高，同时 C_5 的浓度急速降低。

资料三：将反应过后的类囊体薄膜溶液上清液加到叶绿体基质中，并通入 CO_2，溶

---

①【评点】从概念构建的角度看，本环节体现了基于证据的概念建构，学生只有在亲历实证之后的辩证基础上才能形成概念。引导学生用科学的思维方法分析讨论，深入理解光反应的概念，有助于学生形成结构与功能观，物质与能量观等观念。

②【评点】本活动继续延续基于科学事实对光合作用概念的建构。引导学生层层深入，理解和挖掘实验证据。在实验探究中思考，发现问题并解决问题，提高了基于事实去论证思考，构建模型的能力。

液中新合成出了糖类；若只通入 CO_2 而无前一个条件，则没有糖类合成。

资料四：在黑暗条件下，给叶绿体提供 CO_2、ATP、NADPH，有糖类生成，同时 ATP、NADPH 和 CO_2 含量急剧下降。

合作探究 2：

1. 写出碳的转移途径：CO_2 先转化成　　，再转化成　　和　　。

2. 构建有机物生成的反应式：（1）CO_2 +　　→　　（几分之一秒时）

（2）　　→　　+　　（五秒时）

资料显示，卡尔文循环过程中关键酶 RuBP 羧化酶存在于叶绿体基质中，因此，暗反应的场所是 ______________。

合作探究 3：请尝试绘出暗反应过程图解：

事实：1905 年，布莱克曼提出光合作用分为依赖光的阶段和不依赖光的阶段。瓦尔堡设计了下图类似的实验以检验布莱克曼的假说。①

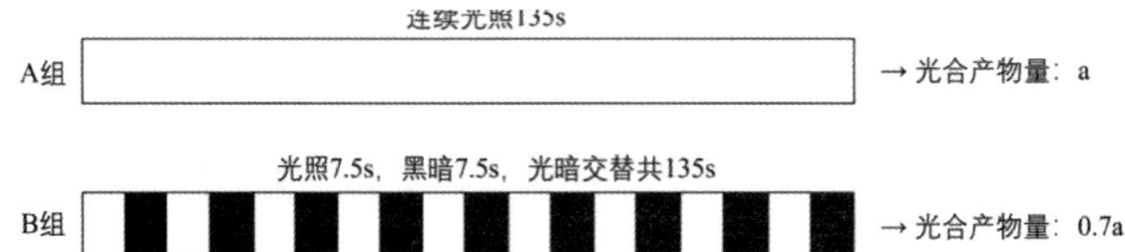

若光合作用的全过程都需要光，则 B 组光合产物量应为多少？

合作探究 4：请尝试绘出光合作用全过程图解：

环节三：探究光合作用过程中的能量转化②

资料一：在光合作用中，光能被色素分子吸收后，能量会有以下几种去向：

（1）转变为热能被释放；

（2）以光能的形式（荧光或磷光）释放；

（3）迅速向临近的其他色素分子传递；

（4）传递到光反应中心，推动光化学反应的进行。

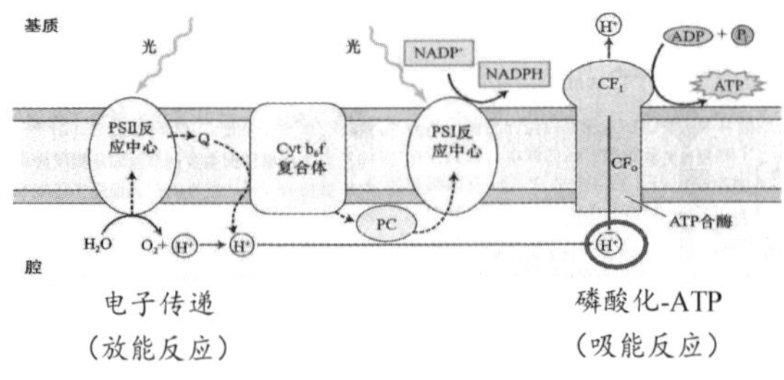

①通过还原科学发现的真实过程，创设情境。学生分析给定的实验数据，激发学生认知冲突，深入思考光反应和暗反应之间的关系，发展了推理思维能力。

② 综合之前所学知识，适当拓展，激发学生的深入思考。在学生的就近发展区增设探究活动，帮助学生更好地建立物质变化和能量转换的关系。

资料二：植物所吸收的光能中有95%~99%最终传递到光反应中心。光化学反应是在类囊体膜上的蛋白复合体上进行的。

资料三：卡尔文用9年时间揭示自然界最基本的生命过程，获得1961年诺贝尔化学奖。

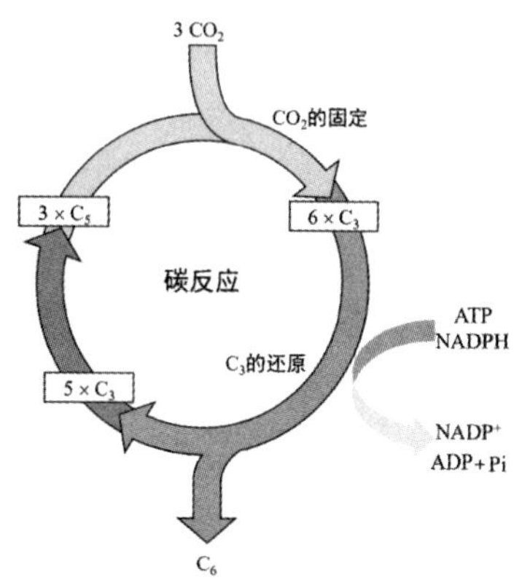

合作探究3：

1. 光反应最终导致了类囊体膜内外产生 ______ （物质）浓度差，形成电化学梯度，进而推动ATP合酶催化 ______ 的合成。至此，光能已经完成了向ATP中活跃 ______ 能的转化，同时存在一部分能量转化为 ______ 中活跃的化学能。

2. 卡尔文循环中也需要消耗能量，由 __________ 和 __________ 提供。

在暗反应中，上述物质中的能量进一步转化为 _________ 中稳定的化学能。

环节四：光反应阶段与暗反应阶段的关系

	光反应	暗反应
场所		
条件		
物质变化		
参量变化		
联系		

光合作用的实质：把 _________ 合成 _________；把 ____ 能转化成 _____ 能，储存在有机物中。

◎回归情景①

1. 人工合成淀粉的原理与光合作用有何相似之处？

①【评点】情境首位呼应，学生通过课堂解决课题中的核心问题。

二者都能通过 CO_2 到 C_3 再到 C_6 转变，实现无机物向有机物的转化；同时，也都需要 ATP 作为能量支持。

2. 人工合成淀粉对社会发展有什么意义？

使淀粉生产方式从传统的农业种植向工业制造转变成为可能。不仅提高淀粉的生产效率，还可以免受气候、土壤等环境因素制约。同时也为减少 CO_2 的排放做出了巨大贡献，实现从碳中和到碳转化。

补充思考："源"与"库"①

资料一：植物叶肉细胞光合作用的碳反应、蔗糖与淀粉合成代谢途径如图所示。图中叶绿体内膜上的磷酸转运器转运出 1 分子三碳糖磷酸的同时转运进 1 分子 Pi（无机磷酸）。请据图回答：

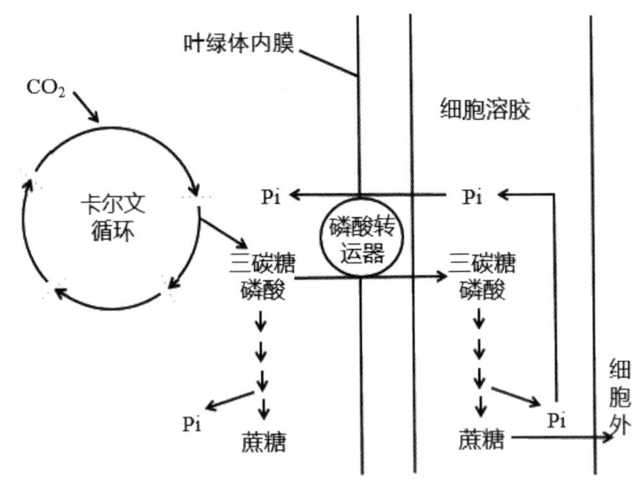

（1）淀粉和蔗糖的合成场所分别是 ________________。

（2）若磷酸转运器功能正常，________ 合成或输出受阻，则进入叶绿体的 Pi 数量减少，使三碳糖磷酸大量积累于 ________ 中，也导致了光反应中合成 ________ 数量下降，卡尔文循环减速。上述这种三碳糖磷酸对卡尔文循环的调节属于负反馈调节。此时过多的三碳糖磷酸将用于 ________，以维持卡尔文循环运行。

由此可见，光合作用的产物有一部分是淀粉，还有一部分是蔗糖。

资料二：间种是我国精耕细作传统农业的主要组成部分，是人们模拟自然界的一个产物。与单种相比，"玉米—大豆间种"可在不影响玉米产量的同时额外增加大豆种植面积和产量。为选择适合间种的大豆品种，科研人员进行了相关研究，结果如下表。

①【评点】依然通过具体的实例，让学生将所学知识应用的实际问题。让学生学以致用，课堂既能使学生思维活跃，又能使学生扎实落实所学知识。

请回答下列问题：

大豆品种	种植方式	叶绿素a含量/ $mg \cdot dm^{-2}$	叶绿素b含量/ $mg \cdot dm^{-2}$	叶绿素a/b	净光合速率/ $\mu mol \cdot m^{-2} \cdot s^{-2}$	单株产量/g
品种1	单种	3.681	0.604	6.094	19.06	13.54
	间种	2.249	0.925	2.432	16.39	4.90
品种2	单种	3.587	0.507	7.071	20.08	20.25
	间种	2.004	0.946	2.118	16.63	13.61

提示：蔗糖可以进入筛管，再通过韧皮部运输到植物的各处。

间种模式下品种 1 的净光合速率（代表有机物的积累量）下降不显著，单株产量下降显著，最可能的生理原因是________________。

小结：叶绿体利用光能将二氧化碳和水合成为糖类，一部分是淀粉，另一部分进入细胞质基质转化为蔗糖。光合产物在“源”器官叶片中合成并经维管组织向“库”器官转运，为植物体的其他器官提供能源和原料。

◎课堂小结

本节通过教材自学、资料阅读，小组讨论分析归纳等方式解答问题。

光合作用的具体过程相对难懂，学生置身于科学家们的研究过程中，体会科学家们探索科学的思维过程，了解光反应和暗反应，推理归纳光合作用过程中物质变化和能量转化，进一步总结光反应和暗反应的关系，最后总结光合作用的整个过程。

将抽象微观的生命过程直观化，有助于增进学生对知识的理解。落实本节的任务，既能提高教学效果，又能培养学生的科学精神、科学态度及多种能力，激发了学生学习的兴趣。

◎作业检测

1. 右图是利用小球藻进行光合作用时的实验示意图，图中 A 物质和 B 物质的相对分子质量之比为（　　）。

A. 1 ∶ 2 B. 2 ∶ 1

C. 8 ∶ 9 D. 9 ∶ 8

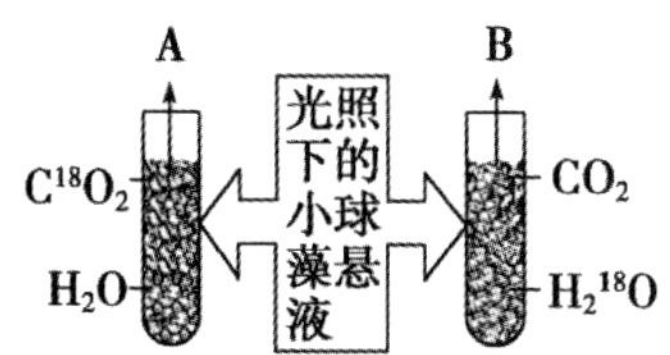

2. 下图是改变 CO_2 浓度后，短时间内与光合作用有关的 C_5 和 C_3 在细胞内的变化曲线，请回答：

（1）曲线 a 表示的化合物是________，曲线 b 表示的化合物是________；

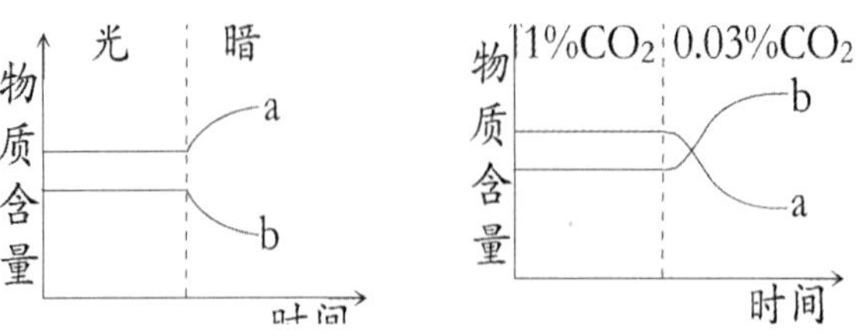

（2）在 CO_2 浓度降低时，曲线 a 表示的化合物含量迅速下降的原因______________________________________。

3. 下图所示生理过程中，P680 和 P700 表示两种特殊状态的叶绿素，M 表示某种生物膜，其中乙侧的 H^+ 浓度远高于甲侧，在该浓度差中储存着一种势能，该势能是此处形成 ATP 的前提。据图分析，下列说法正确的是（　　）。

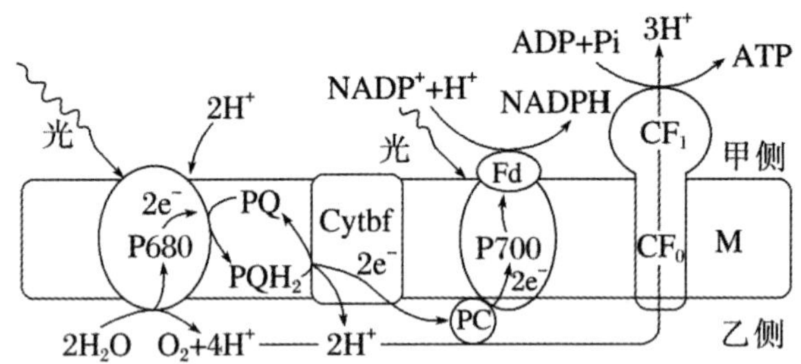

A. 乙侧的 H^+ 完全来自甲侧

B. 生物膜 M 是叶绿体类囊体薄膜，属于叶绿体内膜

C. CF0 和 CF1 与催化 ATP 的合成、转运 H^+ 有关，很可能是蛋白质

D. 该场所产生的 NADPH 和 ATP 将参与暗反应中 CO_2 的固定

“光合作用的原理”课堂实录

——生物学 高一年级 必修一 分子与细胞（人教版） 第五章 第四节

执教：盐田高中部生物科组 杨 旭
评点：盐田高中部生物科组 肖什元

师：作为光合作用的原料，水在光反应阶段被利用了，那么另一种原料二氧化碳又是如何被利用的呢？既然它不是在光反应阶段被利用，那只能在哪个阶段被利用？

生：暗反应阶段。

师：接下来，我们就一起探讨在暗反应阶段二氧化碳是如何转变成糖类的。20世纪40年代，美国科学家卡尔文用^{14}C标记的$^{14}CO_2$，供小球藻进行光合作用，追踪放射性^{14}C的去向。请大家阅读资料一，尝试说出碳的转移途径。

生：CO_2先转化成三碳化合物（C_3），再转化成五碳化合物（C_5）和六碳糖（C_6）。

师：几种物质的先后顺序是怎么确定下来的呢？[①]

生：时间！光照时间不同，产物有差异。时间短就出现的放射性产物应该是先生成的。

师：非常好！接下来请同学们尝试根据资料二、三、四，建构有机物生成的反应式。

生：CO_2的固定：$CO_2+C_5\xrightarrow{\text{酶}}2C_3$

CO_3的还原：$2C_3\xrightarrow[\text{ATP、NADPH}]{\text{酶}}(CH_2O)+C_5$

CO_2与C_5结合，形成C_3，C_3再经过一系列变化，又形成C_5，还能形成糖类。

师：怎么知道CO_2转化成C_3需要与C_5结合？

生：资料二中提到，在光照下突然中断CO_2供应，C_3的浓度急速降低，说明该反应过程因缺少CO_2而受阻；但C_5却就积累起来，说明C_5没有被正常消耗，是生成C_3的另一种原料。

师：形成糖类的过程，需要的条件是什么？

生：ATP和NADPH。因为资料三提到，有糖类生成的条件是反应过后的类囊体薄膜溶液上清液，说明糖类的生成与光反应有关；资料四提到，在黑暗条件下，

①【评点】通过一系列科学史情境的创设，展示科学实验的相关步骤和实验结果，提出核心问题。在梳理生命观念对应的概念和事实锚定点的基础上，教师注重科学探究的引导，使学生快速突破实验设计难点，感受科学理解了光合作用暗反应的本质。

给叶绿体提供 CO_2、ATP、NADPH，说明糖类生成需要的不是光照本身，而是光反应产物 ATP 和 NADPH。

师：哇，这个思路非常清晰，有理有据。由此，暗反应阶段就形成了从 C_5 到 C_3 再到 C_5 的循环，可以源源不断地进行下去，因此暗反应过程也称作卡尔文循环。卡尔文用他的巧思帮我们打开了微观世界的大门。根据刚才阅读的资料，大家推测一下暗反应阶段的场所是?

生：叶绿体基质。①

师：没错。资料显示，卡尔文循环过程中 CO_2 转化成 C_3 的关键酶——RuBP 羧化酶存在于叶绿体基质中，因此，暗反应阶段的化学反应是在叶绿体基质进行的。绿叶通过气孔从外界吸收的 CO_2 与 C_5 结合的过程称作 CO_2 的固定。接下来，请同学们尝试绘出暗反应过程图解。

生：（图解略）

师：1905 年，布莱克曼提出光合作用分为依赖光的阶段和不依赖光的阶段。瓦尔堡设计了类似的实验以检验布莱克曼的假说。请同学们思考，若光合作用的全过程都需要光，则 B 组光合产物量应为多少?

生：0.5a。

师：小于实验数值 0.7a，大家推测一下原因。

生：暗反应阶段的化学反应在没有光时也能进行。

师：刚刚，我们已经得出结论，暗反应过程并不需要光，只是需要光反应过程的产物。也就是说，短时间内将植物挪到黑暗处，光合作用中的暗反应还能继续进行，直到消耗完光反应的产物，才停止所有的光合作用。了解了光反应和暗反应物质变化的关系，结合之前绘制的两个阶段的过程图解，请大家尝试绘出光合作用全过程图解。②

生：（图解略）

师：以上是关于光合作用过程中的物质变化过程，学习了这个过程之后不禁让我们联想到另外一个问题，光能被植物绿叶中的色素分子吸收后，又如何变化呢? 请同学们阅读任务三中的资料一、二、三，继续探究。

生：光反应吸收的光能有两个方面的作用。一方面，导致了类囊体膜内外产生 H+ 浓度差，形成电化学梯度，进而推动 ATP 合酶催化 ATP 的合成。至此，光能已经完成了向 ATP 中活跃化学能的转化。另一方面，还有一部分能量转化为

①【评点】教师科学评价，引导学生积极交流，培养了学生基于一系列事实、概念建构模型的能力。通过对上述问题的思考，引导学生从系统的物质基础结构基础、功能的角度整体归纳总结，从而深化了生命的物质观、结构与功能观、物质与能量观等生命观念。

②【评点】上台板画和阐述过程培养了学生的语言表达能力、小组合作意识，明确了合作学习的重要性，学生在活动中学会了参与、合作与交流。通过板画和交流，进一步帮助学生理解了光合作用的过程。用归纳、类比等科学思维方法，用图示、模型等方式，比较光反应和碳反应的区别和联系，完成了单元概念知识体系的建构。

NADPH 中活跃的化学能。卡尔文循环中也需要消耗能量，由 ATP 和 NADPH 提供。在暗反应中，上述物质中的能量进一步转化为糖类中稳定的化学能。

师：图示反应过程是简化后的，实际过程更为复杂。同学们想要进一步了解，可参考阅读知识拓展资料。因为 ATP、NADPH 中是活跃的化学能，不能长久储存，所以这活跃的化学能会很快被用到下一个阶段的反应，让它变成稳定的化学能。这里要说明，NADPH（还原型辅酶Ⅱ）是活泼的还原剂，参与暗反应阶段的化学反应，同时也储存一部分能量，供暗反应阶段利用。C_3 形成 C_5 和糖类时需要还原剂 NADPH 的支持，因此，这一物质转变过程称为 C_3 的还原。到这里，我们发现光反应和暗反应之间的联系是密不可分的，表现在哪两个方面？

生：物质变化和能量变化两个方面。

师：从物质变化的角度来看，光反应为暗反应提供了什么？

生：ATP、NADPH。

师：暗反应又为光反应提供了什么？

生：ADP、Pi 和 $NADP^+$。

师：从能量变化角度，光反应为暗反应提供了什么？

生：活跃的化学能。暗反应又将活跃的化学能转化为糖类中稳定的化学能。

师：光合作用的产物有一部分是淀粉，还有一部分是蔗糖。蔗糖可以进入筛管，再通过韧皮部运输到植物各处。这些有机物不仅供植物体自身利用，还养活了包括你我在内的所有异养生物。光能通过驱动光合作用而驱动生命世界的运转。接下来，请大家归纳一下光反应阶段与暗反应阶段的关系，尝试总结光合作用的实质。①

生：（表格略）光合作用的实质是把 CO_2 和 H_2O（无机物）合成糖类等有机物，把光能转化成化学能，储存在有机物中。所以，能进行光合作用的生物都是自养型生物。

师：回到我们这节课开头的问题，人工合成淀粉的原理与光合作用有何相似之处？

生：二者都能通过 CO_2 到 C_3 再到 C_6 的转变，实现无机物向有机物的转化；同时，也都需要 ATP 作为能量支持。

师：人工合成淀粉对社会发展有什么意义？②

①【评点】本环节以“情境—问题—活动—评价”的组织形式，引导学生层层深入，不断发现问题、提出问题、作出假设，尝试利用教师所给的资料和已学知识进行逐层分析，发展了学生分析、推理、论证的科学思维能力。本环节通过学生自己进行知识的对比和归纳，培养了学生建构概念模型的能力，同时，强化了学生对叶绿体结构的认识。学生以结构与功能观等生命观念为指导，基于生物学事实和已有知识，采用归纳与概括等方法，建构光合作用的概念模型，强化了结构与功能相适应的生命观念。

②【评点】本节课的另一个亮点，在叶绿体模型的基础上建构光合作用的概念模型。此过程中重视学生物质与能量观结构与功能观、稳态与平衡观等生命观念的培养；突出了基于生物学事实和证据运用归纳与概括、模型与建模、创造性思维等方法探讨生命现象及规律的科学思维；对社会热点问题进行讨论，使学生认同科学技术的价值，渗透“科学、技术、社会”思想，培养了社会责任感。

生：使淀粉生产方式从传统的农业种植向工业制造转变成为可能。不仅提高淀粉的生产效率，还可以使其免受气候、土壤等环境因素的制约。同时，也为减少 CO_2 的排放做出了巨大贡献，实现从碳中和到碳转化。

【总评】

本节课利用光合作用科学史发现过程中的经典实验作为探究情境，以光合作用中物质与能量的变化为主线，引导学生自主构建、完善光合作用过程的整体模型和概念模型。在重温光合作用发现史的过程中，激发了学生探索生命奥秘的兴趣和热情，学习、领悟科学的思维方式和工作方法，并深入挖掘教材中科学史潜在的教育因素，通过查阅相关资料，充实、丰富了教材内容，强化科学史的教育功能。

从教学形式上讲，本节课打破了传统的讲授模式，体现了学生的主体性，基于我国科学家的科学研究过程创设学习情境，充分渗透了 STS 的教育理念，彰显了文化自信。通过问题支架，活跃了学生的高阶思维，提高了学生对知识的迁移能力和应用能力，整合光反应与暗反应物质与能量的转化过程，提升了物质与能量观。从教学思路的设计来看，本节课注重将光合作用抽象复杂的过程具体化，通过小组合作探究，以表格、概念图等形式，对光反应和暗反应的场所、条件、物质变化、能量变化进行比较，分析光反应和暗反应的内在联系，符合学生的认知逻辑，逐步提升思维水平，整个学习过程都在渗透生物学科核心素养。此外，本节课的教学时间分配合理，给予学生充分的时间去分析和展示，并能对学生回答问题过程中暴露出的思维逻辑问题及时校正，教学环节紧凑，课堂节奏有序。

总之，本节课符合新课标的要求，促进深度学习的发生，落实生物学科核心素养，是值得推广的好课堂。

“中国古代的户籍制度与社会治理”课堂设计

——历史　高一年级　选择性必修 1　国家制度与社会治理（人教版）　第六单元　第 17 课

设计：高中部　柯鑫玲
评点：高中部　张巧宁

◎设计导语①

现代启发式教学以培养一代具有创新意识和能力的人为目标，强调学生是学习的主体，实现教师主导作用与学生积极性相结合，引导学生自主地发现问题（参考《启发式教学实验研究》，熊梅、路海东主编）。注重师生互动、生生互动。从社会史观的角度来看，历史视角渐渐下移，关注民众，关注生活，愈加凸显人的主体地位，关注人民社会保障，体现出历史学科素养的人文情怀。

◎教学过程

导入新课

教师活动：教师介绍：中国自古以民为本，对基层的管理直接影响国家命运，对基层社会的控制可以追溯到西周时期。云梦的秦简上有“市南街亭”等语，也就表明早在秦朝便有了亭长这个职位。而基层管理制度在汉朝已经有了较大的发展，大家熟知汉朝建立者刘邦在之前就是一位亭长。他担负起民生责任，负责基层民事管理。请同学们思考一下，我国国家基层治理由来已久，它是如何一步步地转变、演化而来的？这些正是我们这节课所要探讨的内容。

学生活动：观察图片及右方说明文字。

设计意图：通过古今真实人物强烈的视觉对比，激发、吸引学生的兴趣，引导学生思考基层制度的由来和发展，产生学习动力，使学生初步了解本课的学习要点，因而为后面学习深入了解、认识我国基层管理制度演变作铺垫。站在历史的融汇点，以继承与发展的角度与眼光去看待事物。

环节一 户籍制度的演变——以古代史为例

任务 1：了解秦汉户籍制度的定义，分析其产生的原因。

---

①【评点】启发式教学的推动需要老师在课程设计上关注教学问题的梯度设置、供讨论的材料的呈现形式以及师生互动中可能生成新的问题及解决。

1. 钩织社会严密人口网络——户籍制度的演变，出示古代户籍制度的定义：

古代户籍制度：中国古代历代政府用以稽查户口、征收赋税、调派徭役（首要目的），以及维护统治秩序（根本目的）的制度。户籍是登记、管理人户的册籍，亦称籍帐。

阅读材料，分析以下问题

“沛公至咸阳，诸将皆争走金帛财物之府分之，何独先入收秦丞相御史律令图书藏之。沛公为汉王，以何为丞相。项王与诸侯屠烧咸阳而去。汉王所以具知天下阸塞，户口多少，强弱之处，民所疾苦者，以何具得秦图书也。”

——《史记·萧相国世家》

阅读材料，思考为什么萧何私藏的图书大都是秦国户籍，请分析原因？

答案：为了解国情，控制人口，掌握国家政权。

教师介绍：户籍制度的作用是征发赋役、进行社会管理、维护社会治安。对封建国家而言，赋役是国家财政之根本，而户籍是赋役征发的依据。因此，历代王朝均非常重视户籍的编制与管理。

学生活动：阅读材料，分析问题。

结合材料，联系所学知识，学会灵活运用所学知识，培养学生的材料分析能力。

教师活动：古人云，过去能统治天下的人，一定是能治理并控制百姓的人，而治理百姓最根本的方式就是法治，通过法律管理国家。对于专制王权来说，对民众的生杀之权很大程度上是依赖于户籍制度。

出示古代户籍制度的定义，意在联系课标，重点解释户籍制度产生的首要目的是收取赋税。选取课本当中《史记》原始史料，从而使得学生了解户籍制度对于封建国家的实际意义。

学生活动：阅读教材，找一找具体措施并填写表格。

设计意图：学生填写并归纳表格内容，熟悉历代户籍制度演变，建构时空观念，明白户籍制度在历史变迁中的不同内容，培养学生的归纳能力，熟悉古代不同时期户籍制度的基本内容，培养时空观念见下表。

时期	发展阶段	具体措施
春秋战国	萌芽阶段	五家为伍
秦汉	奠基阶段	分类登记：宗室籍、官吏籍、商贾籍
隋唐至清	发展完善阶段	“大索貌阅”
宋		主户与客户
元		军户、民户、匠户、僧道户、儒户、灶户、渔户等
明		以职业定户籍，造“黄册”
清		乾隆年间，永停编审，名存实亡

任务2：各朝代的户籍制度是什么？会有什么作用？

部分材料列举如下：

“机巧奸伪，避役惰游者十六七。四方疲人，或诈老诈小，规免租赋。”

——《隋书·食货志》

“每岁一造计帐，三年一造户籍。县以籍成于州，州成于省，户部总而领焉。”

——《唐六典》卷三

东晋有黄籍和白籍，黄籍是指黄纸登记户主名字、年龄、家庭情况。白籍是指北方南渡的州、郡、县人口。宋朝分主户和客户，主户是拥有土地的税户，客户是指没有土地的佃户。

教师活动：出示材料以及简要文字材料，分段简要介绍历代户籍制度的基本内容：如户籍登记始于战国，秦朝分类登记制度，汉朝“编户齐民”，丞相主管全国户籍工作，各级地方政府也均有专门人员主管户籍。户是政府征派赋役的单位。百姓编户入籍后，便成了封建国家的“编户齐民”。政府为掌握人口数，也定期进行人口调查。隋朝“大索貌阅”，东晋的黄籍和白籍，宋朝分为主户和客户。元朝按职业可以分为军户、民户、匠户等，具有职业世袭性的特点。明朝承袭元制，户籍分为民籍、军籍、匠籍等；明朝户籍册称“黄册”，以里甲制为基础，每里一册，详列各户人口、田土、房屋。①清朝户籍制度：普通户籍基本沿袭明制，地丁银、摊丁入亩后，户籍作用大力削弱，乾隆年间，永停编审。

设计意图：通过部分史料的呈现以及定义的出示，简要介绍历代户籍制度的基本内容，使得学生了解历代户籍制度的基本内容，重点讲解汉朝的“编户齐民”制度以及隋唐至清的“大索貌阅”等对赋税征收，稳定小农经济以及大一统国家巩固与发展的意义。

任务3：合作探究东晋和宋朝户籍制度演变。

材料一 东晋政府对南方土著居民仍然以“黄籍”进行登记，对从北方南渡而来侨居的州、郡、县人口以“白籍”进行登记，不向白籍人口征发赋役。东晋后期和南朝，政府为增加赋役，不时将侨居户口编入所居郡县户籍，称作“土断”，使白籍人口土著化，承担赋役。

材料二 宋朝户籍分主户与客户。主户指拥有土地、缴纳赋税的税户，客户指没有土地的佃户。北宋初，客户占总人口的40%，到1072年，客户所占比例下降到30%，为国家承担赋役的主户人口所占比例也就相应上升了。

思考：据材料一和材料二，结合所学知识分析东晋和宋朝户籍制度分别有何内容？其各自原因是什么？

教师提示：（1）东晋一方面沿用西晋时期的“黄籍”制度，另一方面对南渡人口以“白籍”进行登记，并将白籍人口土著化。原因在于户籍是政府征收赋役的主要依据，

①【评点】每个朝代对户籍管理各有奇招，通过拣选几个朝代的特殊做法，引发学生的学习兴趣，也可以从中窥探到古代户籍制度管理的重要性和必要性。

只有将南迁的人口进行登记，才会将其纳入以后征收赋役的范围。（2）宋代户籍分主户与客户，其原因是：宋代城市化与商品经济发展迅猛，打破了传统的农耕经济藩篱；商业税收远超农业税；土地私有制进一步发展，允许产权流动，征收赋税渐以田亩为主；社会各阶层的流动性强。

学生活动：了解东晋和宋的户籍制度，通过小组讨论探究，踊跃发言。理解东晋和宋朝户籍制度改变背后的原因。[①]

设计意图：随着历史变迁的影响，各朝代在继承户籍管理的基础上，呈现出时代的特性，如宋朝因其商品经济的发展，私有制的进一步发展，征收标准以土地为主等原因，带来社会阶层流动，加深户籍管理方式的选择与社会变革之间联系的认识。培养学生分析、迁移知识的能力，培养学生运用唯物史观中经济基础决定上层建筑的理论分析问题。

任务 4：户籍制度特点是什么？

材料一 中国传统户籍制度源远流长……春秋战国时期，各诸侯国采用“编户”和“定籍”进行人口控制。秦国确立严格的户籍管理制度。西汉实行口赋、算赋等的征收……《唐律 • 户婚律》规定“父母在，子孙别籍、异财者，徒三年”。元朝的户籍制度将居民按职业划分为若干种户，各户具有不同特权。明代户分军、民、匠三等……随着清代“摊丁入亩”的实行，人口统计遂与“保甲编户”正式结合起来，保甲法从此为清查户口所倚重。

——摘编自《中国古代的户籍制度与人口税演进》等

材料二 户籍也是社会等级和身份的法定凭证，政府希冀通过国家户籍制度，将百姓紧紧地束缚在特定区域和特定职业上，以此达到严格控制流民数量和规模的目的。明朝严格规定路引制度，允许农民在百里之内自由通行，但超出百里范围必须检验路引。清承袭明制，严密的保甲制不仅使百姓噤若寒蝉，也充分加强了邻里之间的互相监督，遏制了人口的流动。

——整理自威阳阳《中国古代户籍制度束缚下的人口流动》等

思考：中国历代户籍制度管理的发展表现出了怎样的特点？

功能全面，兼具社会治安功能。突出职业世袭性，等级严格，制度趋于完善。

学生活动：小组讨论，畅所欲言

设计意图：通过两段材料，了解户籍制度的功能全面性，等级严格等多种特点，攻克教学难点。

过渡：国家在构建好人口网络后，解决了“管什么”的问题，之后“怎么管”成为头等大事，接下来我们看看历代基层组织是如何进行管理的？

---

①【评点】历史的“断裂处”、历史的“过渡期”会出现制度的突变，通过东晋和宋朝两个特殊时期的户籍制度变迁史，可以更好地让学生理解为什么一个“好”政策没有办法延续或者为什么一些新的政策会出台？

环节二 体会：中国古代社会的“细胞”——中国历代基层组织演变

任务1：梳理秦汉以来中国历代基层组织，演变历程，并思考其发挥的作用？

时期	制度名称	内容
秦汉时期	乡里制度	县下设乡和里。乡设（三老、啬夫、游徼）；里设里正；乡里之外有亭，设亭长
唐朝时期	乡里制度	百户为里，五里为乡，城内设坊，郊外设村，设里正、坊正、村正
明朝时期	里甲制度	十户为一甲，一百一十户为一里，设甲首、里长
清朝时期	保甲制度	从城市到乡村，十户为牌，设牌长；十牌为甲，设甲长；十甲为保，设保长

朝代	制度名称	内容概况
秦汉	建立什伍组织	以五家为伍，十家为什，百家为里，互相监督
唐朝	实行邻保制度	以四家为邻，五邻为保，彼此之间相互监督
北宋	王安石实施保甲法	王安石推行保甲制度，源于唐朝的邻保制度
明朝	王守仁推行十家牌法	十家总编为一牌，开列姓名十家轮流收掌
清朝	清初实行里甲制，后来推行保甲制	十户为牌，设牌长；十牌为甲，设甲长；十甲为保，设保长。兼具区划和户籍管理性质的乡里制与旨在维护社会治安的保甲制合一

设计意图：用表格的形式直接呈现基层管理的具体组织，并引导学生思考基层管理的趋势①，如注重基层的自我管理，讲述具体典型的组织——十家牌法，使得学生了解典型的组织。

过渡：历代政府注重基层治理，努力实现政府与民众自我管理的双向互动，在管理过程中，如果出现百姓遭遇饥荒，古代政府和百姓又该如何应对呢？

环节三：以民为本——历代救济与优抚政策

任务1：进行史料阅读，探讨救济政策的原因。

《礼记·王制》论国家备荒的必要性时说：

“国无九年之蓄，曰不足；无六年之蓄，曰急；无三年之蓄，曰国非其国也。”

《周礼·地官·遗人》中有各级机构储备和备荒的设计：

“遗人掌邦之委积，以待施惠；乡里之委积，以恤民之艰厄；门关之委积，以养老孤；郊里之委积，以待宾客；野鄙之委积，以待羁旅；县都之委积，以待凶荒。”

答案：在经济与社会方面：因为中国古代生产力水平相比现代要低，每逢自然灾害发生时，人民缺少生活保障，这就需要国家和社会提供必要和及时的救助。

①【评点】历代基层管理的名称、规则纷繁复杂，在这里用表格处理，可以更清晰直观地让学生发现基层管理设置的特色和趋势。

学生活动：阅读教材历史阅读里的材料，并分析救济原因。

设计意图：了解古代社会救济的原因，感悟历史，从古今生产力水平去思考问题。了解救济主体以及不同朝代的措施。①

主体	地位	措施
政府	辅助	汉：常平仓 隋唐：义仓、社仓
宗族	辅助	义田
慈善组织	辅助	善堂、善会

任务 2：了解政府救济与民间救济的不同

出示材料 1：

“以谷贱时增其贾而籴，以利农，谷贵时减贾而粜，名曰常平仓。”

——《汉书·食货志上》

隋文帝于开皇三年“以仓库尚虚，卫州置黎阳仓，洛州置河阳仓，陕州置常平仓，华州置广通仓，转相委输，漕关东之粟以给京师。”

——《唐六典》卷 20《常平署》

汉朝建立常平仓制度，积谷备仓，调节粮价。

隋唐时期，政府既重视官方储备，也大力提倡民间积储。隋文帝置仓积谷，还鼓励民间自置义仓。官仓救大灾，义仓防小灾。

设计意图：了解汉朝和隋唐时期的政府救济的具体措施。

北宋以后，宗族内部的救助活动逐渐兴起。

北宋范仲淹在族内创设义田，赈济族人，影响深远。

出示材料 2：

“范文正公，苏人也。平生好施与，择其亲而贫、疏而贤者，咸施之。方贵显时，置负郭常稔之田千亩，号曰义田，以养济群族之人。日有食，岁有衣，嫁娶凶葬，皆有赡。择族之长而贤者主其计，而时共出纳焉……以其所入，给其所聚，沛然有余而无穷。仕而家居俟代者与焉，仕而居官者罢其给。”

——钱公辅《义田记》

设计意图：了解北宋宗族内部的救助活动，代表性组织范氏宗族的救助活动。

民间救济：慈善组织

明清时期，慈善组织开始兴起，出现了善堂、善会等慈善机构。

---

①【评点】唯物史观的形成要落实在每节课堂的问题分析中。经济基础决定上层建筑。通过不同时代的生产力水平来分析措施的转变，也算是保有“对历史的温情与敬意”。

清代苏北地区普济堂的设置及分布情况

州县名称	设置及分布情况
山阳	乾隆七年，歙人程钟建
江都	在府新城缺口门外河东，康熙二十九年建
江都	在瓜洲镇闸，雍正二年僧见省、贡生耿兆组同建
洪都	在瓜洲镇济运桥侧，乾隆二十七年建
甘泉	旧名同善堂，在邵伯镇法华寺侧，雍正十年建
仪征	在县东八字桥，雍正十二年知县许惟枚捐建
高邮	在州南门外中市大街，乾隆元年，知州傅椿就南施药局改建，嘉庆十四年重修
兴化	在县署西南文林里。 旧在县南门外，乾隆十七年，知县李希舜移建于北门外司徒里
泰州	在州北门外西仓大街，雍正十年州人刘之涝等建，光绪十年增建
通州	在石港场南隅，乾隆元年，大使王之正移建文山
如皋	在县东门外，乾隆三年，知县丁元正移建北门外孔公祠故址

学生活动：找找有哪些是民间力量组织起来的善堂?

教师活动：由此可以看出，明清时期出现了多数民间士绅和商人创办的善堂。

设计意图：明白明清时期涌现大量的依靠民间力量的慈善机构，了解明清时期的救助力量的变化。

任务 3：观察图片，了解优抚政策

展示鸠仗图片，秦汉时期，皇帝有时会赐给高龄老人手杖——鸩杖，以示尊重。开元二十二年（734），唐玄宗下令：“京城乞儿，悉令病坊收养，官以本钱收利给之。”养病坊兼官办孤儿院，经费由官本放贷的利息提供。分别展示养病坊、宋朝的福田院等优抚机构。从唐朝开始，政府设有收容贫老、孤儿和乞讨流浪人员的专门机构。明初朝廷令各地有司优抚高年平民，八十岁以上月给米五斗、酒三斗、肉五斤。

设计意图：使得学生了解优抚政策，从而拓宽知识面，分析封建国家中优抚政策对下层百姓生活的作用。

环节四：全面认识我国古代的社会救济制度

任务 1：分析救济制度的原因。

1. 原因

经济原因：农业经济的发展，提供了一定的物质基础。

政治原因：历代政府重视并主导其事，调动各方面积极因素，巩固统治。

文化因素：儒家的民本思想的影响，倡导“施仁政”。

自然原因：自然灾害频发，影响人们生活质量。

2. 具体措施

仓储制度：如常平仓、义仓、社仓。

灾荒赈济：如赈款救灾、工赈救灾、赈谷救灾。

养济制度：如尊老养老、养病坊。

组织灾民迁移就耕、抚辑流民、士商捐赈、巫术救灾等措施。

3. 特点

	中国古代救济制度的特点
时间	较早
主体	以政府为主导
程度	保障层次低
效果	不稳定，实际效果不佳
内容	具有多元性和鲜明的伦理特色

任务 2：阅读下面两幅图片，思考现代救济制度的变化。

教师介绍：在深圳的帮扶下，位于贵州毕节的大方县兴隆乡菱角村兴办起乡村旅游，帮助当地群众脱贫致富。深圳教师千里援疆，用自己的力量点燃边疆教育的希望。深圳的“帮扶地图”跨越山河，从位于世界屋脊帕米尔高原的塔什库尔干塔吉克自治县到西双版纳傣族自治州。纵观古代基层治理以及社会保障制度，基于目前我国国情，请大家谈谈这些对我国现代社会治理有何启示？

贵州毕节的大方县兴隆乡菱角村兴办起乡村旅游

深圳教师援疆支教，以“微光”照亮“微光”

设计意图：了解深圳帮扶其他地区的真实事迹，理解现代救济制度的变化，增强学生对国家的认同感、责任感和使命感，培养家国情怀。带领同学们学会用“一分为二”的态度看待治理模式，以史为鉴，努力发展适合中国国情的社会保障模式。使同学们更加深刻认识我国社会保障制度是为了实现人的自由全面发展。

◎课堂小结

通过本课学习，使学生认识中国古代自战国就建立起了户籍制度，户籍制度固然有征发赋役的需要，但对社会治理与社会保障也起到了重要作用。总结我国古代国家治理体系中有益的模式和做法，对当今国家治理体系和治理能力现代化都有一定的借鉴意义。认识基层制度是一个漫长的过程。师生互动鼓励学生大胆思考，并进行自主探究和求证，重视良好思维品质的培养。社会保障部分的学习侧重于细致分析中国古代国家的建设经验和教训，结合我国社会救济制度建设的成就和共同富裕目标，学生能够从历史的角度准确认识中国现实的国情，形成对祖国的认同感，增强自信心。

◎课后活动建议

1. 组内分工，在各小组内可以有不同分工，比如：老家在农村的同学可以看看附近的义田，了解宗族在古代基层社会治理中的作用，了解宗族文化；家住城镇的同学，能够上网寻找相关救济制度的资料等。

2. 信息来源：询问父母长辈；上网查询；到图书馆借阅相关礼仪风俗的书籍阅读；寻找仍能看到的一些实物证据等。有条件的同学可以实地考察：游玩古徽州，逛安徽省博物馆（课后作业也可选择：假如你是《深圳晚报》的编辑，请你写一篇关于深圳帮扶其他地区的历史故事）鼓励深度思考的学生思考“皇权不下县”等史学问题。意图是拓展学生思维，深入学生生活。

【总评】

本节课内容庞杂、时间跨度大，而且含有一定的逻辑线索，要在一节课的时间把中国古代基层管理讲清楚并不容易。按照课标要求：“了解中国古代以赋役征发为首要目的的户籍制度以及有代表性的基层管理组织；知道中国古代王朝在社会救济和优抚方面采取的重要措施。”授课老师一定要对教学内容进行主次轻重的划分，并侧重对学生某些关键性问题的点拨。柯老师的课设计较好，几个过程性的知识点都用表格框架勾勒，让学生自主填写，对制度的沿革有一个系统性的把握，再集中精力重点探究几个大问题。

中国作为一个人口众多统一的多民族国家，在社会治理方面积累了丰富的经验。了解这些经验，又必须根据特定社会政治条件和历史文化传统来进行评判。让学生探究晋和宋朝户籍制度改变背后的原因，就能更有“历史感”地理解制度设计背后的具体考量。关于救济制度的探究也是如此，要结合古代的生产力水平和中国传统民本思想的渊源去通盘考虑它的必要性。

这个课程值得称道的是课后活动的设计，让学生通过采访家人或者翻阅族谱等形式，去印证课堂中教授的知识。这个活动设计最终生成的不仅仅是具体的知识点，还有史学研究方法论上的意义。

这个课是个常规课的设计，比较可惜的一点是对教材资源的利用尚有不足。四则“史料阅读”在课程设计上提及较少。对学生的史料阅读也应该有一定的指导。“学思之窗”和“探究与拓展”里面的问题也值得引用一二，在课堂上对学生进行思维点拨。

“中国古代的户籍制度与社会治理”课堂实录

——历史 高一年级 选择性必修 1 国家制度与社会治理（人教版） 第六单元 第 17 课

设计：盐田高中部历史科组 柯鑫玲
评点：盐田高中部历史科组 张巧宁

师：同学们，根据云梦简上有“市南街亭”的记载，也就表明在秦朝早就有过亭长这个职位。基层管理制度，在汉朝已经有了较大的发展。我们知道刘邦在建立大汉王朝之前，本是一位亭长，他担负起民生的责任。那么在疫情期间，基层的长官也同样履行着防疫抗疫的责任。我们的基层管理制度历史悠久。今天让我们一起来学习中国的基层管理制度是如何转变的？①

师：下面我们来看课本 99 页的史料阅读。这则材料是《史记》当中记载的。

师：我们想一想，这个材料里面说了什么？材料里萧何私藏了许多的图书，为什么萧何私藏的图书大多是秦国的户籍，这些户籍具备什么样的功能呢？请大家分析原因。②

生：主要是了解国情，管理国家，控制人口。

师：同学们请看阅读教材，寻找各个朝代具体的一些措施，并填写表格。

生：学生阅读教材，并寻找具体措施。

师：比如春秋战国就是萌芽的阶段，是五家为一伍。而秦汉时期是奠基阶段，开始对人进行分类登记。从隋唐到清朝这个阶段当中，主要就是发展和完善的阶段，出现了许多不同形式的编审方式。（小组探究）③

师：好，时间到，我们请一个小组的同学来分享他的观点。

生：东晋时期对南方土著进行了这种管理，一方面可以对南渡的人口进行登记，有利于人口的土著化，那原因也就是为了方便收取赋税。对南迁的人口进行了户籍的登记，也有利于后期征收赋税的需要，是适应社会发展的一种重要的户籍改革的措施。

---

①【评点】导入环节通过提示刘邦当年的亭长身份和当代村主任抗疫的古今对照，引发学生对中国基层管理制度变迁研究的兴趣。

②【评点】通过汉初萧何对律令图书的重视这个细节，引发学生的思考，能够对户籍管理的重要性有一个基本了解。

③【评点】合理利用课本“历史纵横”上的资料进行小组探究。这则材料补充了东晋时期黄籍、白籍的区别，以及后续的制度变化——出现了“土断”。有助于学生理解户籍管理制度演变的延续性和变化的必然性。

师：宋朝的户籍制度分成主户与客户，那么客户的比例是多少？

生：客户比例在宋朝初年时占到了百分之七十四左右，原因是商品经济的发展，商业税远超于农业税，土地私有进一步发展。社会的流动人口增加了，所以户籍制度就分成了主户和客户。①

师：因此，我们可以看到，户籍制度随着时代的变化而不断调整。

【总评】

新教材内容扎实，要在一节课里落实设计环节并充分调动学生回答是一个有难度的过程。柯老师敢于设计、大胆驾驭课堂，表现出青年教师在"双新"背景下的闯劲。

柯老师的设计意图指向启发式教学在课堂活动中的应用。从课堂呈现效果看确实实现了教师主导作用与学生积极性相结合。从导入开始，老师就有意识地引导学生观察图片并进行古今对比。在教学过程中，也通过历史材料的细节让学生发现问题。在调动学生方面，老师也下了功夫，个体发言和小组探究相结合，既展示了学生个性发言也包含了小组合作的成果。学生能积极回应问题，解答的过程提高了学生对于历史解释的素养水平。

历史课堂要杜绝"一言堂"，让更多的学生动起来。这堂课上，学生在思想上和语言上都动起来了。有些时代跨度大的史实，老师通过表格呈现和问题铺设，让学生的思维活跃起来。有些需要结合历史背景来分析的问题，放手让学生集思广益，通过小组内互相补充答案，充实整个答题框架。

再好的设计，终究得在课堂上落地生根，课堂实录才能真正展示老师的应变能力和学生的知识生成过程。柯老师的课给我们很多启发，如何动静得宜又能完成教学任务是新课程新教材背景下每一个一线老师需要不断实践的课堂并不断地提升能力。

①【评点】宋代一改"重农抑商"的政策，因此"客户"与"主户"的区分会出现，所以课堂上需要通过提问提醒学生关注这处"突变"。

“南京国民政府的统治和中国共产党开辟革命新道路”课堂设计

——历史 高一年级 必修 中外历史纲要（上）（人教版） 第七单元 第22课

设计：向飞龙历史名师工作室

龙华部：伦志洋 刘静然 段 顺 王永纯

夏夫超 鲁向往 潘 嫘 杨富有 安云翔

评点：向飞龙

◎学习目标

了解南京国民政府的成立，认识南京国民政府的性质。

认识“工农武装割据”道路的含义、原因和意义。

认识遵义会议的内容、意义。

认识红军长征的意义。①

◎学情分析

本课学习对象为高一年级的学生，他们经过初中阶段的历史学习，对本课的学习有了一定的知识基础，但主要停留在对一些重要历史事件的故事性认知。对于本课中涉及的重要历史事件的认识都较为浅层，例如对南京国民政府的性质、中国革命新道路开辟的意义以及红军长征的意义的理解仍然存在一些问题，对于本阶段涉及线索的把握，国民党和共产党之间的关系，中外的联系都非常陌生。高一的学生已经初步具备历史知识的概括、历史相关知识的比较、分析的能力，能够在教师引导组织下，在问题引领下进行小组交流、合作讨论等活动，但自主学习探究和自主提出问题的能力还比较弱，需要教师指导与培养。②

◎课堂导入语

老师利用PPT出示2019年习近平等党和国家领导人参观人民英雄纪念碑和毛主席纪念堂的照片，引出本课主题——人民的选择、历史的抉择。历史在抉择的过程中不

① 【评点】将课程标准转化为具体的学习任务，通过任务驱动将本课重点知识内化为学生所学知识。

② 【评点】对学生学情的分析较为具体，结合了学生的学段特征和对本课内容的掌握，将教学过程中学生可能存在的难点有较为清晰的剖析，便于后续基于学生学情展开针对性教学。

会是一帆风顺的，往往既有进步力量与反动势力你死我活的较量，也有革命同志内部针锋相对的路线之争。今天，我们就一起来探寻一下在国民大革命失败之后中国面临怎样的局面，当时中国社会的各阶级、各党派、个人等纷纷做出了怎样的抉择？①

任务 1：请同学们阅读教材第 134 页至 135 页的内容，梳理国民大革命失败后有关南京国民政府统治的历史事件，并试着自主找出一些疑问点，同学之间进行讨论。

历史事件：

（一）南京国民政府的统治

1926.7 广州国民政府北伐
1927.1 国民政府迁都武汉
1927.4 蒋介石在南京另立政府
1927.9 宁汉合流，定都南京
1928 继续北伐（“二期北伐”）
1928.5 “济南惨案”
1928.6 皇姑屯事件
1928.12 东北易帜
形式上基本统一全国

学生在阅读教材并思考的过程中会产生诸多疑惑，例如：

疑问点 1：南京国民政府发动的“二次北伐”与国民革命时期的“北伐”有何不同？

疑问点 2：二次北伐进程中，蒋介石面对日本制造的“济南惨案”，为何命令部队绕道开进？这一决策有何影响？

疑问点 3：1928 年底，南京国民政府为何只是形式上基本统一了全国？

疑问点 4：教材中疑似前后矛盾的表述，例如教材第 134 页“学习聚焦”栏目中表述：南京国民政府的建立，确立了国民党的专制统治。民族工业在夹缝中发展。但是教材第 135 页第一段中却这样表述：南京国民政府建立以后，民族资产阶级兴办实业的热情有所提高。

在同学们讨论之后，请学生代表就讨论结果发言。教师将学生讨论的问题引导到分析南京国民政府的性质这一子目学习的主要任务上来，即蒋介石所控制的南京国民政府所代表的是大地主大资产阶级的利益。②

任务 2：请同学们阅读教材第二子目内容，梳理历史信息并思考：中国共产党人在大革命失败后的艰难处境中做出了怎样的抉择？③并根据老师提供的材料，从经济、群

①【评点】将本课所学知识与当下时事紧密结合，通过人民英雄纪念碑和毛主席纪念堂引出革命过程中各方力量的不同抉择。用问题吸引学生，既能引起学生学习兴趣，同时将本课的逻辑思路渗透到问题当中。

②【评点】通过提供南京国民政府的相关事件作为素材，让学生产生疑问点，进而通过小组讨论的方式，让学生自己思考解决疑问，这一方式既能吸引学生参与课堂活动，又能在活动中积极思考。最后通过老师的引导，让学生对南京国民政府统治前期部分事件的相关史实有所了解，并在此基础上掌握南京国民政府的性质这一深层次的重点知识。

③【评点】此处设问既是对前一个环节的总结，又很好地激起了学生的兴趣，激发了探索的欲望。

众基础、政治环境、地理位置以及先进政党角度探讨[①]中国共产党探索正确的革命道路的原因。

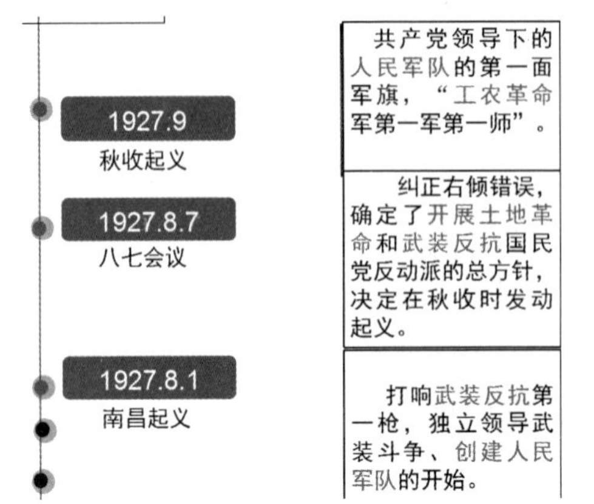

1927.9
秋收起义
1927.8.7
八七会议
1927.8.1
南昌起义
共产党领导下的人民军队的第一面军旗，“工农革命军第一军第一师”。
纠正右倾错误，确定了开展土地革命和武装反抗国民党反动派的总方针，决定在秋收时发动起义。
打响武装反抗第一枪，独立领导武装斗争、创建人民军队的开始。

提供材料：

秋收起义原计划要去打长沙，……可是长沙打不下来，目前长沙那样的城市还不是我们蹲的地方，那就不要去了。我们要到敌人管不着或难得管的地方去，到乡下去，在乡下站住脚跟，养精蓄锐，发展我们的武装力量。

——毛泽东对起义军的讲话

从材料内容可以看出里面的关键信息是秋收起义原计划攻打城市长沙，但是遭遇失败，因此毛泽东提出应该去“乡下”，也就是农村。

提供材料：

材料呈现中国革命前期以苏联为指导，学习苏联的“城市中心论”。但是从毛泽东的《国民革命与农民运动》中的材料节选可以看出，经过革命实践和结合中国实际情况的思考后，[②]已经出现了新的思考和定位，出现了以农村为中心据点的想法，即农村包围城市的思想。

随后老师再提供几组材料，通过指导学生分组进行材料解析，引导学生从经济、群众基础、政治环境、地理位置以及先进政党角度进行探讨。

提供框架图，教师以引导讲解的方式帮助学生理解“工农武装割据”理论的内容。

由于课本没有这部分内容，但是“工农武装割据”理论的内涵非常重要，讲清楚有助于学生理解共产党能够利用本道路最终赢得农民支持，取得革命胜利的原因。[③]

任务3：根据材料，分析探索正确的革命道路的意义。

老师提供两组材料，两组材料是分—总关系。第一组材料分别从经济、政治、文

---

①【评点】教师提供材料，让学生探讨得出结论。符合历史学科素养“史料实证”。注重多角度展开，将唯物史观贯穿在平时的教学中。

②【评点】材料的使用非常巧妙地让学生理解了“毛泽东思想”的形成以及“马克思主义中国化”这一概念。

③【评点】设置详略得当，补充“工农武装割据”的知识点有利于学生学科整体知识体系的形成。使中共成立后的历史脉络也更加清晰。

化三个角度呈现井冈山道路实践后的影响，这是分的方面。第二组材料提供了一幅地图，[①]是农村革命根据地刚建立时在中国的分布情况；最后提供一组数据，[②]参与中国共产党工农红军的人数，由1928年的两千多人变成1930年十多万人，革命根据地增加到十几个。

任务4：阅读教材和老师出示的材料，学生概括农村革命根据地遇到怎样的内外考验。

（1）党内分歧：通过两则材料，看出中国共产党内部对井冈山道路的质疑，仍然坚持走苏联式的城市包围农村道路。看出来自党内对革命道路理论上的质疑。

（2）外部考验：在坚持走井冈山道路，在以农村为中心的正确指导下，前面4次反"围剿"取得成功。而面对国民党反动派的第五次"围剿"，中国共产党在反"围剿"的过程中，以"城市"为中心的战略整体上颠覆了原来的正确道路，以王明和博古为首的党内领导人开始犯"左"倾错误，导致第五次反"围剿"失败。这是在实践中对革命道路的考验。

共产党被迫进行战略转移，由此开始了艰苦卓绝的二万五千里长征。

通过PPT动态路线图展示红军长征的过程，[③]让学生对长征过程中的困难有基本的认知。同时点出在长征过程中的关键转折点——遵义会议。

遵义会议纠正了"左"倾错误，事实上确立了以毛泽东为代表的正确路线的领导地位。

任务5：学生阅读中外名家对长征的评价，概括长征胜利的历史意义。[④]

任务6：展示毛泽东诗词，请学生讲述长征故事，[⑤]提炼"长征精神"的内涵。

◎课堂小结：

带领学生按照时间轴梳理知识点，并进一步升华，在中国新民主主义革命历史上，不同阶级、不同政党、不同的个体都曾在时代的面前做出过抉择。但是在时代给出的诸多难题面前，只有坚持了马克思主义正确路线的中国共产党人才交出了一份份满意

---

①【评点】呈现不同角度的史料，让学生阅读材料并提取关键信息，培养其历史解释的能力。从政治、经济、文化三个角度展示中国共产党在农村革命根据地的建设与成果，人民对中国共产党的拥护。

②【评点】地图与数据这两种史料可以直观看出农村革命根据地的发展壮大，印证革命抉择的正确性，有利于培养学生史料实证的学科素养。

③【评点】以历史地图为依托，以重要事件为节点，在路线图的动态展示中，有效激发学生学习兴趣，培养学生的时空观念素养。

④【评点】对于中国革命进程来说，长征具有极其深远的影响。学生通过阅读不同名家对长征的评价，既能对长征的艰难过程有更深刻的认识，还能运用不同来源、不同角度的史料更全面地概括长征胜利的伟大意义。主要指向史料实证水平3：利用不同类型的史料，对所分析的问题进行互证，形成对该问题更全面、丰富的解释。

⑤【评点】通过学生讲述长征故事，培养学生的时空观念和历史解释素养，领会伟大的长征精神。主要指向历史解释素养水平2：选择、组织和运用相关材料并使用相关历史术语，对相关史实提出自己的解释，能够在历史叙述中将史实描述与历史解释结合起来。

的答卷。正如习近平总书记所说的:“时代是出卷人，我们是答卷人，人民是阅卷人”。[①]

◎作业检测

练习题 1. 有学者认为，1927 年后的几年间，中国人都心甘情愿地尽一己之绵力投入国家建设，并不是由于当时政府有系统、有计划的规划，而是由于他们寄希望于一个新政府能够执行美好的愿景。当时，中国人尽心尽力投入建设的主要原因是（　　）。

A. 国民革命迅猛发展　　B. 南京国民政府在形式上统一了中国

C. 农民运动蓬勃兴起　　D. 民族资产阶级实业救国热潮的推动

练习题 2.《中国的 1936 年：两种命运的决战》一书中叙述：说起 1936 年的中国，也发生了很多重大的事情，在中国革命和中华民族处于生死攸关的历史时刻，中国的大西北就先后发生了两件几乎堪称“扭转时局”的政治事件。这两个政治事件的共同点是（　　）

A. 开辟中国革命新道路　　B. 结束了国共十年对峙局面

C. 积聚了民族救亡力量　　D. 推翻了北洋军阀反动统治

阅读推荐: 相关史料文章，[②] 如毛泽东《中国革命战争的战略问题》《井冈山的斗争》《论反对日本帝国主义的策略》，陈旭麓《近代中国社会的新陈代谢》等。

【总评】

本节课教学思维的构建，不仅遵循历史进程的发展逻辑，还尊重教材文本内容的结构逻辑；不仅思索历史事件的内在规律，更关注时代大众的精神风貌。基于此，教学设计中的一系列疑问点的设置和教学任务的驱动不容忽视，这些疑问点和环节任务向学生传递了一定的史学思维及其蕴含的教育价值。如“二次北伐进程中，蒋介石面对日本制造的‘济南惨案’，为何命令部队绕道开进？这一决策有何影响？”等基于教材内容表述的问题挖掘，有利于培养学生的历史思维，凸显了教学设计的严谨性与逻辑性。这些任务问题，体现了同一时期不同的历史场景，代表着同一时期不同的历史人物、阶级立场，反映了他们的存在状态，一定程度上也在诉说着历史的真相。本节课通过探究历史疑问、剖析阶级本质、思索历史规律、感受家国情怀、领悟教育方向的教学思维逻辑进行推进，较好地完成了知识的建构和学科核心素养的培育。

---

①【评点】用时间轴梳理关键知识点，有利于培养学生的时空观念，加强学生对知识的掌握。总结中国共产党救亡图存之路，说明实践是检验真理的唯一标准，中国共产党成为执政党是历史的选择、人民的选择。

②【评点】练习可以复习、巩固知识。通过阅读毛泽东的文章与史学大家的相关著作，能够拓展学生知识面，使其深刻地认识中国革命道路的全貌。亦可观看相关纪录片，通过多种形式去了解相关内容。

“南京国民政府的统治和中国共产党开辟革命新道路”课堂实录

——历史　高一年级　必修　中外历史纲要（上）（人教版）　第七单元　第22课

执教：龙华部　伦志洋

评点：向飞龙

师：请同学们阅读教材第134页至135页的内容，梳理国民大革命失败后有关南京国民政府统治时期的历史事件。

生：1927年9月“宁汉合流”，1928年南京国民政府继续北伐，1928年5月日本制造“济南惨案”，日本制造“皇姑屯事件”，1928年底张学良宣布“东北易帜”，南京国民政府在形式上基本统一了全国。

师：请同学们试着在这些事件当中自主找出一些疑问点。

生：疑问点1：二次北伐进程中，蒋介石面对日本制造的“济南惨案”，为何命令部队绕道开进？这一决策有何影响？

疑问点2：1928年底，南京国民政府为何只是形式上基本统一了全国？①

疑问点3：教材中存在疑似前后矛盾的表述，例如教材第134页“学习聚焦”栏目中表述：南京国民政府的建立，确立了国民党的专制统治。民族工业在夹缝中发展。但是教材第135页第一段中却这样表述：南京国民政府建立以后，民族资产阶级兴办实业的热情有所提高。

师：同学们发现的这些疑问点很有价值。在中国近代民主革命的过程中，一直都有不同阶级、阶层、党派甚至个人在时代问题面前做出过重要的抉择，每一次的抉择产生的影响也不尽相同。现在请同学们就刚才大家发现的疑问点展开分组讨论，辨析一下上述的疑问点分别属于哪些人或者群体的抉择？分别有怎样的影响？两分钟后分享各自的讨论结果。

生：当1928年山东济南“五三惨案”发生时，蒋介石选择命令北伐军绕道开进，应当是他的一种策略。蒋介石可能不想在此时与日军陷入正面冲突，以打乱自己北伐的进程。单从全力推进二次北伐以统一全国的大目标来看，蒋介石的外交策略是务实的、有必要的，毕竟当时，外国势力已成为左右中国内政的主要因素，而在山东、东北聚有重兵的日本是蒋介石北伐的最大障碍。所以，

①【评点】问题明确、线索清晰。以“形式上基本统一”为核心概念，旨在帮助学生认识到这一时期“统一”的本质，了解时代特征。

只有稳住日本，北伐才能顺利完成，完成全国的统一。

生：我有不同看法，选择绕道开进，恰恰体现了蒋介石及其掌控的南京国民政府面对帝国主义侵略势力时妥协退让的软弱本质。①

师：两位同学的观点都有道理。南京国民政府发动的二次北伐的确有扫除北洋军阀张作霖势力的目的，而且从结果来看，也确实达成了一定的目的，那就是南京国民政府在形式上基本统一了全国。但是，在南方军事力量迅速向北推进的过程中遇到了日本帝国主义的蓄意阻挠破坏。面对中国军民遭受重大伤亡的局面，蒋介石没有选择坚决抵抗，而是选择绕道开进，这么做即便是出于暂时隐忍、顾全大局的战略选择，但也反映出一方面日本帝国主义侵华气焰之嚣张，另一方面蒋介石坚决抵抗之决心不坚定。而且这样做反而更加助长了日本的侵略气焰。如果我们把历史的时空视角向后延伸一下的话，我们就会发现，日本帝国主义并没有因为中国政府的忍让而放慢侵华的脚步，也并没有因为中国形式上的统一而尊重中国的主权，反而在 1928 年之后的短短几年中不断扩大侵华，例如 1931 年的“九一八”事变等，使中国的民族危机不断加深。所以，如果比较两次北伐的话，两次的性质是完全不一样的，国民革命时期的“北伐”以反帝反封建为宗旨，组织基础是国共合作，是一场革命战争；而南京国民政府的“二次北伐”，是在国共合作已经破裂的情形下进行的，组织基础是不同利益集团的新军阀，与革命的初衷背道而驰，是一场争夺地盘和统治权力的战争，实现了全国形式上的基本统一。

师：过渡：那么刚才大家提出的第二个疑问点就显现出来了，你是否理解“形式上基本统一”这一表述呢？②请结合老师出示的 1930 年底各军阀势力分布示意图和相关材料进行解释。③

生：一方面，国家已经有了统一的外在形式，这相对于之前北洋军阀统治时期的军阀割据混战局面而言是一个进步，也有利于南京国民政府后续开展一系列的建设活动。但另一方面，由于国民党内各派系利益分割不均，蒋、阎、冯、桂等新军阀们又开始了新一轮的军阀战争。全国各地在政治、经济等多方面并未真正整合到一起。所以，当时的统一只是形式上的完成。④

师：是的，这位同学理解得比较准确。刚刚同学们在发言中提到南京国民政府统

---

①【评点】疑问 1 的设置及学生的不同看法体现了一种严谨的历史分析与解释态度，对于培育学生的历史学科核心素养是一种有益的尝试与实践。

②【评点】让学生从教材出发，深入挖掘教材内容，是很巧妙的设计。不过设问时的表述或许可以改换一下，可以直接问学生：“‘形式上的基本统一’，为什么要这样表述？”或“如何理解这一时期的‘形式上的基本统一’？”或“‘形式上的基本统一’对于生活在这一时期的国人来说意味着什么？”

③【评点】结合图表，通过多样化的教学策略和资源，激发学生的学习兴趣和主动性。通过案例分析法，引导学生从具体的历史事件入手，深入浅出，加深理解。

④【评点】以“疑点二”作为对史实总结的思考点，清晰明了，加深了学生的认识。

治时期的经济情况，这也是大家的疑问点三，[①] 那么下面我们就一起通过研读教材和一组材料来了解一下南京国民政府统治前期的经济状况。

生：通过材料的阅读，我了解到南京国民政府成立后，国家的经济发展其实还是具备一些有利条件的，例如国家形式上的统一，民族资产阶级兴办实业热情的提高；国家金融体制和币制改革；人民群众反帝爱国运动的蓬勃开展；1935 年南京国民政府开展“国民经济建设运动”，鼓励发展工商业、农业和交通运输业等措施都有利于经济的发展，而且也取得了一定的成果。

师：是的，但是民族资本的发展并非一帆风顺，实际上困难重重。以实业家刘鸿生为例，他曾是集“煤炭大王、火柴大王、毛纺大王、水泥大王”等头衔于一身的“企业大王”，经营领域遍布轻重工业、运输业、商业和金融业，创立了近代中国数一数二的民族企业集团。1938 年刘鸿生离开上海前往香港，后转往重庆。在抗战期间，他在后方仍然创办了一些企业，但刘鸿生在重庆的日子远不如当初在上海时的日子。他有一句著名的话：“我这个总经理，在上海是大老板，来了重庆就成了他们的小伙计了。”这个“他们”指的是蒋介石和四大家族代表的官僚资本。在战时经济政策下，政府减少了对刘鸿生企业的贷款，企业改由四大家族投资，刘鸿生实际上成了一个“上不着天，下不着地，被架空的总经理”。到抗战胜利前夕，宋子文想吞并刘氏旗下的华东煤矿，几次与刘鸿生商谈合并经营，刘鸿生当时对宋既怕又恨，不敢拒绝又不想答应，只能暗中利用陈果夫、陈立夫与宋子文的矛盾，请“二陈”系的人做总经理。抗战胜利后，刘鸿生几次向南京国民政府申请贷款用于企业周转，南京国民政府都坐视不理，不予批准，刘氏企业逐渐江河日下。所以说这一时期的经济确有一定程度的发展，但是由于受到帝国主义、封建主义和官僚资本主义势力的压迫，加之国家只是形式上统一，南京国民政府缺少对地方新军阀势力的有效掌控，所以民族工业的整体发展形势依旧严峻，属于在夹缝中间艰难发展。所以，教材当中看似矛盾的前后表述，其实并不矛盾。[②]

师：民族工业在半殖民地半封建社会中艰难生存，却依旧努力改造国运，革命性与妥协性成为它的底色。唯独国家独立、民族凝聚，开辟一个法治、公平的市场经济环境，民族经济方可获得新生。

师：过渡：通过前面的问题讨论，我们一起从政治、经济的角度对南京国民政府的统治有了一定的认识，但是碍于篇幅，我们的教材中没有提及南京国民政

①【评点】首先，教师通过让学生自主阅读教材，发现并提出问题，将第一子目划分成了三部分；其次，通过教师引导和问题驱动，将学习任务融入情境问题研究中，利用文字和图片史料相结合的形式，能够调动学生课堂的积极性。此外学生也可以认识到史料的形式具有多样性，要注意积累不同史料的分析方法，落实史料实证、历史解释的学科素养。

②【评点】学生能够通过教师展示的史料，结合所学，总结这一时期推动民族资本主义发展的原因，具备一定的归纳能力。但关于阻碍因素，课本上介绍的不详细，学生自己很难形成准确的理解。针对这一问题，教师以“火柴大王”刘鸿生为例，介绍其前后境遇的不同，帮助学生对“三座大山”，尤其是官僚资本主义对民族资本的阻碍作用有了进一步的认识，补充了教材表述的不足。

府的外交政策。那同学们知道南京国民政府成立后，对于之前与西方列强所签订的不平等条约，是怎么处理的吗?

生：不会也和中华民国成立初期一样，全部承认了吧。

师：这位同学说得对，但也不全对。1927 年第一次国共合作破裂前夕，蒋介石会见日本驻九江总领事江户千太郎，表示：他非但不打算废除不平等条约，而且还要尽可能地尊重现有条件：保证承认外国借款，并如期偿还，同时外国人投资的企业将受到充分的保护。但南京国民政府成立后，也通过改订新约运动，基本收回关税自主权，这一定程度上提高了中国的自主地位，但未能从根本上取消帝国主义在华特权。①

师：同学们，通过刚才对几个学习中发现的疑问点的探究，我们对于南京国民政府建立后的统治有了一个初步的认识，这个政府没有也不可能代表中国广大人民群众的利益，本质上是一个代表大地主大资产阶级利益的反动政府。

【总评】

本节课立足于学生历史学科核心素养的培育。关于唯物史观素养的培育，运用了历史唯物主义的基本原理，如人类社会形态从低级向高级不断发展的原理、人民群众与历史人物在历史发展中不同作用的原理，作为历史教育的世界观和方法论。关于时空观念素养的培育，重点培养了学生从特定的时间联系和空间联系中对事物进行观察、分析的意识和思维方式。关于史料实证素养的培育，重点培养了学生对获取的史料进行辨析，并运用可信的史料努力重现历史真实的态度与方法。关于历史解释素养的培育，重点培养了学生以史料为依据，对历史事物进行理性分析和客观评判的态度、能力与方法，并较为充分地体现了学生的参与度，调动学生的思维，激发学生的课堂积极性。关于家国情怀素养的培育，重点培养了学生学习和探究历史应具有的人文追求，对国家富强和人民幸福的深厚情感，对国家的责任感和使命感。课堂上注重对学生思维过程的训练，较好地体现了鼓励学生活动的新课堂理念。

①【评点】前面在老师的引导下，学生基于阅读教材，提出了学习中的三个疑点，有利于培养学生的史料实证能力和历史解释能力，对于教材中未提及的外交部分，教师给予了一定的补充拓展，这样有利于引导学生对南京国民政府的统治形成一个比较客观全面的认识。

“资源的跨区域调配”课堂设计

——地理　高一年级　选择性必修 2　区域发展（人教版）　第四章　第二节

设计：高中部　巢　婷
评点：高中部　李全文

◎本课时学习目标

根据课程标准的要求，本节教材重点落实“以某区域为例，说明资源跨区域调配对区域发展的影响”。为了更好地理解资源调配可能产生的影响，将学习分为四个部分，每个部分对应高中地理四大核心素养的要求，具体学习要求和策略如下：①

目标 1——区域认知：能说出我国西气东输工程的概况，如起点、终点、经过的主要地形区等。

目标 2——综合思维：通过阅读课文和小组合作探究，理解资源的跨区域调配的原因以及对区域发展的影响，培养学生的逻辑思维能力。

目标 3——地理实践力：通过阅读分析图表文字材料，培养学生自主学习和探究能力。

目标 4——人地协调观：举一反三，自主探讨其他资源的跨区域调配工程建设的原因及现实意义，理解资源分布的不平衡性、经济发展的不平衡性普遍存在，树立正确的人地协调观，认识区域可持续发展的重要性。

◎本课时学情分析

本节内容选自新课标教材高中地理选择性必修二 2019 年人教版第四章《区际联系与区域协调发展》的第二节《资源的跨区域调配》。高中地理必修一和选择性必修一介绍了自然环境的各要素及地理环境对人类活动的影响；必修二介绍了人类活动对地理环境的影响；选择性必修二在此基础上，以区域作为研究对象，将基本原理用于实践。学生在前面内容学习的基础上，对我国资源的分布和经济状况有一定的理论基础，在生活中也通过网络对西气东输有所了解但不够深入。本节内容具有较强的实践意义，也是高考的重要内容，学生有较大的学习热情，可以通过小组讨论、角色扮演等活动

①【评点】课堂目标对应高中地理课程标准的四大核心素养，从区域认知、综合思维、地理实践力和人地协调观四个方面入手，让学生了解本节课要掌握的具体知识和技能，课程目标明确清晰。

进行探究。①

◎课堂导入语

（展示北溪管道爆炸点海面图片）同学们，大家请看这张图片，猜一猜这里发生了什么？（展示北溪管道被炸视频和北溪管道的布局图片）那么大家思考一下：欧洲从俄罗斯进口的资源是什么？这种资源的跨区域调配的原因和目的又是什么？②

学生根据回答理解资源调出区自然资源的区域分布很不均匀、有明显的资源富集区和贫乏区以及自然资源产品的生产地具有一定的集中性；调入区因为发展水平不平衡、一些区域由于经济和人口的集聚对自然资源的需求量大，也会出现严重的资源短缺，因此需要进行资源的跨区域调配，最终达到优化配置资源、资源利用效益最大化，实现区域的共同发展。但也要注意资源的跨区域调配过程中需要以交通的通达性和政策作为前提。引出我国资源的跨区域调配工程有西气东输、南水北调、北煤南运和西电东送。

环节一：

阅读课本 71 页图 4.16 西气东输工程线路示意图，思考：

①气源地分别在哪里？②目标市场分别是哪里？③主要途经哪些地形区？④采用何种运输方式？⑤综合以上分析，评价西气东输工程建设的区位条件。③

西气东输工程的气源地主要在我国新疆西部地区，包括从中哈油气管道进口的天然气，目标市场主要在我国东部沿海地区，包括长江三角洲、珠江三角洲等经济发达地区。

该工程主要采用管道运输，管道运输的货物要求是气体、液体和粉末状固体。连续性强、运输效率高、损耗小是管道运输的优点，但也存在灵活性差的问题。

从西气东输的建设区位条件来看，有利条件有三个方面：①资源优势：西部天然气资源丰富；②市场广阔：长三角珠三角经济发达，能源需求大；③技术保障：天然气开发、输气管道建设和配套辅助技术先进。不利条件有：①管线长：输气距离远，工程量巨大；②地形障碍：经过不同地势阶梯，地形复杂多样；③河流障碍：多次跨越河流，增加工程难度；④环境脆弱：经过西北干旱区和黄土高原，生态环境脆弱。

小结：西气东输工程的选线要结合市场、资源和投资成本三个方面综合权衡，其中市场往往起到决定性作用，自然障碍影响投资成本。

---

①【评点】掌握学生学情是上好一堂课的基础，结合本校学生的特点，选择适合的教学方法，高效解决问题。

②【评点】用时事热点北溪管道被炸导入本课，恰当且有吸引力，既引起学生兴趣，又明确本课的学习方向。也为导入资源调配的目的和原因设问，为案例分析打下基础，巧妙地节约了时间。

③【评点】通过问题，对案例“西气东输”的基本情况和区位条件进行自主学习，对“西气东输”有了基本的认识，为后面分析、探究提供知识储备，且培养学生自主学习的能力。

环节二：

阅读课本 71 页至 73 页内容

探究一：能源生产和消费在我国东西部的差异[①]（见图 1）

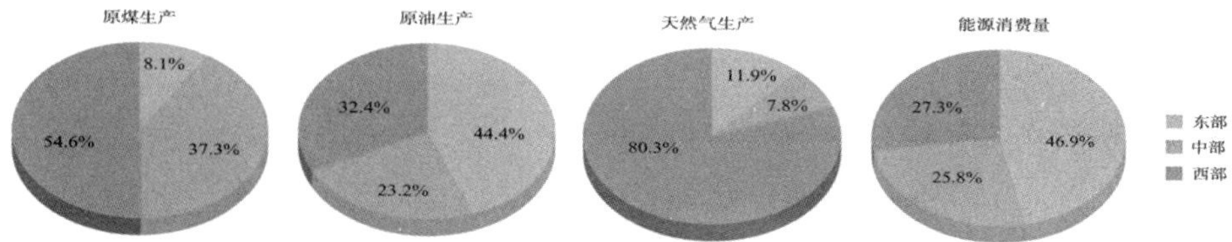

a. 东部沿海地区经济发达，对能源的需求量大，但能源贫乏，限制了经济优势的发挥。

b. 西部地区经济较为落后，能源需求有限，限制了资源优势的发挥。

结论：①能源资源生产和消费的地区差异大

探究二：

1.1980—2015 年，我国能源消费结构（见图 2）有什么特征？

2. 与世界能源消费构成（见图 3）对比，我国能源消费结构有什么特征？[②]

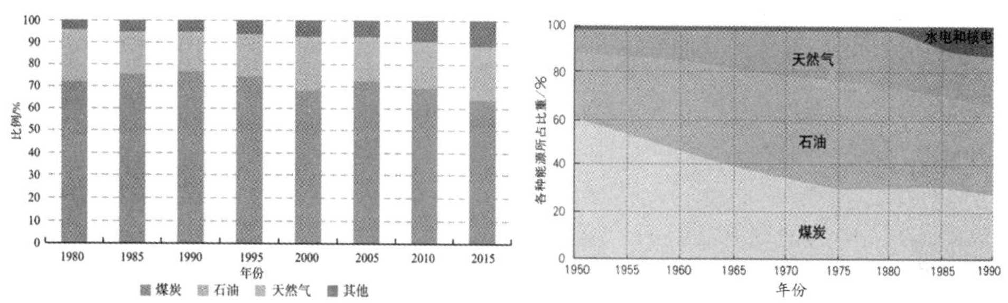

图 2 1980—2015 年我国能源消费结构

图 3 世界能源消费构成的变化

a. 总体看煤炭比重在下降，其他能源消费比重在上升，但煤炭仍占绝对优势。

b. 煤炭占比太高，石油、天然气等其他能源占比太低。

3. 读下表，分析我国和世界能源消费结构中煤炭和天然气比重不同的原因。

	煤炭	天然气
优点	开采成本低 存储、运输方便 价格便宜	清洁 使用方便 燃烧效率高 价格比较低
缺点	使用不方便 燃烧效率真低 废气、废渣排放量大	开采、存储难度大 技术要求高 投资大、回收周期长

①【评点】该环节通过设置不同的问题，激发学生自主思考，培养学生的高阶思维，为下文学习打下基础。

②【评点】该环节选择了不同类型的表格，培养学生获取图表信息、自主探究和归纳推理的能力。

a. 煤炭开采成本低，技术要求低，储存、运输方便，价格便宜。

b. 天然气的开采难度较大；储运难度大，必须通过管道输送；技术要求高，投资大，以前资金和技术条件没有解决。

4. 读材料，说明以煤炭为主的能源消费结构对我国环境和交通产生的影响。①

排放物	平均排放量（公斤）
CO_2	2620
SO_2	8.5
NO_X	7.4
废渣	2880公斤

a. 产生大气污染、土地污染、地下水污染、地表塌陷等环境问题。

b. 大量煤炭运输给我国铁路和公路造成压力，且运输过程中产生粉尘污染。

结论：②调整能源消费结构的需求；③天然气更清洁、污染小。

探究三 西部地区在我国未来油气资源开发战略的地位

1. 读图（参见课本 ××× 页）找出我国四大天然气区，并总结我国陆上天然气分布格局。

a. 四大天然气区：新疆气区、青海（柴达木盆地）、川渝（四川盆地）、陕甘宁的鄂尔多斯。

b. 分布格局：西多东少，北多南少。

2. 分析我国西部丰富的天然气资源长期得不到充分勘探、开发的原因是什么？

a. 西部地区地形以高原、盆地为主，崎岖不平，交通不便，生态环境脆弱。

b. 西部地区社会经济普遍落后，资金短缺，技术落后。

c. 西部地区人口较少，工农业发展落后，市场需求量有限。

3. “一带一路”六大经济走廊中，哪些经过我国西部地区？②

在“一带一路”建设中，西部地区位置优越，是油气资源进口的重要通道。

结论：④西部地区是我国油气资源未来开发的战略重点之一。

环节三：

将全班分为 A、B、C、D 四组，分别扮演东部地区、西部地区、中央和沿线居民，每组派一名代表担任地区总负责人。阅读课文 73—74 页相关图文信息，组内分别就西

---

①【评点】通过问题链的设置，环环相扣，学生沉浸式的体验，激发了学生思考和探究的欲望。

②【评点】展示了一系列的图文信息，逐步引导学生得出结论，通过图表分析、案例探究，提高学生的自主学习、探究分析和归纳迁移的能力。我国和世界能源现状是我国能源战略的依据，“西气东输”是在这一背景下修建的工程，这有助于培养学生树立正确的资源观、环境观和发展观，更好地理解“西气东输”的原因。

气东输的影响进行讨论，派代表进行角色扮演并上台发言。①

	中西部地区	东部地区	全国
有利影响	①资源优势转化为经济效益。 ②推动西部地区（天然气勘测、开发和管道等）基础设施的建设。 ③带动相关产业的发展。 ④增加就业机会。 ⑤推广天然气，减少薪柴需求对植被的破坏	①缓解能源紧缺状况。 ②优化能源消费结构。 ③改善大气环境，提高生活质量。 ④发挥东部经济技术优势，（推动天然气化工发电等产业的发展以及用户管网等基础设施的建设，）促进经济发展	促进区域协调发展，激活沿线相关产业发展
不利影响	①资源减少。 ②输气管道线路长、规模大、施工方式多样，途经地区地质地貌类型复杂、植被稀疏、生态环境较为脆弱。 ③施工不当，易造成荒漠化、水土流失、野生动物的生存环境破坏		

◎课堂小结

无论是哪种资源的跨区域调配，我们都可以从如何"调"——为何"调"——"调"后如何，这个思维线进行分析，其中如何"调"，也就是对工程的可行性进行分析，重点掌握路线的修建要考虑资源状况、市场以及修建成本；为何"调"也就是分析原因时从调出地和调入地的资源供求关系出发，理解资源分布和需求差异；"调"后如何也就是影响分析，我们要注意资源的跨区域调配产生的有利影响和不利影响，并且会对调出区、调入区以及沿线地区都产生社会、经济和生态的影响。②

◎作业检测

（浙江 2020）西欧是世界上重要的天然气输入地区。左图为欧洲部分地区略图。德国是天然气进口大国，92% 的天然气需要从国外进口。右图为 2017 年德国天然气进口来源构成图。目前，俄罗斯、德国等国家在图 1 中甲乙两地间新建天然气输气管道。③

1. 简述西欧大量输入天然气的主要原因。（4 分）

2. 与北海相比，评价在波罗的海建设天然气管道的自然条件。（6 分）

3. 简述德国天然气进口来源的主要特征，并指出德国在甲乙两地间采用输气管道进口天然气的优势。（6 分）

答案：

1. ①经济发达；②需求量大；③本地天然气产量较小，供需矛盾突出；④天然气

---

①【评点】活动的设计把课堂气氛推向了高潮，角色扮演让学生从不同角度和立场理解"西气东输"的影响，使学生亲身体会，培养学生综合思维能力和人地协调观，辩证认识"西气东输"对区域经济、社会、环境的影响，突出重点，轻松化解难点，设计精巧。

②【评点】通过小结，让学生理解本节课的脉络是从西气东输如何输——为何输——输后如何逐渐推进，深度学习了西气东输这一工程的可行性、原因和影响，教育学生辩证地看待地理事物，进而将这种分析方法迁移到其他资源的跨区域调配工程，举一反三，树立正确的资源观和价值观。

③【评点】该环节选择了 2020 年浙江高考题作为课后练习，该题以北溪管道为背景，考查了西欧进行资源调配的原因和条件，与北溪管道被炸的课前导入首尾呼应，让学生更加明了本节内容在高考考查过程中的要求，也检验了本节课的学习效果。

低污染，对环境影响小。

2. 有利：①海水深度较浅；②风浪小；③海水盐度较低。

不利：①冬季海面结冰。

3. 特征：①来源于邻近国家；②来源多元，俄罗斯比例最大；

优势：①运输连续性强；②运输安全性高；③运输量大；④成本低。

【总评】

教学目标是教学的出发点和归宿，是衡量一堂课好坏的主要尺度。本节课从教学目标的制定来看，能从人地协调、区域认知、地理实践力、综合思维四个方面培养学生的地理核心素养，符合学生的认知规律，难度适当。其次，从目标达成来看，教学手段的安排都紧紧围绕教学目标，特别是西气东输的原因以及对地理环境的影响这些重点内容的教学，都通过学生探究和自主活动来强化，让学生在自主探究中巩固重点知识和技能。在教材处理上，重点以西气东输如何输、为何输、输后如何为线索进行思维建模，并通过搜集的材料进行补充，让学生理解资源的跨区域调配的一般思路，掌握资源的跨区域调配的一般分析方法和过程。在学生活动设计上，难度层层递进，充分注意学生学习习惯和地理思维的培养，学生在小组讨论中学得轻松愉快，课堂设计丰满有趣。

总之，该课程设计生动流畅，层次感强，结构合理，衔接自然紧凑，重难点把握准确。在课堂活动中，也善于把教师的权力下放，成为活动的组织者，引导学生去发现问题、解决问题，激活他们的思维。不足之处在于这节课容量比较大，要注意把握好课堂时间，课堂小结易流于形式，课后练习只选择综合题题型比较单一，可适当选取部分选择题进行课堂检测。

“资源的跨区域调配”课堂实录

——地理　高一年级　选择性必修 2　区域发展（人教版）　第四章　第二节

执教：高中部　巢　婷

评点：高中部　李全文

师：西气东输工程量大，路程遥远，为什么我们还要进行西气东输工程呢？①请阅读课文相关内容，结合学案内容思考西气东输的原因是什么？咱们一起来看下探究一，分析能源生产和消费在我国东西部的差异。

生：东部地区经济发达，对能源需求大。西部地区经济落后，对能源需求少，但当地资源丰富。

师：因此我们看到，西气东输为何输的第一个原因是能源生产和消费的地区差异大。下面我们再看下探究二，中国能源消费结构特点及存在的问题，1980—2015 年我国能源消费结构有什么特征？

生：以煤炭为主，其他能源消费比重有所上升，但煤炭仍占绝对优势。

师：与世界的能源消费构成对比，我国能源消费结构有什么特征？

生：煤炭占比太高。

师：再看下表，分析我国和世界能源消费结构中煤炭和天然气比重不同的原因。②

生：煤炭开采成本低，技术要求低，储存、运输方便，价格便宜；天然气的开采难度较大，储运难度大，必须通过管道输送，技术要求高，投资大，以前资金和技术条件没有解决。

师：结合表中燃烧一吨煤的二氧化碳、二氧化硫和废渣的排放量以及晋煤外运车辆图片，说明以煤炭为主的能源消费结构对我国环境和交通产生的影响。

排放物	平均排放量（公斤）
CO_2	2620
SO_2	8.5
NO_X	7.4
废渣	2880公斤

①【评点】设置一个转折的情境，激发学生思考和探索的欲望和热情，为理解西气东输的原因打下基础。

②【评点】思维层层递进，通过真实数据让学生理解我国现存能源结构存在的问题，并通过表格对比，理解这种差异产生的原因。

生：产生大气、土地和地下水污染，且运输煤炭给我国交通造成巨大压力，在运输过程中产生粉尘污染。

师：因此我们可以看出西气东输的原因是什么呢？

生：调整能源消费结构的需要。

师：相比煤炭产生的这些污染，天然气有什么优点？

生：天然气更清洁、污染小。①

师：所以为何西气东输还有调整能源消费结构的需求和天然气清洁污染小的原因。接下来我们看下探究三，西部地区在我国未来油气资源开发战略的地位。请先找出我国四大天然气区，并总结我国陆上天然气分布格局。

生：有新疆气区、青海（柴达木盆地）、川渝（四川盆地）、陕甘宁的鄂尔多斯四大气区，形成了西多东少，北多南少的分布格局。

师："一带一路"六大经济走廊中，哪些经过我国西部地区？

生：新亚欧大陆桥经济走廊和中国—中亚—西亚经济走廊都经过了我国西北地区，在"一带一路"建设中，西部地区位置优越，是油气资源进口的重要通道。

师：最后一个原因是西部地区是我国油气资源未来开发的战略重点之一。我们了解了如何"输"和为何"输"，那么西气东输"输"后如何？会产生什么影响呢？先思考会影响哪些地区？

生：会对西部地区、东部地区和沿线地区产生影响。

师：除了这三个地区，也要注意整体（整个国家）产生的影响。现在给大家五分钟时间，每个小组分别扮演东部地区、西部地区、中央和沿线居民，每组派一名代表担任地区总负责人。阅读课文73—74页相关图文信息，组内分别就西气东输的影响进行讨论，派代表进行角色扮演并上台发言。②

生：我代表东部地区，一方面能解决当地的资源紧缺，优化能源消费结构，保障我们的日常生产，降低生产成本，带动东部地区经济发展；另一方面能改善东部地区的大气环境。

生：我想进行补充，除了刚刚说的以外，还能促进东部地区的就业，带动当地基础设施的建设，基建也会更加完善。③

师：东部代表已经打了一个非常好的样板，那么有请其他小组代表上台发言。④

生：我是西部代表，第一，西气东输工程对西部地区来说显而易见，可以拉动当地经济发展；第二，可以形成特色产业，西部地区除了特色瓜果以外，也有

①【评点】采用真实情境，用真实数据客观展示了我国能源消费结构中煤炭占比过大、环境和交通压力大等问题，学生在真实情境中自主探究获得结论，是真正的启发式课堂。

②【评点】角色扮演让学生从不同角度和立场理解"西气东输"的影响，培养学生综合思维能力和人地协调观，辩证认识"西气东输"对区域经济、社会、环境的影响，突出重点。

③【评点】从课堂参与的广度来看，全班同学按小组进行了热烈又深入的讨论；从学生发言的内容来看，同学们真正做到深度参与课堂内容的学习，展现出很高的综合素养。

④【评点】充分引导学生发言，参与到课堂当中来。

了当地特色工业的发展；第三，可以促进西部地区基础设施的建设，油气田的建设，会带动相关设备的生产及维护部门的发展；第四，西气东输对西部而言也可以促进当地的就业；第五，可以提升国人、政府对西部地区的关注度，亚欧大陆桥经济走廊经过这里，当地也可以接通中哈石油管道，因此可以以此为契机，加强对外的文化和经济交流。从不利影响的角度来看，西部地区有可能会形成产业依赖，最后变成资源诅咒，不利于其他产业的发展和当地产业优势，当地也必然会走向资源枯竭，还会造成很大的环境污染，我们把开采过程中产生的污染留给了西部，而西部地区本身生态环境就非常脆弱，①容易造成环境污染和生态破坏，不利于西部地区的可持续发展，我的发言结束。

师：说得非常好，沿线地区和国家代表呢？

生：我是沿线地区的代表，个人觉得对于沿线地区而言，影响会小于东部和西部地区。我先从有利影响的方面来谈，从刚才的图中可以看出，沿线地区的能源生产也是比西部地区更少的，因此我们可以利用西气东输给我们带来的能源；二是西气东输可以给我们更多的就业机会，从而带动经济发展；三是西气东输的建设必然会带动当地建材等相关产业的发展。从不利影响的角度来看，该工程经过了中部黄土高原等生态脆弱区，可能会破坏生态和污染环境；管道在运营过程中存在被破坏的风险，因此还需要花费一定的资金进行维护和管理；管道建设占用了大量的土地，可能会减少沿线地区的一些耕地资源。

师：沿线地区的代表发言特别棒，对于沿线地区的影响，课本上没有参考，都是他们小组成员总结出来的，特别优秀，最后有请中央代表发言。

生：我是中央代表，很荣幸代表国家发言。很明显，西气东输的建设可以推动区域协调发展，西部地区有资源优势，东部地区有经济和技术优势，因此这个工程可以提高整个资源的利用效率，带动西部经济发展，实现共同富裕；可以增加税收，实现经济的良性循环；可以让我们逐渐跟上世界能源消费结构的步伐；可以早日实现中国特色社会主义强国目标，推动中国经济实力发展，大概就是这些了。

师：通过大家的发言，我们可以看出，西气东输工程首先会对输出地、输入地和沿线地区乃至全国都产生影响，这些影响包括社会、经济和生态的影响。最后，在这些影响当中，有有利和不利的影响，不利的影响主要体现在对生态的影响方面。因此，未来我们遇到资源的跨区域调配问题，我们都可以从如何调、为何调和调后如何的思路进行分析，重点从线路选择、资源调配的原因和影响分析。今天的内容到此结束，最后，课后请完成 2020 年浙江高考题来加强

① 【评点】从学生的发言来看，学生的综合素养水平很高，能辩证地看待地理事物的发生发展，并且能从社会、经济和生态三个角度去考虑西气东输对当地的影响。

对今天课堂内容的理解。下课！①

【总评】

深外好课堂的需要具备的六个维度——有人、有料、有序、有趣、有效、有用。本节课以“西气东输”为案例，学习资源的跨区域调配，是一节课堂容量较大的课，能通过巧妙课堂设计，在四十分钟时间内解决问题，非常成功。师有引导，生有思考，设计重点突出，结构精巧。师生都有专注投入的热情，让人感觉课堂内容充实，容量很大但不紧张。通过情境创设、问题驱动，既有自主学习，又有分析探究，紧紧围绕“西气东输”的探究，培养学生综合思维能力。尤其活动的设计，把课堂气氛推到高潮，激发了学生的学习兴趣，并达成了学习目标，课堂节有节奏感、设计感，教学在师生互动探究中完成，特别在细微处及时鼓励学生，激活和唤醒学生的内驱力，启发学生的地理思维。问题设计是本课的最成功之处，由问题来启发学生并进行师生互动，实现了教学目标，很好地完成了教学任务，是一节高效、有度的课。最后，课堂检测采用了浙江高考真题，不仅呼应了课程开头北溪管道相关内容的导入，同时进行了真正的有效思维训练。但最后有一点超时，教师对学生活动时间的把握需要注意。

①【评点】一堂好课看的往往是这节课各个环节是否具备“起承转合”，是否连贯。本节课既有引人入胜的开头，又要有高潮迭起的中场，还有画龙点睛的结尾，体现在每一个教学环节上的精雕细琢。

"学校生活：度过有意义的高中生活"课堂设计

——新起点日语　第二册（外研版）　第 1 课

设计：龙华部　秦小聪

评点：龙华部　庄丽丹

◎本课时学习目标：

语言知识：能使用「ステップ3　読みましょう」中学校生活相关的词汇及语法表达，描述自己的一天。

思维品质：能结合自身目标思考高中生活的意义。

文化意识：能对照阅读「ステップ2　聞きましょう」和「ステップ3　読みましょう」两个语篇，进一步理解中日高中生活的异同。

学习能力：能制定出帮助自身实现目标的、切实可行的高中生活计划。

◎本课时学情分析①

授课对象是高二学生，共计 12 人。他们是高一零起点，日语水平在 N4 左右。学生的阅读及听力能力较强，但是口语表达能力与写作能力较弱。基于以上的学情特点，本堂课我设置为一节着重训练学生口语表达和写作准备的日语活动课。

◎教学过程

教学流程示意图：

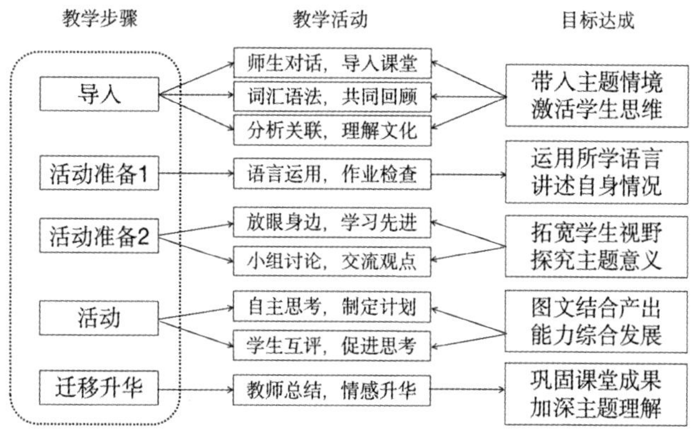

①【评点】本课的课堂设计是基于学生口语表达和写作能力较弱的学情设置的，是一节为学生量身定做的课堂。

环节一：情境导入，旧知复习（6min）

第一步

教学活动：师生对话，导入课堂。

教师针对「ステップ3　読みましょう」的内容对学生进行提问。

问题及答案如下：

皆さん、前の授業では第1課『学校生活』の「ステップ3　読みましょう」を一緒に勉強しましたよね。どんな内容でしたか。

——鈴木さんが書いた1日でした。

鈴木さんは日記で何を語りましたか。

——学校での1日を書きました。

どんな順で書きましたか。

——時間順です。

设计意图：

教师通过提问的方式，带领学生进入本课时话题情境，激活学生思维。

核心素养培养目标：语言能力、思维品质。

第二步

教学活动：词汇语法，共同回顾。

将教科书「ステップ3　読みましょう」第10页描述铃木一天生活的7张图与24小时时间饼图结合，在PPT上呈现给学生，以接龙的方式完成句子填空，全班一起回顾铃木一天的生活。①

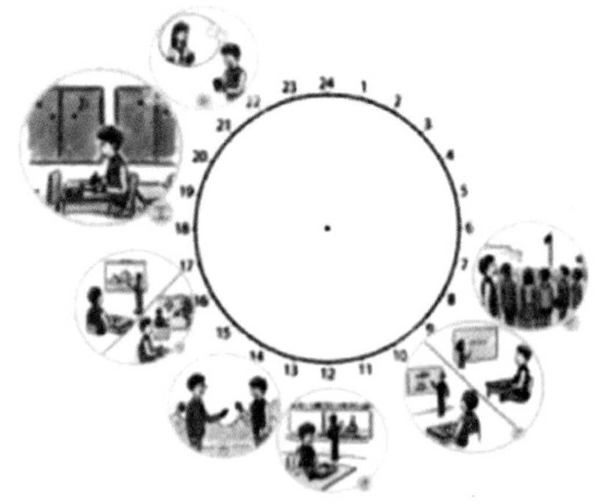

问题及答案如下：

スピーチをした。

専門用語が分からなくて、苦労した。

①【评点】回顾课文这一环节，巧用教科书上的图片，结合时间饼图在PPT上呈现，直观且容易理解，让学生迅速进入复习语篇的学习状态，提升课堂效率。

なかなか話せなかった。

メニューは豊富だ。

記事が出たら、ぜひ読んでみたい。

中国の歴史を研究するのが夢だ。

必ず先生に質問をするようにしている。①

按时间顺序梳理完铃木一天的生活后，教师通过在PPT中展示以下四个提问，提问学生铃木生活的细节，同时融入本课的语法复习。

问题及答案如下：

鈴木さんは英語をよくするために、何をしていますか。

——勇気を出して、話すようにしています。（ようにする）

鈴木さんは中華料理はどれぐらいおいしいと思いますか。

——毎日食べてもおいしいです。（食べる）

授業の中で、何の説明はちょっと難しかったですか。

——経済についての説明は、ちょっと難しかったです。（について）

鈴木さんにとって、この一日はどうでしたか。

——忙しかったが、充実した一日となりました。（なる）②

设计意图：

1. 巧妙利用课本中形象精美的插图，带领学生学习图文并茂的复习语篇。

2. 将课标中出现的单词作为重点词汇进行复习。提示学生学习策略，减轻学生的单词记忆负担。

3. 单词和语法的复习融入文本复习中，让单词有语境。

核心素养培养目标：语言能力、思维品质。

第三步

教学活动：分析关联，理解文化。

教师通过以下提问，引导学生将「ステップ2　聞きましょう」的内容与「ステップ3　読みましょう」的内容关联思考，让学生在铃木的日记中找到他对朋友畑中所说的在中国高中生活中不习惯的地方，具体体现在哪里？③

「ステップ2　聞きましょう」では鈴木さんは友達の畑中さんに自分が中国留学で大変だったことを言いましたよね。日本の高校生活と違うから、鈴木さんは最初慣れなかったことは何ですか。

——「朝が早いこと」「和食が食べたくなること」「競争が激しいこと」。

①【评点】选取的问题紧紧围绕语篇的词汇重点，并且是在有语境的前提下复习，使学生顺利完成对单词的巩固记忆。

②【评点】挖空提示的方法让不同水平的学生都能投入课堂，很好地调动学生去思考和回顾语法的接续和变型等使用规则。

③【评点】通过让学生说说铃木留学生生活中不习惯的地方，引发学生思考中日高中生活的不同点，这是以培养语言能力和文化意识为目标的一个恰当的关联设计。

じゃ、それぞれ右の鈴木さんの一日のどの時間に合っていますか。皆さんはそれについてどう思いますか。

设计意图：

基于语篇事实，让学生进一步理解中国高中生活与日本高中生活的不同。

核心素养培养目标：语言能力、文化意识。

环节二：作业发表，活动准备（6min）

第四步

教学活动：语言运用，作业检查。

教师让学生发表昨天作业中写的自己高中生活的一天（学案第 1 页，附件 1），并要求学生在发表时尽量用到本课学过的学校生活相关的单词及语法。

実は、鈴木さんの中国の高校での一日は、皆さんの学校生活と似ているところもあれば、違うところもありますよね。では、これからの時間、皆さんが昨日の宿題で書いた「24 時間スケジュール表」を発表してもらいますね。これまで勉強した学校生活に関する言葉と表現を発表の時にぜひ参考にしてください。

学生发表完后，教师通过以下对话，自然地引发学生对于高中生活意义的思考。①

皆さんは本当に毎日忙しいですね。大変ですか。どうしてですか。

何かおもしろいこともありますか。どうしてですか。

授業以外にどんな活動に参加していますか。

设计意图：

复习导入中对学校生活相关的单词和语法进行复习，给学生的发表提供了脚手架。

核心素养培养目标：语言能力、思维品质。

环节三：视频对照，自身反思（12min）

第五步

教学活动：放眼身边，学习先进。

给学生播放记录了优秀学生张同学的学校生活的一天的视频（1min30s）。②

（视频中的张同学就读于本市某高中，是一名同学公认的“学霸”，她拥有清晰的人生目标——成为一名画家。视频中除了记录了她上下午认真上文化课的身影，还有她选修的美术专业课，参加机器人社团、英语戏剧比赛的瞬间。视频中最后有一句话是“为了目标努力的人闪闪发光”。< 视频来源于网络 >）

学生观看完视频后，教师进行以下提问：

張さんの目標は何ですか？

---

①【评点】提问设计合理，紧紧围绕学生的生活，既能加强学生回答的积极性，也能引发学生思考。同时锻炼了语言能力和思维品质。

②【评点】观看同龄人的视频能很好地吸引学生的注意力，更易引起他们的共鸣，给后面小组讨论高中生活做了很好的铺垫，同时培养了语言能力和学习能力。

張さんは学校でどのような一日を過ごしていますか。彼女の高校生活の一日についてどう思いますか?

このビデオの最後の一言は何でしたか?

设计意图：

通过观看身边的优秀案例，引发学生对于自己高中生活的自省。

核心素养培养目标：语言能力、学习能力。

第六步

教学活动：小组讨论，交流观点。

由对视频中张同学情况的提问自然地引申到学生身上，要求学生围绕以下三个问题进行小组内讨论，在学案第 2 页（附件 1）上进行记录：

では、皆さんの目標は何ですか。

その目標を実現するのに、高校生活は皆さんにとってどんな意義がありますか。

学校でどのようなことをしたらその夢の実現に役立ちますか。

讨论开始前，要求学生制定好小组内每个人的任务，包括「進行係」「タイムキーパー」以及「発表係」。并明确小组讨论完成后需要发表的内容为：“小组内各个同学的目标是什么？因此高中生活对他 / 她的意义是什么？在学校做哪些努力可以帮助实现这个目标？”①

小组发表时，教师需要对学生进行评价以及引导学生进行生生互评。

通过教师引导，让学生总结「高校三年間は長いように見えますが、実は短いです。もっと有意義にするために明確な目標を決めたほうがいいです。目標を明らかにしてから、努力すべきだ。」

设计意图：

1. 让学生分好角色后再进行小组讨论，有利于促进每个同学深度参与活动。

2. 第 6 课时曾让同学们讲述过自己的目标，因此学生可以很快地进入话题讨论。

评价不仅仅是教师对学生的，学生对学生的评价更能促进学生对于自身的反思。

核心素养培养目标：语言能力、思维品质、学习能力。

环节四：时间饼图，制定计划（14min）

第七步

教学活动：自主思考，制订计划。

教师通过以下提问，引导学生反思完善自己的时间安排。

では、みなさん、自分の目標と先自分が書いたスケジュール表を合わせて見てください。そのスケジュールは目標を実現するのに合理的なものですか。或いは、もうちょっと修正する必要がありますか。自分でよく考えてください。

---

①【评点】讨论时明确每人的任务，做到每人有事做，参与度高，这个小设置使小组讨论能更好地进行。

教师向学生展示时间饼图示例并发出指令，让学生思考自己的安排后，在学案第 3 页（附件 1）上用彩笔绘制出自己的时间饼图。

これからの時間は、自分のスケジュール表を修正し、PPT のこの図を参考にして、色鉛筆を使って自分の時間図を描いてください。

学生互评，促进思考：

请学生代表进行全班发表，教师对学生发表进行即时评价，其他学生利用「評価シート」（附件 2）进行评价。①

设计意图：

1. 时间饼图是一种常见的时间管理办法。它能够帮助人们将自己的时间可视化，一眼可见自己的时间用在了哪里？ 2. 班上大多数同学都有较好的绘画基础，因此引导他们用图画的形式来表达他们的计划更有助于激发他们学习和思考的兴趣。3.「評価シート」（附件 2）中包含了「目標の設定」「時間管理」「語彙、文法」「日本語の発音」「発表の姿勢」5 个维度。此外还另设了「アドバイス」「応援の一言」两栏。

核心素养培养目标：语言能力、思维品质、学习能力。

环节五：教师总结，情感升华（2min）

第八步

教学活动：教师带领学生结合发表者的发表内容，引导学生思考我们应该如何在高中生活中实现“中国学生发展核心素养”所提出的“文化基础”“社会参与”“自主发展”这三点要求？并鼓励学生努力实现自身的目标。

皆さん人一人がちゃんと目標を持って、それを実現するための計画を立て、充実した高校生活を送ることを願っています。皆さん、頑張ってください！

设计意图：

通过和学生一起总结本堂课的内容，帮助学生进一步明确努力的方向。

①【评点】生生互评这一环节能让学生了解自己的优点和不足，促使他们自省和共同进步。

核心素养培养目标：语言能力、思维品质。

板书设计（如下图所示）：

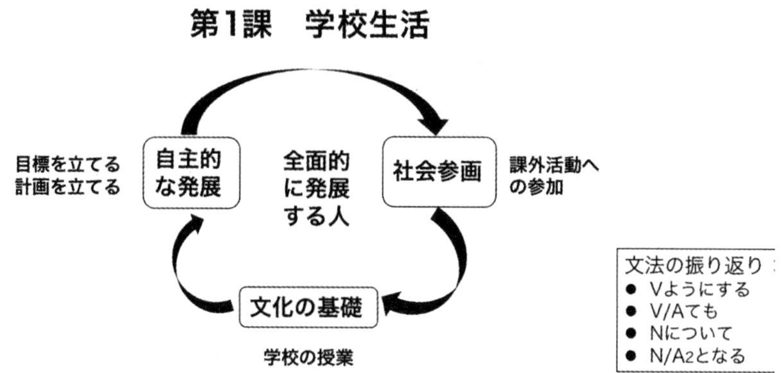

◎作业检测

作文

你准备参加本市高中生日语演讲比赛，演讲比赛的主题是“私の目標”，请你以此为题，写一篇演讲稿。

写作要点：

1. 说明你的目标。

2. 说说你为什么会有这个目标。

3. 仔细谈谈你为实现这个目标制定的高中生活计划。

写作要求：

1. 字数为 300—350 字。

2. 格式正确，书写清楚。

3. 使用「です・ます」体。

【总评】

秦老师这节课的教学步骤清晰，教学目标明确，教学模式多样。整体的教学设计充分体现了以学生为主体的教学原则。首先，秦老师通过阶梯式的“活动准备 1”和“活动准备 2”等多样化的教学活动使学生在理解、表达、探究和建构的过程中，循序渐进地完成了以时间饼图的方式制定高中生活计划的核心任务。其次，在学习模式上，秦老师采用了“个人思考”“小组活动”和“全班讨论”等多种模式，让学生发现问题、提出问题、讨论问题和解决问题。这些教学活动的设计，有利于学生全面提升日语的运用能力和核心素养。

秦老师的教学方法多样，其中在以下这几方面有很好的课堂效果。第一，将单词和语法放在语篇和情境下教学，有助于提升学生综合语言运用能力。第二，融入与课堂主题相关的视频素材，能活跃课堂氛围，激发学生的学习兴趣，引发共鸣。第三，在小组讨论环节，让学生分别认领角色，可以确保每个学生都能深入参与讨论。第四，在课堂的最后，让学生以彩图形式描绘出自己对未来的计划，希望让学生在心理感受上对自己未来的高中生活充满彩色的向往。最后，关注以学生为主体的评价，“以评促学，以评促教”，有利于提升学生的自我认知，促进学生思考。

总之，本节课的教学设计和教学效果都得到了很好的展现，是一节让学生在多样化的教学活动中全面提升语言运用能力和核心素养的好课。

“学校生活：度过有意义的高中生活”课堂实录

——新起点日语　第二册（外研版）　第1课

执教：龙华部　秦小聪
评点：龙华部　庄丽丹

师：他に誰か発表したい人がいますか。じゃあ、春さん、どうぞ。きれいな絵ですね。皆さん、上手ですね！

生：私の目標はいい美術大学に入ることです。そのために、このスケジュールを作りました。私は高校3年生の時、北京に行って美術を勉強します。だから、その半年は学校の授業を受けることができません。今学校にいるうちに他の人よりももっと頑張って勉強しなければなりません。私は勉強の効率を高めるために、授業の時は真面目に先生の話を聞きます。またメモもちゃんとします。

师：先生の話をよく聞く。それから、メモをする。大切ですね。いい勉強方法です。

生：そして、午後の授業の後は、美術部の部活に行きます。

师：美術部に参加していますか。そこで何をしていますか？

生：そこで絵を鑑賞します。

师：絵を鑑賞したりしていますね。じゃ、そこで絵の練習はしますか？

生：たまにはスケッチもします。夜の自習の時は、私は一日学んだことを復習します。

师：いい習慣ですね！①

生：いい美術大学に入るために、私は勉強も美術も一生懸命頑張りたいと思います。以上です。ありがとうございます。

师：頑張ってください。絶対にいい美術大学に入ることができると先生は信じています。皆さん、コメントがありますか。泉さん、どうぞ。

生：春さんの発表は全体的に良かったと思います。日本語の発音がきれいです。でも、ちょっと緊張しているようですね。そして、時間管理については、学校で絵を描く時間はちょっと少ないと思いました。もっと増やしたほう

①【评点】教师在与学生对话的过程中适当地对学生的想法和做法给予肯定，既鼓励了发言的学生，也对正确价值观的培养起了正面的引导作用。

がいいですね。①

师：いいアドバイスですね。ありがとうございます。他には誰か発表したい人がいますか。きくん、どうぞ。

生：春さんはちゃんと自分の目標を持っています。とてもいいです。それから、語彙と文法の使用には問題がないと思います。

师：いいですね。ありがとうございます。発表、お疲れ様でした。席に戻ってください。皆さん、評価シートを春さんに渡してくださいね。最後の1人ですが、発表したい人がいますか。じゃ、みずやさん、どうぞ。いい絵ですね。絵を描くことが上手ですね。皆さん、素晴らしい!

生：はい、皆さん、これは私の一日のスケジュールです。見てください。さっき高校生活について色々考えましたが、これから紹介します。私の目標は立派な音楽プロデューサーになることです。授業の時間は前のクラスメイトと大体同じですが、音楽のプロデューサーになりたいから、この3年間は私にとってとても重要なのです。時間を最大限に使わなければいけないと思います。昼休みの時や、放課後、音楽教室に通って音楽の専門知識を勉強します。その他に、他の科目の授業も真面目に受けなければなりません。

师：例えば、どんな科目ですか?

生：将来作曲や歌詞を書くことにはパソコンと中国語の知識が必要なのです。

师：ですから、学校のどの授業がみずやさんにとってとても重要ですか?

生：中国語の授業です。

师：中国語の授業は歌詞を書くのにとても大切な役割を果たしていますね。それから、自分で作曲をしたいので、コンピューターの授業もとても重要ですね。どうぞ続けてください。

生：学校の音楽部にも参加しています。

师：音楽部では何をしていますか?

生：普通は歌の練習とか。これから勉強を真面目にしながら、自分の夢のために努力したいと思います。以上です。ご清聴、ありがとうございました。

师：いい発表です。素晴らしい。さすが。皆さん、どうですか。コメントがありますか。呉くん、どうぞ。

生：みずやさんの一日のスケジュールの中で、勉強の時間もあって、音楽の時間もあります。よく時間管理をしていると思います。それから、発表の時、落ち着いて流暢に発表しました。とても素晴らしい発表だと思います。

师：そうですね。先生もそう思います。他にはどうですか。じゃ、とさかさん、どうぞ。

---

①【评点】生生互评这一环节很好地调动了全班学生的参与积极性，同学之间学会了互相欣赏，增强了信心。同时锻炼了核心素养中的语言能力和思维品质。

生：みずやさんはちゃんと自分の目標を持っていますね。

师：みずやさんへの応援の一言を書きましたか?

生：私たちはいつでもいつでも応援するよ！頑張ってください！

师：先ほどの3人の発表を聞いて、この3人は目標を実現するために、どのところが共通していますか。①

生：みんな真面目に午前と午後の授業を受けています。

师：ですから、この3人にとって学校の授業はとても大切ですね。それから、3人はちゃんと自分の目標を持っていますね。

生：程さんの目標は日本語の通訳になることです。春さんの目標はいい美術大学に入ることです。みずやさんの目標は音楽プロデューサーになることです。

师：ですから、みんな自分の目標を立てていますね。それから先ほどのスケジュールの図を見まして、3人とも自分の計画も立てていることが分かります。この3人は授業時間以外にはどのような努力をしていますか?

生：程さんはアニメ部、春さんは美術部、みずやさんは音楽部に参加しています。

师：ですから、3人とも課外活動に熱心に参加していますね。じゃ、皆さん、パワーポイントを見てください。この図を見てください。実はこれは国が私たち高校生への期待です。じゃ、皆さんこれを見て、この図のどこに合っていると思いますか。学校の授業は何でしょう?

生：文化基础。

师：日本語で言うと、「文化の基礎」ですね。それから、「目標を立てる」「計画を立てる」ことは何でしょう?

生：自主发展。

师：「自主的な発展」ですね。最後に、「課外活動への参加」はどれでしょう?

生：社会参与。

师：日本語では「社会参画」と言います。じゃ、ここの「文化の基礎」「社会参画」「自主的な発展」この3点揃えたら、私たちはどのような人になりますか?

生：全面的に発展する人になることができますね。

师：ですから、この3点はどれも欠かせないものですね。皆さん、高校時代にちゃんと自分の目標を立て、またこの目標を実現するための計画を立て、充実した高校生活を送ることを先生は心より願っています。皆さん、頑張ってください！②

生：はい、頑張ります！

---

①【评点】教师对三位同学的发言内容进行了提问，学生总结并发现树立目标的重要性和实现目标需要做出怎样的努力。

②【评点】教师通过师生对话层层引导，让学生了解到高中生活中要实现怎样的要求。鼓励学生为之努力并祝愿学生能够过充实的高中生活。这个总结升华可以说是本堂课的点睛之笔。

师：还有同学想上台来做展示吗？有请夏尘鹿同学，夏尘鹿同学的画真的太棒了！

生：我的目标是考上有名的美术大学，因此我给自己制定了如图所示的时间规划。高三我将会去北京学习美术，学习美术的那半年我将无法在学校学习文化课。因此，我必须趁现在在学校的时间更加努力学习。为了提高学习效率，上课时我要认真听老师讲课，也要认真地做好课堂笔记。

师：上课认真听讲，此外认真做好笔记，的确都非常重要，老师也认为这是很好的学习方法。

生：下午下课后，我也会坚持去美术社团。

师：哦，原来你还参加了学校的美术社呀，一般在美术社都做什么呢？

生：会鉴赏一些画作之类的。

师：那也会练习画画吗？

生：有时也会做素描练习。晚自习回班后我会整理复习一天的学习内容。

师：这也是特别好的学习习惯呢！

生：为了进入有名的美术大学进行学习，我无论是学习还是画画都会继续不断努力。我的展示到此结束，谢谢大家。

师：加油！老师相信你一定能考上很棒的美术大学。大家结合评价表，针对夏尘鹿同学的发言，有什么评价或感想吗？

生：夏尘鹿同学的展示整体来说很棒，日语发音准确表达流畅。但她看上去有点儿紧张。此外，在时间管理方面，我认为她花在美术练习上的时间还可以更多一些。

师：的确是非常好的建议，感谢陈桢文同学的点评。还有其他同学想点评吗？有请綦鹏瑞同学。

生：夏尘鹿同学有明确的目标，这一点我认为非常棒。此外，在展示中，她的日语词汇和语法使用都很准确。

师：的确，感谢綦鹏睿同学的评价，感谢夏尘鹿同学的展示，请回座位。同学们，请将写给夏尘鹿同学的评价表都传给她吧。最后还有一个上台展示的机会，哪位同学想发言？好的，那有请王岭雁同学。哇，王岭雁同学也画得非常好呢，大家都太棒了！

生：同学们请看，这是我画的我一天的生活安排。在刚刚的课程中关于自己的高中生活，我思考了很多，我想和大家一起分享。我的目标是将来成为一名优秀的音乐制作人，因此三年的高中学习对我来说特别重要。我必须充分利用时间，午休时间和放学时间我都会去音乐教室学习音乐专业知识。此外，其他课堂上的文化知识我也必须认真学习。

师：比如什么学科呢？

生：将来我作曲和写歌词会用到电脑和中文知识。

师：因此学校的哪些课程对你而言很重要呢？

生：语文课。

师：的确，语文能力对于写歌词起到非常重要的作用。此外，如果想自己作曲，计算机课也是十分重要的。

生：我还参加了学校的音乐社团。

师：在音乐社团参加些什么活动呢？

生：一般会练练歌。接下来的高中生活我将继续认真学习，为了自己的梦想努力。以上就是我的展示，感谢大家的聆听。

师：特别棒的展示，同学们针对王岭雁同学的展示有什么评价吗？有请吴振熠同学发言。

生：在王岭雁同学一天的时间安排中既有学习的时间，也有练习音乐的时间，她将自己的时间利用得很充分。而且王岭雁同学在面对全班同学用日语做展示时，十分流畅自然，我认为她整体展示得非常棒。

师：的确如此，老师也有同感。还有其他同学想发言吗？有请李嘉维同学。

生：王岭雁同学有明确的高中生活目标。

师：李嘉维同学写了给王岭雁同学加油鼓劲的话吗？

生：我们永远会支持你的！加油！

师：同学们，听了以上三位同学对自己目标以及高中生活规划的描述，大家认为他们的共通点是什么地方呢？

生：大家都认真地学习学校安排的上下午的课程。

师：也就是说，对于三位同学来说，学校的课程对于他们而言都是十分重要的。此外，三位同学都分别有自己明确的目标。

生：程子珂同学将来想成为日语口译，夏尘鹿同学想考上知名的美术大学，王岭雁同学想成为音乐制作人。

师：也就是说每个人都为自己设定了目标。而且刚刚三位同学都用图画的形式给我们展现了他们的时间安排，每个人都设定了详细的学习生活计划。那么，在课堂时间以外，这三位同学都做了什么努力呢？

生：程子珂同学参加了动漫社，夏尘鹿同学参加了美术社，王岭雁同学参加了音乐社。

师：因此，可以看出每位同学都非常积极参加了与自己想学专业相关的社团。接下来我们一起来看这张 PPT。同学们，这张图上展示的是国家对于高中生培养的目标设计，其中包括了文化基础、自主发展、社会参与三项。那么“学校での授業”对应的是哪一项呢？

生：文化基础。

师：日语中的说法是“文化の基礎”，此外，“目標を立てる”和“計画を立てる”对应的是哪一项呢？

生：自主发展。

师：最后“課外活動への参加”对应的是？

生：社会参与。

师：日语中的说法是“社会参画”，因此当我们同时具备了“文化基础”“自主发展”“社会参与”这三项后，我们将会成长为怎样的人呢？

生：全面发展的人。

师：因此，这三点的每一点都是我们成长中不能缺失的要素。同学们，在高中生活阶段，一定要确立自己的目标，而且要为实现该目标制订好相应的计划，老师祝愿每位同学都能度过充实的高中生活。同学们，加油！

生：好的，我们会加油的！

【总评】

秦老师在此部分的实作上充分表现了教师在培养学生核心素养时起到的引领作用。在执教过程的师生对话中，秦老师通过恰到好处的总结，赞扬与鼓励，很好地激发了学生表达愿望，增加了学生的自信心。没有发表的学生也通过生生互评，积极地参与到课堂中来。这样的对话，对语言表达较弱的学生来说是很好的训练，是基于学情而设置的实用且有效的操作方式。此外，课堂结束时的总结更让学生认识到，想要度过充实、有意义的高中生活，必须树立目标，制订有效的计划并为之努力。

"社会服务：志愿服务是光荣的！"课堂设计

——现代西班牙语　第二册（外研版）　第十四课

设计：高中部　肖煜杭
评点：高中部　张　研

◎本课时学习目标

本课时学习目标分为四部分，每个目标对应新课标四大核心素养要求，[①]具体学习策略与能力要求如下：

目标 1——语言知识：通过听说读写四大模块的训练，学生掌握志愿活动相关词汇表达，训练学生利用本课题要求掌握的时态——陈述时现在完成时，完成有效传递信息，表达意图与观点等交际任务，提高学生口语表达能力与写作能力。

目标 2——思维品质：通过课堂听说训练，提高学生听力概括能力、阅读与口语表达的思维逻辑能力与创造性思维能力。

目标 3——文化意识：本课教学主题与实际生活相结合，学生了解公益活动的内涵与外延，探讨社会实践的意义，鼓励学生积极参加志愿活动，激发社会服务意识，培养社会责任感。

目标 4——学习能力：通过课堂提问与思考、讨论与展示环节，提高学生在西班牙语学习过程中形成主动学习与自我提升的能力，学会不断总结，掌握学习策略，形成团队合作意识。

◎本课时学情分析

学生在上节课中已初步学习现代西班牙语第二册第 14 课课文《社会服务》，包括核心词汇与语法现在完成时的基本结构与常见用法，学生能用西班牙语简单描述图片、发表看法，但学生的时态使用能力、听读能力与口语表达能力有待加强，在该话题的词汇与知识储备有限。学生已根据本课时课前要求，完成问卷与扩展阅读（见补充材料），但完成情况参差不齐，需在本课时做进一步的引导和训练。

①【评点】课堂目标对应新课标的学科核心素养的四个方面，从语言知识、思维品质、文化意识和学习能力入手，让学生知道他们将要学习的具体知识和技能，课程目标清晰明确。

◎课堂导入语 ①

Alguna vez habéis participado en actividades de voluntariado? Quizás algunos de ustedes hayan ayudado a sus vecinos a limpiar el patio, o hayan participado en ventas de beneficencia en la escuela, o se hayan unido a un equipo de voluntarios en alguna comunidad. En nuestras vidas, el voluntariado está en todas partes, no solo es beneficioso para los demás y la sociedad, sino que también puede brindarnos crecimiento y recompensas personales. En la clase de hoy, profundizaremos en la importancia y el significado de las actividades de voluntariado, y discutiremos los beneficios del voluntariado en nosotros mismos y en la sociedad.

大家是否曾经参加过志愿活动呢？有些同学可能帮助过邻居打扫院子，或者在学校参加过义卖活动，或者加入过某个社区的志愿者团队。在我们的生活中，志愿活动无处不在，不仅有利于他人和社会，还可以给自己带来成长和收获。在今天的课程中，我们将深入了解志愿活动的重要性和意义，并探讨志愿活动对于我们自身和社会的影响。

任务 1：Compartir la experiencia como voluntario 讲述志愿经历（5 分钟）②

¿Sabéis que en nuestra escuela existe una asociación estudiantil que consiste en organizar actividades del voluntariado?

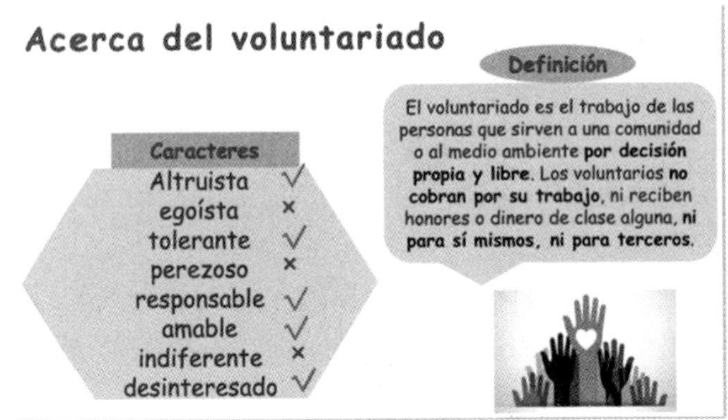

¿Sois voluntarios de nuestra escuela? ¿Tenéis algunas experiencias como voluntario dentro o fuera de escuela? Cuéntanos tus últimas experiencias de voluntariado en dos o tres frases.

向学生展示深外义工联三十年校庆、体育节等活动照片，询问学生有无在校或校外志愿经历？并请同学们用两三句话简要分享近期志愿活动经历并做出评价。③

---

①【评点】本节课通过学生日常生活中亲身经历的义工活动来作为导入语，成功吸引了学生的注意力，预设了整堂课的学习氛围，为接下来的内容做了很好的铺垫。

②【评点】该环节让学生讲述自己的故事，激发了学生对于本节课主题“社会服务”的兴趣，让学生主动参与课堂的教学，激发学生思考和探究的欲望。

③【评点】该过程展示了学校义工联的一些活动照片，并加入学生的简短评价，增加了情感因素，使得整节课更为生动。

此环节练习的语言知识点： Pret é rito perfecto 陈述时现在完成时①

v

此环节练习的句型：

表达经历 : He trabajado como voluntario de.... participar en-- tomar parte en

表达评价：Ha sido un placer ..... Creo-pienso-considero que fue una experiencia inolvidable-interesante-beneficiosa...

说明：通过展示深外学子的志愿活动，将教学主题与实际生活相结合，引起学生共鸣，从而调动学生的表达积极性，活跃课堂气氛。要求学生使用第 14 课重点语法陈述式现在完成时讲述志愿经历，加强学生对新语法时态的掌握，并锻炼其语言综合运用能力。

任务 2：Entender bien el voluntariado 探究志愿活动（15 分钟）②

Participar en las prestaciones sociales a veces no significa entender realmente el significado del voluntariado y la importancia que lleva para los individuos y para la sociedad. Habéis pensado cómo se define el voluntariado y cuáles son sus importancia para nosotros mismos y para toda la sociedad?

参加志愿活动并不意味着真正了解这项服务，我们是否曾经在参加志愿者活动之余停下来思考其含义，及其对个人与社会的重要性呢？请同学们思考以下问题：

（1）¿Cuál es la definición del voluntariado? 志愿活动的定义是什么？

（2）¿Cuáles son las personalidades necesarias para ser un buen voluntario?③ 在了解了志愿活动的定义后，我们一起来探讨哪些品质是作为一名志愿者所应当具备的？请同学们看屏幕上的几组形容词，尝试用西班牙语解释黑板上各个形容词含义并判断该品质是否是作为志愿者应该具备的。

（3）¿Qué actividades del voluntariado podemos hacer como estudiantes y dónde se realizan las dichas actividades? 作为学生，我们可以在哪些场合进行何种志愿活动？

---

①【评点】该环节将新学的时态有效穿插、融入本课的主题情境中，既巩固了学生新学的语法时态，又能够将语法理论和实际生活相结合，体现了核心素养当中的语言知识与思维品质的相结合。

②【评点】探究性活动的环节，由点及面，由浅入深，由表象探究到深层探究，培养了学生的文化意识和学习能力的学科素养。

③【评点】运用与主题相关的单词和短语，扩充学生的词汇量，丰富学生的语言表达，提升学习能力。

（4）¿Escucha el audio, anota y piensa, ¿cuáles son las importancias y razones para ser voluntario? (Desde un punto de vista del individuo y la sociedad) ① 请同学们观看一段视频，边听边做笔记，记录视频关键信息，思考参加志愿服务对个人及社会的重要性。

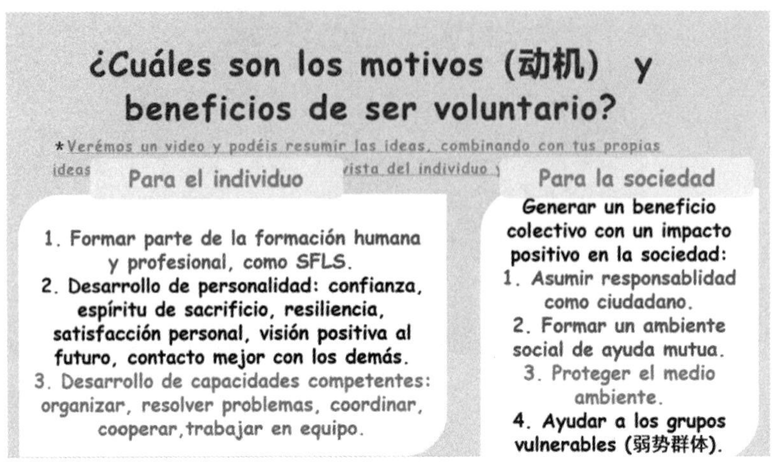

¿Cuáles son los motivos (动机) y beneficios de ser voluntario?
*Verémos un video y podéis resumir las ideas, combinando con tus propias
Para el individuo
1. Formar parte de la formación humana y profesional, como SFLS.
2. Desarrollo de personalidad: confianza, espíritu de sacrificio, resiliencia, satisfacción personal, visión positiva al futuro, contacto mejor con los demás.
3. Desarrollo de capacidades competentes: organizar, resolver problemas, coordinar, cooperar, trabajar en equipo.
Para la sociedad
Generar un beneficio colectivo con un impacto positivo en la sociedad:
1. Asumir responsablidad como ciudadano.
2. Formar un ambiente social de ayuda mutua.
3. Proteger el medio ambiente.
4. Ayudar a los grupos vulnerables (弱势群体).

此环节重点练习的句型：

表达定义：El voluntariado significa--suponer--consiste en-.....

表达志愿者品质：Un voluntario debe ser....., y no debe ser......

表达重要性：Servir de voluntario puede aumentar nuestra confianza ....desarrollar las capacidades como......

说明：通过一系列引导性提问，引导学生思考志愿活动的含义，学习志愿者品质特点、志愿活动类型与场所等词汇表达，对志愿活动具有系统性的认识与见解。通过播放视频，训练学生在听力中抓取信息、总结概括、迁移思考的能力。最后，学生思考并回答志愿活动的重要性，在此过程中锻炼其口语表达能力与语言知识综合运用能力。该环节能由浅入深地引导学生进行思考与探索主题，为后面环节的口语表达产出做好知识基础与态度铺垫。

参考回答：

Desde el punto de vista del individuo, mediante el voluntariado, podemos desarrollar las personalidades y las capacidades, como la confianza, espíritu de sacrificio y obtener satisfacción mental. También podemos desarrollar mejor las capacidades de comunicación y trabajo en equipo.

Para la sociedad, se puede generar un beneficio colectivo con un impacto positivo en toda la sociedad: como podemos asumir la responsabilidad como ciudadano, formar un ambiente social de ayuda mutua, proteger el medio ambiente y ayudar a los grupos vulnerables.

①【评点】该环节利用听、写和表达三个步骤，锻炼学生提取关键信息和概括的能力，让学生主动参与课堂活动，勇敢表达自己。

任务 3：Leer el texto y contestar las preguntas 阅读理解（5 分钟）①

同学们快速阅读课堂补充文章，并口头回答以下问题：

1.¿Qué actividad del voluntariado hago yo todos los miércoles? “我”每周三参加什么志愿活动？

2.¿Cómo me parecía en los primeros días del voluntariado y cómo cambié después? 最开始“我”是怎么想的，后来想法怎么改变了？

3.¿Cómo pienso yo la relación entre el acompañante y el acompañado? “我”认为陪伴者与被陪伴者的关系是怎样的？

4.¿Qué beneficio pienso yo para ser voluntariado?“我”觉得当一名志愿者有什么好处呢？

说明：通过短篇快速阅读，该任务旨在训练学生理解文本主旨，抓取关键信息，归纳总结等综合阅读能力，通过文章中主人公志愿活动心态转变，让学生设身处地思考志愿活动对个人的影响以及对社会的意义。

任务 4：Discusión y presentación 课堂讨论与展示（15 分钟）②

将学生分成五个组，每组可选以下其中一个话题进行讨论，讨论时间为 6 分钟，讨论完毕后每组选择一名代表上台做展示总结，每人时间 2 分钟。

（1）¿Cómo entiendes la frase ¡El voluntariado tiene premio! ? 如何理解任务 3 阅读文章中标题的这句话？

（2）¿Cómo equilibras el voluntariado y el estudio? 如何平衡好学习与志愿活动之间的关系？

（3）¿Durante el bachillerato en SFLS, es obligatorio contar con 50 horas de voluntariado antes de graduarse. Ahora, piénsalo, ¿cómo vas a distribuir las 50 horas de voluntariado durante los tres años en SFLS?

在深外高中期间，所有学生必须完成 50 个公益时。请思考：你将如何分配深外要求完成的 50 个公益时？

说明：该环节旨在锻炼学生结合生活实际进行口语表达的能力，培养学生自主学习意识与发散性逻辑思维。学生在小组讨论中能形成团队合作意识，激发学习兴趣，让学生在课堂中有更多参与感。学生上台展示讨论结果，能锻炼其公众演讲能力，培养课堂参与意识，增强自信心与交流能力。在小组讨论环节中，教师应走下讲台巡视与学生交流，确保每个话题至少有一组学生讨论研究，观察学生讨论状态，并对各小组做出对应指导。在成果展示环节，教师根据学生展示表达进行反馈与提问，实现师生之间的良性互动。

---

①【评点】该环节要求学生在有限的时间内阅读文章，并且提取出相关问题的回答，对学生思维品质达到很好的锻炼。

②【评点】课堂讨论作为整堂课的最后一部分，起到总结和综合应用的作用，应该是整堂课最出彩的环节。

附：

课堂阅读：

¡El voluntariado tiene premio!

Las razones para ayudar son infinitas. En varias ocasiones me he informado de qué podía hacer para ser voluntario y ahora me han admitido como asistente en una residencia de ancianos, adonde voy ahora todos los miércoles después de salir de la oficina.

Los primeros días tenía miedo de no ser útil, pero al poco tiempo me di cuenta de que no hacía falta tener mucha habilidad técnica concreta sino que simplemente había que dar la compañía.

De hecho “el acompañante” y “el acompañado” tienen la misma condición humana. No creo que la satisfacción de la persona a la que acompaño sea mayor que la mía. Somos simplemente dos personas que comparten algo. Deseo que mi pequeña experiencia pueda servir para que más personas se animen a hacer algo parecido, no solo por el bienestar de nuestros mayores sino también por el de cada persona que entrega un trocito de su tiempo. ¡El voluntariado tiene premio!

◎课堂小结

本课时的教学重点是能够运用志愿服务活动相关表达用语进行语言交际活动。教学过程中主要运用任务驱动与小组合作探究等方式,锻炼学生的听说读的综合语言能力，以及独立探索、合作和交际能力，培养学生的社会服务意识，增强社会责任感。

◎作业检测

阅读一篇关于志愿者的文章，并完成相关练习。

Hoy en día el voluntariado está extendido en muchas naciones. La experiencia de ser voluntario es muy personal, pero para uno que nunca participa en esta actividad, es importante conocer las siguientes razones que ofrece el ser voluntario.

1. Tener contactos con la vida actual. Los voluntarios pueden darse cuenta de los problemas que existen alrededor de nuestro entorno real.

2. Lograr una experiencia preciosa, y realizar los conocimientos que se han aprendido. Las empresas y las universidades prestan cada día más la atención a la realización de un voluntariado, porque demuestra que tiene más competencia social y la habilidad cooperativa.

3. Mejorar la autoestima y el punto de vista del voluntario, a través del contacto directo con distintas personas. Las personas que fueron o son voluntarios tienen una actitud más positiva. Tienen más confianza.

4. Perfeccionar nuestra vida, tanto por ayudar a personas, familias como a proteger o cuidar el medio ambiente.

En fin es muy aconsejable ser voluntario en el tiempo de ocio. Nos avudará a apreciar el mundo de otra manera y cambiara completamente la forma de pensar y sentir.

1. Actualmente el voluntariado...
A. Está en lento desarrollo.
B. Está extendido en todo el mundo.
C. Ya está fuera de moda.

2. Los voluntarios pueden...
A. Sentir los problemas de nuestro lado.
B. Lograr una experiencia aburrida.
C. Tener una actitud negativa.

3. Las empresas y universidades prestan atención al voluntariado porque...
A. Demuestra la autoestima.
B. Demuestra la competencia individual.
C. Demuestra la competencia social y hablidad cooperativa.

4. Es muy aconsejable ser voluntario ...
A. En tiempo de trabajo.
B. En tiempo de descanso.
C. En tiempo de ocio.

5. El título del artículo puede ser...
A. Las razones para ser voluntario.
B. ¿Cómo puede ser voluntario?
C. El voluntariado cambiara la forma de pensar y sentir.

Claves:
BACCA

回顾本节课所学习过的关于志愿活动的知识，布置课后作业：选择课堂讨论三个话题中的一个，完成一篇 100—150 字的小作文。[①]

说明：

本课时以志愿服务为主题，综合锻炼了学生的听、说、读的能力。课后作业以志愿服务为主题，引导学生进一步深入思考社会服务的意义，同时充分运用课堂所学内容，将口语练习成果转移到写作之中，将输入有效转化为产出，重点锻炼学生的阅读和写作能力。

【总评】

我们评价一个好的课堂，一个成功的课堂，首先应从教学目标上来分析。教学目标是否明确，是否与学生的需求相符合，是否与教学的内容相符合，并且是否能够激发学生的兴趣，是否具备可持续性。本节课是在学生已初步学习课文《社会服务》基础上的拓展课，并且在教学内容上兼顾本课新学的语法知识点现在完成时，符合学生的需求和教学需求；课堂上老师通过听、说、读、写四大模块对学生进行训练，对应了新课标中要求的语言知识、思维品质、文化意识和学习能力四大学科核心素养的要求。课堂目标清晰明确，一目了然，学生能够知道他们将要学习什么内容，以及这些内容为什么重要。

其次，从教学思路的设计上来看。本节课老师对于教学内容的设计与教学目标紧密相关，并且结合了高中学生的年龄、兴趣、能力和认知等因素，围绕学生感兴趣的话题和亲身的经历展开话题和讨论。整节课采用的教学方法也多种多样，除了老师的讲授和引导，还通过学生的演示、讨论、小组合作、实践等多种形式，使得整个课堂丰富多彩。在教学的顺序上，老师也是花了心思，从简到难，从表到里，先运用课本的知识点和词汇，再补充词汇，拓展到学生课外的亲身经历。从具体讲述跟主题《社会服务》有关的细节和小事，再延伸到整个社会层面“社会服务”的重要性，最后再倡议全社会都来参与，为学生树立了正确的人生观和价值观，这也顺利地扣紧了课标中“思维品质”和“文化意识”的核心素养，从这个方面也使得整节课得到了升华。

总而言之，本节课无论是从教学目标、教材的处理，还是教学思路的设计和课堂结构等方面，都是一堂不可多得的好课。

① 【评点】课后作业部分，让学生回顾本堂课的内容和过程，将课堂上的讨论和自己的思考，构成系统的文字，成功地为本节课画上一个圆满的句号。

“社会服务：志愿服务是光荣的！”课堂实录

——现代西班牙语　第二册（外研版）　第十四课

执教：高中部　张迪昕

评点：高中部　张　研

Profesora: ¿Habéis pensado cuáles son los motivos y beneficios de ser voluntario? Vamos a responder esta pregunta desde la perspectiva del individuo y de la sociedad, combinando con el video que hemos visto. ¿Quién puede contarme los beneficios que tiene desde la perspectiva del individuo?①

Estudiante 1: Desde la perspectiva del individuo, no solo dedicamos a la socidad, sino también recibimos mucho. Por eso, tenemos que aprender a entregarse y ser generoso.

Estudiante 2: Gracias al voluntariado, las personas van a ser más sacrificados, entregados y generosos. De esta manera, contamos con una sociedad más harmoniosa.

Profesora: Muy bien. Resumimos un poco desde la perspectiva del individuo. Primero, forma parte de nuestra formación profesional. Por ejemplo, en nuestra escuela se requieren 50 horas de voluntariado antes de graduarse. En segundo lugar, podemos desarrollar las personalidades y las capacidades, como la confianza, espíritu de sacrificio y satisfacción personal. Tercero, desarrollamos mejor las capacidades de comunicación y trabajo en equipo. Ahora, ¿algunos de vosotros quieren compartir con nosotros sus opiniones desde la perspectiva de la sociedad?

Estudiante 3: Tendremos una sociedad mejor. Por un lado, las experiencias de voluntariado ayudan a la gente a ponerse en el lugar del otro. Por ejemplo, las personas que han ayudado a imponer el orden en algunas ocasiones siempre recordarán obedecer las disciplinas. De esta manera, la sociedad será más ordenada y harmoniosa. Por otro lado, ayudamos a los grupos vulnerables mejor. Prestamos más atención en las dificultades que enfrentan y ofrecemos ayuda en los casos posibles.

①【评点】老师以问题作为导入语，考虑到了学生的需求和背景，有效地激发了学生对于这节课的好奇心和积极性，为整堂课创造了一个好的开端。

Profesora: Muy bien. Aprendemos mucho de las experiencias del voluntariado, que es beneficiosos para nosostros mismos. Al mismo tiempo, también asumimos las responsabilidades como ciudadanos y formamos un buen ambiente social de ayuda mutua, incluso podemos proteger el medio ambiente y ayudar a los grupos vulnerables.

(Omisión de Tarea 3)

Profesora: Vale, seguramente en las partes anteriores habéis entendido bien el significado, las características y la importancia del voluntariado. Ahora vamos a entrar en la parte de discusión y presentación. Dividimos toda la clase en cinco grupos. Vamos a imaginar, compartir e intercambiar ideas. Aquí tengo tres preguntas: ¿Como entienden la frase¨el voluntariado tiene premio¨? ¿Cómo equilibran el estudio y el voluntariado? ¿Cómo distribuyen las 50 horas de ser vluntarios exigidas por SFLS? Cada grupo puede elegir una de las preguntas para discutir. Tenéis 6 minutos para discutir ! ①

(Discusión en grupos)

Profesora: Ya está la hora. Vamos a ver. ¿Quién va a ser el primero que hace la presentación aquí?

Estudiante 4: Nuestro grupo elige la primera pregunta. ¿Como entienden la frase¨el voluntariado tiene premio¨? Dividimos esa pregunta en dos partes：el individuo y la sociedad. Desde la perspectiva del individuo, podemos mejorar nosotros mismos con el voluntariado. Por ejemplo, puedes conversar mejor con otros. También tenemos mejor capacidades que son muy importantes para el futuro profesional. En cierto sentido, es un tipo de premio para nosotros. Podemos imaginamos una situación，un huérfano no tiene padres ni compañeros. En este caso, los voluntarios que le acompañan y ofrecen ayuda salvan su vida.!El premio de salvar la vida de una persona vale mucho. Es decir, el premio que obtienen los voluntarios no es algo real sino espiritual. Llevamos el amor al mundo y vivimos en una sociedad más cariñosa. ②

Profesora: ¡Qué bien! No nos ofrecemos como voluntarios para recibir recompensas, sino para construir juntos una sociedad mejor. Entonces, para nosotros los estudiantes de secundaria, ¿cómo equilibrar razonablemente el servicio voluntario y los estudios? ¿A cuál grupo le gustaría compartir este tema con nosotros?

Estudiante 5: No es fácil equilibrar el estudio y el voluntariado. Tenemos unas ideas. Primero, tenemos que estudiar bien. Porque si quiere ofrecer ayuda a otros

---

①【评点】在该环节中，老师通过举例让学生谈谈对“社会服务”这一话题的态度和看法，成功引导学生树立正确的人生观和价值观。

②【评点】该环节为探究性学习，通过讨论话题、自主思考、独立解决问题等方式，培养了学生的逻辑思维、创造性思维等多方面的思维能力。

compañeros en el estudio, será necesario que entienda correctamente los conocimientos. Siguiente, podemos participar en las actividades que se efectúan en el campus. Ayudar a nuestros compañeros y profesores es práctico y útil. Tercero, tenemos que aprovechar bien el tiempo en las vacaciones. Por último, tenemos que desarrollarlo como parte de nuestra naturaleza. Es decir, no nos cuesta tanto pensar en ofrecer ayuda sino lo hacemos en la vida diaria.①

Profesora: Estupendo. Hacemos el voluntariado no solo para recibir el premio sino también hacer una contribución a la sociedad. Esperamos que tengamos una sociedad mejor con nuestra acción. Mientras dedicamos, también recibimos de la sociedad. Así es una relación mutua entre la sociedad y el individuo.

师：大家有没有想过，我们为什么要做志愿服务？志愿服务有什么益处呢？让我们从个人和社会这两个角度，结合刚刚大家看的视频，一起探讨一下这两个问题。首先，谁能告诉我，做志愿服务对我们个人而言，有何重要性？

生 1：从个人的角度来说，社会给予了我们很多，我们也应当有所回报。因此，我们应该学会给予，学会奉献。

生 2：通过志愿服务，人们会变得更加乐于助人，乐于奉献。这样一来，我们的社会就会变得更加和谐。

师：说得好，让我们来总结一下，从个人的角度来说志愿服务的益处。首先，志愿服务是我们教育的一部分。比如说，我们学校就要求所有学生在毕业前必须修满 50 学时的志愿服务时长。其次，通过志愿服务，我们可以发展和完善综合素养和个人能力，比如增强自信心、培养奉献精神和提高个人满足感。第三，我们可以在志愿服务中提高沟通能力和发扬合作精神。那么从社会的角度来说呢？志愿服务有什么益处？

生 3：我们会有一个更加和谐美好的社会。一方面，志愿服务可以让人们换位思考。举例来说，在某些场合下曾经帮助维持秩序的人往往会在后续的生活中更加遵守规则。这样一来，我们的社会就会更加和谐、友爱、有秩序。另一方面，提供志愿服务可以让我们为弱势群体提供力所能及的帮助。我们能够更加及时地关注他们面临的困难并且提供力所能及的帮助。

师：很好！我们在志愿服务的过程当中学习到了很多的经验，这些经验对我们个人来说弥足珍贵。同时，我们也承担起了公民的责任，创造了一个和谐互助的美好社会，同时我们也可以在环境保护、弱势群体保护上出一份力。

（略过任务 3）

师：经过先前的思考与训练环节，相信大家对志愿活动的含义、特点以及重要性已经有一个较为清晰的理解。接下来，请各位同学们分成五个小组来进行小组讨论。让我们一起来想象、分享和交换彼此的看法和意见。这里有三个问题，请每个小组的同学选择其中的一个问题来讨论：你怎么看待“志愿服务是光

①【评点】学生通过课堂讨论和展示，充分展示了自己的才华和特长，增强了自信心，促进了同学之间的合作和团队精神的培养，从而提高了学生的批判性思维和判断力。

荣的”这个说法？怎么平衡志愿服务和学业？以及怎么分配深圳外国语学校要求的 50 个志愿服务时？大家有 6 分钟的时间，赶紧行动起来！

（小组讨论）

师：时间到。有哪位志愿者想第一个上台来跟我们分享你们小组的讨论成果呀？

生 4：我们小组讨论的是第一个问题，怎么理解“志愿服务是光荣的？我们把这个问题分成两部分来解析：对个人和对社会。从个人的角度来说，我们可以通过志愿服务来提升自我。举个例子，通过做志愿服务，我们可以提高沟通能力。提高我们的个人能力对我们未来的职业发展至关重要。从某种程度上来说，这正是一种光荣的奖励。让我们假设一个情景，如果有一个无父无母的孤儿，志愿者们能陪着他、帮助他，那么无异于拯救了他的生命，甚至改变了他的命运。对于这些志愿者们来说，救赎他人是一件多么有意义的事情呀！其实，志愿服务是光荣的并不是说做志愿者可以给我们带来多少奖励或荣誉，而是可以给我们带来精神上的奖赏和满足。我们把爱带到这个世界，在一个充满爱的和谐社会里生活。

师：说的真好！我们做志愿服务并不是为了获得奖励，而是为了一起建设一个更加美好的社会。那么，对我们中学生来说，要怎么合理地平衡志愿服务和学业呢？哪一组的同学想向大家分享这个话题？

生 5：要平衡学业和志愿服务并非易事。我们小组的同学认为，首先我们应该认真学习。因为如果我们对学业有所得，那么在其他同学向我们请求帮助的时候，我们就可以给予正确的建议和指导。其次，我们应当积极协助校园内的活动。力所能及地为身边的老师和同学提供帮助。第三，我们应当让提供帮助成为我们的天性。不需要天天费劲地想着去提供帮助，而是在日常生活的一点一滴中落实。

师：很好！我们做志愿服务并不仅仅是为了获得奖励，而是为了对社会有所贡献。我们希望社会能因为我们的行动变得更加美好。在我们收到社会给予的诸多温暖之时，也能为社会贡献我们的一份力量。这样才是个人与社会之间的“双向奔赴”。

【总评】

教师在课堂实作上是可圈可点的，以志愿服务的重要性为问题导向，不仅训练学生的西班牙语表达力，也润物无声地实现了人文教育。尤其可贵的是，教师在总结志愿服务的重要性时，按第一、第二、第三分条列举的方式表达，这体现出教师注重逻辑的清晰性。清晰是课堂的第一美学追求。倘若教师的表达及思维都做不到清晰干净，那长时间的影响下，也可能导致学生的思维清晰习惯缺失。

另外，教师执教过程中，充分体现了激励原则，从学生的回答看，教师的激励习惯给学生带来了课堂积极发言和主动表达的习惯。表达的质量是第二位的，表达的愿望才是第一位的。习得一门外语，首要的就是激发其主动发言和积极表达的愿望。达到了这样一种状态，再去探讨发言和表达的质量才是有意义的。

“不同的国家，不同的习俗”课堂设计

——新编大学德语 第四册（外研版） 第六单元

设计：高中部 冯媛媛
评点：高中部 戴沁儒

◎本课时学习目标

本课时有以下三点学习目标，每个目标对应培养学生的知识与技能、过程与方法、情感态度与价值观，具体为：

目标 1：通过对知识点的归纳整理与完成相关任务的强化练习，学生能够掌握关于“对比”的多种德语表述方法，并能够自如运用到正确的表达中。

目标 2：学生通过分组学习方式，提升自身与他人沟通交流、合作的能力；通过比较学习的方式，培养学生收集处理信息、进行联系、比较的能力，形成创新的思维品质。

目标 3：学生通过对对象国与本国国情文化的对比分析，增强对文化差异性的理解，正确看待文化多样性，提升自身跨文化理解与交际能力。

◎本课时学情分析

在以往的学习中学生已接触学习过诸多相关词汇与短语句式来进行对比表达，但所掌握的知识点还较为零散，未形成知识体系，导致记忆不够深刻，无法有效灵活地运用到实际的交际活动中，同时口语表达的准确性也有待加强。在进行外语学习时，学生们加强了对于对象国国家语言、文化、国情的学习与了解，但更需要培养同学们在立足本国国情与文化的基础上，增强对文化差异性的理解，提升自身跨文化理解力，实现有意义的跨文化交流。

环节一 课程导入（5 分钟）——回顾与分享

1. 回顾：In der letzten Woche behandeln wir zusammen den Text von der Einheit 6. Wer kann sich noch daran erinnern, worum geht es im Text?

请同学们回顾上一课时所学习的课文“Mein Deutschlandbild”（我眼中的德国形象），并概述其主要内容。

课文概要：

Die Lektorin für Chinesisch an der Universität Kiel heißt Wang Jin. Sie erzählt uns ihre bitteren Erfahrungen beim Deutschlernen und beschreibt ihr Deutschlandbild. In ihren Augen ist die Deutsche wie Thermoskanne, außen kalt, jedoch innen warm.

基尔大学的中文系讲师王瑾（音译）向我们讲述了她在学习德语时的艰辛经历并描述了她眼中的德国形象。文中她特别提到了她眼中的德国人的性格就如同“热水壶”般，外冷内热。

2. 分享：Heute würde Franziska einen Vortrag auch über dieses Thema halten. Wir alle wissen, dass sie einen einjährigen Aufenthalt in Deutschland hatte. Jetzt hören wir zusammen zu, wie ist ihr Deutschlandbild?

由学生依据自己在德一年的交换经历，以课堂报告的形式（3 分钟）分享一下其眼中的德国形象。

3. 导入：Von diesem Vortrag haben wir einen Überblick über die kulturelle Differenz zwischen China und Deutschland. In vielen Aspekten existieren zahlreiche kulturelle Unterschiede, dann wie können solche Unterschiede auf Deutsch verglichen werden?

报告中多处体现了中德文化风俗的差异，那么这种差异具体体现在哪些方面呢？而我们又该如何用德语去正确地并且多样化地表达“比较”呢？本节课同学们将对这两个问题进行深入的学习与探索。

说明：

该环节通过对上一课时学习内容的回顾与温习，既帮助同学们巩固了旧知识，又自然过渡到新主题课时内容。在以报告的形式进行图片与相关经历的分享过程中，同学们既锻炼了重要的语言表达能力与捕捉信息能力，又能够迅速集中注意力、调动起自身的学习兴趣。同时这一环节也充分体现了“学生是课堂的主体，课堂是学生的舞台”。①

环节二　语言知识回顾（5 分钟）——复习与练习

1. 复习：Welche Redemittel sind zu benutzen, wenn man einen Vergleich auf Deutsch ausdrücken möchte?

由同学们回想并自由回答可以用来表达“比较”的德语表述语料，老师逐个写在黑板的相应位置（分为上下左右四个板块，见下图），引发学生思考如此划分的理由，最后由老师进行归纳与总结。

板书设计 ——思维导图（见下图）（“对比”表达方式）

① 【评点】这个教学环节的设计体现了教师注重课堂气氛的营造，了解学生的学习心理状况和如何激发学生学习的兴趣。寓教于乐不应该只是作为一个口号，它应当切实地融入教学环节中。

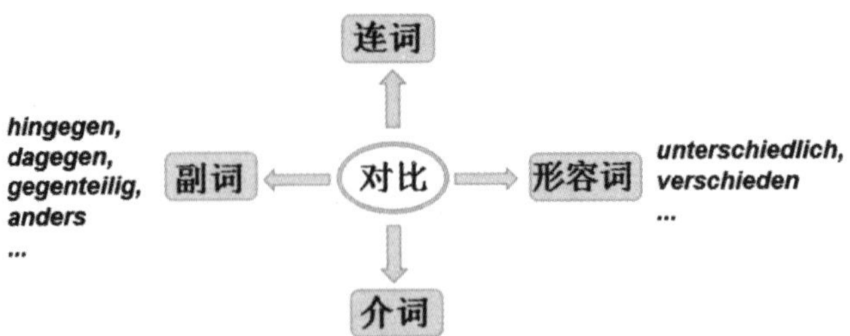

2. 练习：Jetzt würde ich einige von euch einladen, die folgenden Beispielsätze mithilfe der Redemittel vom Vergleich ins Chinesische zu übersetzen.

请同学们使用所学语料完成口头翻译练习。（所用例句与中德饮食文化差异相关。）

翻译习题页展示，如下图。

2.2 Beispiele: Vergleich der Essgewohnheiten
Adjektiv
unterschiedlich / verschieden...
In China isst man mit Essstäbchen. Es ist in Deutschland unterschiedlich. Die Deutschen benutzen beim Essen Gabel und Messer.
2.2 Beispiele: Vergleich der Essgewohnheiten
Adverb
hingegen/demgegenüber/gegenteilig/dagegen...
Es ist in China in Mode, westliche Küche zu essen. Hingegen ist es in Deutschland beliebt, chinesisch zu essen.

说明：

该环节旨在通过对关于“对比”的德语表述方式的回顾与整合归纳，帮助学生将零散的知识点连成线形体系，随即辅以典型习题进行训练与讲解，有利于学生强化对知识点的记忆，有针对性地快速解决学生的困惑点。该环节由点及面，寓学于练，有利于学生快速高效地掌握所学语言知识点。①

环节三　实践活动（小组活动）（25 分钟）—— 交流与展示

具体活动步骤

Schritt② 1: Jeder bekommt einen Zettel, auf dem einen Vergleich zwischen China und Deutschland steht. Bildet bitte einen Satz vom Vergleich mithilfe der obengenannten Redemittel und dann lernt den Satz auswendig. Am Ende der Vorbereitung werden die Zettel weggenommen. Für diesen Teil habt ihr nur eine Minute.

每位同学都会拿到一张纸条，上面是中德文化在生活方式、思维方式、人际关系等不同方面的差异性对比，请同学们在限定时间内使用德语对比表述方式对图片内容

---

①【评点】该练习对学生的语言知识运用能力和读图能力有一定的要求，两者缺一不可，有一定的综合性。而课堂上的练习有老师的辅助和引导，学生能得到即时反馈，将加强对该知识点的印象。

②【评点】在限时的情况下对图片进行解读并组建句子，最终还要形成短时记忆，需要学生有很高的专注力和兴趣，既能体现能力又兼顾了游戏的趣味性，还附加了时间的压力，这般挑战让每位课堂参与者都跃跃欲试。

进行描述并记忆。（限时 1 分钟）

任务材料展示，如下图。

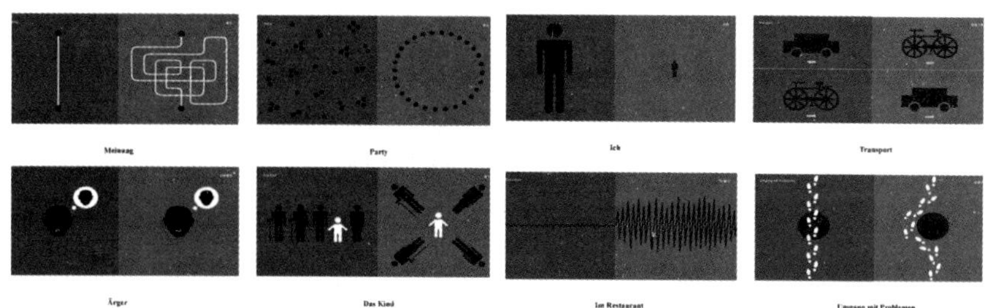

Schritt 2: Tauscht euren Satz mit anderen, zugleich versucht mal, euch die Sätze von anderen zu merken. (MITSCHREIBEN ist VERBOTEN!) Der Austausch ist zeitlich begrenzt. (5 min.)

与其他同学交换描述图片内容，力求记忆数量多且正确性高。（限时 5 分钟）

Schritt[①] 3: Ihr werdet in zwei Gruppen geteilt. Sammelt die Sätze, die noch im Kopf bleiben, zusammen mit euren Gruppenmitgliedern und skizziert eine Mindmap. Für die Gruppendiskussion habt ihr 10 Minuten. Danach werden die Gruppenvertreterin oder Gruppenvertreter eingeladen, einen kurzen Vortrag über eure Ergebnisse zu halten. (jeweils 4 min.)

同学们被分为两组，每组同学分别回忆复述所收集到的信息，并加以归纳总结，以现场制作思维导图的形式呈现出来。（小组讨论与思维导图制作限时 10 分钟）每组选出代表展示并介绍本组的成果与作品。（每组展示限时 4 分钟）

学生小组成果展示，如下图。

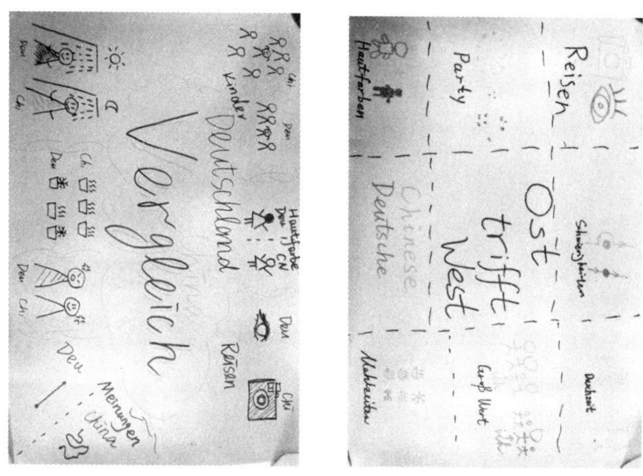

说明：

该任务旨在帮助同学们进一步强化对已学知识的练习（即关于“对比”的多种德

① 【评点】在这个环节中需要一定的团队合作精神，毕竟短期记忆很容易会受到外界影响，而且加上限时的心理压力，小组成员需要有条不紊地把所有信息整合到一起并设计好思维导图。该教学环节对学生的协同合作和分工能力进行了一次很好的考验。

语表述方式），鼓励同学们将新学习的语言知识运用到正确的表述中，实现语言习得到语言实践这一重要过程的转变。同时，该任务引导学生主动分享，通过分组学习的模式，同学们提升了自身与他人沟通交流、合作的能力。任务也重在激励学生自行探索，通过比较学习的方式，同学们培养了收集处理信息、进行联系、比较的能力，形成创新的思维品质。在展示环节，鼓励同学们在分享中热情欣赏，认真聆听，通过相互学习与借鉴，实现互相激励，共同成长。

这个过程就是真实的语言实践过程，在编辑过程中学生的语言品质、思维品质、合作精神等必备品格都能得到锻炼，这充分体现深外课堂教学以学生为本的理念。

环节四　课堂结语（2 分钟）—— 评价与总结

Schließlich würde ich sagen, dass die oben genannten Unterschiede zwar noch bestehen, aber sie verändern sich schon langsam. Andere Länder, andere Sitten. Genau solche kulturellen Unterschiede erhöhen die Attraktivität unserer Welt. Wir sollten solche Unterschiede verstehen und respektieren. Dadurch kann man seine interkulturelle Kompetenz schrittweise erhöhen.

给予同学们小组展示任务相应的评价与反馈，同时对本课时学习内容（语言知识与文化意识维度）进行精练总结。

说明：

在评价环节，教师既肯定了同学们的学习成果，也提出了可进一步改进之处。通过教师的点评，同学们能及时得到活动反馈，也能通过借鉴他组长处，互相激励学习，共同进步成长。①

教师最后的课堂结语，不仅仅是对本课时所学语言知识的回顾与梳理，亦希望能够起到引导启发的作用，让同学们能够在认同、爱护中华文化的基础上，理解、掌握德语国家和地区文化及其交际特点，正确客观地看待不同国家间的文化差异性，从而提升自己的跨文化理解力，有效地进行跨文化交流。

◎课堂小结

本节课以“中德文化的差异性”为主题，以“对比”的多样化表述方式为主题设计了内容丰富、形式多样的口语练习活动。既与学生的德语学习生活息息相关，与年轻人感兴趣的领域相契合，又对文化知识积累、语言知识运用和逻辑思维表达有着一定的要求。因此对学生而言，本节课既有趣味性，又有挑战性。

本堂课的亮点主要体现在以下几个方面：

（1）在提升学生自主学习与合作学习能力方面：首先，经过老师课前对任务习题的精心准备和对课堂活动环节的精心设计，在课前预习、问题探究、小组讨论等环节

---

①【评点】教师在课堂上的回应非常重要，因为当下的一个反馈能让学生深刻地认识到自己的优势和不足，促进了学生们的集体荣誉感，也拉近了教师和学生的距离。不只有教师的点评，也有学生们的互评，体现了评价多元化这么一个与时俱进的教学观念。让学生感受到自己是学习的主体，形成自我反思和改进的能力。

给学生提供了较为充分的自我学习与创造空间，以此引导推进了学生提升其自主学习能力；其次，通过小组活动的设计，使同学们能够在该环节锻炼口语，强化知识点练习；最后，通过分工合作，找到自身定位，发挥自身专长，锻炼团队合作，培养协调工作能力与合作探究能力，以此引导促进了学生提升其合作学习能力。

（2）在训练学生比较思维与创新思维品质方面：本节课欣喜地看到了学生在总结归纳环节思维火花的碰撞和闪现，比如学生可以将自身的生活经历与所学知识结合起来，例证不同文化间的差异性；在展示环节，同学们在完成对比任务之余还尝试对文化与习俗差异的原因进行了论述与探究，这不仅拓展了学生看问题的广度，同时也挖掘了学生思维的深度。

（3）在教授学生语言知识和培养学生文化意识方面：我们都知道，语言兼具工具性和人文性。所以作为语言学习者，在学习相关对象国语言知识之余，还应有意识地突出跨文化视角。所以本课堂设计在教授德语关于“对比”的多样化表述方式的同时，也在强化练习环节，引入了对中德文化和习俗差异的对比实践，所以无论是从语言习得以提升语言水平的角度来看，还是从国情文化习得跨文化思维与实践的角度来说都有着广泛的现实意义。

（4）在课堂的灵活性方面：在课上出现了同学们在小组活动制定思维导图的过程中未注意限定时间而导致进度缓慢的情况，老师在旁时刻关注，并及时给予了指导。建议同学们在过程中尽量用关键词和简单明了的图画形式表达观点，减少冗长的文本书写与叙述。

◎作业检测：

① Erledigt die Aufgaben von Redemittel des Vergleichs.

完成关于“对比”表达的翻译习题任务。

翻译习题任务与参考答案展示，见下图。

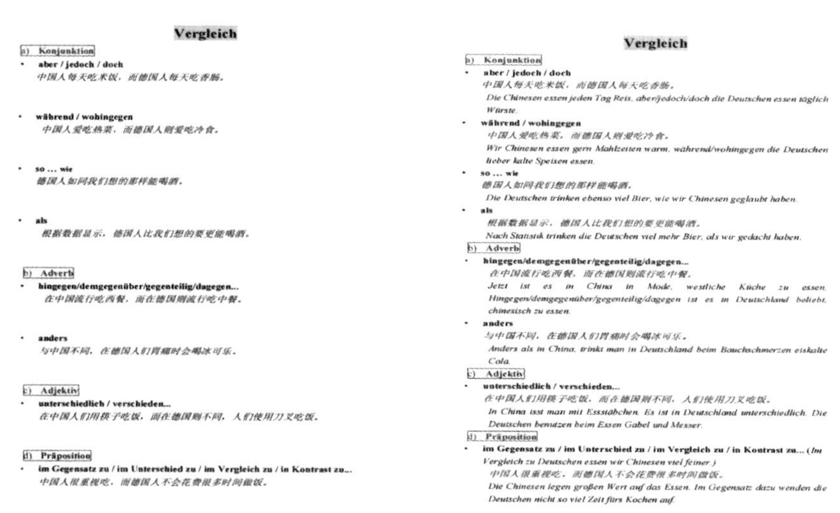

Vergleich

a) Konjunktion

- **aber / jedoch / doch**
  中国人每天吃米饭，而德国人每天吃香肠。
- **während / wohingegen**
  中国人爱吃热菜，而德国人则爱吃冷食。
- **so … wie**
  德国人如同我们想的那样能喝酒。
- **als**
  根据数据显示，德国人比我们想的要更能喝酒。

b) Adverb

- **hingegen/demgegenüber/gegenteilig/dagegen…**
  在中国流行吃西餐，而在德国则流行吃中餐。
- **anders**
  与中国不同，在德国人们胃痛时会喝冰可乐。

c) Adjektiv

- **unterschiedlich / verschieden…**
  在中国人们用筷子吃饭，而在德国则不同，人们使用刀叉吃饭。

d) Präposition

- **im Gegensatz zu / im Unterschied zu / im Vergleich zu / in Kontrast zu…**
  中国人很重视吃，而德国人不会花费很多时间做饭。

Vergleich

a) Konjunktion

- **aber / jedoch / doch**
  中国人每天吃米饭，而德国人每天吃香肠。
  Die Chinesen essen jeden Tag Reis, aber/jedoch/doch die Deutschen essen täglich Würste.
- **während / wohingegen**
  中国人爱吃热菜，而德国人则爱吃冷食。
  Wir Chinesen essen gern Mahlzeiten warm, während/wohingegen die Deutschen lieber kalte Speisen essen.
- **so … wie**
  德国人如同我们想的那样能喝酒。
  Die Deutschen trinken ebenso viel Bier, wie wir Chinesen geglaubt haben.
- **als**
  根据数据显示，德国人比我们想的要更能喝酒。
  Nach Statistik trinken die Deutschen viel mehr Bier, als wir gedacht haben.

b) Adverb

- **hingegen/demgegenüber/gegenteilig/dagegen…**
  在中国流行吃西餐，而在德国则流行吃中餐。
  Jetzt ist es in China in Mode, westliche Küche zu essen. Hingegen/demgegenüber/gegenteilig/dagegen ist es in Deutschland beliebt, chinesisch zu essen.
- **anders**
  与中国不同，在德国人们胃痛时会喝冰可乐。
  Anders als in China, trinkt man in Deutschland beim Bauchschmerzen eiskalte Cola.

c) Adjektiv

- **unterschiedlich / verschieden…**
  在中国人们用筷子吃饭，而在德国则不同，人们使用刀叉吃饭。
  In China isst man mit Essstäbchen. Es ist in Deutschland unterschiedlich. Die Deutschen benutzen beim Essen Gabel und Messer.

d) Präposition

- **im Gegensatz zu / im Unterschied zu / im Vergleich zu / in Kontrast zu…** *(Im Vergleich zu Deutschen essen wir Chinesen viel feiner.)*
  中国人很重视吃，而德国人不会花费很多时间做饭。
  Die Chinesen legen großen Wert auf das Essen. Im Gegensatz dazu wenden die Deutschen nicht so viel Zeit fürs Kochen auf.

② Fasst die Diskussionsinhalte zusammen und schreibt sie auf. (Verwendet bitte vielfältige Ausdrücke zum Vergleich.)

请每位同学将课上小组讨论的内容重新自行归纳总结，落实到书面表达上（尽可能使用多样化的德语表述方式进行对比）。

学生作业展示：

Zwischen China und Deutschland existieren zahlreiche kulturelle Unterschiede in Bezug auf Denkweisen und Lebensgewohnheiten, bei der zwischenmenschlichen Kommunikation oder in anderen Aspekten. Im Folgenden nenne ich ein paar Beispiele, die mich besonders beeindruckt haben.

Wie zum Beispiel, in Deutschland betrachtet man das Kind als ein normales Mitglied der Familie. Sie sorgen nicht so viel für ihre Kinder. Im Vergleich dazu schenken viele chinesische Familien große Aufmerksamkeit auf die nächste Generation. Darüber hinaus haben Chinesen und Deutschen sehr unterschiedliche Ästhetik für Hautfarben. Wir Chinesen, besonders chinesische Frauen, streben ständig nach hellen Hautfarben, während die Deutschen dunkle Farben bevorzugen. Und beim Reisen genießen die Deutschen die Schönheit mit den Augen, aber die Chinesen behalten die Landschaften im Gedächtnis lieber mit der Kamera. Wenn man Ärger hat, zeigen die Chinesen nicht direkt ihr wahres Gesicht, anders als die Chinesen machen die Deutschen oft ein saures Gesicht.

Zusammenfassen lässt sich feststellen, dass kulturelle Differenzen zwischen China und Deutschland in vielen Aspekten bestehen. Und manchmal können sie leicht zu Missverständnissen oder Problemen führen. Nur durch aktive und tiefe interkulturelle Kommunikation ist die Möglichkeit solcher Hindernisse zu vermindern. Deswegen müssen wir uns darum bemühen, unsere interkulturelle Kompetenz schrittweise zu erhöhen.

说明：

作业的设计旨在辅助学生对本节课所学语言知识进行有效复习。将课堂上的口语练习语料转化为书面表达时，容易忽略的易错点会更为明显地暴露出来，有利于学生对课堂学习成果进行自我检测，也方便教师对学生课堂学习情况进行深入了解，及时提供有针对性的辅导与帮助，并对相关的教学安排进行有效的反思与调整。

“不同的国家，不同的习俗”课堂实录

——新编大学德语 第四册（外研版） 第六单元

执教：高中部 冯媛媛

评点：高中部 戴沁儒

师：Jetzt kommen wir zum Teil der Präsentation, schauen wir uns zusammen an, was sind die Ergebnisse eurer Gruppenarbeit. In diesem Teil habt ihr insgesamt 8 Minuten, das heißt, jede Gruppe hat etwa 4 Minuten Zeit für die Präsentation. Achtet auf die begrenzte Zeitdauer und versucht bitte, vielfältige Ausdrucksformen zum Vergleich zu verwenden. Alles klar?

生：Ja, alles klar.

师：Gut. Zuerst würde ich Gruppe 1 einladen, eure Diskussionsergebnisse mit uns zu teilen. Herzlich willkommen! (Applause) Kommt bitte nach vorne!

(7 Mitglieder der Gruppe 1 kommen nach vorne.)

生 1：Guten Tag! Jetzt würden wir die Ergebnisse unserer Gruppendiskussion vorstellen. Das Thema unseres Vortrags lautet “Vergleich zwischen China und Deutschland”.

生 2：In Deutschland betrachtet man das Kind als ein normales Mitglied der Familie. Sie sorgen nicht so viel für ihre Kinder. Im Vergleich dazu kümmern die Chinesen sich eher um die nächste Generation.

生 1：Die Chinesen und Deutschen haben auch sehr unterschiedliche Vorliebe für Hautfarben. Wir Chinesen lieben vielleicht gern weiße oder helle Hautfarben, während die Deutschen braue oder dunkle Farben lieben.

生 3：Und die Chinesen und Deutschen reisen sehr gern. Ummm... Wenn sie reisen, die Deutschen genießen die Landschaft mit den Augen, aber die Chinesen fotografieren die Landschaft mit der Kamera.

生 4：Schauen wir uns dieses Bild an. Wenn man ganz andere Meinung hat und ausdrücken möchte, drücken die Deutschen direkt ihre Meinungen aus, während wir Chinesen auf verschiedene Weisen unsere Meinungen aussprechen.

生 5：Hier. Wir Chinesen essen drei Mahlzeiten warm, während die Deutschen nur zu Mittag warm essen.

生 6：Aus diesem Bild kann man ersehen, wenn man Ärger hat, zeigen die Chinesen nicht direkt ihr wahres Gesicht, während die Deutschen oft ein saures Gesicht machen.

生 7：In China duscht man gern am Abend, anders als in China duschen die Deutschen normalerweise am Morgen.

生 4：Zusammenfassend haben die Chinesen und Deutschen ganz unterschiedliche Lebensgewohnheiten. Und wir sind der Meinung, dass es zahlreiche Gründe für solche Unterschiede gibt. Wie zum Beispiel wegen des unterschiedlichen historischen Hintergrunds oder der verschiedenen geographischen Lage usw.. Und manchmal können diese Unterschiede leicht zu Missverständnissen führen. Aber wir können diese Missverständnisse durch interkulturelle Kommunikation vermeiden. Das war alles, vielen Dank für Ihre Aufmerksamkeit!

师：Ganz toll! Gute Arbeit! In der Präsentation werden vielfältige Ausdrücke zum Vergleich, die wir am Kursanfang wiederholt haben, verwendet. Wie zum Beispiel „im Vergleich dazu", "während", "aber", "anders als" usw.... Besonders würde ich euch loben, weil alle die Konjunktion " während " richtig verwendeten. Achtet bitte darauf, wenn man einen Nebensatz bildet, steht das Verb immer am Satzende. Einen Punkt möchte ich noch erklären, wenn man die Hautfarben beschreibt, was für Adjektive sind zu benutzen? Weiß? Schwarz? oder Hell? Dunkel?

生：Meiner Meinung nach sagt man normalerweise"die helle Hautfarbe oder die dunkle Hautfarbe".

师：Ganz genau! Wenn wir “皮肤白皙” auf Deutsch äußern, würden wir nicht das Adjektiv "weiß" sondern "hell" verwenden, und das Gegenwort dafür ist einfach dunkel. Alles klar?

生：Ja, alles klar.

师：Gut, jetzt seid ihr, Gruppe 2, an der Reihe. Seid ihr bereit?

生：Ja, schon bereit.

师：Super! Bitte!

(7 Mitglieder der Gruppe 2 kommen nach vorne.)

生 1：Sehr geehrte Damen und Herren, liebe Schülerinnen und Schüler, guten Tag! Gerade haben wir die Unterschiede in vielen Aspekten zwischen Westen und Osten diskutiert. Alle Ergebnisse werden in diesem Plakat mit Texten und Bildern zusammengefasst. Jetzt fangen wir mit unserer Präsentation an.

生 2：Wenn man mit Schwierigkeiten konfrontiert ist, würden die Deutschen sie direkt lösen. Anders als die Deutschen möchten die Chinesen die Schwierigkeiten einfach vermeiden und nicht direkt lösen.

生 3：In China duscht man gern am Abend.

生 4：Im Gegensatz dazu duscht man in Deutschland gern am Morgen.

生 3：In China behält man schöne Landschaften mit der Kamera.

生 4：Das ist sehr unterschiedlich wie in Deutschland. Die Deutschen genießen die Landschaft gern mit eigenen Augen.

生 5：Schauen Sie sich mal hier an. Auf einer Party spielen die Deutschen gern allein.

生 1：Dagegen spielen die Chinesen gern zusammen. Sie sitzen zusammen, um sich leicht miteinander zu unterhalten.

生 5：Die Deutschen möchten oft die dunkle Hautfarbe haben.

生 1：Im Gegensatz dazu ist die helle Hautfarbe unter Chinesen ganz beliebt.

生 6：In China haben wir immer warme Essen.

生 7：Aber in Deutschland ist nur das Mittagessen warm. Die Deutschen essen immer kalt zum Frühstück oder Abendessen.

生 6：Die Chinesen legen großen Wert auf die Kinder.

生 7：Im Vergleich dazu legen die Deutschen größeren Wert auf sich selbst.

生 2：Alles in allem würde ich sagen, wie die Gruppe 1 gerade gezeigt hat, dass es ganz unterschiedliche Lebensgewohnheiten im Osten und im Westen gibt. Es ist unnötig, diese kulturellen Unterschiede zu vernichten, denn sie sind von großer Bedeutung. Wir können die Vorteile aus dem Westen lernen und unsere eigenen guten Traditionen bewahren. Das ist unsere Präsentation. Vielen Dank!

师：Sehr gute Arbeit! Ihr habt mit unterschiedlichen Farben das Plakat erledigt, nämlich rot für China und blau für Deutschland. Auf diese Weise werden die Unterschiede ganz anschaulich und deutlich gezeigt und betont. Und diese Gruppe hat auch ein neues Modell für Teamarbeit ausprobiert: Je zwei Jungen bilden noch eine kleine Gruppe, um den Vergleich zu unterstreichen. Das wirkt sich außerordentlich gut aus. Ganz erfolgreicher Versuch! Danke für eure Arbeit!

Schließlich würde ich sagen, dass die oben genannten Unterschiede zwar noch bestehen, aber sie verändern sich schon langsam. Andere Länder, andere Sitten. Genau solche kulturellen Unterschiede erhöhen die Attraktivität unserer Welt. Wir sollten solche Unterschiede verstehen und respektieren. Dadurch kann man seine interkulturelle Kompetenz schrittweise erhöhen.

说明：该部分课堂实录呈现的是本课时第三个环节中小组活动报告的展示部分。在本部分中，两组同学轮流上台与大家分享其小组讨论的成果，并展示所完成的主题海报。老师在每组报告完成后给予了简洁的反馈，肯定了同学们积极参与的态度与乐于分享的精神，也对其中出现的语言使用不当之处给予了及时指正。在展示结束后，老师对于该课时主题进行了进一步的阐述，引导同学们能够在认同、爱护中华文化的基础上，理解、掌握德语国家和地区文化及其交际特点，正确客观地看待不同国家间的文化差异性，从而提升自己的跨文化理解力，有效地进行跨文化交流。

【总评】

这堂德语课生动活泼地展现了教师如何将所学的语言知识融入实践中去，并以跨国文化比较作为载体，让学生的综合素质得到了很好的延展和提升。“知行合一”这个哲学理论是由明朝思想家王守仁提出的，即认识事物的道理与实行其事是密不可分的。“知”是指内心的觉知，对事物的认识。在这堂课里，学生们可以通过各个环节的教学内容，知道如何运用比较类别的连词、形容词、名词短语，也了解了中德之间很多的文化认知差异。“行”是指人的实际行为，在学生的身上所体现出来的是语言素养能力和读图理解能力。通过教师精心设计，环环相扣的教学环节能够让二者合二为一，将所学知识融入实践中去，体现了外语作为思想表达的功能性。另外可圈可点的是，在最后的展示环节中，教师能够非常及时地在每组学生做完报告之后给予反馈和点评。新课改中的教学评价强调评价要能够促进学生的全面发展，充分发挥自己的个性和展示自己的才华，为学生的身心健康和全面发展建立良好的教育环境。因此倡导评价要重视定性与定量评价、外部与内部评价等多元化评价维度和标准。建议教师在时间允许的情况下也可以让学生们进行小组互评，让学生真实地感受到自己是课堂的主人，自身学习的积极性是来源于自己对知识的渴望。

“俄语形容词比较级的学与练”课堂设计

设计：高中部　郑玮绮
评点：高中部　陈　婷

◎本课时学习目标

目标一：学生能够观察并总结形容词单一式比较级的构成规律与重音转移规则、形容词复合式比较级的构成规律，以及特殊的变化情况。在厘清两种比较级构成规律的基础之上，对比两种比较级构成方式和用法的异同之处。

目标二：在学习和掌握形容词比较级语法点的过程中，能够准确运用形容词比较级，进行主题描述和自由对话，能够规范俄语的正确表达，培养自己的观察力、分析力和自学能力，提高思维能力和运用俄语的综合能力。

目标三：通过本课的学习，学生能够更深入、更精准地描述周围世界。新的语言知识会激发学生的表达欲，提高学生的俄语学习自信心。

本课时学情分析：在初中阶段，学生在八年级全一册第 11 课《Какая се годня погода?》(《今天天气如何？》) 已经初步掌握了天气相关的表达方法，但是表达方法单一。在之前的阅读及听说课中，学生对形容词单一式比较级已经有所接触和了解，有能力进行自主研讨和归纳总结。

◎课堂导入语

Ребята, здравствуйте! Кто может мне сказать, какая сегодня погода? Да, сегодня солнечная погода, примерно температура - 20 тепла. Наш город находится на юге Китае, поэтому зимой у нас достаточно тепло. Теперь, ребята, посмотрите на эту таблицу, которая показывает среднюю температуру в январе в столицах Китая и России. Скажите мне, сколько градусов в Пекине и в Москве? Где холодно, а где тепло?

Видимо, что зимой погода в Пекине теплее, а в Москве холоднее. Обратите внимание: когда я сравниваю погоду в двух городах, употребляю слова “теплее” и “холоднее”. Это сравнительная степень прилагательных. Это будет наша сегодняшняя тема. Будем учиться употреблять форму сравнительной степени прилагательных.

此环节复习词汇 \ 表达：погода, температра, тёплый, холодный; сколько градусов; средняя температура; какая сегодня погода...

说明：教师引导学生回顾初中阶段的有关知识，让学生尝试比较一月莫斯科和北京的平均气温。学生发现使用形容词比较级能够使表达丰富、精准，借此引出本课需要掌握的语法知识——形容词比较级。①

环节一：观察并总结单一式形容词比较级的构成规律

（1）形容词比较级是用来表示某一事物的特征与另一事物的特征相比之下，在程度上的差异。单一式比较级没有性、数、格的变化，在句子中通常作定语或谓语。请同学们观察表格中所展示的单一式比较级产生的词尾形变现象，以及重音的移动现象，由表及里，从具体到抽象，总结出形变和重音转移规律。请同学们尝试记录下自己总结的规律：②

形容词单一式比较级的变化	总结规律
краси́вый – краси́вее интере́сный – интере́снее	
тёплый – тепле́е дли́нный – длинне́е	
стро́гий – стро́же молодо́й – моло́же	
жа́ркий – жа́рче бога́тый – бога́че	
ти́хий – ти́ше	
чи́стый – чи́ще	

请一位同学分享自己的结论，其他同学可以进行补充，最后由老师引导纠正错误。请同学们尝试运用我们一起总结的规律，将下列形容词变为单一式比较级，注意标注重音：

изве́стный		бы́стрый	
кре́пкий		просто́й	
дорого́й		сухо́й	

（2）除了规律变化，有一些形容词的比较级是不规则变化。请同学们看向老师所展示的 6 幅图，③ 在俄汉字典中查找图片上形容词的单一式比较级，说出其中哪些形容词单一式比较级是不规则变化：

不规则单一式比较级：широ́кий→ ____________ у́зкий→ ____________

большо́й→ ____________ ма́ленький→ ____________

① 【评点】以旧换新，把新知识的学习与旧知识的复习进行联动，体现外语学习的连贯性，也是深度学习的有效途径。

② 【评点】重视学生对知识的构建，学生通过观察、思考、讨论等方式自己发现知识，能有效促进知识的内化，避免了语法规则学习单调的规则呈现，

③ 【评点】语篇是语言活动的载体，包含文字、图片、音频、视频等多模态形式。这里通过展示生活中的事物图片，结合文字的语篇形式，把语法学习与实际生活情境联系起来，避免了纯文字练习，能有效激发学生的积极性。

хоро́ший→ ____________ плохо́й→ ____________

высо́кий→ ____________ ни́зкий→ ____________

коро́ткий→ ____________ ста́рый→ ____________

单一式比较级的不规则变化需要同学们加强识记。那么，同学们还知道哪些形容词的单一式比较级是不规则变化的吗？请同学们课后翻阅课本和字典，下一节课进行分享交流。

此环节练习词汇 / 结构：глубокий, крепкий, поздний...

说明：学生仔细观察所列举的形容词原级及其单一式比较级，将两者进行比较，对比词尾的变化和重音的变化，并加以抽象加工，提炼出形变规律。这一设计将课堂还给学生，活跃课堂氛围，有效地锻炼学生的提炼概括的能力，培养具体抽象的思维方式，并构建自己的语法知识体系。在这一过程中，教师应该让学生主导课堂，激发他们的学习兴趣，教师只需承担引导者角色。

环节二：总结形容词单一式比较级的用法①

（1）请同学听一则短文，并补全文中的空缺：

Сегодня мы ходили в музей «Природа». В музее было много интересных фотографий. Мне очень понравились фотографии озёр, лесов и гор. Из них я узнал, что лесные озёра А. ____________ , ____________ горные озёра. А горы в Китае Б ____________ . ____________ , горы в России. Я теперь знаю, что сосна и дуб – полезные деревья. Они делают воздух чище. Дуб не только красивое, но и крепкое дерево. Дуб В. ____________ . ____________ В музее ещё были детские рисунки животных. Мне понравились вот эти два рисунка, но первый рисунок мне понравился больше, потому что маленькая собака Г. ____________ , ____________ большая.

参考答案：меньше, чем; выше, чем; крепче сосны; красивее, чем

（2）观察听力文本中使用单一式比较级的句子：

А. Из них я узнал, что лесные озёра меньше, чем горные озёра.

Б. А горы в Китае выше, чем горы в России.

В. Дуб крепче сосны.

Г. ... маленькая собака красивее, чем большая.

请同学们分组讨论以下问题：形容词单一式比较级在句子是什么成分？使用形容词单一式比较级时，用什么连接词连接比较成分？连接词连接的被比较成分使用什么形式？如果不使用连接词连接，那么被比较成分要用几格？

（3）那么如何用单一式比较级来完成课堂一开始的任务：对比冬季莫斯科和北京

①【评点】任务2在语法课中巧妙融合了语篇的听力练习，而不是局限在碎片化的词汇和句型中，体现了让学生在每一堂课都能得到听说读写全方位素养培养的理念。同时巧妙地引入到新的学习情境中，让学生从提供的语料中去发现形容词比较级在句型中的实际运用规律。所选语料也是本单元主题大自然相关，内容得当，与主题学习相得益彰。

的天气呢？

В январе погода в Пекине ____________ (тёплый) , ____________ в Москве.

В январе погода в Москве ____________ (холодный), ____________ в Пекине.

此环节练习词汇 / 结构：дуб, сосна, меньше, крепче, выше, красивее, лесные озёра, горные озёра; ...красивее, чем ...

说明：学生通过完成听力填空的任务，能够发现形容词比较级在真实语料中的使用，通过分组讨论，集思广益，学生们能够较为全面地将单一式比较级的用法总结出来。这样设计能够培养学生的自学能力，提高团队协作能力和总结归纳能力。

环节三：总结形容词复合式比较级的构成规律，并对比单一式和复合式的异同

在俄语中，形容词比较级除了单一式外，还有复合式。顾名思义，“复合”既由两个或者两个以上的词组成。复合式比较级多用于书面语，有性、数、格的变化。那么请同学们思考以下三个问题：复合式比较级如何构成？复合式比较级如何在句子中使用？单一式和复合式之间又有哪些异同？

（1）请同学们看下表，讲一讲下表中所展示的复合式比较级的构成规律：

形容词原级	形容词单一式比较级	形容词复合式比较级
красивый	красивее	более\менее красивый

不难发现，形容词复合式比较级由 ______________（表示某物与另一物比较时所显现出的更加强化的特征）\ ______________（表示某物与另一物比较时所显现出的更加弱化的特征）+ 形容原级构成。

（2）请用我们刚才掌握的形容词复合式比较级替换句子 А, Б 中的单一式比较级：

А: В январе погода в Пекине теплее, чем в Москве.

В январе погода в Пекине ____________ (тёплый) , чем в Москве.

Б: В январе погода в Москве холоднее, чем в Пекине.

В январе погода в Москве ____________ (холодный), чем в Пекине.

通过替换练习，我们可以发现：在句子中，同单一式比较级一样，复合式比较级后面需要用连接词 чем 连接被比较成分。那么思考一下，复合式比较级是否可以像单一式一样后面直接加被比较成分的二格？

（3）通过（2）的练习，我们已经发现：单一式和复合式比较级有以下相同点：在句子中都可以做定语；被比较成分用连接词 чем 连接。那么，两者在使用上是否有不同点？让我们尝试用复合式比较级替换下列句子中的单一式比较级：

Лесные озёра меньше, чем горные озёра. → Лесные озёра_______?_______ , чем горные озёра.

Горы в Китае выше, чем горы в России. → Горы в Китае ____________ , чем горы в России.

Маленькая собака красивее, чем большая. → Маленькая собака______________ , чем большая.

Дуб крепче сосны. → ______?______.

学生思考以下两个问题：A. 句子“Лесные озёра меньше, чем горные озёра.”中的单一式比较级 меньше 可否由复合式比较级 более маленький 替换？B. 句子“Дуб крепче сосны.”是否能被改写成“Дуб более крепкий сосны.”？为什么在被比较成分紧跟比较级用二格的情况下，只能用单一式比较级，而不能用复合式比较级呢？

此环节练习词汇 / 结构：...красивее, чем ...; ... более красивый, чем ...

说明：将形容词原级、单一式比较级和复合式比较级的构成制成表格，可以清晰直观地展示复合式比较级的构成规律，帮助学生构建形容词比较级的知识体系。学生能够在替换练习中对比单一式与复合式的用法异同，从而加强记忆，融会贯通。①

环节四：综合训练，巩固提升

（1）请同学们完成课本第 64 页练习 1，仿照例子，分组进行对话，要求分别使用单一式和复合式两种比较级形式。

Образец: январь, погода в Пекине - январь, погода в Москве (тёплый, холодный)

А: - В январе погода в Пекине холоднее или теплее, чем погода в Москве?

- В январе погода в Пекине теплее, чем в Москве. \ В январе погода в Москве холоднее, чем в Пекине.

Б: - В январе погода в Пекине более холодная или более тёплая, чем погода в Москве?

- В январе погода в Пекине более тёплая, чем в Москве. \ В январе погода в Москве более холодная, чем в Пекине.

（2）看图完成任务：这是一对兄弟，左边是哥哥，右边是弟弟，他们不仅年龄相差 7 岁，外貌也相差甚远，请同学们用形容词比较级对比一下兄弟间的年龄和外貌的差别。②

参考词：Возраст - старый \ молодой

Рост - высокий \ низкий

Фигура - полный \ худой

Лицо - широкий \ узкий

参考句型：кто + 单一式比较级 + кого на сколько лет \ сколько сантиметров; кто \ что + 单一式 \ 复合式比较级，чем...

此环节练习词汇 / 结构：кто + 单一式比较级 + кого на сколько лет \ сколько сантиметров; кто \ что + 单一式 \ 复合式比较级，чем...

说明：学生在情境对话中操练形容词比较级，将知识内化，并转为输出。此外，练习集中地体现了形容词比较级的知识结构，且加以一定程度的拓展延伸，能够锻炼学生对知识的综合运用能力。

---

①【评点】通过表格等直观形式对知识点进行总结、对比，能有效推进学生语法知识体系的建立。

②【评点】看图说话的情境任务不仅仅是对本课堂所学的检测，还从单个词汇、单个句型的操练进阶到语篇的综合把握，是本课时学习的升华。这里提供的参考词汇和句型是重要的辅助，使任务具体化。对教师对学生提要求一定要具体又能让其有发挥空间。但是看图说话的内容如果能改成与大自然相关的内容，与主题进一步联系起来更佳。

◎课堂小结

本课时的重点是掌握俄语形容词单一式比较级的构成规律及特殊单一式比较级，掌握形容词复合式比较级的构成规律，能够运用形容词比较级进行对话和输出。教学过程中主要运用了观察归纳、任务驱动、小组探讨等方式锻炼学生的自主学习能力、合作和交际能力，培养学生抽象思维能力。

◎作业检测

1. 查词典，找出下列形容词的单一式比较级形式，判断是否为特殊形变：

долгий______________ глубокий ______________

сладкий ______________ далёкий ______________

ранний ______________ тихий ______________

близкий______________ резкий ______________

2. 将括号内单词变成适当的比较级形式：

(1)Наша аудитория ______________ (светлый) вашей.

(2)Твоя комната ______________ (узкий), чем моя.

(3)Покажите мне, ______________ (дешёвый) обувь, чем эта.

(4)Иван______________ (высокий) Коли на голову.

(5)Дай мне задачу______________ (трудный).

(6)Студенты долго говорили о ______________ (интересный) фильме.

(7)Брат ______________ (молодой) меня на два года.

(8)Весенний дождь ______________ (дорогой) масла.

(9)В тени температура обычно______________ (низкий), чем на солнце.

(10)Сегодняшняя лекция ______________ (интересный), чем вчерашняя.

(11)Эти фрукты растут в ______________ (тёплый) краях.

(12)Я ______________ (много) люблю читать романы о молодёжи.

3. 请同学们搜集资料数据，尝试从面积、河流（水资源）、森林、气候等方面对比中国南北气候和自然差异，写出一份调查报告（80 词以内），要求用到形容词比较级，下节课分享调查成果。①

说明：本课时的重点是形容词比较级，因此课后作业围绕着比较级的构成和运用进行布置。除了常规的练习外，写调查报告能够培养学生的探索能力，激发学生的学习兴趣，提升写作素养，有效地将输入转为产出，将知识融会贯通。

---

①【评点】让学生能把所学应用到生活中去，应用到各学科中去，体现了学科融合，同时加深学生对祖国地理环境的了解，是在外语学习中加入对中华文化意识的培养。

“俄语形容词比较级的学与练”课堂实录

执教：高中部　郭雅盼　余　婷
评点：高中部　陈　婷

Учитель: Мы только что узнали, как образовывать сравнительную степень прилагательных. Дальше давайте посмотрим, как использовать сравнительную степень в предложениях. Пожалуйста, посмотрите свой учебный план. Там есть текст. Прослушайте запись и заполните пустые места в тексте. Готовы?

Ученик: Готов!

Учитель: Давайте начнём! (Аудио) Написали?

Ученик: Да, написал.

Учитель: Расскажите, пожалуйста, свои варианты!

Ученик: Предложение 1. Лесные озёра меньше, чем горные озёра.

Предложение 2. Горы в Китае выше, чем горы в России.

Предложение 3. Маленькая собака красивее, чем большая.

Предложение 4. Дуб крепче сосны.

（说明：学生在本节课前面的环节中，学习了俄语的形容词比较级的变化规则，教师将在下面的环节中，逐步引导学生学习形容词比较级的用法。教师下发学案，播放录音，学生将对短文中空缺的语句进行补写。）

Учитель: Всё правильно! Коля, ты заметил, какая общая особенность есть в этих предложениях?

Ученик: В этих предложениях есть форма сравнительной степени.

Учитель: Какие ключевые конструкции есть в этих предложениях? Какое из этих 4 предложений отличается от других?

Ученик: Третье предложение.

Учитель: Правильно! Давайте ещё раз прочитаем и проанализируем их. Сначала предложение 1, 2 и 4. Предложение 1: Лесные озёра меньше, чем горные озёра. В этом предложении есть форма сравнительной степени “ меньше” и “, чем”. Предложение 2: Горы в Китае выше, чем горы в России. В нём есть форма сравнительной степени “выше ”+ “, чем”. Предложение 4:

Маленькая собака красивее, чем большая. Что это тоже за конструкция? Не могли бы вы рассказать?

（说明：学生完成短文中空缺句子的补齐，教师帮助学生核对任务，并引导学生观察所补齐的四个句子中的典型结构。需要补齐的语句代表了形容词比较级的典型用法。学生通过观察，得出第 3 句结构和第 1、2、4 句结构不一样。）

Ученик: Сравнительная степень красивее + ,чем.

Учитель: Вы правы. К какому типу относится форма в предложении 1, 2 и 4? Мы только что узнали, что есть два вида: простая сравнительная степень и сложная сравнительная степень.

Ученик: В этих предложениях простая сравнительная степень.

（说明：教师带领学生分析第 1、2、4 句话，并总结得出这三句中形容词比较级的用法结构为“ 比较级 + 逗号 +чем ”。教师通过提问，提醒学生关注到第 1、2、4 句子中比较级为单一式比较级。）①

Учитель: Давайте прочитаем предложение 3: Дуб крепче сосны, что это за структура? Есть ли структура “, чем”?

Ученик: Здесь нет.

Учитель: Здесь слово “сосны” , его начальная форма “сосна”. Это название дерева. В каком падеже “сосны” ?

Ученик: Родительный падеж.

Учитель: Вы могли бы делать вывод по предложению 3? Здесь какая в нём конструкция?

Ученик: Сравнительная степень+ родительный падеж.

Учитель: Хорошо, ты сам правильно обобщил. Так у нас два способа использовать сравнительную степень: (1) кто-что + сравнительная степень + ,чем кто-что；(2) кто-что +сравнительная степень+ кого-чего. В предложении 1, 2 и 4 употребляется первый способ. А в предложении 3 - второй способ. В русском языке при первом способе сравнительной степенью может быть составная или простая сравнительная. Вы можете заменять простую сравнительную степень составной в этих предложениях?

（说明：教师引导学生分析第 3 句，并总结出第 3 句中比较级的用法结构为“ 一格 + 比较级 + 二格 ”。所以初步得到两种比较级用法：(1) кто-что+ 比较级 + чем；(2) кто-что+ 比较级 +кого-чего ）

Ученик: О нет, здесь должно быть “более маленькие”.

Учитель: Обратите внимание, “более маленькие” правильно? На самом деле,

①【评点】教师要有意识地培养学生的学习能力，相信学生，引导学生自己思考、总结、归纳规律，并勇于表达。

слова маленький, большой, хороший и плохой не сочетаютс с “более” или “менее”. Если нужно, можно употреблять “меньший”, “больший”, “лучший” и “худший”. Дальше продолжайте!

Ученик: Предложение 2: Горы в Китае более высокие, чем горы в России. Предложение 4: Маленькая собака более красивая, чем большая.

（说明：教师提出任务：将第 1、2 和 4 句中单一式比较级改写为复合式比较级。学生通过回顾之前的规则进行改写，教师对学生改写中的错误进行提示和纠正，并对形容词的变化规则进行再一次巩固。）

Учитель: Очень хорошо. “Горы в Китае выше, чем горы в России”, здесь простая сравнительная ступень. Или “Горы в Китае более высокие, чем горы в России ”, здесь составная сравнительная ступень. Но “Дуб крепче сосны”, нельзя заменять “Дуб более крепкий сосны× ”. Мы можем использовать этот способ только с простой сравнительная ступень.

（说明：教师继续介绍第二种形容词的用法结构 “кто-что+ 比较级 +кого-чего”，通过错误案例提醒这种结构中比较级只能为单一式比较级，不能为复合式比较级。）

Так конечный вывод — две способа:

(1) кто-что + простая\составная сравнительная степень + ,чем кто-что; (2) кто-что +сравнительная степень+ кого-чего

（说明：教师和学生一起对形容词比较级的用法做出最终总结：

（1） кто-что+ 单一式 \ 复合式比较级 +, чем；(2) кто-что+ 单一式比较级 +кого-чего）

Учитель: Раз мы научились употреблять сравнительную степень прилагательных, давайте попробуем! Пожалуйста, давайте посмотрим на картины. А Какие это два города?

Ученик: Шанхай и Санкт-Петербург.

（说明：在已经学会使用比较级后，转向比较级在实际语言中的运用。）

Учитель: Правильно. Санкт-петербург и Шанхай являются вторыми по величине городами своей страны, крупнейшими портами, экономическими, торговыми, финансовыми. Сначала сравните площадь двух городов.

Ученик: По площади Санкт-петербург гораздо меньше шанхая.

Учитель: А климат?

Ученик: Оба города находятся на побережье, поэтому в них стоит влажный климат, но Санкт-петербург находится севернее, чем шанхай, так что он холоднее Шанхая.

Учитель:Да, отлично, Коля. Известно, что в Питере богатая культурная атмосфера: известные музеи, исторические памятники и т.д.

Ученик: Таким образом, в Санкт-Петербурге больше музеев и памятников, чем в

Шанхае.

（说明：根据图片，对彼得堡和上海从面积、气候、文化等方面进行具体比较。）[①]

Учитель: Молодец, хорошо сделал вывод. В целом, Санкт-Петербург и Шанхай являются важными международными городами с уникальным обаянием и привлекательностью. Шанхай находится в бассейне Янцзы, а петербург в бассейне Волги. Тогда давайте вместе посмотрим на сравнение этих двух рек. Янцзы — основной источник китайской нации. И россияне называют Волгу «рекой матери». Янцзы и Волга являются двумя важными реками в мире, которые отличаются следующим: Янцзы — самая длинная река в Китае, протяжённость 6300 км; Волга находится на территории России, протяжённость 3645 км.

Ученик: Янцзы длиннее Волги.

（说明：由这两个城市所在的河流流域、自然地转入到对长江和伏尔加河进行比较。）

Учитель: Площадь бассейна реки Янцзы составляет около 1,8 МЛН квадратных километров, а площадь бассейна Волги составляет около 1,3 МЛН квадратных километров.

Ученик: Площадь бассейна Янцзы больше, чем площадь бассейна Волги.

Учитель: Средний годовой расход реки Янцзы составляет около 30 000 кубометров в секунду и является третьей по величине рекой в мире; Средний расход воды Волги составляет около 10 000 кубометров в секунду.

Ученик: Расход воды в Янцзы больше, чем в Волге.

Учитель: Бассейн реки Янцзы является экономическим центром Китая, охватывающим крупные города и экономические центры Китая, такие как Шанхай, Чунцин, Ухань и др.

Ученик: Я думаю, что общая экономическая масса в бассейне Янцзы больше, чем в бассейне Волги.

Учитель: Бассейн Янцзы сталкивается с серьезными проблемами эрозии почвы, загрязнения воды и экологических разрушений. Экологическая среда Волги относительно благоприятна, но в последние годы она также сталкивается с экологическими проблемами.

Ученик: Я думаю, что экологическая среда Волги намного лучше, чем Янцзы. Нам нужно укрепить управление янцзы.

Учитель: Янцзы — Один из важных символов китайской культуры, имеющий богатую историю и культурную основу с незапамятных времен; Волга, в

---

①【评点】语法学习不是外语学习的最终目的，要在教学中把语法知识情景化、交际化，使学生在具体的言语活动中运用语法知识。在此任务中表现为能用形容词的比较级对两个城市的各方面进行比较。

свою очередь, является важной частью российской истории и культуры, охватывающей многочисленные исторические культурные руины и достопримечательности.

Ученик: Я думаю, что история Янцзы намного длиннее.

（说明：教师对长江和伏尔加河做一个简介。学生从河流长度、流域面积、年平均流量、流域内经济总量、流域内生态环境、历史渊源上对两条河进行对比。①）

【总评】

本课时的教学设计聚焦包括语言能力、思维品质、学习能力和文化意识在内的俄语学科核心素养，倡导活动教学，通过任务逐层推进，把语法学习放到了更大的空间，是语法与词汇、文化、口语、学习思维的多维学习课堂。

它的亮点主要表现在：

1. 将语法学习和主题学习结合起来，围绕主题来设定任务。它既是比较级语法知识的课堂学习，也是认知中俄自然环境的课堂学习，体现出了知识是语言知识与文化知识的总和这一概念。

2. 强调语言的实际运用，通过语篇、情境创设等形式使语法学习交际化，并根据交际任务进行学习、交流、思考、建构、运用等，有意识地把俄语学科核心素养的培养融入课堂活动中来，比如学生在本课堂的学习后能够了解、表述中俄在气候、河流、城市等自然环境的异同；能使用工具书、课外学习资源和现代信息技术等手段获取有关大自然的俄语信息，完成简短的调查报告。

3. 充分体现学生的主人翁地位，重视学生的思维品质的培养，激发他们的学习兴趣，让学生主动思考、发现、总结规律，去理解中文和俄语的语言特点，为未来其他知识的学习提供方法指导。教师表面在课堂上变得隐形了，但实际上仍牢牢把控着课堂节奏，通过 4 个课堂任务引导学生逐步深入学习。

4. 作业形式层次丰富，从基础词汇练习到句式操练再到调查报告，从中俄自然各方面对比强调文化意识的培养，体现了俄语语言学习的人文性和科学性。

①【评点】语言学习也应包含文学艺术、历史地理、风俗习惯等文化知识的学习，此处体现外语、历史、地理等学科的融合学习。学习中俄文化知识并能对中俄文化的相关方面进行比较是学生形成文化意识的前提。

“for 循环的应用”课堂设计

——信息技术　高一年级　必修 1　数据与计算（粤教版）　第四章

设计：龙华部　班　华　王健博乐

评点：龙华部　段斯译

◎本课时学习目标

本课时学习目标分为四部分，每个目标对应新课标四大核心素养要求，具体学习策略与能力要求如下：

目标 1—信息意识：在日常生活中，根据实际解决问题的需要，恰当选择数字化工具，具备信息安全意识；主动关注信息技术工具发展中的新动向和新趋势，有意识地使用新技术处理信息。

目标 2—计算思维：能提取问题的基本特征，进行抽象处理，并用形式化的方法表述问题。运用 for 循环语句基本算法设计解决问题的方案，能使用 Python 编程语言实现这一方案。

目标 3—数字化学习与创新：针对特定的学习任务，运用一定的数字化学习策略管理学习过程与资源，完成任务，创作作品。

目标 4—信息社会责任：在信息活动中，尤其是利用线上平台时，具有信息安全意识，尊重和保护个人及他人的隐私；正确认识现实社会身份与虚拟社会身份之间的关系，合理使用虚拟社会身份开展信息活动。

◎本课时学情分析

学生在第三章中已经体验了计算机解决问题的过程，能够运用恰当的描述方法和控制结构表示简单的算法，懂得描述程序设计语言产生与发展的过程，了解不同种类程序设计语言的特点，掌握了 Python 语言的基本语法和简单数据类型，学习了顺序、选择这两种基本程序结构。但对于解决问题的具体步骤缺乏全面了解，在程序编写和调试上都需要提升。

高中阶段的学生自主学习能力适中，需要选择熟悉的问题使学生容易理解和入门。针对学生学习速度的差异，教师在课堂活动中设置了从易到难的任务活动，满足不同能力层次学生的需要，激发学生参与的积极性。

◎课堂导入语：[①]

老师说：“同学们，我们先来看一个问题”（打开 PPT 展示问题）（问题导入，方式巧妙）

“在一个农场里，最初养了 3 只兔子，每隔一年，兔子的数量会涨到原来的两倍，5 年后兔子的数量是多少？”（设疑激思，引起探究欲）

等待同学们计算出答案，约 30 秒以后询问“同学们算出来了吗？答案是多少？”同学们给出正确答案后，老师说：“是的，正确答案是 96 只，那么同学们是怎么算出来的呀？是累乘吗？”

老师说：这就是我们今天要学习的循环结构了，现在我们来学习可以解决这个问题的循环结构，并且最终能够编写和熟练应用。（紧扣主题，点明教学内容和目标）

板书：循环结构（切入主题）

任务 1：认识循环结构

（一）与选择结构的对比[②]

通过如何使用 Python 输出五句话，对比展示顺序结构和循环结构：

顺序结构：

```
print("Hello, World!")
print("Hello, World!")
print("Hello, World!")
print("Hello, World!")
print("Hello, World!")
```

循环结构：

```
for i in range(5):
   print("Hello, World!")
```

运行结果：

```
Hello, World!
Hello, World!
Hello, World!
Hello, World!
Hello, World!
```

讲解：上面两个代码的运行结果都是输出五句话，但是顺序结构需要书写 5 次同样的输出语句，而循环结构是当 i=0 时输出一次，i=1 时输出一次，一直到 i=4，这样

---

①【评点】以真实且常见的数学问题为背景，设计“求解兔子”问题，向学生展示课前设计调试的自动求解兔子数量的程序，激发了学生的求知欲，同时也激发学生对本课的兴趣。

②【评点】采用对比分析法，通过对比选择结构和循环结构实现过程的不同，学生探讨认为应该采用哪种编写方式，如何以更简洁直观的代码表示数据。不同的编写方式侧重点在哪里，运用选择结构和循环结构各有何优缺点，哪种结构更适合于哪种情况。总结出新知识的有关概念和规律，引导学生深入理解循环结构的概念与特点。

重复执行代码，输出五次。我们可以直观地看出：在这种需要重复执行的情况下，循环结构的代码比顺序结构的代码要简洁很多。

这里用到的循环结构就是在设置的循环条件下，多次重复执行一些特定内容的结构。关于循环结构同学们要着重掌握“循环条件”这一关键词。

（二）循环结构的流程图[①]

首先举一个简单的 for 循环的例子

```
for i in range(5):
    print("Hello, World!")
```

然后讲解这个循环的运行流程，边讲解，边给出流程图：

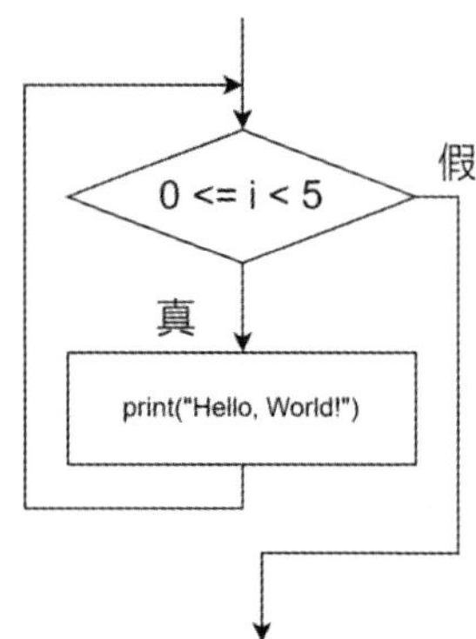

然后通过这个特例的流程图推导出普通的循环结构流程图。

PPT 展示循环结构的流程图（如图 2）：

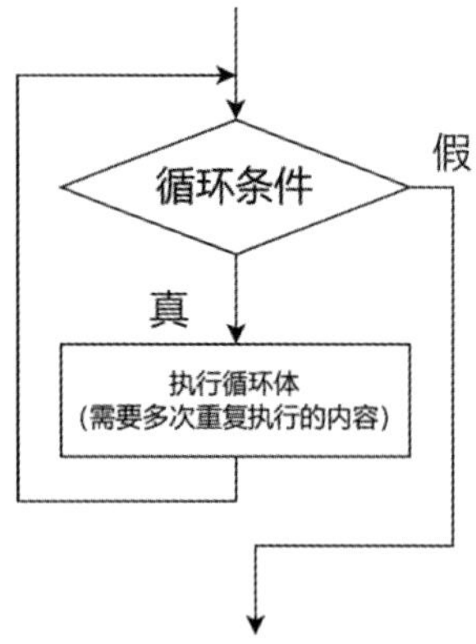

讲解：循环结构的流程

（三）for 循环的格式

老师：现在我们就一起来学习循环结构中的 for 循环，首先我们来看一下 for 循环语句的一般格式：

①【评点】流程图为第三章讲解的内容，联系旧知识，更有助于帮助学生理解循环结构中的内在逻辑和线索联系，串成知识线，再由若干条知识线形成知识面，遵循引导发现、循序渐进的思路，倡导“自主、合作、探究”的学习方式。

```
for 循环变量 in 列表：
    语句或语句组
```

PPT 展示一些 for 循环语句：

```
for i in [1,2,3,4,5]:
    print(i)
```

老师：for 循环体书写时需要缩进，从循环 for 语句末尾的冒号开始，到下面没有缩进的代码之间的代码都是循环体包含的需要重复执行的部分。

PPT 对比展示有缩进和无缩进的 for 循环体运行结果的不同：

是否缩进	for 循环体代码	运行结果

有缩进	for i in [1,2,3]:
	    print(i)
	    print("Hello")
		1
		Hello
		2
		Hello
		3
		Hello

无缩进	for i in [1,2,3]: print(i) print("Hello")	1 2 3 Hello

讲解：在有缩进的这个表格对应的运行结果中，我们可以看出，Hello 被循环输出了 3 次，而没有缩进的运行结果中 Hello 只被输出了 1 次。从这个对比的表格中，我们可以看出，for 语句冒号后面有缩进的代码才是循环结构中的一部分，才会重复执行。

老师：我们从前面的 for 循环结构中可以看出，循环变量是在列表中进行变化的，而列表有三种表示方法：直接罗列、先定义后使用、使用 range 函数。

range( ) 函数该如何使用呢？

range( ) 函数需要设定初值和终值，可以指定步长。未指定时，默认步长为 1，也可以生成降序的数值列表。

任务 2：课堂练习

（一）初出茅庐

任务：编程输出 10 的阶乘结果①。

老师：如何通过编程，运用 for 循环结构求出 10 的阶乘？

解析：根据求解问题的一般过程为分析问题——设计算法——编写程序——调试运行程序。

程序：

```
sum=1
```

①【评点】结合学生不同水平设置不同难度，组成由易到难的递进式任务设计，因材施教，不局限于现有所学，也做到了与下节内容 while 循环的衔接。

```
for i in range(1,11):
    sum=sum*i
    print(sum)
```

（二）小试牛刀

任务：求解 1000 以内水仙花数。

老师：找到 1000 以内的所有水仙花数。

解析：首先我们要了解什么是水仙花数。

水仙花数指的是一个三位数的正整数，而在这三位数当中，个十百位上数字的三次幂之和都等于这个数的本身，像 153 这个数一样，1 的三次方加上 5 的三次方再加上 3 的三次方之和就刚好等于 153，所以 153 就是一个典型的水仙花数。

程序：

```
for s in range(100,1000):
    i = s // 100
    j = s // 10 % 10
    k = s % 10
    if s == i ** 3 + j ** 3 + k ** 3:
    print (s)
```

◎课堂小结

for 循环的一般格式：

for 循环变量 in 列表：

循环体

列表的几种表达方式：

直接罗列

先定义后使用

使用 range( ) 函数

拓展：

根据任务 1 中的阶乘求解，求解 5、8、15 的阶乘，并设计程序，求解任意整数的阶乘。

解析：对于 5、8、15 的阶乘，我们根据 range( ) 函数定义，更改其中的终值为 6、9、16 即可。而对于任意整数的阶乘，由于终值未知，则循环次数未知，无法使用 for 循环结构求解。进而引出对于未知循环次数的求解方式——while 循环。

程序：

```
n=int(input("请输入 n"))
sum=1
i=1
while i<=n:
    sum=sum*i
```

```
    i=i+1
print(sum)
```

【总评】

《for 循环的应用》作为信息技术必修一《数据与计算》第四章中第四节，为整本教材难度较高的一节，具备抽象性，思维步骤性很强。教师让学生形成自己的方法和步骤，搭建自己的认知框架，让学生真正参与到教学中来很关键。通过教学设计中的任务设计与实施，充分体现了基于核心素养的高中信息技术问题式活动学习模式，承载着“以生为本”“成长为本”的教育理念，使得信息技术教学的重心从满足教师对学生的要求，逐步转向满足学生自身成长的要求，从而引领学生在解决有意义的、真实性问题的过程中，促进创造性解决问题的能力和学习力的提升，为学生有效铺设相对久远的知识探究之路。

“for 循环的应用”课堂实录

——信息技术 高一年级 必修 1 数据与计算（粤教版） 第四章

执教：龙华部 班 华 王健博乐

评点：龙华部 段斯译

师：同学们，我们先来看一个问题[①]，在一个农场里，最初养了 3 只兔子，每隔一年，兔子的数量会涨到原来的两倍，5 年后兔子的数量是多少？

生：计算答案。

师：同学们算出来了吗？答案是多少？

生：96 只！

师：是的，回答正确！正确答案就是 96 只，那么同学们是怎么算出来的呀？是累乘吗？

生：是啊！

师：这就是我们今天要学习的循环结构了，现在我们来学习可以解决这个问题的循环结构并且最终能够编写和熟练应用。

师：展示 PPT。

师：讲解，上面两个代码的运行结果都是输出五句话，但是顺序结构需要书写 5 次同样的输出语句，而循环结构是当 i=0 时输出一次，i=1 时输出一次，一直到 i=4，这样重复执行代码，输出五次。我们可以直观地看出：在这种需要重复执行的情况下，循环结构的代码比顺序结构的代码要简洁很多。这里用到的循环结构就是在设置的循环条件下，多次重复执行一些特定内容的结构。关于循环结构，同学们要着重掌握“循环条件”这一关键词。

生：观看教师代码演示。

师：举例子，展示循环流程图。[②]

生：观看屏幕上展示的循环结构流程图，并结合流程图体会循环结构的执行过程。

师：循环结构的流程是这样的：通过判断循环条件是真还是假来进行下一步。如果循环条件为真，那么就执行循环体中的代码，然后返回循环条件去进行再次判断，一旦循环条件为假，那么就跳出这个循环，执行循环结构以外的下一个语句。

---

①【评点】激发学习兴趣，提高学生的课堂参与度，促进学生的学习和探索。

②【评点】流程图为第三章讲解的内容，联系旧知识，更有助于学生理解循环结构中内在逻辑和线索联系，串成知识线。再由若干条知识线形成知识面，遵循引导发现，循序渐进的思路，倡导“自主、合作、探究”的学习方式。

师：现在给大家一道例题，通过在之前一般的循环流程图基础上，给出指定的一个 for 循环结构的流程图，并回答运行结果。

生：在老师引导下回答流程图中的循环条件、循环体内容和最后运行的结果。

师：现在我们就一起来学习循环结构中的 for 循环，首先我们来看一下 for 循环语句的一般格式，同学们可以看一下这个 for 循环语句，这个 for 循环语句表示循环变量 i=1 时，打印输出 i。然后 i 变到 2，再打印 i，然后 i 变到 3，变到 4，直到 i=5，输出 i 后，循环停止。

师：for 循环体书写时需要缩进，从循环 for 语句末尾的冒号开始，到下面没有缩进的代码之间的代码都是循环体包含的需要重复执行的部分。PPT 对比展示有缩进和无缩进的 for 循环体运行结果的不同。

师：有缩进的这个表格对应的运行结果中，我们可以看出 Hello 被循环输出了 3 次，而没有缩进的运行结果中 Hello 只被输出了 1 次。从这个对比的表格中我们可以看出 for 语句冒号后面有缩进的代码才是循环结构中的一部分，才会重复执行。

师：我们从前面的 for 循环结构中可以看出，循环变量是在列表中进行变化的，而列表有三种表示方法：直接罗列、先定义后使用、使用 range 函数。

师：for i in [1,2,3,4,5] 就是直接罗列的方式，而先定义一个列表 values=[1,2,3]，然后 for i in values 就相当于 for i in [1,2,3]。所以循环体中列表先定义后使用的运行结果与直接罗列的运行结果一致。

师：而我们还可以使用 range() 函数来表示一个列表。range() 函数是从指定的第一个数开始往后数，在数到第二个指定的数时停止，关键要注意 range() 函数中的数字不包括第二个指定的数。

师：那么 range() 函数该如何使用呢？ range() 函数需要设定初值和终值，可以指定步长。未指定时，默认步长为 1，也可以生成降序的数值列表。rang() 函数括号中的第一个数字表示数值列表的初值，即数值列表的第一个数。而括号中的第二个数字表示数值列表的终值，即数值列表的最后一个数 +1。注意，数值列表中的数字不包括终值，数值列表中的最后一个数是终值 -1。从该示例代码的运行结果中我们也可以看出列表没有"4"这个终值。 for i in range(1,4) 相当于 for i in range(1,4,1)。第三个数字表示步长，而运行的结果为 1，2，3，我们也能看出来，当未指定步长时，默认列表的步长为 1。

师：对于 range() 函数，我们可以指定步长，更改括号中的第三个数字就可以更改指定的步长，该示例中将步长改为 2 则说明，列表中的第二个数 = 第一个数 +2，而从结果为 1，3 中我们也可以看出第二个数确实为第一个数 + 步长。

师：当 range() 函数中初值 > 终值且步长为负数时即可生成降序的数值列表。就像示例代码中的一样。range(4,1,-2) 表示，数值列表从 4 开始，之后每次减 2，直到数字 1。（不包括数字 1）。

师：通过对之前的循环结构流程图和对 for 循环结构的学习，同学们能尝试自己画出 for 循环结构的流程图吗？（PPT 展示之前展示过的循环结构的流程图，辅助画 for 循环流程图）。

生：和老师一起在黑板上画出流程图。

师：首先根据之前展示的流程图来看，我们要先画出循环条件，那么 for 循环的循环条件是什么呢？是循环变量小于等于终值。那么这里的循环变量是不是需要对应我们的初值呀？所以我们在循环条件的前面一步加上“循环变量 = 初值”的执行框。

师：然后呢，我们来判断循环条件，如果为真，那么我们就要执行循环体，这里和之前的循环流程图上是一样的，然后呢，我们 for 循环中循环变量的值会不会发生改变呢？会，对吧，那么我们是不是应该在这里加上“循环变量 = 循环变量 + 步长”这个执行框呀！

生：是的。

师：好，现在同学们可以看一下自己画的流程图和黑板上或者 PPT 上面的一样吗？有出入的话就看一下自己是不是哪里出现了问题，然后修改一下。

师：现在我们来做两个任务练习，[①] 任务一，编程输出 10 的阶乘结果，如何通过编程，运用 for 循环结构求出 10 的阶乘？任务二，求解 1000 以内水仙花数。

【总评】

随着云计算、大数据、物联网等技术在社会中的应用逐渐走向千家万户，高中信息技术课程已经成为帮助学生提高信息意识、发展计算思维、培养信息社会责任为核心要素的基础课程，其课程本身具有时代性、实践性、应用性等特点。问题式学习是以问题为导向的教学模式，更加注重学生问题分析与解决，知识探究与创新等能力的培养。因此，在高中信息技术教学中探究基于核心素养的问题式学习活动设计策略，具有重要的意义。本节教学设计中，如何激发学习兴趣，提高学生的课堂参与度，促进学生的学习和探索，是教师在开发教学资源时需要考虑和解决的问题。教学资源的形式可以多种多样，如流程图、程序代码、自主学习任务列表、视频动画等。对于高中信息技术学科，教学资源可以更加丰富。在编程解决问题的体验中，可以适当让学生不将精力过多地放在程序启动上，而是侧重于内容的学习，有效引导学生开展探究学习，确保学习的层次性，发展计算思维，感悟具体方法。总之，真实任务的教学，基于适切的任务设计、有效的任务教学、追求价值的任务小结等，搭建所学知识与现实学习生活之间的桥梁，让学到的知识与技能、思想与方法等有直接实现应用的可能，为激发学习兴趣、提高学习能力、培育学科核心素养提供有效保证。

① 【评点】在中学信息技术教学中，任务教学能够有效提高学生将所学内容融入学习和生活的能力。该教学方法也是一项具体可操作的教学手段和策略，是在学科核心素养培育过程中进行变革与应用拓展的有益探索。

“制作简易自动控制的浇水系统”课堂设计

——通用技术 高一年级 必修 技术与设计 2（苏教版） 第四单元

设计：弘知高中通用技术 刘翔飞
致远高中通用技术 黄 琳
评点：浙江省教育厅教研室通用技术教研员 管光海
深圳市龙华区教育科学研究院信息技术教研员（正高级、特级教师） 周莉萍

◎设计导语

本案例是苏教版《技术与设计 2》“第四单元《控制及其设计》”基于第一节《控制的方式与应用》指向通用技术核心素养的深度学习大单元学习。通过实践来理解控制的含义和感知控制的应用，其中控制的应用在《控制与设计》这一单元中具有较重要的地位和作用，要求学生能从应用的角度来理解控制的含义。通过实践任务分析，归纳出对控制的认识，学会用整体的、互相联系的观点解决实际生活中的问题。有助于提高学生的观察能力和分析能力，在日常生活中有广泛的应用，体会控制对人类现代社会及生活的重要性和必要性，并且为后续的教学内容——“开环控制系统的工作过程”做准备，有着承上启下的作用，目的是通过学习来形成技术意识和工程思维，提高创新设计能力。

本案例让学生经历设计制作不同控制方式的浇水装置，来理解控制及控制系统。通过不同的控制项目来理解控制的含义，在实施过程中体验开环控制和闭环控制的应用方式以及它们的优点和缺点。围绕“出行，解决家庭绿植浇水”的问题，从简易材料应用的制作到电子元器件的应用，再过渡到智能传感器的智能化设计，最终走向人文的情境，不仅可以自动浇水还可以远程地观察，或人工管理，排除一些干扰因素达到智能及人文的管理。在课程实施的过程中，学生们都需要不断地了解材料特性，查找资料，购买和准备相关材料，自主探究学习，在过程中让学生自己去分析、理解，去发现问题和解决问题，注重核心素养的培养，不断升华。对于具体的任务和情形进行分析比较，在场景应用中让学生去经历，在实践中去思考为什么要这样？怎样去界定不一样的对象？从问题出发探索物与物之间的关系，自主地去收获知识来达到一定深度学习的目的。本单元承载的学科核心素养有技术意识、工程思维、创新设计、图样表达和物化能力，重点在工程思维和创新设计。

本案例的教学对象是高中二年级学生，学生已经系统学习过结构、流程及系统有

关的知识来过渡控制系统的学习。在《技术与设计 1》与《技术与设计 2》中经历了一些设计和制作的全过程，一定程度上了解设计过程的各个环节及制作的基本方法和手段，学生对生活中常见设备的电子电路及机械控制有所了解，但专业性的知识有所欠缺，在技术实践活动中，需要考虑功能的实现和效果，在课堂教学过程中，要紧密联系生活实际，从学生现实生活所接触的现象向技术内容延伸，使学生从中得到感染并与之产生共鸣，从而获得积极的情感体验。

◎任务框架

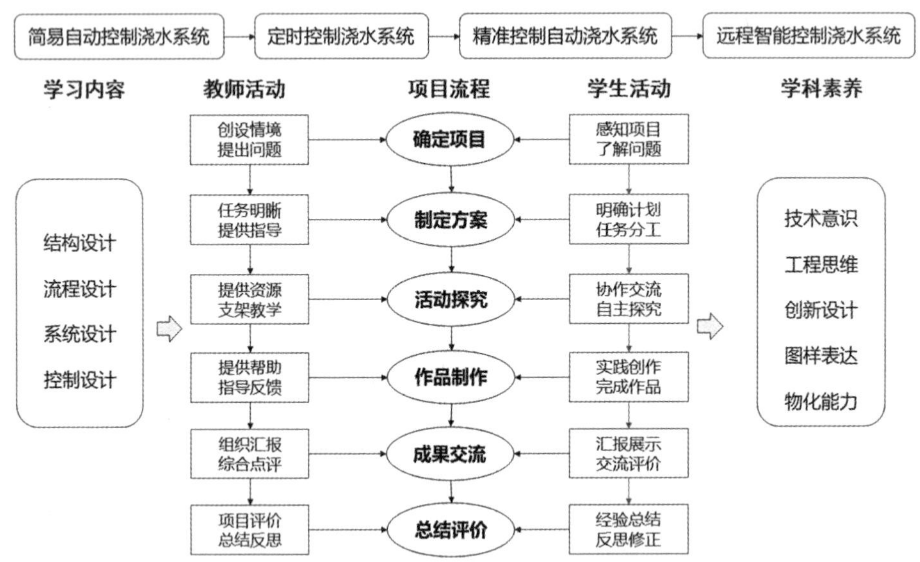

◎学习过程

	1	2	3	4	5	6
浇水的方式	滴灌	自吸式	自渗式	自流自吸	定时浇水	远程摇控
优点	简单易安装	购买方便，也可以自己制作	制作简单	材料易找、浇水自动	定时自动浇水	自动、可远程，人性化
缺点	要花钱购买	要花钱购买	一直会流水	制作需要工具	比较贵，不方便购买	安装麻烦，价格昂贵

《控制及其设计——设计制作不同控制方式的绿植浇水系统》单元课时规划

第1、2课时：制作简易自动控制的浇水系统

【走进情境】①

伴随假期的到来以及随着疫情的变化，陈晨一家正准备进行一场说走就走的旅行。可最让陈晨担心的还是阳台上的盆栽，无人定期浇水。同学们你们能不能帮他设计制作一个自动浇水装置呢？

任务：挑战不花钱制作简易的自动落水装置，在实践体验中分析它的控制三要素，针对各种绿植的习性来选择可靠的实施方案，延展多植物及长时间需要进行改进来达到完成长时间可靠的浇水任务。②

活动1：能收集生活中一些自动浇水装置的种类形式，发现它的工作方式和实现的方法，从功能实现分析出它的优点和缺点。

活动2：选择相应的方法和材料完成一个简易制作的浇水系统，完成小组任务分工和过程记录，挑战不花钱，掌握一些工作和材料的使用，在制作过程中思考问题：1. 在实践体验中都碰到了哪些问题？ 2. 你们是怎么解决的？ 3. 它们是如何实现自动浇水的？小组体验与展示。

活动3：为各品种绿植的习性来规划选择可靠的浇水方式，分析接水盘中的水位高低与进气管位置的关系，了解它的工作过程和原理，知道控制的方式和控制是什么的知识学习。

活动4：通过一个雷达图对作品进行评分，同时从各方面对课堂进行星级评价，采取星级自评、互评和师评的方案来进行。

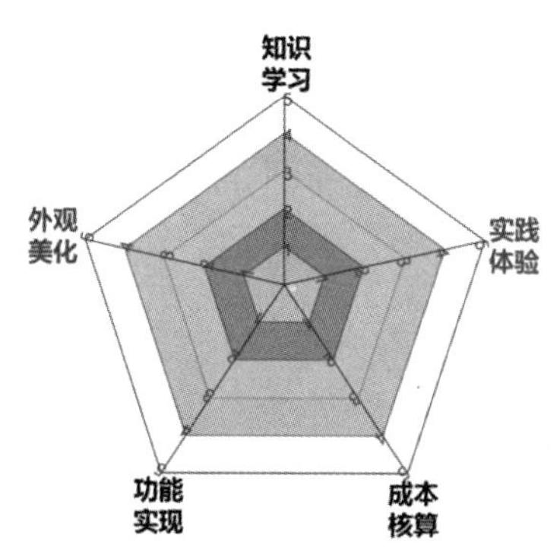

评价者 / 评价维度	学生评价		教师评价
	自评	小组互评	
目标达成	☆☆☆☆☆	☆☆☆☆☆	☆☆☆☆☆
主题学习	☆☆☆☆☆	☆☆☆☆☆	☆☆☆☆☆
创新设计	☆☆☆☆☆	☆☆☆☆☆	☆☆☆☆☆
学科知识	☆☆☆☆☆	☆☆☆☆☆	☆☆☆☆☆
发现问题	☆☆☆☆☆	☆☆☆☆☆	☆☆☆☆☆
解决问题	☆☆☆☆☆	☆☆☆☆☆	☆☆☆☆☆
物化能力	☆☆☆☆☆	☆☆☆☆☆	☆☆☆☆☆
五星（很好）、四星（较好）、三星（好）、二星（一般）、一星（不好）			

活动5：小结与课堂创新任务结合相应材料的选择，请小组同学设计一个浇水时间更长的系统方案（图片连线）。

活动6：（第2课时）：这是第2课时的内容，通过第一节课的课后作业，根据第1课时系统方案的测试并观察记录它的流量，通过流量数据选择查找下面配件的相关

①【评点】该情境通过真实的情境进行导入，引导学生去发现问题，以及解决生活中的真实问题，培养了学生的技术意识和工程思维

②【评点】这个项目学习的设计符合新课改理念，指向学科核心素养，步步深入，体现了深度学习的理念，促进学生实践能力和高阶思维的培养，能够提升学生的创新思维和物化能力。

信息和使用方式与方法，在本节课来挑战制作完时间及大面积长时间浇水系统的设计制作。

第 3、4 课时：制作定时控制浇水系统

【走进情境】

在观察自动浇水装置时，陈晨发现浇水装置一直在浇水，长期保持花盆的湿度。这时陈晨在想，我们生活中白天干，晚上有露水，或隔一段时间会下场雨，那能不能模仿进行定时定量的浇水装置呢。刚好在信息课上学习了开源编程，赶紧利用自己的知识来设计制作一个给花定时定量的自动浇水装置。

任务①：使用定时器及电磁阀，根据植物的需水性来体验制作一个定时浇水的装置。学习知识了解不同植物的需水性以及装置的系统组成，知道控制系统的组成和控制系统方框图的表示，明确开环控制系统和开环控制系统的控制方式是什么？

活动 1：通过网络查找定时浇水装置所要使用的相关材料，了解和学习定时器和电磁阀的技术参数以及使用方法，根据不同植物来进行材料的购买，分析出控制系统所对应的关系。

活动 2（第 4 课时）：小组分工进行定时间浇水装置的实践制作，设置出水流量。思考抽水方案还是电磁阀控制水龙头的方案，哪个会更好更可靠？同时也要考虑性价比的问题。

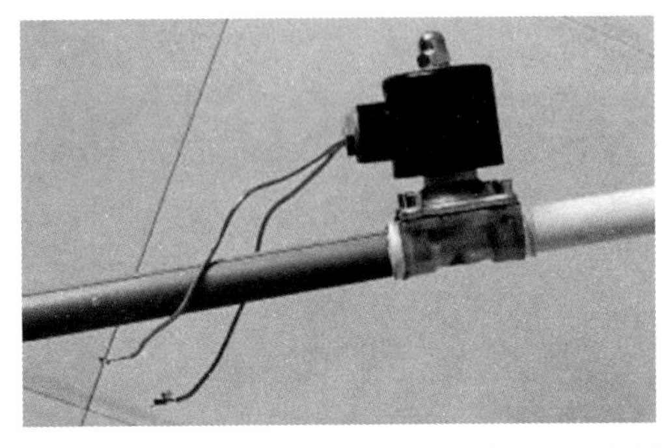

活动 3：给控制系统进行方框图的绘制，理解开环控制系统的含义和方式，对比分析生活中一些常见的开环控制系统，明白其开环控制系统方框图的表达。

活动 4：通过一个雷达图对作品进行评价，同时从各方面对课堂进行星级评价，采取星级自评、互评和师评并进行教学小结。

第 5、6 课时：设计制作精准控制的自动浇水系统

【走进情境】

在定时浇水的装置中，陈晨发现不能根据植物的特性自行调节浇水，在干旱和湿

---

①【评点】这个项目学习的设计符合新课改理念，指向学科核心素养，步步深入，展现了一定的深度学习，知识深入，促进学生实践能力和高阶思维的培养，能够提升学生的创新思维和物化能力。

润时浇水的要求不一样，定时间浇水装置达不到要求。如何根据土壤的干湿度进行自动控制的自动浇水呢？这时陈晨又展开新的想法，结合自己学习的编程技能与对传感器的了解来创新设计项目。

任务：通过观察植物需水性相关数据，为了更好地适应植物按需自动浇水，了解学习相关的传感器知识，设计制作精准控制的自动浇水系统，达到节约水资源和效益的最大化。通过反馈与控制形成的闭合回路，知道闭环控制系统及控制方式。

活动 1：查找学习土壤湿度传感器的种类和使用方式。

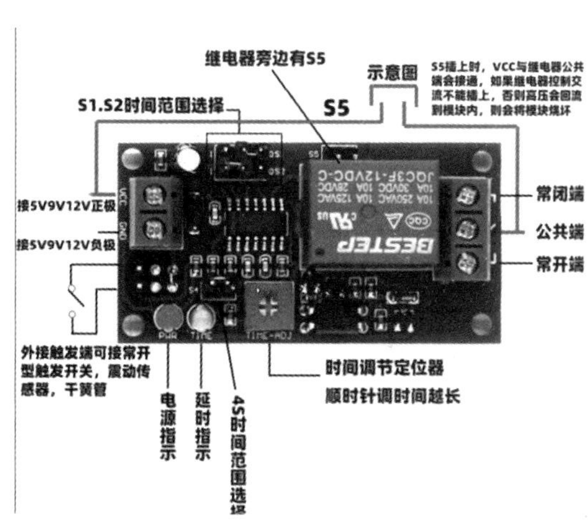

活动 2：根据植物需水性的湿度值来测试继电器式集成控制器。

活动 3：测试出水口使用的滴灌及喷雾和喷洒的方式，观察哪个效果会更好和更适用。

活动4：（第6课时）：结合编程控制板使用数码管显示湿度数值来实时知道植物土壤湿度的情况。①

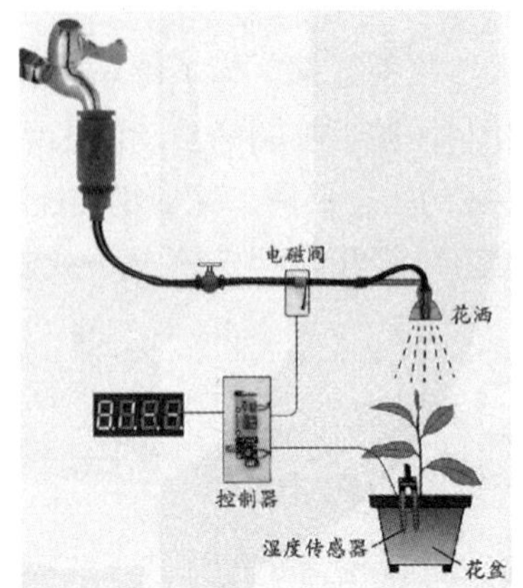

活动5：针对室内植物的生长特性，给它进行仿自然的补光。查找相关光谱资料，调试程序设置与优化。

活动6：测试小结与评价。

第7、8课时：设计制作可远程智能控制管理的浇水系统。

【走进情境】

随着技术越来越发达，人文化的方式也成了陈晨一家人的追求。在知识学习不断提高的情况下，陈晨想，如果在遥远的地方也能每天观察到自己心爱植物的生长状况该多好啊！于是陈晨他继续开动脑子在网上搜集资料，利用物联网视觉传技术来实现一个可远程浇水管理的系统。

任务②：利用物联网结合智能手机和摄像头来搭建一个综合智能与人文管理的远程

---

①【评点】结合电子元器件并进行编程，将软硬件结合起来，实现项目任务的进阶，提高学生的问题解决能力。

②【评点】结合人工智能、物联网等技术，层层进阶，实现学生的自主探究学习，促进学生创新能力的培养。

控制浇水系统，即可根据参数设置自动控制的浇水方式，也可以人为地远程监控，可以排除一定的干扰因素，保证更加可靠地达到浇水的目的。

活动 1：搜集有关物联网设备的相关资料和使用方法。

活动 2：测试摄像头及网络的连接，保证通信的连接。

活动 3：设置水位检测报警装置，测试手机终端是否能收到相应的通信信息。研究备用方案。

活动 4：优化系统，小结反思与评价。

【总评】

本项目式教学设计中，层层递进的项目任务、丰富多样的组织形式、多种多样的课堂活动，能够有效地激发学生学习兴趣、提高学习能力、培养学生的学科核心素养。但同时，项目化的教学课堂也可以考虑以更简单的系统设计来展示以减轻学生的认知负荷，并加强基础概念的讲解，帮助学生更好地设计应用该系统。注重课程中的技术意识、质量意识、环保意识、责任意识、安全意识的培养，凸显新课程新教材所要求的，培养具有人文底蕴、科学精神、学会学习、健康生活、善于创新、责任担当的未来公民，从而真正落实学科核心素养。

“制作简易自动控制的浇水系统”课堂实录

——通用技术　高一年级　必修　技术与设计 2（苏教版）　第四单

设计：弘知高中通用技术　刘翔飞
致远高中通用技术　黄　琳
评点：浙江省教育厅教研室通用技术教研员　管光海
深圳市龙华区教育科学研究院信息技术教研员（正高级、特级教师）　周莉萍

师：伴随假期的到来，陈晨一家正准备进行一场说走就走的旅行。可最让陈晨担心的还是阳台上的盆栽，无人定期浇水，同学们你们能不能帮他设计制作一个自动浇水装置呢？

生：可以。

师：通过情境呈现，我们需要将原来的手动浇水变成自动浇水，从而知道什么是手动控制及自动控制。

生：手动控制是在人的干预下进行的，自动控制就是不需要人的干预。

师：知道自动控制在我们生活中存在一些控制方式，包括电动控制、电子控制、气动控制、机械控制以及液压控制。

生：那我们如何开始制作自动控制的浇水系统呢？

师：给同学们看一下制作的案例，包括滴灌式、自吸式、自浸式、自流自吸式。接下来请各小组选定其中一种动手实践进行制作，采用一些常用的材料就可以完成制作的浇水装置，简单快捷、少花钱或不花钱。

生：好的，那我们开始动手制作吧！

师：通过实践，这个简易式自动浇水装置，对比前面几种要相对麻烦一些，采用自吸自流的方式，对于水位管理要好一些。

生：嗯嗯，是的。

师：通过控制的学习，完成课堂练习，分别是什么控制？

生：第一个是手动控制，第二个是自动控制，第三个是智能控制。

师：因为每个人出行的时间不一，如何考虑时间更长的自动浇水？你能根据下面的材料选择来设计时间更长的浇水装置？请同学们小组合作设计一个方案框架，用线条连接的方式在 IPad 上画出草图。①

---

①【评点】教学过程中引导学生深入主题，让学生挑战一个任务进入深度学习，通过实践体验发现问题，分析知识过程，促进学生对课程知识的理解，学会知识迁移来解决问题。在概念升华方面从手动控制到自动控制再发展到智能控制，层层提升，符合项目式学习的理念。

生：针对不能长时间工作的问题，考虑可以在网上采购一些辅助配件来实现长时间或不间断的供水，为了降低成本不能采用电子设备装置来实现。

师：今天同学们都表现得很好，显然我们今天学到了很多东西，那么我们还是要来认真地反思一下。接下来的时间，请大家回去做一个自我评价，同时呢，也给其他小组进行评价。

【总评】

本节课作为指向核心素养的深度学习大单元学习，课程中强调整体设计，承载了通用技术学科的五大核心素养（技术意识、工程思维、创新设计、图样表达、物化能力），形成了可持续性评价。在任务设计上，从深度学习考虑了学科本质的教学，结合学生的学情，以解决真实情境中的问题，来安排一系列递进式的项目式学习活动，起到精练知识的深广度和提高结构化强度的作用，在技术思维与观念上体现了设计操作的高阶思维，促使学生敢于挑战，基于实践体验，促进学生们创新和实践能力的培养。

课程中融合信息技术手段，快捷呈现学生们的学习情况，基于通用技术与信息技术的关联性，整合大单元设计，融创了信息技术学科知识来解决实际问题，用真实情境创设学习任务，利用“互联网 +”无边界自主学习获取解决问题的途径，以挑战不花钱来完成简易浇水器，激发学生们“做中学，学中做”的探究性创新学习。以小组实践体验探索不同的项目，共同分享，收获知识，把移动终端转变成快捷获取知识的手段，效果明显，提升了课堂效率。

“篮球技战术组合——传切配合”课堂设计

——体育与健康　高二年级　必修　全一册（人教版）　第八章

设计：高中园　姚木阳　吴可民　李诗媛
评点：高中园　贺　瑶　李慧清　李福沛

◎课程设计依据

本课以《体育与健康课程标准》为依据，全面贯彻“立德树人”和“健康第一”的指导思想，围绕“学、练、赛”三个主要环节，突出篮球组合技术练习和运用，充分发挥学生主体作用，注重学生创新意识、自主锻炼意识和实践能力的培养，通过探究性和合作性学习，促进学生身体素质和运动技能的提升。

◎学习思路设计

本堂课主要是在“以人为本”的教育理念指导下展开。“以人为本”顾名思义就是以学生为根本，教师一切从学生实际出发，尊重学生个体差异和情感需求，真正认识和把握学生主体，强调学生应当在“练中学”和“学中练”。因此，本次课确立了篮球传切投篮配合这一基本组合技术动作，按照循序渐进的教学原则，突出学生主体地位，培养学生的创新思维，激发学生的表现欲望。

（1）突出教学主题，激发学生对篮球的喜爱，轻松愉快的教学氛围，唤起学生兴趣，激发学生参与热情。

（2）采用诱导式教学。改变传统的教学方法，让学生先发现问题，而不是由教师提出问题。主要教学步骤为：分组练习—发现问题—解决问题—教学比赛。全面调动学生积极性和创造性，让学生从“要我学”的心态向“我要学”行动转变。

（3）结合学生实际进行分组教学，提高学生学习兴趣，运用教学比赛让全体学生感受成功的喜悦。

◎学习流程

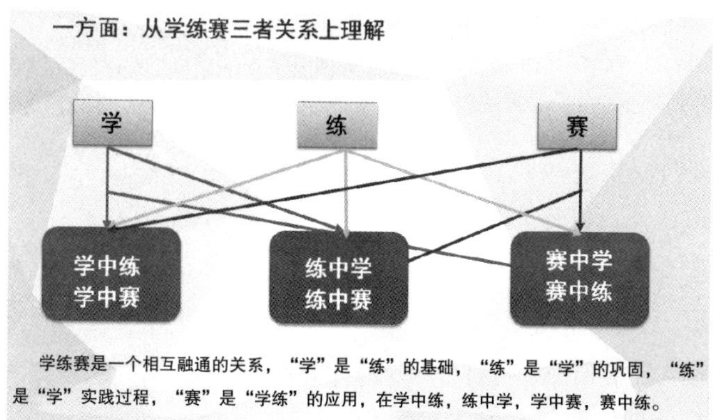
一方面：从学练赛三者关系上理解
学
练
赛
学中练
学中赛
练中学
练中赛
赛中学
赛中练
学练赛是一个相互融通的关系，“学”是“练”的基础，“练”是“学”的巩固，“练”是“学”实践过程，“赛”是“学练”的应用，在学中练，练中学，学中赛，赛中练。

传切配合示范讲解（教）→无球传切配合跑位练习（学）→传切配合练习（练）→ 5vs5（赛）→ 10 分钟身体素质训练（体能）

◎学习过程

任务 1：师生问好，课堂导入。让同学们充分做好学习准备，同时对掌握技术技能充满信心，对课堂学习充满期待。（7 分钟）

（1）课堂常规，消除安全隐患，给学生建立一个安全、健康的学习运动环境。通过鼓励性引导语，让学生对课堂充满期待。

（2）韧带牵拉，充分热身，让学生养成科学参加体育锻炼的习惯，避免运动过程中出现运动损伤。

（3）熟悉球性，通过运球和传接球自主展现方式，充分树立良好的信心与外在形象，让学生期待希望能通过本课掌握更多的运动技能，快速融入课堂中来。①

任务 2：基本部分——学、练、赛 + 体能练习环节（30 分钟）。

让“教会、勤练、常赛”成为常态，课内外与校内外练习要求时间充足、形式新颖、准确有效、安全保障。

（1）教师讲解示范，学生无球跑动练习。主要体现在老师的示范与讲解动作（教会 5 分钟），引导学生对动作技术进行初步体验性练习，感受在移动过程中的动作变化与调整，及时反思是否做好接受挑战的准备，并掌握相关技能。

（2）传切技术配合。主要体现学生的技能提升掌握阶段（勤练 5 分钟），能理解到传切配合的时机与战术转变，注意切入时机与传球的提前量，做到隐蔽与准确，把传切配合通过不断地磨炼作为成功的途径，练习过程必有思维碰撞与情感体验。

（3）五对五半场比赛。主要体现在学生学习技能的应用能力（常赛 10 分钟）方

①【评点】营造安全的运动环境，让学生拉伸韧带活动身体各部分关节，做好充分的热身，避免学生在运动过程中出现损伤。同时加入专项准备活动球性练习，让学生身、心更快地进入课堂，为后续学习做好准备。

面。比赛中鼓励学生运用传切配合技术，通过传切配合得分的算双倍分，同时结合突破、掩护等技术，使多种技战术在比赛中融会贯通。整个过程中，通过对抗让学生遵守规则，敢于担当，懂得协作，培养风险防范意识和顽强的斗志。①

（4）体能练习。主要体现在学生体能强度与密度的补充（体能训练 10 分钟）。针对身体上下前后四个方位的肌肉群进行不同动作的体能练习，主要提高学生心肺功能持续承受负荷能力，促进健康得到进一步改善。②

任务 3：结束部分——组织放松，小结评价，内容拓展，作业安排。（3 分钟）

在具有高强度、密度课堂学习后，学生身心达到疲惫状态，通过课堂结束前内控，完成学生身心放松，缓解情绪。对课堂学习采用鼓励性点评，促进学生对下次课的期待。布置适当作业，学生利用课后复习巩固。③

（1）让运动放松成为体育课堂的常态与习惯。

（2）学会小结，充实课堂结果，对获胜方（组）热情鼓励。

（3）学会利用技术应用，有以点带线的辐射面。

（4）积极执行作业安排，吸收与巩固。④

说明：本文采用分课时学历案，采用 40 分钟课堂设计方式，注重落实课堂相关结构环节。

◎课堂小结

本课时的教学重点是采用“学—练—赛”结构来教学篮球的传切配合。通过此次课，希望学生能够正确掌握篮球传切配合方法和要领，能在比赛中合理运用，同时培养学生良好的体育锻炼习惯，形成终身锻炼的观念。

◎作业检测

传切配合技术复习与身体对抗时的技术运用（拓展）。

【总评】

这节体育课的设计安排清晰、有序，包括准备部分、基本部分和结束部分，每个环节都有特定的目标和任务。在准备部分，老师关注场地安全和器材准备，同时通过适当的热身活动避免运动创伤，让学生充分准备好进入体育活动。老师还利用情感互

---

①【评点】教师讲解示范传切配合，学生练习由无球到有球循序渐进，由易到难，有利于学生更好地掌握传切配合，最后让学生在比赛中检验自己对战术配合的掌握情况，让学生学以致用。

②【评点】良好的体能是学生掌握和学习技能战术的基础，通过对不同部位的肌肉群进行体能锻炼，来提升学生的肌肉耐力。

③【评点】经过准备部分和基本部分的学习，学生身心到达一个疲惫的状态，通过结束部分的放松练习，缓解学生运动疲劳。

④【评点】课内与课外相结合加强学生对所学内容的吸收、巩固。

动和鼓励性语言，让学生对学习充满信心和热情，这有助于激发学生的求知欲望。在基本部分，老师将"学、练、赛、评"作为课堂构架，旨在培养学生实际运用技能的能力和思维能力。通过对实战比赛运用能力、科学自主锻炼能力和未来生活迁移能力的培养，让学生能够在实际生活中解决问题和提高学习能力。课堂设计还符合学生的生理和心理需求，有助于培养专注的学习态度、独立思考、解决问题和参与团队合作的能力。学生还能够学会融会贯通，灵活应对和自创更高效的学习方法。在结束部分，老师关注学生的身心状态和情绪调节，通过组织放松活动缓解疲劳。同时，老师采用鼓励性点评，让学生期待下次课，布置适当的作业进行巩固和拓展。

但同时也要注意到学生个体差异的策略。本节课强调了"整体学习时间有主次，课堂结构清晰，内容正确，方法恰当"，但并未提到如何考虑学生个体差异并为不同的学生提供不同的学习策略。建议教师在教学过程中关注学生的个体差异，采用不同的教学策略来满足不同学生的需求。建议教师在教学过程中与学生进行交流，了解他们的想法和反馈，并根据反馈改进自己的教学方法和课程设计。总体而言，这是一堂优秀的体育课，能够帮助学生全面提高体育技能和思维能力，有助于他们在实际运动中应对各种挑战和问题。

“篮球技战术组合——传切配合”课堂实录

——体育与健康　高二年级　必修　全一册（人教版）　第八章

设计：高中园　姚木阳　吴可民　李诗媛
评点：高中园　贺　瑶　李慧清　李福沛

◎教会

师：（提问与组织）经过同学们课前的热身，相信大家做好了充分准备。接下来我们学习传切配合要注意些什么？请看老师示范，无球跑位练习，大约每人完成 10 次。

生：（回答与练习）我们已经准备好了。对于传接球做到动作准确，要有提前量，同时切入要突然。

◎多练

师：（提问与组织）很好！同学们的领会能力很强，前面的内容完成得很好，接下来，我们进行有球的传切配合。4 号队员给 5 号队员传球后，向左侧做摆脱的假动作，迅速从右侧切入接 5 号队员的回传球行进间投篮，5 号队员冲抢篮板球后回到 4 号队尾，两人交换位置。现在每组分成两队，两人一球进行传切配合练习，练习时间 5 分钟。

生：（回答与练习）我们认真观察中注意到两点：一是切入过程中用侧身跑并抬手看球，传球队员必须及时准确将球传出，在接球前要向左做假动作摆脱接球；二是在传球后迅速冲抢篮板球，把握进攻时机。

◎常赛

师：（提问与组织）通过以上练习，同学们进步明显。那我们如何学以致用呢，如何把传切配合技术应用于实战当中，这也是本堂课的难点。接下来我们进行五对五的半场比赛，5 分钟后胜对胜，负对负交叉比赛。

生：（回答与练习）我们注意老师讲解比赛规则，犯规主动举手，不故意犯规，分 4 个半场地进行比赛。比赛投中从中圈重新发球开始比赛，实战应用中的战术不能按实际预想机械进行，应是随着场上情况随机应变，注意学习技术在实战中的应用，注意团队合作配合，学会应变与贯通。

◎体能训练

师:(提问与组织)首先给我们获胜的队伍献上掌声,经过刚才比赛对抗环节的练习,很多同学能学以致用,那想打好篮球光练技术是不够的,还应加强体能练习。今天的体能练习一共有四个动作,分别是开合跳、跪卧撑、仰卧蹬车轮、俯卧平衡,同学们跟随音乐每个练习 2 分钟,间隔 20 秒转换下一个练习,共 10 分钟练习体能。

生:(回答与练习)同学们分别练习下肢、腹肌、上肢、背肌四个部位的肌肉群,发展健康体能。了解到体能训练是一堂课中提高身体素质的补充,是提高心肺器官持续承受负荷能力的主要环节,克服人体生理极限,培养顽强的意志力。

【总评】

本次课堂实录观察到,首先教师以提问和示范为主要手段,鼓励学生积极参与,并通过热身运动、技术练习和实战演练等环节,逐步引导学生从理论到实践、从简单到复杂地掌握和运用传切配合技术。其次,教师重视团队合作和个人身体素质的培养,通过体能训练来提高学生的心肺持久力和肌肉力量,为学生今后的篮球比赛打下基础。但应注意到,教师在提问方面需要更多针对性强、思维开放的问题来激发学生的兴趣和思考。最后,教师在实战演练环节中,可能需要更多关注学生的细节表现,并针对性地给予指导和反馈,帮助学生加强技术练习和提高实战应用能力。

“规定拳：一至三式”课堂设计

设计：龙华部　叶基霖
评点：龙华部　吴植旺

◎本课时学习目标

本课程落实“立德树人”的教育根本任务和“健康第一”的指导思想①，突出体育与健康学科的育人价值，从运动能力、健康行为和体育品德三个方面培养学生的体育与健康学科核心素养，并在课堂中融入“教会、勤练、常赛”②的理念。本课程将武术中的规定拳作为教学内容，注重中华优秀传统文化的弘扬，借助武术增强学生对祖国优秀传统文化的自信和民族团结的意识。通过小组展示与互评等方法，突出学生学习的主体性，发展学生自主发展能力和沟通合作能力，引导学生主动参与体育与健康学习和实践。通过规定拳的练习，掌握从事终身武术所需的基本运动技能，提高学生的身体素质。

目标 1——运动技能：复习武术基本步型中的弓步、马步与基本手型拳、掌。通过新授课，使学生能独立完成规定拳一至三式，且基本达到动作要求。通过规定拳一至三式动作的反复练习，增加动作的熟练度，并体会演练中的动作节奏与幅度。

目标 2——健康行为：通过开合跳、小碎步冲拳、马步跳等体能练习，发展学生的下肢力量与心肺功能，增加学生对于武术运动的兴趣和信心，为学生终身参与武术运动打下基础。

目标 3——体育品德：积极参与小组的学练和展示，学会运用自评和互评，培养学生团队协作的意识以及自强不息的尚武精神。

目标 4——重点难点：重点，基本手型与步型在演练中准确无误。难点，动作节奏、

---

①【评点】立德树人是我国教育事业的根本任务，道德建设事关国家的发展，关乎每个人的终身幸福。学校教育要树立健康第一的指导思想，切实加强体育工作，使学生掌握基本的运动技能，养成坚持锻炼身体的良好习惯。

②【评点】“教会”是开展“勤练、常赛”的基础和前提，我们在课堂中要通过合理高效的教学方法和形式多样的学练活动，不断发展学生参与学习的兴趣，增强学生的体验感和获得感。“勤练”是理论知识不断实践的过程，技能是其反复练习的结果，比赛的内容要对应课堂所学运动技能，在“学和练”的基础上，我们要多设计比赛活动，强化学生运动技能。

幅度的把握恰到好处。[①]

◎本课时学情分析

本课的教材内容是武术项目中的规定拳前三式。规定拳是由原国家体委及其组织机构或有关部门统一编制的套路，属于长拳系列。[②]内容丰富，编排紧凑，包括拳掌勾三种基本手型，弓马仆虚歇五种基本步型，以及直摆、弹踢、扫转等多种腿法，符合《深圳市普通高中体育与健康学业水平考试终结性运动技能测试实施指南》中对于武术项目的考核要求。规定拳难度适中，但对于学生动作规格与演练节奏的掌握要求较高，适合不同基础的高中生学习。坚持规定拳的学练，可以强化学生对于武术基本技能的掌握，提高身体协调性、肌肉力量与心肺功能，培养自强不息的尚武精神与武德修养。

本课时的教学对象是水平五，高二年级武术选修课的学生。全班 28 人，其中男生 10 人，女生 18 人。处在该年龄段的学生身体素质较好，接受新鲜事物的能力强，反应敏捷，参与运动的热情较为强烈，并具备一定的运动基础和自我保护能力。这为教学目标的达成提供了必要的前提，但是这一阶段的学生的学习稳定能力较为欠缺，一般很容易反复出现错误动作，所以应该多做些强化练习。

◎课堂导入语

武术是中华民族的传统体育运动，可以帮助我们强身健体、防身自卫。上节课我们学习了武术的基本手型、步型。在今天的课程中，我们将把它们连在一起，学习规定拳的一至三式，体会武术的手眼身法步和跌宕起伏的动作节奏。学完以后，我们大家一起比一比，谁更有精气神？

任务 1：准备部分（8 分钟）

此环节的内容：

1. 课堂常规：（1）体委整队、报告人数，师生问好；（2）安排见习生，宣布目标内容。

2. 专项热身：动作要领：节奏稳定，充分活动上下肢。进行间热身活动：绕肩、击步、交叉步跑、胯下击掌。原地热身活动：体前屈、弓步压腿、侧压腿、马步冲拳。

3. 复习拳、掌、马步、弓步。

此环节的组织队形：课堂常规四列横队；行进间专项热身时，两臂距离散开，教师站在队伍一侧；原地专项热身时，教师站在队伍中间。随后的教学环节中，均为两臂距离散开的四列横队，教师站在班级前方。

---

①【评点】运动能力、健康行为、体育品德三个方面的学科核心素养是体育与健康课程的出发点和归宿，它既是课程目标，又是一种新的课程观。本节课运动技能是让学生独立完成《规定拳一至三式》和体能练习，健康行为是增加学生对于武术运动的兴趣和信心，为学生终身参与武术运动打下基础，体育品德是培养学生团队协作的意识以及自强不息的尚武精神。

②【评点】依据《普通高中体育与健康标准》对“学业水平考试”的具体要求，结合深圳市普通高中体育与健康课程选项要求、本校的教学实际以及学生特点等情况，根据课程标准中六个运动技能系列的要求和学生的体能、技能基础、运动兴趣爱好、学习要求等，我校开展“武术”项目，培养学生对武术的爱好，弘扬中华优秀传统文化，为终身体育奠定基础。

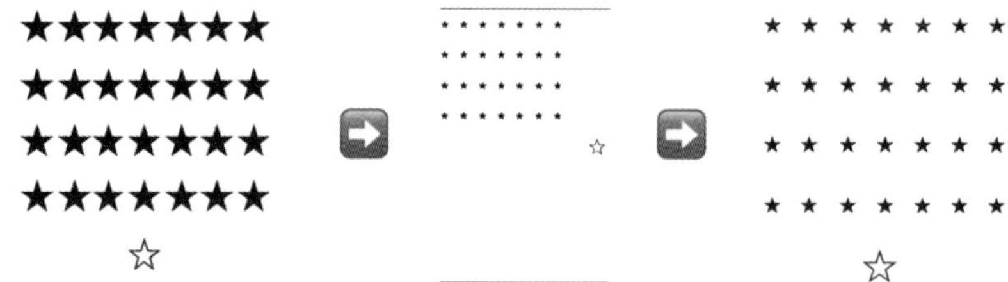

说明：要求学生仔细观察，跟随音乐节拍模仿教师动作，尽量模仿的生动形象。

任务 2：新课学习（14 分钟）

此环节的内容：

1. 弓步十字推掌

动作方法：第一动，提膝，提掌，摆头亮相。第二动，弓步斜插，十字推掌，左手在前。

动作要点：（1）前腿大腿面水平，膝关节达脚背，后脚跟不可离地，后腿脚尖内扣。（2）一二连贯。

2. 丁字步抱拳

动作方法：第三动，弓步转马步，重心移向两脚中间，双手屈臂举至额前上方，随后慢慢向两侧打，开眼看右手。第四动，双脚迅速并拢，起身，成丁字步，同时双手回收，抱拳于腰间。

动作要点：第三动速度稍慢，而第四动的起身、抱拳与亮相却要一气呵成，速度要快。

3. 抡臂半蹲砸拳

动作方法：第五动，左脚点地，左掌推出。第六动，左掌向下经体侧画立圆一圈，右手经耳侧向上冲拳。第七动，提膝。第八动，震脚屈膝，手与腹同高。

动作要点：（1）抡臂体态的保持，需要挺胸、直臂。（2）震脚并步，挺胸。（3）提膝砸拳衔接紧凑。

4. 集体练习

教师报口令并示范动作，让学生跟练 3 次。接着只报口令，观察学生集体练习 2 次，并及时纠错。

5. 分组练习

组织方法：将学生分成 4 组，每组选出一名报口令的“小组长”，全组跟随口令集体练习。

此环节的组织队形：教学时采用四列横队，小组分组练习时，给学生划分场地，各个小组在自己的场地上练习。

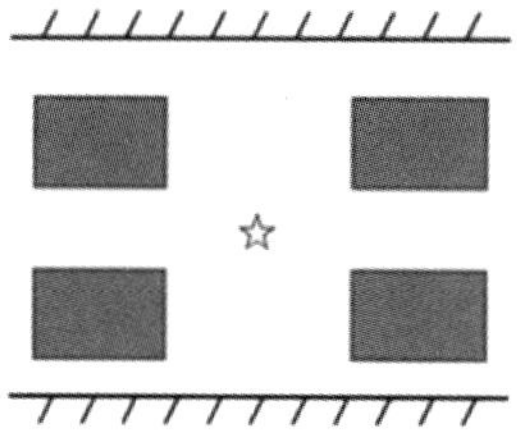

说明：此环节中，教师向学生讲解动作方法，并示范动作。再通过口令节奏的逐步加快，让学生体会动作的连贯性。积极练习，紧跟教师示范，及时巩固课上所学内容。要求：动作完成认真、迅速、有力。

任务 3：小组比赛（4 分钟）

比赛规则：4 组学生进行比赛，以抽签的方式决定上场顺序，由小组长喊口令集体演练，教师根据动作的标准度、整齐度、流畅性进行评分。

组织：比赛小组来到场地中央进行展示，其余小组坐在场地边缘观看。

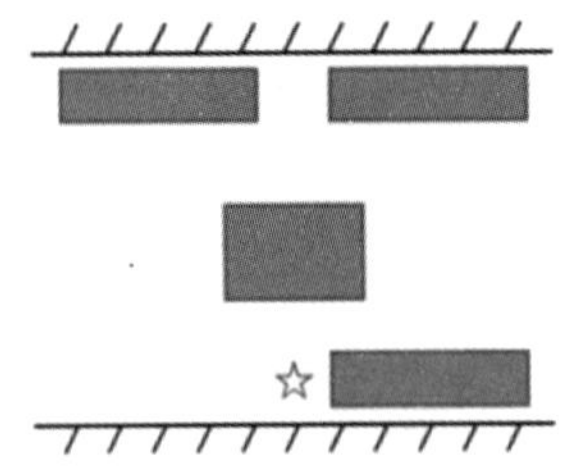

任务 4：体能训练（10 分钟）

采用循环集体练习的教学组织形式，根据 Tabata 音乐节奏集体循环练习。每个动作 20 秒，间隔休息 10 秒。

此环节练习的动作：

开合跳（20 秒）、提膝冲拳（20 秒）、毽子踢（20 秒）、马步跳（8 个）。

说明：该环节旨在锻炼学生的体能，考虑到学生处于武术的初学阶段，动作容易变形，因此选择动作简单、易重复的武术基本手型或步型作为体能练习。在中高强度的运动下，强调手型步型的保持。

任务 5：放松拉伸与课后小节（4 分钟）

此环节练习的动作：两手托天理三焦、孔雀开屏、卧虎扑食。

说明：教师领做，引导学生进行拉伸练习，跟着音乐的节奏一起做放松练习。待学生恢复平静后进行总结评价。

◎课堂小结

本课时的重点是在拳术演练的过程中，注意基本手型与步型准确无误。教学活动中主要运用热身操、分组练习、小组比赛等方式，通过变换位置、方向和情景，使学生在不同的条件下进行练习，巩固动作要领。整堂课的难点是在演练过程中动作节奏、幅度的把握恰到好处。对此，通过带有节奏的口令，并加以重复练习，可以帮助学生掌握并巩固正确的动作节奏。

◎作业检测

在没有提示的情况下连续完成三次，并拍摄视频上传至教学平台。

说明：

本课时的作业需要学生回家完成。这包含了两层含义。一是要求学生在变换了位置、环境和情景的条件下巩固动作要领，加深对课堂内容的理解。二是学生录视频时需要寻找安静、无打扰的场地，锻炼学生评估适合体育锻炼的场地的能力，培养学生的自主寻找体育锻炼场地的意识。

【总评】

本节课是水平五的高二年级武术选项班的教学，内容是《规定拳：一至三式》，看完本节课可主要概括为两点一线三面。

两点主要包含质和量，质是指技能和体能，叶老师通过教好、学会、多练、比赛来完成教学目标，量是指通过叶老师以精讲多练，提高练习密度和运动强度，通过多分组和充分利用场地来完成教学目标。

一线是以主教材《规定拳：一至三式》为轴心贯穿一线，教学内容就在连贯性和关联性、准备活动、体能练习、放松活动的内容围绕着教材设计，承上启下，浮于教材，并延伸到课外活动。

三面是指：

一是学生，学生在本节课动起来、体育课活起来，课堂气氛活跃，学生欢声笑语、互相合作、汗流浃背，学生学到技能，提升体格。叶老师通过提前录制的动作视频和配上节奏感比较强的音乐，带领学生完成本节课的体能练习，和谐课堂让学生“动起来”。

二是老师，叶老师的课堂精讲多练，边讲边练，示范正确，创设情境，课堂设计合理。本节课重视学习探究。在探究式学习中，深外教师所充当的角色，既是学习导师，更是学习伙伴。深外教师既能不断提供各种“支架”，帮助学生向前求索；也能不断制造各种“麻烦”，砥砺学生求索的品性。探究式学习，是学生主体性和教师主导性完美的契合。王阳明说：“人须在事上磨，方能立得住。”深外主张的探究式学习，实质就是引导学生自主自觉地完成一桩又一桩的事，从而磨砺心智，提升素养。

三是效果，本节课突出基本手型与步型准确无误的重点，突破动作节奏、幅度的把握恰到好处的难点。整节课有技能、体能、比赛，学生有兴趣，运动量有一定负荷，课堂感受是累并快乐着。叶老师通过分解练习、集体练习、分组练习和小组比赛让学生基本掌握本节课内容。在本节课合作学习前，叶老师给定好学习目标，然后和学生讨论如何开展协作。学生在团队中担任领导和各种不同的角色，他们需明确分工，分别和共同承担决策责任，达成共识后，共同努力实现最终的学习目标。深外的课堂合作随处可见，这样的教学模式逐渐凸显出优势。学生之间相互合作，充分交流讨论，完成自主探究行动。通过合作，学生能够积极听取其他观点和意见，有效地进行协商、传达和接收有意义的反馈信息，为自己的行动承担责任，从而促进学生间在学习上互相帮助、共同提高。

"规定拳：一至三式"课堂实录

设计：龙华部　叶基霖
点评：龙华部　吴植旺

◎基本部分

师：下一个动作是我们这节课最难的动作，叫抡臂砸拳，接下来各位同学请先看老师做一下示范。

生：（鼓掌）

师：这是抡臂砸拳，① 是我们这节课其中的一个难点。那么我们首先进行分解练习，从五开始。五，左脚向左前方点地，左手向左前方推掌，右手不动，依旧抱拳于腰间。六，左手向着右下方，画一圈立圆。打开时重心前移到左脚，同时右手向上冲拳。七，提膝，绷脚尖。八，并步砸拳。

生：（跟口令模仿教师动作）

师：好，大家保持砸拳姿势，手不要动，让老师看一看你们的手型是否正确。

生：（保持砸拳姿势）

师：（巡回指导）前面的几位同学非常好，② 请继续保持。这位同学，注意，右手是拳背，左手是掌心，用你右手的拳背击打左手的掌心。这位同学，请注意，两脚尖并拢，所以叫并步砸拳。好的，各位同学，我们继续练习两次。五，六，七，八～。五～六～七～八～。

生：老师，我有个问题，为什么你的动作看上去那么有力量？声音这么响？

师：这位同学的问题非常好，这就是我们武术中的精气神。需要我们通过动作规格和演练风格来展现，演练风格不仅仅要讲究动作节奏，还要关注到手、眼、身、法、步中的每一个细节。比如我们的六，抡臂向上冲拳的动作，就需要我们抡臂加速，冲拳急停，冲拳的一瞬间还需要保持挺胸抬头，两臂后张的挺拔姿态。六和七的提膝可以连在一起，七稍作停顿，维持住这个挺拔姿态，然后一瞬间，八向下并步砸拳，手到脚到。七挺得要直，八蹲得要底，通过两个大开大合的动作，加速、停顿、爆发，达到一个动静结合、高低起伏的演练效果。

生：（不断尝试）③

---

①【评点】技术要领准确，专业术语规范。

②【评点】教师来回巡视，给予学生合理的评价。

③【评点】学生遇到学科知识性问题，通过教师指导、同伴互助解决，启发后的追问、解惑、创新才是课堂的主角。

◎结束部分

师：同学们，刚刚我们做的动作像什么小动物呀？①

生：鸟、老虎……

师：对，刚刚我们练习的几个动作分别改编自“八段锦”和“易筋经”的“两手托天理三焦”“打躬式”和“卧虎扑食”。我们中国除了防身术，还有养身术，配合呼吸放松身心。同学们，你们知道我们中华武术还有什么吗？②

生：叶问的咏春拳……爷爷练的太极拳……

师：非常好，看来同学们平时都对武术都有所了解。那我们刚刚学的叫什么？

生：规定拳。

老师：对，中国武术有很多种类，这是其他国家所没有的，这就是中华民族传统体育的独特魅力，所以我们应该继承和发扬。同学们也要像刚刚练武术一样，在生活当中保持着这种精神状态，展现出我们高中生的精神风貌。

【总评】

叶老师的基本功非常扎实，主要包括三个方面。第一，讲解基本功。教学讲解，语言规范、精练，用词准确，讲解通俗易懂，能够讲清动作的重点、难点。第二，示范基本功。要求能够正确地给学生进行技术动作示范，根据不同内容，注意示范的面、次数和时机，便于学生模仿，建立正确的动作概念。第三，教态。要求教态自然、亲切、感情饱满，举止端庄。整个课堂显示出民主、自由、和谐的教学氛围，可以激发学生的学习激情、表现欲望，提升学生的学习积极性。构建和谐的课堂氛围是开展有效互动教学的首要任务，叶老师尊重学生的主体性、自主性和学习差异性，给予学生合理的评价。深外的课堂模式是科学、民主、生态、和谐的，在这种课堂中学生主动参与学习，学会学习、快乐获取知识，最终全面提升课堂教学效率。

叶老师通过提问激发学生兴趣，提问是激发学生探究兴趣，获得真正知识的开端。深外教师善于创设问题情境，也善于激发学生质疑的欲望，引导学生从学习任务出发，结合生活经验，调动知识储备，发掘情感体验，启发学生发现问题、提出问题，鼓励学生善问、敢问、乐问，是深外探究学习的起点。

---

①【评点】创设情境，在情境中践行，从而完成学习目标。

②【评点】完成本节课目标后，并延伸课堂。

“舞动心弦——舞蹈音乐”课堂设计

——音乐　高一年级　必修　音乐鉴赏（人音版）　第七单元　第十三节

设计：高中部　姚洁妮
评点：高中部　姜　梦

◎本课时学习目标

认识舞蹈与音乐之间的关系，体会舞蹈音乐之美。

1. 欣赏三部舞蹈音乐作品《阿细跳月》《红色娘子军》《伎乐天》，感受其舞蹈及音乐的风格特点，掌握对舞蹈音乐律动的感知能力。

2. 认识舞蹈与音乐之间的关系，主要包括：历史渊源、舞蹈中的音乐性以及音乐与舞蹈的风格相互作用三个方面。

3. 了解“乐舞”“民间舞”“舞剧音乐”的概念和风格特点。

◎教学过程

课堂导语：“先有舞，还是先有乐”？

通过自由讨论，猜想最初的舞蹈和音乐形式，引出关于“乐舞”的介绍，追溯舞蹈与音乐的历史渊源，二者本为同一体，引出本课主题“舞蹈音乐”。

环节一：作品1《阿细跳月》，感受民间“乐舞”

任务1：观看彝族舞蹈《阿细跳月》视频，认识“民间舞”

观看舞蹈片段视频，感受彝族舞蹈风格。

通过问答方式，讨论彝族舞蹈的特点，主要从以下三个方面引导学生展开讨论：

动作——跳脚动作与其火祭传统相关，教师介绍彝族文化风俗。

情绪——欢快热情，互动热烈，表达舞者情绪的同时，也是他们主要的交往方式之一。

音乐——旋律及唱奏形式简单，节拍节奏具有地方特色。

根据学生的讨论，教师引出“民间舞”的概念，舞蹈音乐是老百姓生活方式、表达方式、交往方式的重要组成部分。体现了中国老百姓的质朴、智慧、能歌善舞……

说明：该任务由学生观察描述舞蹈的风格特点，感受彝族人民的民风民俗，从舞蹈音乐中自主体会彝族人民的生活方式、表达方式和交往方式，再由教师总结民间舞的概念和特点。

任务 2：体会彝族舞蹈音乐 4/5 拍特色律动

唱曲谱，练习拍奏 4/5 节拍。再听器乐版《阿细跳月》，感受其特色律动。

说明：该任务通过节奏练习和作品再欣赏，充分体会彝族舞蹈音乐的特色。节奏练习部分也为下一环节中“为舞配乐”做铺垫。

环节二：作品 2《红色娘子军》，感受舞蹈中的音乐性

任务 1：观看《快乐的女战士》视频，探讨舞蹈与音乐结合的基础。

静音观看，共二个音乐片段：《小步舞曲》《快乐的女战士》，由学生为舞选配乐并说明原因（主要包括速度、节拍节奏律动、旋律调性风格、舞台气氛、人物性格情绪等方面），教师适当引导关注速度、节拍节奏因素，尝试在舞蹈动作中发现音乐律动。

欣赏原声舞蹈视频，和着音乐打节拍。讨论如何从舞蹈中感受到“音乐”，重点强调节拍节奏律动这一元素，教师展开阐述。舞蹈整体需要节拍节奏来组织，节拍节奏亦是音乐的骨架，这是舞蹈和音乐结合的基础，反映了舞蹈对音乐的本能需要。

说明：该任务旨在通过学生为舞蹈“配乐”的方式，主动发现舞蹈中的“音乐性”，该音乐性首要体现在舞蹈动作中的律动感，与音乐中节拍节奏元素的联结，进一步感受到舞蹈与音乐之间的密切关系。随音乐打拍子的练习增强对舞蹈音乐律动的感知能力。

任务 2：观看《万泉河水清又清》视频，认识“舞剧音乐”。

1. 比较同一舞剧中两个片段的不同，感受音乐对烘托舞蹈氛围、塑造人物个性等方面的影响。

2. 介绍《红色娘子军》的创作背景，比较“民间舞”音乐与“舞剧音乐”的不同。

	民间舞音乐	舞剧音乐
创作方式	民间艺人即兴创作	专业作曲家创作
旋律节奏	简单易记，地方特色	丰富多变，戏剧性强
作品结构	短小	厚重
表演场地	日常生活场合	剧院
文化内涵	体现地方民族风俗	传达较深远的精神追求

西方芭蕾技巧与中国民族舞蹈结合，以积极乐观的中国解放女战士的形象，传达了中国人艰苦奋斗、包容勇敢的精神……

说明：该任务旨在让学生感知音乐对舞蹈风格、人物塑造的影响，通过与民间舞蹈音乐特点的比较，总结出舞剧音乐的概念和特点。

环节三：作品3《伎乐天》，感受音乐与舞蹈之间的相互补充与解读

任务1：听《伎乐天》音频，对音乐呈现的“画面”展开想象。

1. 提供3张舞蹈图片《飞天》《采薇》《水月》，由学生选出其认为适合该音乐的舞蹈，说明原因。

2. 根据学生的分析，感知音乐与舞蹈风格的相互作用，舞蹈对音乐作出了不同的视觉解释。

3. 介绍《伎乐天》的创作背景，了解芭蕾舞剧《敦煌梦》及关于敦煌舞的风格特点。

说明：该任务没有标准答案，旨在启发学生运用开放性思维解读舞蹈音乐。

任务2：拓展欣赏《飞天》及《采薇》原声音乐，感受舞蹈与音乐之间的相互作用。

1. 拓展观看《飞天》舞蹈片段，感受敦煌舞姿，进一步体会舞蹈与音乐之间的相互作用。

2. 拓展观看舞剧《采薇》片段，同时提醒学生关注文学、舞美、戏剧等其他艺术元素，关注它们在艺术作品中的相互作用，提升对艺术作品的鉴赏能力和审美品位。

环节四：总结与拓展

任务1：知识回顾及总结

1. 回顾

三部作品：《阿细跳月》《红色娘子军》《伎乐天》

名词：乐舞、民间舞、舞剧音乐

舞蹈与音乐的关系：“乐舞”历史渊源，舞蹈中的音乐性，舞蹈与音乐之间的相互作用。

2. 总结：一部优秀的舞蹈作品的创作，除了舞蹈和音乐以外，还离不开文学、戏剧、舞美等其他文化艺术元素的相互成就。更重要的是，它们塑造了一个个充满正能量的人物形象，讲述了一个又一个充满力量的故事。我们今天欣赏到的这些中国舞蹈音乐作品，都在传达着中国人的传统人文精神……，正是这种高品位的精神追求带给我们无限美好的审美体验。

唯有传达真、善、美的艺术创作，才能经得起岁月的考验，成为流芳百世的经典作品。

任务2：课后拓展

“生涯规划——价值观探索”课堂设计

设计：凌　睿　谢远翔　李小云　余馨雨

评点：谭旭岚　汤家钰　于　淼

◎课程设计依据

依据国家教育要求：

《中小学心理健康教育指导纲要（2012 年修订）》中指出，高中年级心理健康教育的主要内容包括“帮助学生确立正确的自我意识，树立人生理想和信念，形成正确的世界观、人生观和价值观”。高一新生已踏入全新的学习阶段，学习生活的自主性进一步增大，但对于个人生涯发展的定位和走向并不清晰，因此需帮助学生明晰自己的价值观，思考自己的人生选择。

本节课以“做选择”为切入点，旨在引导学生认识到每一次选择都是个人价值观的体现。通过“价值观卡牌”的小组活动，帮助学生在不断的选择中明确自己的价值观取向。同时，在清楚自己的价值观后，鼓励学生以更加开放的态度面对不同的价值观念，学会包容与接纳。

理论依据：

1. 建构主义学习理论

建构主义源自皮亚杰提出的关于儿童认知发展的理论。他认为，儿童是在与周围环境相互作用的过程中，逐步建构起关于外部世界的知识，从而使自身认知结构得到发展。建构主义认为，知识不是通过教师传授得到，而是学习者在一定的情境或社会文化背景下，借助教师和学习伙伴等的帮助，利用必要的学习资料，通过意义建构的方式而获得。

本课采用建构主义教学模式，教师在整个教学过程中扮演组织者、指导者、帮助者和促进者的角色，通过利用情境、协作、会话等学习环境要素充分激发学生的主动性和积极性。

2. 体验式教学

体验式教学是一种教学模式，它强调根据学生的认知特点和规律，通过创设情境，让学生在亲历的过程中理解并建构知识、发展能力、产生情感、生成意义。这种教学方法以学生为主体，以活动为载体，让学生通过自己的感受去领悟知识，再回归实践，从而达到更深层次的学习和理解。

本课以该理论为指导，通过在班级中创设体验活动，让学生们在亲身体验中去明晰自己的选择和价值观。

◎学情分析

作为刚从初中升学的高一年级新生，同学们面对着全新的挑战，新高科的改革、选科走班制度的实施，让高一学生在学习生活中的自主性进一步增大，但其往往对于个人生涯发展的定位和走向并不清晰，容易陷入迷茫的情绪中，对其学业发展和未来人生选择造成阻碍。因此需帮助学生认识自己，了解自己的价值取向，明晰自己的人生方向，有助于学生在学业和生活上的成长。

◎学习目标

（一）认知目标

了解价值观的定义，明晰自己的价值观类别。

（二）情感目标

体验到每个人的价值观都是独特的，接纳并认可自己与他人的不同。

（三）技能目标

初步让学生学会分析选择背后的深层原因，并根据自身的价值取向选择适合自己的成长路径。

◎学习重点与难点

（一）教学重点

引导学生明晰自己的价值观取向，思考自己未来的成长路径。

（二）教学难点

引导学生认识到每个人的价值观都是独特的，需要去理解和尊重；同时理解个体真正追求的是终极性价值观，工具性价值观只是达成它的工具和路径，并不是独一无二的。

◎学习过程

本课程包括“导入—价值观初探—价值观澄清”三个教学环节。具体详述如下：

1. 导入：观看今日新闻，“救画 or 救猫”做出你的选择（5 分钟）

通过观看剪辑后的《奇葩说》视频，引发学生兴趣，随后提出问题：“如果美术馆着火了，一幅名画和一只猫，只能救一个你救谁？”要求学生立即做出选择并给出理由。

引导学生发现 TA 做出的选择是因为 TA 认为某样东西在当下对 TA 更有价值，从而引导到这种价值是影响我们选择的深层原因，而这种指导我们生活的行为准则就是价值观，开启新课程“价值观探索”。

2. 价值观初探：“价值观卡牌”活动（20 分钟）

根据金盛华的中国人价值观分类，制作了42张价值观卡牌，涵盖了金钱、权力、家庭、才能、情感等 8 个维度。

（1）教师介绍活动规则（1 分钟）

具体规则如下：以 4—6 人为一个小组，每人获得 3 张初始牌，顺时针摸剩余卡牌，活动过程中摸一张就需丢弃一张，也可以吃其他人丢弃的卡牌，但同时需保持手上始终有且仅有 3 张牌。

（2）开始活动，教师在各小组间巡视，进行互动，把握教学秩序。（6 分钟）

（3）分享环节（10 分钟）

教师通过引导提问，帮助学生明晰自己的价值观选择。

提问 1：有没有对自己的牌非常满意的？

提问 2：你最终持有的卡牌是什么？

提问 3：×× 卡牌对你而言意味着什么？可以带来什么？

提问 4：刚刚摸牌、丢牌的时刻你有什么感受？

提问 5：哪两张卡牌对你来说很纠结，为什么最终留下了 ××，你选择留下 ×× 卡牌，为什么 ×× 牌对你很重要？

提问 6：纵观你所有的卡牌，你认为你追求的是一种什么样的价值观 / 人生？

（4）教师总结（3 分钟）

1. 价值观的确立类似于打牌，它是一个在不断经历和选择中逐渐明确对自己最重要事物的过程。

2. 我们发现每个人在意的价值观是有所区别的，你认为重要的在别人看来可能是会被取代的，因此我们需要理解和尊重每个人都有自己独特的部分。

3. 价值观澄清（13 分钟）

（1）学习单：我的价值观卡牌

教师发放学习单，通过 PPT 示例引发学生思考，要求学生填写自己最想要的三种价值观，并写出它们分别会对自己、他人及社会产生哪些影响。

（2）价值观澄清

1. 你的价值观真的是你的价值观吗？

通过小明的案例，教师引导学生思考我们表现出的情绪背后隐藏的需要，帮助同学们理解价值观的形成过程。

PPT 呈现案例如下：小明接连几次考试都考得不理想，现在一到考试就感觉脑子发蒙。这种情况如果继续下去，他担心自己无法考上理想的大学。如果只去了一所普通大学，他感觉以后也没什么出息，周围的人都会看不起他。

提问：为何小明会对考试如此担忧和在意呢？小明实际上在乎的是什么？

小结：小明表面上是看重成绩，想要追求好成绩，他认为有了好成绩就能上好大学，但上了好大学，拥有好成绩，对小明来说是意味着什么呢，其实是意味着他可以得到周边的人的认可，所以他最根本想要的其实不是成绩和升学，他追求的本质其实是他人的认可。并不是说追求他人的认可不对，老师是想提醒一下我们同学，一旦我们将他人的认可放在了首位，就很容易将别人的价值标准当成是自己的，从而忽略了自己内心真正的兴趣、感受和声音，这会让我们看不见自己。所以，当我们追求一样东西的时候，我们先要问问自己，我所追求的，是我自己内心真正想要的吗，还是只是因为别人觉得这是重要的？如果确定是自己内心真正想要，那就勇敢去追，拼尽全力！

（2）我们所选择的东西背后有什么含义？

教师介绍工具性和终极性价值观的定义，并举例说明，同时根据学生前一阶段的生成，将学生的分享与两种价值观勾连，进一步理解价值观的本质。

最后送大家一句话，德尔菲神殿上的名言“认识你自己”，我想认识自己是我们人类永恒的命题。这节课是我们生涯探索的第一节课，虽然这节课结束了，但仅仅是我们高中认识自我的开始。老师希望之后，当我们追求一些东西时，不妨先停下来问问自己：背后还可能存在别的什么吗？这样的思考可以让你更进一步了解自己，看到生活中的其他可能性。

◎课堂设计思维导图

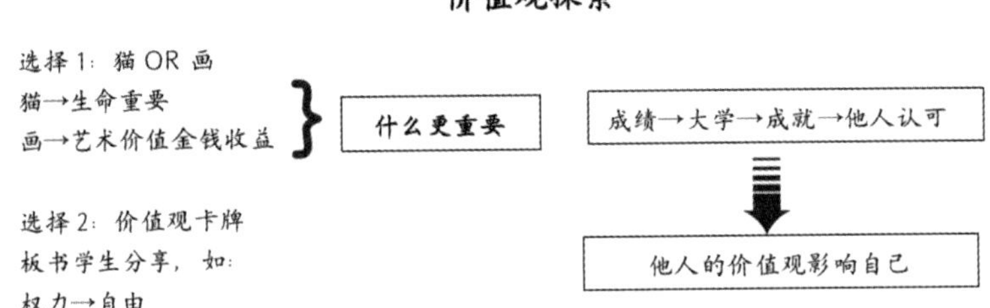

说明：本文采用分课时学历案为学案，采用 40 分钟课堂设计方式，重于落实课堂相关结构与环节。

【总评】

在建构主义学习理论的指导下，教师积极探索创新的教学方法，以贴近学生生活的方式引导他们深入理解并内化积极的价值观。通过将价值观教育融入卡牌游戏中，不仅使得抽象的价值观概念变得生动具体，而且为学生提供了一个实践和体验的平台。在这个过程中，学生们在游戏互动中学习选择与放弃，从而更加深刻地认识到哪些价值观对他们个人成长至关重要。教师的这一教学设计巧妙地将理论与实践相结合，激发了学生的情感共鸣，促进了他们的自我认知提升。这种教学模式充分体现了以学生为中心的教育理念，有助于培养学生的批判性思维能力和道德判断力，为他们成为有责任感和使命感的社会主义建设者和接班人奠定了坚实的基础。

“生涯规划——价值观探索”课堂实录

设计：凌　睿　谢远翔　李小云　余馨雨
评点：谭旭岚　汤家钰　于　森

◎导入部分

师：同学们，欢迎来到心理课堂，相信大家都看过不少新闻，这次给大家分享一个奇葩新闻，假设有一个美术馆突然着火了，你正好在看展，里面有很多名画以及一只瑟瑟发抖的小猫，你会选择救猫还是救画呢？

生 1：当然是救画了，因为画是更有价值和更值钱的东西！

生 2：当然是救猫了，因为猫是一个活生生的生命，怎么能见死不救！

师：看来同学们的选择似乎不同，大家觉得是什么让你们做出了不同的选择呢？

生：老师，我认为是因为我们觉得重要或想要的东西不一样。

◎价值观初探部分

师：为了帮助大家弄清楚自己想要的是什么，老师为大家准备了一个小活动。接下来，同学们自行组成 4—6 人小组。老师会给每个人发放 3 张初始卡牌，然后大家顺时针摸剩余卡牌。在活动过程中，每摸一张牌就需要丢弃一张牌，也可以吃其他人丢弃的卡牌，但同时需保持手上始终有且仅有 3 张牌。大家准备好迎接你手里的牌了吗？

生：我们已经准备好了，老师随时可以发牌！

师：大家在摸牌换牌的过程中有什么感受吗？

生 1：有好多我想要的牌，但我手里只能拿 3 张，真可惜。

师：你有没有觉得这个情况很像我们的人生，想要的总是太多，能抓住的总是太少？

生 2：我总是换不到我想要的牌，感到很难过，最终手里的牌也没有让我满意。

师：你有没有觉得这个情况也很像我们的人生，也许有的时候我们就是会遇到无论怎么努力，也无法获得全都是我们想要的东西。

师：通过以上活动，相信大家都有了一些自己关于人生的感悟。价值观的确立就像打牌一样，是在一次又一次的经历与选择中发现什么对自己而言最重要的过程。

◎价值观澄清

师：接下来给大家看一个关于小明同学的案例，请大家看完后分享一下自己的感受。

生：小明同学过于在意他人评价，这可能会给他带来不必要的痛苦。

师：为何小明会对考试如此担忧与在意呢？小明实际上在乎的是什么？

生：他或许在乎的是无法满足别人的期待，会让人觉得失望。

师：小明表面上是看重成绩，想要追求好成绩，他认为有了好成绩就能上好大学，但上了好大学，拥有好成绩，对小明来说是意味着什么呢，其实是意味着他可以得到周边的人的认可，所以他最根本想要的其实不是成绩和升学，他追求的本质其实是他人的认可。并不是说追求他人的认可不对，老师是想提醒一下我们同学，一旦我们将他人的认可放在了首位，就很容易将别人的价值标准当成是自己的，从而忽略了自己内心真正的兴趣、感受和声音，这会让我们看不见自己。所以，当我们追求一样东西的时候，我们先要问问自己，我所追求的，是我自己内心真正想要的吗，还是只是因为别人觉得这是重要的？如果确定是自己内心真正想要的，那就勇敢去追，拼尽全力！

【总评】

在当今多元化的社会背景下，价值观教育显得尤为重要，它关乎个体的思想道德建设和精神世界的塑造。教师在价值观澄清环节巧妙地引入了一个深刻而富有启发性的问题——“你的价值观真的是你的价值观吗？”这一问题如同一面镜子，促使学生们反思自己内心深处的信念和追求，挑战他们对自我价值观的认知。通过实际案例的展示，学生们被鼓励去质疑、去探究，进而去定义那些对自己真正有意义的价值观。这样的教学策略不仅加深了学生对价值观概念的理解，更重要的是，它唤醒了学生内在的自我探索欲望，引导他们在纷繁复杂的世界中找到属于自己的价值坐标。

此外，在学生分享自己的价值观时，教师能够敏锐地捕捉到学生的观点，并将之与日常生活紧密相连，帮助学生将课堂上学到的价值观探索成果转化为生活中的实际行动。这种教学方法有效地打破了理论与实践之间的壁垒，让学生意识到价值观并非空中楼阁，而是可以在日常生活中得到体现和实践的。通过这种方式，学生不仅能够在思想上获得成长，更能在行动上践行自己的价值观，实现知行合一。

总体而言，教师在价值观教育方面的努力和创新，为学生提供了一个全面发展的平台。他们通过精心设计的教学活动，激发学生的思考，引导学生自我发现，最终帮助学生建立起既符合社会主义核心价值观又具有个性特色的价值体系。这样的教育实践不仅有助于学生形成坚定的价值立场，还能够促进学生全面发展，为他们的未来生活和社会参与打下坚实的道德基础。通过这样的教育，学生们将能够更好地面对生活的挑战，成为有理想、有道德、有文化、有纪律的新时代青年。

主题班会课堂
设计与实录

“以青春之名，赴梦想之约”课堂设计

高三第一次班会课

设计：高中部　周沛芳
评点：高中部　董永宏

◎活动目标

（1）树立明确的高考目标。
（2）调动学生学习的积极性。
（3）营造良好的班级氛围。

◎活动背景

新一届高三学生度过暑期小长假后，在8月份正式开启了高三备考征程。由于刚刚步入高三阶段，部分学生还未有明确的高考目标，没意识到时间的紧迫性、高考的严峻性以及未来的重要性。如何制定切实可行的个人目标？如何正确面对高三阶段？充分利用好时间，提高学习效率，关乎高考、关乎他们的未来。由此需要引导学生树立明确的高考目标，做好每阶段的计划，调整好心态。为了在开学初始给全班学生营造一个有目标、有信心并团结向上的全新氛围，以便更好地全力冲刺高考，组织开展第一次班会课。

◎活动准备

1. 印有知名大学风景照的明信片。
2. 提前邀请学长学姐和家长们录制好相关视频。
3. 歌曲“年轻的战场”伴奏。

◎课堂导入语

假如今天高考，我会……

本周是高三的第一周，不知道大家有没有算一下我们离高考还有多少天？那假设一下，如果明天就是高考的话，你们会怎么样？值得庆幸的是现在高三才刚开始，你们还有差不多10个月，不到一年的时间去拼搏、去冲刺。

高三这一年，对于节气来说正好差不多是从今年立秋（8月）到明年芒种（6月）。在不到一年的时间里，对于世间万物来说，小树可以长成大树，婴儿可以从只会哇哇大哭到牙牙学语，成人可以初步掌握一门简单的乐器。

环节一：你我畅所欲言

那么一年的时间里你能做些什么事呢？你又能实现什么呢？（不局限于学习）

一分钟的时间里你又能做什么呢？

总结：一年的时间里我们能做很多的事，能实现不同的小目标，但同样我们也不可以小瞧了一分钟的时间。在一分钟的时间里，我们可以跑步三百米，可以阅读六百字的文章，可以做一道简单的选择题，可以背几个英语单词，可以简单回忆下昨天某节课的上课内容。正是这一分钟又一分钟的时间构成了我们意义非凡的高三阶段，组成了不同人不同的人生。高三这一年，时间不长不短，却是很多人 18 年来最具有意义的一年，希望大家能以梦为马，不负韶华。

说明：该环节旨在以具体的事例引发同学们思考，如何充分地利用好自己的时间？不要总认为自己时间不够用，就算是平日里短短的一分钟，如果长年累月地把它利用好了，积少成多也能完成不少事。

环节二：了解历年相关高考数据

（1）了解录取控制分数线，一分一段表。

（2）知识就是力量—了解不同院校毕业的学生薪资水平差异。

（3）观看中国 65 所大学视频混剪片段。

说明：该环节旨在将真实数据摆放在眼前让同学们提前知道高考的竞争性和残酷性。高考分数最后会以数据形式呈现出来，是数据就一定会有规律。广东作为高考大省，有时一分就是上千人，所以一分超过千人并不是传说。同时，展示最新的 2022 年全国高校毕业生薪酬指数排行榜以及不同大学内部的实景视频，让同学们直观地感受到不同院校之间的差异。虽说毕业院校和薪资水平之间没有绝对的关系，但在一定程度上是有联系的，让他们意识到上好大学的重要性。特别是一些好大学相关的配套设施更加完善、师资力量更加雄厚、活动更加丰富多彩、人生的选择也更加多样性等。

环节三：明确个人高考目标

（1）大家原先是否有确立过一些目标并通过自己的努力把目标实现了？这个过程是怎么样的呢？最终怎么实现的？前后四人小组讨论并进行分享。

（2）发明信片，写下自己的高考目标。

（3)自己对于高三的期待是怎样的？准备怎么做？有什么好的方法和同学们分享？

总结：作为高三学子，我们当下的目标是考大学，相信在座的大多数同学心中已经有了自己向往的大学，你们的高考目标是什么呢？我们一起写下自己高考的目标，等高考结束后会返回到大家手中，看一看当时自己设定的目标是否实现了呢？都说看不如想，想不如写，写不如做，朝着我们的目标前行吧！

说明：该环节旨在帮助学生明确目标，确立前行方向。没有目标而学习，恰如没有罗盘而航行的帆船，对一只盲目的船来说，所有方向的风都是逆风。作为高三开学的第一周班会课,同学们都 铆足了干劲,课上可以做一些有仪式感并有纪念意义的事情。可以发放提前准备好的大学明信片，让班上学生都定好自己的目标大学并写下来，等高三结束时再返回到大家手中。不管最终目标是否实现，都是他们高三这一年非常有纪念意义的物品。对于目标实现的同学，看到一年前自己所定下的目标会感到十分欣喜,而对于目标没实现的同学也趁机给他们上了很好的人生一课,希望他们能有所感触,在之后的旅途中加倍努力完成心中所想，不要给青春岁月留下过多的遗憾。同时通过讨论让同学们互相了解并学习同班同学们的想法与做法，相互交流更好地带动整个班集体前行。

环节四：将大目标分解成阶段性目标

（1）分享国际马拉松选手夺冠的故事。

（2）你离你的目标大学的距离还有多远？你应该如何做才能离这个目标更近？为什么要设立一个有效的目标？

（3）分享心理学家班杜拉进行的一个实验并介绍 SMART 目标法。

SMART 目标法的五大原则是设定的目标必须是具体的（Specific）、是可以衡量的（Measurable）、可以达到的（Attainable）、要与其他目标具有一定的相关性（Relevant）、有明确的截止期限（Time-bound）。用 SMART 原则带领同学们把他们的大目标分解成目前阶段性的一个个小目标。目标除了可以关乎学生的学习成长外，还可以设定人际交往、情绪管理、休闲娱乐、身体健康、自律安排、家庭生活、兴趣爱好等方面的目标，并定下每个阶段的关键词。

说明：该环节旨在帮助学生更好地学会制定计划并持之以恒地完成，最终更好地实现他们的终极目标。在设定完高考这个大目标后，可以和学生分享应该怎么把大目标一步步拆成高三每个阶段的小目标，把任务给具体化，甚至具体到每天才能更好地完成。目标要小，越小越容易实现，制定得详细，进展才会更加顺利。

环节五：向优秀看齐

内容：请去年刚参加过高考的优秀学长学姐们分享高三备考经验，如我们应该如何更好地度过高三阶段？如何合理调整高三阶段的学习心态？高三阶段的学法建议等。

说明：发挥同辈的力量，以最新“过来人”的身份谈谈他们总结出来的一些好的做法或者经验教训等，更好地助力新一届高三学子备考。

环节六：播放家长寄语视频

说明：该环节旨在让学生们感受到他们并不是在孤军作战，除了同学和老师们一直在身边陪着他们外，最爱他们的家人也一直在背后默默地支持着他们。不管道路多么困难，不管结局怎么样都会一直陪着他们一路前行，家人永远是他们最坚强的后盾。

环节七：集体宣誓

内容：

我们愿用必胜的信念投入；我们愿用全部的精力倾注；我们愿用坚定的信念战胜；我们能行，我们一定能行！我们能行，我们一定能行！

说明：让学生们一起宣誓，力量是很震撼的。这样可以更好地调动备考氛围，他们心中的目标也会更加地坚定。同时，良好的情绪支持也是维持高三学习的重要保障。

环节八：合唱班歌“年轻的战场”

说明：该环节旨在通过合唱班歌增强班级的凝聚力和归属感，树立良好的班级氛围。让他们感受到班级集体团结的力量，他们不是一个人在前行而是一群人互帮互助，共同前行。

◎班会小结

本周是高三的第一周，对全体学生来说也是一个全新的起点，好的开端十分重要，以此做好日常的点点滴滴。高考的重要性对于各位来说不言而喻，那么最终大家坐到高考考场中的底气是从何而来的呢？是长期日复一日地学习备考，是点滴时间积攒得来的。千里之行始于足下，此时此刻开始，我们一起向目标奔赴。星光终究不负赶路者，时光不负有心人，大家只管努力，剩下的都交给时间。希望大家都能以梦为马，不负韶华！

“以青春之名，赴梦想之约”课堂实录

高三第一次班会课

执教：高中部　周沛芳
评点：高中部　董永宏

师：本周是高三的第一周，不知道大家有没有算过我们离高考还有多少天呢？

生：大概 310 多天的样子。

师：那假设一下，如果明天就是高考的话，你们会？

生：“可能会完蛋”，“可能会考不上好大学”，“如果明天真是高考那不还是得去考，指不定考上了呢”。

师：目前大多数同学都还没有开始高三复习，没有说谁比谁更有优势。但值得庆幸的是现在高三才刚开始，你们还有差不多 10 个月不到一年的时间去冲刺，大家都处于一个新的起点。高三这一年，对于节气来说，正好差不多从今年立秋（8 月）到明年芒种（6 月）。对于世间万物来说，小树可以长成大树，婴儿可以从只会哇哇大哭到牙牙学语，成人可以初步掌握一门简单的乐器。大家可以畅所欲言一下，一年的时间里你能做些什么呢？你又能实现什么呢？一分钟的时间里你又能做什么呢？

生：一年的时间每人应该可以吃上 1095 顿饭，每天坚持的话能初步入门一种语言，可以学会一种简单的乐器。一分钟的时间心脏能跳动 60 到 100 次，可以做 50 个以上的仰卧起坐，可以跑步三百米，可以阅读六百字的文章，可以做一道简单的选择题。

师：就像同学们所说的那样，一分钟的时间，可以做一道简单的选择题，可以背一个英语单词，可以简单回忆下昨天某节课的上课内容等。正是这一分钟又一分钟的时间构成了我们意义非凡的高三阶段，组成了不同人不同的人生。零碎的时间最宝贵，但也最容易丢弃。只要管理好自己的时间，你会发现一天的时间还是挺长的，可以做很多事。而一年 365 天的日子里，可以做的事更多。高三这一年，时间不长不短，却是很多人 18 年来最具有意义最充实的一年。尽管时光匆匆，永不停歇，但时间用在哪里，还是看得见的，尤其是当我们用心过好每一天的时候，事后回想起来会感慨日月如梭，但绝不会有恍惚感。

师：步入高三，我们离高考又更近了一步，不知道大家是否有自行先去了解一些历年广东省的高考情况。你们又了解录取控制分数线，一分一段表吗？

生：广东省这些年高考的人数很多，是我国的高考大省，竞争似乎有点激烈。

师：广东近些年来每年都有差不多超过 60 万的人参与高考。很多时候一分就是上千人，所以“一分超过千人”并不是传说。为什么我们要考好分数呢？因为我们要上好大学，那为什么又要上好大学呢？

生：因为读了好的大学才更有可能拥有好的未来，好的大学相关的配套设施更加完善、师资力量更加雄厚、活动更加丰富多彩、人生的选择也更加多样性。

师：我们以直观的数据来看一下不同院校毕业的学生薪资水平差异，你们发现了什么？

生：从数据来看，本科前 30 的院校起薪是 11132 元，而专科前 30 的起薪只有 5477 元，知识就是力量啊！

师：虽说毕业院校和薪资水平没有绝对的关系，但有一定的联系，所以现阶段大家一定要好好努力。接着我们一起来看个小短片，简单了解一下一些比较好的大学。

生：这些大学都好棒啊！

师：作为高三学子，我们当下的目标之一就是考个好大学，相信在座的大多数同学心中已经有了自己向往的大学，你们的高考目标是什么呢？

生：希望我能稳稳地考上中山大学，在此基础上全力冲击更好的大学！希望我能发挥正常！希望我能去到北京的好大学！

师：你们原先是否有确立过一些目标并通过自己的努力把目标实现了的经历？过程是怎么样的呢？最终怎么实现的？前后四人小组可以先讨论下，等下找同学来和大家一起分享下。

生：代表 1：还记得中考那年，我的目标一直是考深外，初三那一年刚开始时我的成绩并不是很好，也很不稳定，不过我依旧按照自己的节奏一步步地走，坚信自己一定能行，最终在中考中发挥得不错，实现了当时的目标。希望这次高考也一样，我能实现自己的目标。

师：那大家现在都有自己的目标院校了吗？

生：有、没有、还没有很明确的目标。

师：我现在给每位同学发一张明信片，大家首先好好想想自己的目标大学是什么，并在明信片上写下自己的高考目标大学，剩余的位置可以写任何你想对自己说的话或者其他都可以。这张卡片我将先替你们保存，等高考结束后返回到大家手中。

师：你们对高三有什么期待？准备怎么度过高三这一年呢？有什么好的方法和同学们分享。

生：希望我能充实并顺利地度过高三，充分利用好时间，虽然知道这一年将会比较辛苦，但是这是我们这个年龄该干的事情。一些好的方法就是每天做好任务计划表，写下来一项项地完成并定期总结。只有过好每一天，不浪费每一天的时间才能组成最后无悔的高三。

师：很好，正如同学所说的那样，高三的每一天我们都应该好好利用，每一天过好了才能组成最后无悔的高三。我们刚才已经定下了大的目标，那又该怎样一步步地实现呢?

生：是不是需要分不同阶段来制定小的目标，这样才切实可行。有具体的事项，把目标量化才不会显得大的目标那么虚无缥缈。

师：说得真好，我们需要把大目标切分成一个个小目标才能更加地切实可行。大家听过国际马拉松选手夺冠的故事吗？我们一起来看一下，从中你得到了什么信息?

生：制定阶段性目标十分重要，不然容易懈怠，并且看不到尽头。

师：是的，所以当大家有了高考目标大学这个大的目标后，我们需要把这个目标给阶段化，那怎么阶段化呢?

生：制定第一轮复习计划、月计划、周计划甚至日计划。

师：没错，我们要制定好每阶段的目标，不过完成自己的目标不是做做梦就能实现的，对于我们高三学生来说，首先得有目标，有目标后就要制定详细的计划并持之以恒地去完成才行。千里之行始于足下，此时此刻开始，我们一起向目标奔赴!

【总评】

作为高三第一次主题班会,主题深刻,富有启发性。通过七个环节即“你我畅所欲言、了解历年相关高考数据、明确个人高考目标、将大目标分解成阶段性目标、向优秀看齐、播放家长寄语视频、集体宣誓、合唱班歌‘年轻的战场,’”的开展，同学们不仅能够深刻理解“以青春之名，赴梦想之约”的含义，树立明确的高考目标，激发他们对于自己未来发展的勇气和信心。同时，在班会中采用多种形式的教育方式，调动学生学习的积极性，使得班级氛围更为活跃，同学们也可以通过这些形式更好地进行交流和互动。最后，班会结束后需要及时进行总结，以确保同学们在班会之后，能够得到更加深入的体验和反思，真正做到付诸实践。

“惊蛰：春雷响，万物生”课堂设计

设计：蒲玲名班主任工作室　高中部　熊念慧
评点：高中部　蒲　玲

◎设计导语

2023 年疫情阴霾日渐散去，同学们摘下口罩轻盈相对。进入 3 月，高一分科班级重组，新 11 班应运而生。面对新校园、新学期、新集体，不论是刚刚加入的新同学，还是留在原班的同学，都需要一段时间适应彼此。此时需要召开一次班会，对班级前景进行展望、规划，使大家在共同目标的指导下，迅速适应。同时也使每位同学能确立自己的目标、计划，充满希望地行动起来。恰逢惊蛰节气，可以利用万象更新、奋发耕种的寓意引导学生明确班级目标，制订个人及班级的发展规划。

◎引言①

惊蛰时节，春气萌动，
大自然有了新的活力。
所谓“春雷惊百虫”，是指惊蛰时节，春雷始鸣，惊醒蛰伏于地下越冬的蛰虫。
惊蛰节气的标志性特征是春雷乍动、万物生机盎然。

【板块一】②

视频播放：1. 新华社“二十四节气之惊蛰”英文宣传片
惊蛰过后，
万物复苏，农民开始进行春耕活动，

①【评点】班会课主题从传统二十四节气的“惊蛰”角度切入，说明教师关注了学生成长的人文环境，这是值得提倡的。这样的设计促使学生关注身边的生活与自己学习成长的关联，从而引导学生从传统文化中观察自己生活的世界。教育者要从生活中寻找教育资源，打通课堂与生活的联系，这一理念应是教育活动设计过程始终要坚持的。

②【评点】以新华社的“二十四节气之惊蛰”英文宣传片为素材，引导学生从更广阔的视野角度关注中华传统节日的价值，促使学生意识到传统文化中有许多值得汲取的人生价值观，这一素材选取较有意义。新与旧的选择一直是困扰教育者的常见问题，历史上的经典蕴含着较为丰富的教育价值资源，看似为旧，实则为新；现在提出的许多新东西也有脱离现实之嫌，看似为新，实则为旧。对教育本质的追求才是新与旧选择的关键。

播下春天第一粒种子，
为自己，为家人辛勤耕耘，等待收获。
我们也已经返校，
一切步入正轨，
在这春暖花开之际，同学们也应该播下自己春天的第一粒种子。
诗有云：
自小刺头深草里，
而今渐觉出蓬蒿。
时人不识凌云木，
直待凌云始道高。
在我们这个年纪，我们应该是生龙活虎，有阳光，有朝气，有理想。
我们应该要有：
我见青山多妩媚，
料青山见我应如是的豪迈与阔达。

【板块二】①

视频播放：2.17 个诺贝尔获奖者科学家合影
有什么阵容能和这张照片相提并论吗？
想要拥有骏马，不用去追它，而是用追马的时间种草。
待来年绿草如茵时，自有骏马等着你挑选。
当你努力的时候，那些志同道合的人就会向你不断靠近，
一起发光发热，为自己，为家人，为祖国而奋斗。

【板块三】②

敲黑板，画重点——请同学按主题自由讨论并推选代表发言。
1. 你我同行：
“陪伴是一种无言的温暖，陪着你，一直到把故事说完。”书中看到的这句话，让

①【评点】选取这一材料激发了学生对科学的向往，也从传统节日升华为学生理想的确立，实现了活动设计从“小”到“大”的转化。需要注意的是，从“惊蛰”过渡到“诺贝尔科学家合影”，要有一个巧妙的话题，这就需要教师对惊蛰的寓意进行深入挖掘，引导学生联系自己进行思考并获得感悟。活动设计中“脚手架”的“搭建”显得格外重要，教师要从学生的生活经验出发，寻找到触动学生积极思考的“脚手架”并完成“搭建”，这是对教师教育智慧的考验和挑战。

②【评点】板块三应是整个主题班会活动的重点，五个发言主题均体现了与惊蛰的关联，也体现了此次班会活动的立意。对这一板块的设计，建议教师在班会前分小组布置任务，引导学生以小组为单位，对“惊蛰”这一传统节日、诺贝尔获奖者的资料进行收集，小组内先进行发言主题的讨论整理，再由教师与学生共同提炼出班会活动的主题。这一过程中教师引导学生对班会主题进行深入挖掘和思考至关重要。班会活动设计其实也是学校教育活动的一种类型，这类活动的设计需要教师更加关注学生在活动过程中的体验，同时需要教师更新观念，认识到活动也是一种学习。建议我们进一步学习夏雪梅博士倡导的“项目化学习”和崔允漷教授倡导的“学历案”，这对我们设计班会课有极大的启示。

人倍感温柔。

你是幸运的，有家人，有同学、朋友，有老师的陪伴，你永远可以相信他们，前进的道路上你可以大胆向前，不惧困难，因为你有他们。

2. 从容向前

再多的过往也挡不住我们面对新一年的热情。你向往什么，就向着那里努力；你期待什么，就全身心地追寻。

人，最大的贵人是自己，最大的敌人也是自己。只要你不认输，就没有什么能阻挡脚步。未来的日子，增长见识，抓住机遇，从容向前，未来可期。

3. 眼里有光

生活，是一场充满未知的旅途。以积极的心态，活出最佳状态，便是交给生活最好的一份答卷。

生活的样子该由我们自己决定。活在当下，珍惜眼前，心中有梦，眼里有光，日子也会灿烂绽放。

4. 心有远方

人，绝不能内心空洞无物。心怀梦想，是填补日常平淡的一剂良方。

这个心愿，可以不必那么远大，也不一定是非得达成某个目的。它存在的意义，在于指引着我们不断向前，更好地成长。

5. 积蓄力量

非洲草原上有一种草，每年前半年一直只有一寸。半年后雨季到来，短短几天就会蹿到一两米。人们刨开土地，发现它的根部早已长达二十多米。原来，它一直在不动声色地积蓄力量。

锲而不舍，金石可镂。直面学习挑战，把眼光放远，把格局放宽，等时光打磨出坚韧，岁月稀释了伤痛，你会发现自己早已变得更加强大。

【板块四】①

填空，共同设计班训和班徽：

四十六颗心，同一节奏跳动；

四十六双眸，同一梦想闪烁。

我们，选择面对，无怨无悔；

我们，迈向远方，脚踏实地。

藐万里层云，我们志冲霄汉；

望千山暮雪，我们决意登顶。

我们，出彩，出彩，出彩！

每个人都有无数的可能，

①【评点】板块四将活动设计的落脚点具体化为班训和班徽，将学生在活动过程中个体的思考和感悟浓缩成集体的意志，从点到面，对班级班风建设起到很好的激励作用。

努力做自己的太阳，
发出属于自己的光芒！

【总评】

从“惊蛰”主题班会的活动设计来看，教师能从生活到教育，体现了较先进的教育理念，班会设计的主题、选材、过程均体现了较高的水平；从课堂实录来看，也达到了预期的效果。这是一节较为成功的主题班会活动设计案例。

从教师成长的角度观察评价这一活动设计，首先“生活是教育的起点”这一理念值得提倡。这需要教师关注学生的生活经验，深入思考活动过程中的“活动支架”。学生可以从自身生活中的哪些方面展开思考并获得感悟。学生自身的生活经验一定是教师进行班会活动设计的起点，否则就会陷入活动设计“眼中无人”的困境之中。其次教育教学理论知识的学习引领着青年教师的成长，在学习新课程体系中培养学生核心素养相关理论的同时，更要关注国内最新的教育实践成果，如上海地区的“项目化学习”。“理论结合实践”是青年教师迅速成长的最有效途径。

教育活动与教学设计，从现象上看是一个案例，其背后却体现了教育者对学习者的观察与认知。主题班会课的设计也体现了教师是否有一个清晰的教育理念支撑，而对教育本质的认知，决定了教师对教育理念的理解与执行，从这个意义上看，教育实践与对教育本质的追问，始终是一个好教师终身要完成的使命。

“惊蛰：春雷响，万物生”课堂实录

设计：蒲玲名班主任工作室　高中部　熊念慧
评点：高中部　蒲　玲

师：同学们，今天是什么节气呀？

生：惊蛰！

师：没错。惊蛰时节，春气萌动，大自然发生了什么变化呢？

生：大自然有了新的活力。

师：春雷响，万物生。3 月 6 日 4 时 36 分。我们迎来“惊蛰”节气，红杏深花，菖蒲浅芽，春雷始鸣，虫蛇惊醒。至此，正式步入仲春时节。那么，惊蛰的物候特征有哪些？同学们知不知道？

生（看 PPT，笑）：春雷响，万物生。春雷惊醒了虫子。

师：蛰，可不只是虫子哦。所谓“春雷惊百虫”，是指惊蛰时节，春雷始鸣，惊醒蛰伏于地下越冬的蛰虫。春雷乍动、万物生机盎然。中国民间流传着三个主要物候特征：桃生华、仓庚鸣、鹰化鸠。

一候桃始华

桃之夭夭，灼灼其华。惊蛰之日，闹春之始，“红入桃花嫩，青归柳叶新”，早春的桃花，开始盛放了。（展示图片）

二候仓庚鸣

仓庚即黄鹂鸟。此时节，黄鹂感受春阳之气，开始鸣啼。这番热闹的鸣啼，可视作春暖花开之庆也。（展示图片）

三候鹰化鸠

“鸠”即布谷鸟，古人看见此鸟，以为老鹰所化。在他们看来，这所化之鸟，“口啄尚柔，不能捕鸟，瞪目忍饥，如痴而化”。

（展示图片）

播放视频：1. 新华社二十四节气惊蛰英文宣传片

生：哇……一片赞叹。

师：观看之后，同学们有什么发现？

生：居然要吃梨，惊蛰还有这么多习俗。

师：不错，那惊蛰在中国人的农业生产生活中又预示着由南到北什么活动的开始？

生：由南到北，开学？播种？

师：很好！有同学答出来了，就是春耕的开始。

惊蛰过后，万物复苏，农民开始进行春耕活动。播下春天第一粒种子，为自己，为家人辛勤耕耘，等待收获。我们也已经返校，一切步入正轨，在这春暖花开之际，同学们也应该播下自己春天的第一粒种子。

PPT 上展示的这首小诗，有没有同学知道名为什么？

生：《小松》。

师：棒！《小松》诗云：自小刺头深草里，而今渐觉出蓬蒿。时人不识凌云木，直待凌云始道高。松树小的时候长在很深很深的草中，埋没看不出来，到现在才发现已经比那些野草（蓬蒿）高出了许多。那些人当时不识得可以高耸入云的树木，直到它高耸入云，人们才说它高，才承认它的伟岸。在我们这个年纪，我们应该是生龙活虎，有阳光，有朝气，有理想。

我们应该要有“我见青山多妩媚，料青山见我应如是”的豪迈与阔达。“我见青山多妩媚，料青山见我应如是”这句话出自辛弃疾的词，“青山”喻指高尚的品德。接下来，请同学们观看一张物理、化学界鼎鼎大名的合影的介绍。

生：我知道！诺贝尔奖合照！

视频播放：2. 有什么阵容能和这张照片相提并论吗？ 17 个诺贝尔获奖者科学家合影。

师：想要拥有骏马，不用去追它，而是用追马的时间种草。

待来年绿草如茵时，自有骏马等着你挑选。

当你努力的时候，那些志同道合的人就会向你不断靠近。

同学们！一起发光发热吧！为自己，为家人，为祖国而奋斗。

师（敲黑板，画重点）：请同学们按主题自由讨论并推选代表发言。

同学 1：我的发言主题是“你我同行”。

“陪伴是一种无言的温暖，陪着你，一直到把故事说完。”书中看到的这句话，让人备感温柔。我们是幸运的，有家人，同学、朋友，老师的陪伴。你永远可以相信他们，前进的道路上你可以大胆向前，不惧困难，因为你有他们。

同学 2：我的发言主题是“从容向前”。

再多的过往也挡不住我们面对新一年的热情。你向往什么，就向着那里努力；你期待什么，就全身心地追寻。人，最大的贵人是自己，最大的敌人也是自己。只要你不认输，就没有什么能阻挡脚步。未来的日子，增长见识，抓住机遇，从容向前，未来可期。

同学 3：我的发言主题是“眼里有光”。

生活，是一场充满未知的旅途。以积极的心态，活出最佳状态，便是交给生活最好的一份答卷。生活的样子该由我们自己决定。活在当下，珍惜眼前，心中有梦，眼里有光，日子也会灿烂绽放。

同学 4：我的发言主题是“心有远方”。

人，绝不能内心空洞无物。心怀梦想，是填补日常平淡的一剂良方。这个心愿，可以不必那么远大，也不一定是非得达成某个目的。它存在的意义，在于指引着我们不断向前，更好地成长。

同学 5：我的发言主题是“积蓄力量”。

非洲草原上有一种草，每年前半年一直只有一寸。半年后雨季到来，短短几天就会窜到一两米。人们刨开土地，发现它的根部早已长达二十多米。原来，它一直在不动声色地积蓄力量。

锲而不舍，金石可镂。直面学习挑战，把眼光放远，把格局放宽，等时光打磨出坚韧，岁月稀释了伤痛，你会发现自己早已变得更加强大。

师：大家都很充分地讨论并谈了自己的想法，志气满满，让我们趁热打铁。现在请同学们一起用填空的方式，共同设计我们的班级口号和班徽吧！

请班长上台，带领大家，一起填空：

四十六颗心，同一节奏跳动；
四十六双眸，同一梦想闪烁。
我们，选择面对，无怨无悔；
我们，迈向远方，脚踏实地。
藐万里层云，我们志冲霄汉；
望千山暮雪，我们决意登顶。
我们，出彩，出彩，出彩！
每个人都有无数的可能，
努力做自己的太阳，
发出属于自己的光芒！

感谢大家！让我们齐声诵读两遍！

“‘坦然做准备，自信迎高考’高考注意事项”课堂设计

设计：隋清名班主任工作室
执教：高中部　物理　李梦悦
评点：高中部　数学　隋　清
　　　龙华部　物理　何　伟
　　　龙华部　生物　蓝润轩
　　　龙华部　语文　李雪斌

◎本课时学习目标

本班会结合高三学段的特点，帮助学生充分掌握考前相关信息，旨在引导学生正确认识高考，坦然备战高考，做足相关准备事项，信心满满地迎接高考。

缓解学生在高考备战中的紧张情绪：引导学生正确认识压力，调整心态，采用合理的方式宣泄压力；通过合理规划每天的学习和生活，增强考试信心，全力以赴应对高考。

引导家长做好学生升学第一导师：帮助家长全面了解高考，收集信息，最大限度帮助考生考入心仪学校，为学生高考保驾护航。

◎本课时学情分析

学生压力较大现象显著。临近高考，班上部分同学出现心理波动，越想学越学不进去，觉得时间不够用，一想到考试就心慌，担心自己考不好辜负老师和父母的期望。呈现出“压力过大”“无法静心复习”等考前状态。

家长缺乏系统性的认知高考。

高考临近，学生产生较多生理和心理需求，而老师们有着繁重的高三备课和批改作业任务，不太能面面俱到地一对一地解决学生需求；家长有足够的时间与精力，能在孩子最宝贵的时间段给予最大限度支持。但家长们普遍缺少系统的学习，也没有足够时间学习了解，而不正确的方式方法反而会加大学生负担，产生不了好的效果。因此，一堂好的班会也能给家长提供指导，提高其教育能力。

课堂导入语：

放轻松的音乐和班级活动照片（运动会、认真早读、积极提问的照片，尽量保证

每个同学都有）。向学生阐述心态、知识、能力在最后一个月对高考的影响程度，强调心态的重要性。[①]

“你现在，是不是遇到了这样的‘敌人’……”

环节一：致学生篇——调整心态

一、蒙眼过障碍，释放压力

具体步骤：

1. 选出 5 名表示自己压力较大的学生（提前了解或者做压力问卷测试），站成一排，在每个学生前方放置 3 个不同的障碍物，如：凳子、书籍、扫把、水杯、篮球等。

2. 先让学生直线行走，以此跨过障碍走向对面。

3. 给 5 名同学带上眼罩，同时安排几个同学偷偷撤掉所有障碍物，让他们根据刚才的经验再次走到对面。

4. 成功之后，让学生去贴好压力标签（之前学生自己写好压力）的黑板上，撕下自己内心的压力标签并当众撕成碎片。

设计意图：通过游戏让学生明白，其实很多时候事情本身并没有很多障碍，而是我们内心给自己设下的，不是真实存在的，压力和恐惧的根源是“我”。通过全班性的

① 【评点】在导入环节，老师通过音乐创造了一个放松的环境，利用班级平时的照片，拉近了师生之间的距离，增强了学生在班会课中的代入感，同时老师能精确地分析出学生高考前容易紧张、焦虑的心理状态以及可能出现的一些典型症状，让学生感受到本次的班会课是为他们量身订造的，学生将会更主动、积极地参与到本次班会课中。

活动释放压力，自己亲手撕掉困扰自己的压力。[①]

预设效果：5名学生带上眼罩行走时，每一步都战战兢兢，一直呈现胆怯不敢向前的状态，当他们最终跨过自认为一直存在的"障碍物"成功走向对面，摘下眼罩后，才发现，原来这一路并没有障碍。撕掉压力标签后，很多同学表示自己的压力有了一定的释放，并希望多一点类似的解压活动。

二、榜样激励，往届学生的逆袭故事

具体步骤：

1. 问学生：你是否相信，一个月增分80，黑马逆袭成王？

2. 展示上一届某个学生一个月逆袭成黑马的记录表。（一个月考试成绩变化和高考成绩）

唐瑾冲刺30天成绩变化情况表（2020年广东文科）					
时间	语文	数学	英语	文综	总分
深二模（6月9日）	100	80	88	198	466
个人反思：语文和文综继续按老师的方法背诵和总结答题思路，数学和英语要进一步加强，数学按模块总结解题方法，整理错题；每天背50个单词，额外做一篇英语阅读。					
最后一考（6月28日）	108	94	98	210	510
个人反思：各科有进步，但数学还是粗心了，考试的时候太紧张了，之后要踏实细心一点。数学英语要继续加强复习，落实基础，多看错题，保持自信。					
高考（7月7日）	115	115	113	201	544

一个月时间，从二本到超过高优线，这匹"黑马"如何炼成？附该学生作息安排表[②]

①【评点】在第一个环节中，老师利用学生活动替代了传统的说教，让学生充分参与到班会课当中，整个过程利用了心理学中经典的认知行为疗法（CBT），通过问卷让学生分析压力的大小和来源，通过活动让学生意识到消极和不切实际的想法会给自己带来痛苦并导致心理问题，最后引导学生客观认识现状，理性对待压力。在肯定学生"压力山大"的同时，通过撕掉标签，释放压力。

②【评点】展示的事例数据详实，让人信服。事例后附上详细的安排表，学生可以马上行动起来，制定自己的计划表，大大降低内心的焦虑，提升学习效果。

唐瑾冲刺 30 天安排表	
时间	任务
6:00	起床
6:20–7:20	复习英语或文综
7:25–7:52	早读
7:55–12:10	上课 + 复习数学
12:10–12:50	吃饭 + 午休
14:00–17:30	上课 + 复习文综笔记
17:30–18:30	运动洗澡 + 吃饭
18:40–20:30	作业 + 整理数学错题
20:40–22:30	作业 + 语文和英语阅读
22:30–23:00	机动安排

预设答案：

保持健康心态，合理有序复习

整理错题笔记，提高复习效率

避免过量刷题，以免徒劳复习

无须焦虑难易，注意反思提升

相信心理能量，挖掘内在潜力

设计意图：乾坤未定，你我皆是黑马。利用相信的力量，让学生相信一个月可以改变很多，也可以成长很多，高考不仅是成绩的竞争，更是耐力和心态的比拼，结束的铃声未响起之前一切皆有可能。

预设效果：学生看到这个事例后，一定程度上能树立更高的信心，能进行自我反思，做好自己的规划并尽快调整好自己的状态

环节二：致家长篇——家长须知

一、播放班级剪辑视频

播放班级剪辑照片，活跃气氛，帮助家长更好地了解班级各项活动，并了解学生在学校的学习、活动等情况。

二、家校沟通学生情况，总结常见不良心态

教师发言，有请各位家长畅所欲言，聊一聊孩子在家普遍存在的情况，分享自家孩子好的方面，畅谈自己遇到的孩子的问题。教师根据家长提出的现象和学生自己的补充，总结出高三学生几种常见的不良心态与问题，包括“发燥心态”“暴躁心态”“寂寞心态”“封闭保守心态”。①

① 【评点】高考前学生大部分时间都在学校学习，分析学生的心理状态有助于家长更好地理解学生，在学生出现心理问题时能迅速地进行有效疏导。

三、家校探讨，帮助学生克服身体及心理困难

1. 帮助孩子化解复习中的焦虑情绪

与考生聊天、交谈，开玩笑说不要以清华北大作为目标，至于其他学校，估计都是有机会的。不如放松心态，按部就班，跟着老师的思路，查漏补缺，把薄弱环节不断加强，不会的学会，不熟的练熟，效果可能会更好。学习的成功不在于一定要考取某些学校，关键是把自己的潜力发挥到最大，做到没有遗憾。

2. 调整心态，正确处理公平与不公平问题

获得全国比赛名次的高考可以加分，但是现在不再可以加分。有的考生获得多项奖励，却没有加分，有些不高兴。家长可以进行开导，一起分析，虽然不能加分，但是锻炼了身体，精神状态好，这对学习是有帮助的，基本也不吃亏。考生最后也放下了，不再纠结于加分不加分。

3. 帮孩子解决生活上的问题

对孩子来说，家人的陪伴是更有利于他们学习的，如果有条件的家长，可以选择去孩子的学校陪伴孩子度过这个高三。一方面，孩子们在家吃了十几年，他们的胃已经彻底适应了家长们做的饭菜，而且家长亲自做的饭菜也不会有什么问题；另一方面，如果孩子出现感冒发烧，或者其他一些症状的时候，家长们能够及时反应，带孩子们去医院。

4. 时不时“送温暖”

复习阶段，经常做一些好吃的给孩子送去，跟考生一起吃。其实孩子学校的伙食特别好，饭菜样式齐全，口味多样，但是，做一些吃的，把对孩子的关心和伙食一起送给孩子，顺便聊聊天。聊天的时候，不聊专业，不聊高考，不聊大学，只聊一些轻松的话题，聊孩子的身体怎样保持健康，聊学校有趣的事。鼓励孩子多挤出时间放下书本，进行体育锻炼。

四、引导家长纠正日常中的错误表达

在平时生活中，身为家长其实有一些错误的表达会让孩子误解，或者事与愿违，达不到预期的效果。下面这些错误表达，您曾经有过吗？

忌语一　你一定要考上某某大学！

忌语二　这次考不好不要紧，明年可以复读。

忌语三　什么事情都不要你做，你只要好好复习就行了！

忌语四　好好复习，高考时来个超常发挥！

忌语五　去年谁家的某某考上了某某大学，你像他一样就好了！

五、掌握高考基本知识，更专业帮助孩子备考

有了生理和心理的呵护，接下来我们就该思考如何能在高考这件大事上帮到孩子，他们的时间有限，老师能一对一指导的时间也很有限，所以家长有必要成长为专业型的高考指导者，这包括很多方面。譬如：报考、计划解读、志愿填报、录取。

引导家长研读招生章程，具体包含加分规定、专业录取规则、单科成绩要求、外语语种及口试要求、面试环节、体检要求等。

引导家长学会收集信息。帮助家长和孩子做好自我诊断，找好合适定位，确定好的冲刺方向。

告知家长常见收集资讯的途径。例如高招说明会、广播电视节目、教育行政机构官方信息、各大门户网站、报纸教育栏目等。

六、实例说明高考志愿填报方法

教师列举三种高考志愿精准定位、科学填报的方法。[①] 根据考生的分数进行定位；了解平行志愿的投档；掌握平行志愿的填报策略与技巧。

设计意图：高考志愿的合理填报也是一次小高考，至关重要，因此要引导学生和家长共同了解。

环节三：高考注意事项

一、口述叮嘱进场前的注意事项

保持良好心态的同时，我们终于要踏进高考的考场。在进场前，建议各位同学要做到保证睡眠充足、避免大量饮水、查清公交线路信息，以保证高考那天的自己是最好的状态。

二、口述叮嘱进场后的注意事项

认真倾听监考老师宣读有关规则和注意事项，以免事后惹麻烦。接过考卷，先认真填写姓名、学校、准考证号、座号等相关信息。

检查一下有没有漏页、白页，看清解题的要求、试卷页数，了解一下试题分量、难度等。仔细审题，准确解题。题目读两遍，慢审快解，最好能做到一次性准确。[②]

先从容易的做起，开始顺利，可使自己心情放松，利用有利的感觉推向“下一题”。

三、口述叮嘱考试中的注意事项

步入高考考场后，就要当成平时测试来看待，不用太过紧张，引导学生四步走：

---

①【评点】高考的主体是学生，家长不宜干涉太多。高考前引导家长积极关注高考填报志愿，一方面可以转移家长注意力，减少他们的焦虑，另一方面从高考成绩公布到填报志愿，时间短，压力大，提前让家长掌握填报志愿的基本原则和重要信息，他们才能在填报过程给出专业的指导意见。

②【评点】高考题目一般都比较新，考生如果不仔细审题，很容易以为考场上正在写的题目与平时训练的某道题目是一样的，注意不到情境的变化和题目条件的变化，再加上紧张的情绪，从而解答错误。这里提醒考生“题目读两遍”，其实是通过这一具体的操作，让学生牢记“仔细审题”这一重要注意事项，增加心理上的确定性。

1. 打响高考第一枪

第一科的考试很重要，但开考前不宜过早地在教室外等待考试，可以在操场等场所有意识地放松。做到镇定、自如，不慌张。

2. 先易后难不慌忙

按照题号顺序审题，会一道就做一道，一时不会做的就先跳过去。① 使自己很快进入答题状态，随着答题数的增加，心中越来越有数，信心不断增强，智力操作效率将越来越高，难题或许不会再难了。

3. 字迹工整，卷面整洁

卷面整洁,答卷字迹工整,书写规范美观,会引起阅卷老师愉悦感,增加评定的分数;反之则会导致印象不好而扣分（特别是作文）。

4. 舍车保帅亦淡然

一套卷，低、中、高三种难度都有。会做的题力求全对。对于自己一点都不会的高难度题目，要敢于果断放弃，因为在这方面停留，没有任何价值和必要。

四、口述叮嘱考试后的注意事项

离开考场后，也建议各位同学尽可能做到五个不，来让自己从头至尾都保持良好心态。不在考场外校队答案、不看别人脸上的天气预报、不自我感觉飘飘然、不在已考的科目上浪费时间、不追究答案。

设计意图：从进场前到进场后，再到考试中，最后到考试后，本环节按照时间顺序分成了四个部分与学生细细交代说明，帮助学生更全面更直观地了解到高考考试的全流程，② 帮助学生能够养成一种心态"平时考试高考化、高考看成平常化"。以此准备充分，甚至超常发挥自我。

环节四：高考考前准备

一、饮食篇

通过叙述的方式，与学生和家长讲解"高考前的饮食注意事项"。在高考前的这段不长不短的时间里，叮嘱学生要注意平时的饮食，不要有特别大的变动，尽量在不改变平常的饮食习惯的基础上进行细致性的调整。慎饮凉茶、汤水温和西瓜少吃、荔不沾、样样适量、搭配多样。并给出早午晚餐的具体安排参考，如下图。③

①【评点】"先易后难"属于元认知策略中的"调节策略"，指在学习过程中根据对认知活动监视的结果，找出认知偏差，及时调整策略或修正目标。文中的描述科学准确，有利于对学生进行指导。

②【评点】带着学生在脑海中走完一遍考试流程，增加了学生对于高考的熟悉感，同时还强调了其中的注意事项，有利于学生在考试时应对自如。

③这是很有用的细节，避免了家长们的"关心则乱"。高考前调整心态的最好方式，就是"一切如常"，保持平常健康的饮食习惯，不仅可以避免身体上的不适，也可以减少考前的紧张和焦虑。

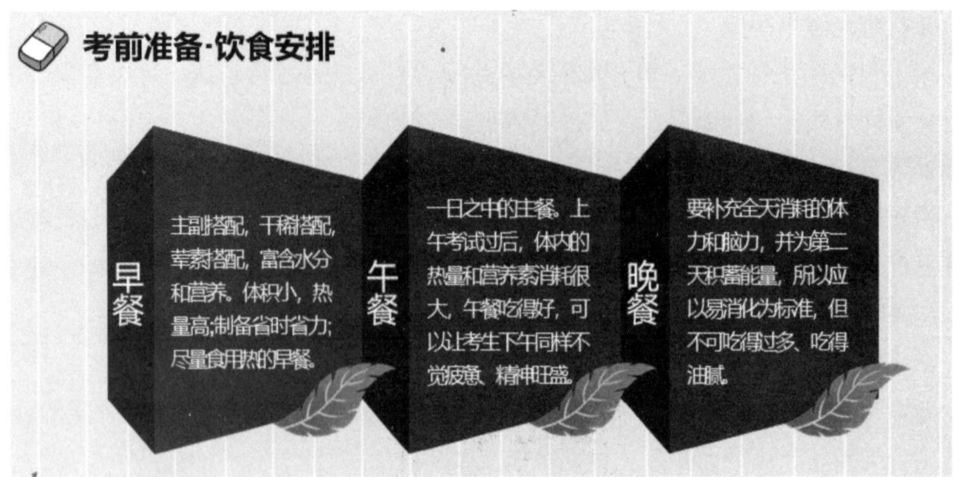

图 3

二、配备篇

最后的叮嘱和温馨提示，例如：身份证、准考证，两证缺一不可，缺了任意一个都是不能进入考场的；黑色油性中性笔准备三支，如果非要加个条件，就是买的时候注意笔套，保证咬的时候不磕牙就好了；水壶水杯，但切记少饮水，以防万一；正宗的中华 2B 铅笔，准备三支，提前把两头都削好，然后备好辅助的橡皮擦、卷笔刀或者小刀；画图工具，圆规、三角板、直尺等等多检查一下。女生根据自身情况备好相关用品。再次确保自己熟知考点信息和考场信息。

设计意图：帮助学生充分了解所有信息，以能更好地以坦然的状态步入高考考场，自信应考。①

◎课堂小结

有压力很正常，适度压力有利于学习，但过大或过小的压力不仅影响考试的状态，也会影响学生个人的身体和心情。所以要帮助学生正确认识和释放压力。

通过游戏环节学生在学业上的压力，放松紧绷的神经，帮助他们树立正确的学习态度，培养健康的应考心态。

通过身边实实在在逆袭的例子，帮助学生树立信心，根据榜样的学习规划，进行反思，调整心态，做好自己的规划，让学生相信，只要保持好的状态，自己可以是下一匹黑马。

引导家长学会调整自己，学会做孩子身体和心理的调理师；通过教师家长共同探讨得出一些普适的方式方法，让家长成为孩子高考专业选择、志愿填报等等的导师。

① 可以看出设计者丰富的教学经验和高三备考经验，“考前准备”的内容详略得当，均是细致且有用的“干货”。

课后补充活动：

①联系家长，让家长拍一个鼓励视频，下一次班会课放给学生看；

②让同学之间用爱心贴纸互写高考祝福，或者给自己写激励语，在班级制作"为你打 call"墙。

④取得家长支持，邀请家长写一封信给学生，写下高考的祝福语，与孩子共同进步，在最后的冲刺时间共同规划；

④将高考前的准备事项制作成温馨小贴士，印制发放给每位学生。

“‘坦然做准备，自信迎高考’高考注意事项”课堂实录

设计：隋清名班主任工作室
执教：高中部　物理　李梦悦
点评：高中部　数学　隋　清
龙华部　物理　何　伟
龙华部　生物　蓝润轩
龙华部　语文　李雪斌

环节一：学生篇——调整心态

师：作为一名高三的学生，压力时刻与我们相伴，高考即将到来的紧迫感给大家都造成了很大的压力，我们又该怎么样和压力共处，如何以积极的心态面对我们的困境，就成了我们必须要解决的问题。今天我们就一起来感受压力，直面压力，战胜压力。接下来我们要邀请几位同学来参与一个小游戏。

生：依据教师提前了解的情况，派出代表，做好参与游戏的准备。

师：接下来，老师将在你们的正前方放置一些障碍物，请大家看清楚眼前障碍物的位置以及形状尺寸，也可以尝试一下如何跨过障碍物走到对面，请大家务必注意游戏安全。确认完毕后，就可以戴好眼罩，准备闭眼跨越障碍了。

生：学生代表对自己前方的障碍物进行确认，并尝试在可以看到障碍物的情况下走过障碍，回到起点后戴好眼罩，做好接下来挑战的准备。此时由提前安排好的几位同学动手，悄悄将所有障碍物撤走。

师：接下来，请大家开始挑战，挑战过程中请注意安全。

生：学生代表开始尝试在无法看到前方的情况下向前行走。几位同学在行走过程中都非常谨慎，小心翼翼，不断地向前摸索和试探，并小步亲近。并且在预期的“障碍物”处大跨步，最终几位学生均到达了终点。

师：请几位同学摘下眼罩，回头看一下你们走过的路。

生：学生代表摘下眼罩，回头才发现自己一路都在躲避着原本就不存在的“障碍物”。

师：请问参与挑战的几位同学，回头发现自己路上并没有障碍的时候，内心是什么感觉？

生：有种挺搞笑的感觉，自己那么谨慎地走，不敢迈开步子，结果到最后路上什

么都没有，最后还耽误了自己的时间。

师：是的，其实刚刚大家行进的路上并没有任何障碍物，但是因为在心里觉得面前有“障碍物”，就让我们一直减慢自己的脚步，为了原本不存在的东西而困扰。其实我们心中的某些压力也是如此，本就不需要担心的事情占据了我们太多的精力，不仅搞得自己疲惫不堪，还拖慢了我们前行的脚步。接下来就让我们丢弃自己的压力，轻装上阵！

生：撕碎压力标签，从行为上释放压力，给予自己积极的暗示。

师：希望同学们都可以丢掉包袱，大步向前，敢想敢干！同学们，你们相信逆袭吗？相信接下来的几个月可以创造奇迹吗？

生：部分学生充满动力，同时也有不少学生表示怀疑，对接下来的进步信心不足，

师：接下来，给大家看一下某学长是如何实现的逆袭的。（接着给学生们展示一下成绩单）

<table>
<tr><th colspan="6">唐瑾冲刺 30 天成绩变化情况表（2020 年广东文科）</th></tr>
<tr><td>时间</td><td>语文</td><td>数学</td><td>英语</td><td>文综</td><td>总分</td></tr>
<tr><td>深二模（6 月 9 日）</td><td>100</td><td>80</td><td>88</td><td>198</td><td>466</td></tr>
<tr><td colspan="6">个人反思：语文和文综继续按老师的方法背诵和总结答题思路，数学和英语要进一步加强，数学按模块总结解题方法，整理错题；每天背 50 个单词，额外做一篇英语阅读。</td></tr>
<tr><td>最后一考（6 月 28 日）</td><td>108</td><td>94</td><td>98</td><td>210</td><td>510</td></tr>
<tr><td colspan="6">个人反思：各科有进步，但数学还是粗心了，考试的时候太紧张了，之后要踏实细心一点。数学英语要继续加强复习，落实基础，多看错题，保持自信。</td></tr>
<tr><td>高考（7 月 7 日）</td><td>115</td><td>115</td><td>113</td><td>201</td><td>544</td></tr>
</table>

生：对表格中的进步表示羡慕，与此同时也非常好奇如何才能做到这样的进步。

师：一切进步的背后都包含着坚持不懈的努力，那一个月的时间，这位同学是怎么实现从二本到高优线的进步的，我们从他的作息安排表来分析一下。（给学生展示这位同学的作息时间表。）

唐瑾冲刺 30 天安排表	
时间	任务
6:00	起床
6:20–7:20	复习英语或文综
7:25–7:52	早读
7:55–12:10	上课 + 复习数学
12:10–12:50	吃饭 + 午休
14:00–17:30	上课 + 复习文综笔记
17:30–18:30	运动洗澡 + 吃饭
18:40–20:30	作业 + 整理数学错题
20:40–22:30	作业 + 语文和英语阅读
22:30–23:00	机动安排

师：大家在这份作息安排表上能够发现什么成功的秘笈吗？

生：学生们积极思考，尝试总结自己的发现。提出了多项想法，整体梳理得到的有效内容可以分为以下几个方面：

保持健康心态，合理有序复习；
整理错题笔记，提高复习效率；
避免过量刷题，以免徒劳复习；
无须焦虑难易，注意反思提升；
相信心理能量，挖掘内在潜力。

师：一个月对大家来说是充满着机会的，一个月可以改变很多事情，也能让大家成长进步非常多。乾坤未定，你我皆是黑马，高考不仅是成绩的竞争，更是耐力和心态的比拼，结束的铃声未响起之前，一切皆有可能。

生：学生们受到鼓舞，树立起更高的信心，表示将及时做好自我反思，并合理规划，积极调整状态。

环节二：家长篇——家长须知

师：（播放班级剪辑照片，让家长更好地了解班级的各项活动，并了解学生在校学习生活状态）各位家长朋友，相信大家看了孩子们在校的表现肯定有所感悟，那孩子们在家又是什么样的状态呢？

家：家长们均积极发言，分享自家孩子好的方面，畅谈自己遇到的孩子的问题。

师：根据大家的发言，发现孩子们在家表现很好，但是也暴露出一些心态上的问题，总结下来，大致可以分为以下几个情况："发燥心态""暴躁心态""寂寞心态""封闭保守心态"。那我们又该怎么样帮助孩子们度过这段压力很大的日子呢？

家：家长朋友们积极思考，结合自己孩子的情况，总结如何帮助孩子们调整心态。

师：感谢大家的积极发言，我们将刚刚大家提出的意见进行梳理，可以得到以下建议，供大家参考学习：

1. 帮助孩子化解复习中的焦虑情绪

与考生聊天、交谈，开玩笑说不要以清华北大作为目标，至于其他学校，估计都是有机会的。不如放松心态，按部就班，跟着老师的思路，查漏补缺，把薄弱环节不断加强，不会的学会，不熟的练熟，效果可能会更好。学习的成功不在于一定要考取某些学校，关键是把自己的潜力发挥到最大，做到没有遗憾。

2. 调整心态，正确处理公平与不公平问题

获得全国比赛名次的高考可以加分，但是现在不再可以加分。有的考生获得多项奖励，却没有加分，有些不高兴。家长可以进行开导，一起分析，虽然不能加分，但是锻炼了身体，精神状态变好，这对学习是有帮助的，基本也不吃亏。考生最后也放下了，不再纠结于加分不加分。

3. 帮孩子解决生活上的问题

对孩子来说，家人的陪伴是更有利于他们的学习的，如果有条件的家长，可以选择去孩子的学校陪伴孩子度过这个高三。一方面，孩子们在家吃了十几年，他们的胃已经彻底适应了家长们做的饭菜，而且家长亲自做的饭菜也不会有什么问题；另一方面，如果孩子出现感冒发烧，或者其他一些症状的时候，家长们能够及时反应，带孩子们去医院。

4. 时不时"送温暖"

复习阶段，经常做一些好吃的给孩子送去，跟孩子一起吃。其实孩子学校的伙食特别好，饭菜样式齐全，口味多样，但是，做一些吃的，把对孩子的关心和伙食一起送给孩子，顺便聊聊天。聊天的时候，不聊专业，不聊高考，不聊大学，只聊一些轻松的话题，聊孩子的身体怎样保持健康，聊学校有趣的事。鼓励孩子多挤出时间放下书本，进行体育锻炼。

师：有了生理和心理的呵护，接下来我们就该思考如何能在高考这件大事上帮到孩子，他们的时间有限，老师能一对一指导的时间也很有限，所以家长有必要成长为专业型的高考指导者，这包括很多方面。譬如：报考、计划解读、志愿填报、录取。

（引导家长研读招生章程，具体包含加分规定、专业录取规则、单科成绩要求、外语语种及口试要求、面试环节、体检要求等。引导家长学会收集信息。帮助家长和孩子做好自我诊断，找好合适定位，确定好的冲刺方向。告知家长常见收集资讯的途径，例如高招说明会、广播电视节目、教育行政机构官方信息、各大门户网站、报纸教育栏目等。）

家：对以上的知识进行学习，并表示获益匪浅。

环节三：高考注意事项

师：接下来我们进入第三个环节，我们一起探讨一下考前孩子们和家长们有哪些具体的注意事项。

家：家长和孩子们积极发言，互相探讨并分享自己的想法。

师：感谢大家的积极发言，我们梳理一下刚刚大家提出的意见，我主要分为了进场前，考试中，考试后给大家讲解，供大家参考学习：

师：首先是进场前的注意事项。进场前最重要的事情就是保持良好的心态。与此同时，孩子们还需要注意以下几点，以保证高考那天的自己是最好的状态。

1. 保证睡眠充足

高三学生学习时间长，用脑强度大，随着复习备考进入到最后阶段，很多同学牺牲睡眠时间延长学习。并且随着考试临近，考生们的压力剧增，睡眠质量很差。晚上加班加点，牺牲睡眠时间导致白天迷迷糊糊的做法，是非常不可取的。我们都知道，良好的睡眠是保证考试状态的最关键的因素。最后这段时间里，一定要坚持每天 7–8 个小时的睡眠并且要充分利用课间 10 分钟休息和课间操及体育课的锻炼。还要合理安排学习、进食、睡眠、锻炼、家庭劳动之间的时间，养成良好的习惯，及时消除疲劳，恢复脑力和体力。在临考前几天，更要保证好睡眠质量及睡眠时间。既然复习已经到了最后阶段，我们应该尝试卸下压力，保证考前的充足睡眠，这样才会让我们在考试的时候保持清醒的头脑，理性地对待这场考试。

2. 考前避免大量饮水

在进入考场之前不要过分饮水，以避免在考试期间上厕所造成不必要的麻烦，而且监考的情况下，上厕所还是比较耽误时间，影响答题质量。

3. 查看公交线路

为了避免考试迟到或者出现交通堵塞等现象的发生，一定要提前做好公交路线的查阅，提前一个小时到场，然后在周边吃早餐，这样可以缓解紧张的情绪。这是需要家长和孩子们共同关注的。

师：接下来是考试过程中的注意事项。考场中保持一个良好的心态是同等重要的。步入高考考场后，就要当成平时测试来看待，不用太过紧张，要注意一些细节问题，这样可以避免不必要的麻烦，保证考试心态的平稳。

首先，在第一科考试之前，我们可以稍微早一些到达考场，但也不宜过早地在教室外等待考试，可以在操场等场所有意识地放松。做到镇定自如，不慌张。

进场后认真倾听监考老师宣读有关规则和注意事项；待发卷后，先认真填写姓名、学校、准考证号、座号等相关信息，避免最后忘记；接下来，由于还没到答题时间，我们可以翻阅试卷，检查一下有没有漏页、白页，看清解题的要求、试卷页数，了解一下试题分量、难度等。等上述事项都完成后，基本上考试也要开始了。做好这些准备工作，就可以调整心态准备正式考试了。

在考试过程中，一定要时刻提醒自己仔细审题，准确解题。题目读两遍，慢审快解，最好能做到一次性准确。一套考试题中，低、中、高三种难度都有。大家认为什么样的答题顺序能够保证我们最好的时间安排和考场心态呢？

生：学生们积极思考，提出了很多想法，也分享了自己平时考试时是如何安排时间的。[①]

师：大家都想法都很好。考试过程中具体的时间安排，一定要符合自己的特点，我把大家的整体一下，得到的有效内容可以分为以下几个方面：

考试时可以先从容易的做起，开始顺利，可使自己心情放松，利用有利的感觉推向“下一题”。按照题号顺序审题，会一道就做一道，会做的题力求全对，一时不会做的就先跳过去。使自己很快进入答题状态，随着答题数的增加，心中越来越有数，信心不断增强，智力操作效率将越来越高，难题或许不会再难了。对于自己一点都不会的高难度题，要敢于果断放弃，因为在这方面停留，没有任何价值和必要。

师：除了时间安排和答题顺序的安排，大家觉得还有哪点是非常重要的。

生：（纷纷回答）考试过程中书写规范性的问题。

师：大家通过平时的考试，已经认识到了整洁的卷面是有多重要。高考过程中更要保证答卷字迹工整，书写规范美观，这样会引起阅卷老师愉悦感，增加评定的分数；反之则会导致印象不好而扣分。

师：那单科考试结束后，我们应该怎么做呢？

生：不对答案，不在已考的科目上浪费时间，也不要因为觉得发挥不错而沾沾自喜。不管发挥得好或者是不好，都要快速调整心态，进入下一科考试的准备中。

环节四：考前准备

师：那接下来我们总结一下，在最后这二十天里，我们家长还应该做好哪些后勤工作，为考生保驾护航。

家：家长们积极思考，总结如何帮助孩子们做好最后的准备工作。

师：感谢大家的积极发言，我将刚刚大家提出的意见进行总结，供大家参考学习：

1. 注意饮食

在饮食方面。平时给孩子吃什么食物，高考期间不要变动太大，孩子的肠胃不一定能够耐受此种食物，所以，在高考期间，建议大家给孩子吃一些平时经常吃的一些新鲜干净的食物。在尽量不改变孩子平常饮食习惯的基础之上进行细致性调整饮食。如果考前进补力度过大，反而对身体是一种伤害，比如，孩子平时吃海鲜不舒服，高考期间为了增加营养而给孩子吃海鲜，如果在高考期间，孩子出现不舒服的情况，影响高考，反而得不偿失。我们可以遵从以下专家建议给孩子合理安排饮食（给家长看合理的饮食安排表）。

2. 考前准备——配备齐全

在考试之前，我们要协助孩子们准备好考试所需的文具和其他物品。主要包括以

①【评点】学生们讨论发言，可以活跃课堂氛围，也有利于相互启发，提供一些好的思路。

下几点：

（1）身份证、准考证，两证缺一不可，缺了任意一个都是不能进入考场的。

（2）黑色油性中性笔准备三支。

（3）水壶水杯，但切记少饮水，以防万一。

（4）中华 2B 铅笔准备三支，提前把两头都削好，然后备好辅助的橡皮擦、卷笔刀或者小刀。

（5）画图工具，圆规、三角板、直尺等等多检查一下。

（6）女生根据自身情况备好相关用品。

3. 考前准备——熟悉考场

在考试之前，家长和孩子最好抽出半天的时间，去现场熟悉一下高考的考点，包括其具体位置和交通情况。如果允许的情况下，最好看一下具体的楼层，教室和座位，避免考试当天出现找不到考场的情况。

家：家长们对其他考前的准备与安排进行补充。

师：做好这些考前准备工作后，我们就把主场交给即将上战场的你们了，祝愿大家今朝六月，不负十载年华，金榜题名，取得优异成绩！

【总评】

班会课是班主任工作的主阵地。此次班会立足于核心素养时代的大单元教学、项目化德育专题，将目光聚焦在高考，德育主题为“坦然做准备，自信迎高考”，时间背景为高考前二十天。该班会从学生、家长不同群体的角度进行疏导，针对不同阶段可能的存在的问题，将环节分为致学生篇——调整心态、致家长篇——家长须知、注意事项、考前准备。班会创设德育情境，抓住重点、准备充分、环节设置清晰合理。

学生篇重在帮助学生调整心态，引导学生正确认识和坦然备战高考。环节设置里“蒙眼过障碍”游戏从认知行为角度帮助学生释放压力、启迪思考。用往届学生的逆袭故事，进行榜样激励，借助“他力量”引导学生树立信心，做好规划并尽快调整好状态。该环节设置能调动学生的积极性，符合学生学情和认知规律。

致家长篇中注重家校沟通。引导家长做好学生升学第一导师，帮助家长全面了解高考，该环节实用性强，借助家长的力量，最大限度为学生保驾护航。

另外班会从注意事项、考前准备等方面进行引导提示。课后补充活动更如一缕春风温暖高三学子和家长的心。素材展示能增强活动体验，既使学生和家长共鸣，也表现出班主任善于搜集，用心采撷，达到润物细无声的教育作用。

该班会符合学生的认知规律，针对性强、系统全面、可操作性强，引导学生、家长积极参与，巧借八方力量帮助学生以更好的状态步入高考考场。

总结篇

深外好课堂校部经验总结

带头打造深外好课堂，推动进到双新深水区

深圳外国语学校高中部科研处 周 鹏

自学校（集团）作出“打造深外好课堂，筑基未来三十年”“推动深外课堂革命，重塑深外风范”的指示以来，深外高中部就行动起来，积极贯彻和落实学校指示。高中部带头打造深外好课堂，推动进入双新深水区，主要做了十个方面的工作，现梳理如下：

1. 各科组积极学习罗校长开学讲话。高中部及时安排各科组举行专题研讨会，利用科组或备课活动积极学习和贯彻了开学讲话，对罗校长提出的“深外好课堂的五条标准”进行了专题研究和探索，对讲话中提出的“五种低效或无效课堂”也进行了认真的反思和审视。各科组的学习和反思，调动了老师们投身课堂变革的积极性和责任感。

2. 利用教师大会时间，安排系列专题讲座。高中部前后安排了四场有关打造“深外好课堂”的专题讲座，讲座由张传平、邓娟、周鹏、陈华强等同志承担。张传平校长就课堂基本原则进行了剖析，邓娟主任就课堂规范做了讲解，周鹏老师做了《思维训练是课堂教学的最大公倍数》的报告，陈华强老师做了《初中和高中物理学习方式的变化——从力与运动的关系看》的报告。四位同志的讲座从不同维度切入，分析了深外课堂现有的优势以及不足，探索了未来好课堂的实质与原则。系列讲座反响甚好，老师们都不自觉地在微信群里点赞，给予好评。这些讲座为“打造深外好课堂，筑基未来三十年”的目标更进一步地达成共识、统一思想做了很好的铺垫。

3. 抓好新教师课堂教学视导工作。新教师的教学引导是很重要的工作，高中部极为重视，具体做了四个方面的工作：其一，开学第二周，安排新老教师师徒结对子工作，帮助青年教师成长；其二，开学第一月，教务处、科研处和科组联合视导新教师课堂，发现问题并及时纠正问题；其三，高中部各部门再次联合视导新教师汇报课，落实并巩固前一阶段的教学指导成果；其四，对新教师提出了每周就听课及教学做书面反思的要求，累积了新教师的反思文档，从文档中可以看见新教师的成长轨迹。

4. 策划组织了“校庆杯”青年教师优质课大赛。大赛由教务处及科研处承办，分初赛和决赛。初赛由各科组上公开课进行选拔，选拔出来的选手再参加学校层面的决赛，前后历时一个月，充分调动青年教师的积极性和主动性，各科组集体打磨，精心设计，很好地锻炼了青年教师的授课能力和科研能力，从践行层面落实了“深外好课堂”的原则和指标。

5. 邀请专家来校指导教学，改变课堂。邀请了物理新课标组黄恕伯教授来学校为高三教学把脉，新教师全员聆听了教授的报告，反响极好。老师们改变了教学观念，懂得了从“解题”到“解决问题”、从“做题”到“做人做事”转变的必要性。

6. 学习了《全面推进高考内容改革》一文。周鹏老师为高三年级做了文章解读专题报告，表达了对核心素养、高阶思维等概念的理解和思考。

7. 加强了全校教师推门听课的力度。本学期增加了干部及科组推门听课的频率，听课数量较以前增加许多，采用“听课—评课—复盘”方式，督促教师们的专业发展。

8. 召开青年教师座谈会，研讨教学。为推进好课堂建设，高中部召开了青年教师座谈会，研讨教学，指导青年教师授课。会议取得了很好的效果，不仅听取了青年教师的真实心声，也调动了青年教师专业发展的积极性。

9. 建立新教师微信群，随时分享教学经验及教学文章。通过教学经验和文章的分享，帮助新教师了解学科前沿专家思想及教学理念，对指导新教师成长起到了积极作用。

10. 鼓励教师做课题研究。科研处为鼓励教师们做教学研究，为教师申报课题进行了指导工作，调动了教师参与科研的热情。

基于以上工作，高中部为进一步加强“深外好课堂”的建设，又继续推进以下六项工作：

1. 继续开展各项教学常规活动。高中部将继续开展新教师视导、书面教学反思、青年教师优质课比赛等系列教学活动，将“深外好课堂”建设落到实处。

2. 聘请校外专家来校做听课、评课工作。高中部将邀请各学科专家来学校指导教学，通过“听课—评课—复盘”的活动方式加强“好课堂”建设。

3. 各科组精心打造一批示范课。高中部将安排各科组认真磨课，打造一批示范课，践行并落实“深外好课堂”的五项指标。

4. 科研处组织教学论文大赛。科研处将策划组织学校教学论文大赛，激发教师的科研热情，推动教师专业化发展，为深外培养学者型教师做好铺垫工作。

5. 科研处将举行命题比赛，通过命题比赛推动教学发展。命题是教师极为重要的能力，命题水平可以反映教师的教学水平和应考能力。教师只有真正具备命题能力，才能理解高考、理解试题。为此，加强命题能力的训练势在必行。

6. 科研处将定期撰写题为“道在深外”的教学简报。科研处将以教学简报的形式推动“深外好课堂”的建设。定期总结并反馈学校课堂的教学情况，通过简报的形式向全校教师传达课堂教学信息，及时纠偏、及时倡导“深外好课堂”理念。

到目前，高中部围绕深外好课堂制定了相关制度和文件，如深外好课堂八条共识、课堂“六有”观察指标、作业四清（堂堂清、日日清、周周清、月月清）制度，等等，部分附录如下：

1. 高中部课堂教学共识八条

高中部教师达成以下 8 条课堂教学共识，并遵从之：

（1）课堂是围绕中心议题展开师生对话的合作学习共同体。

课堂围绕中心议题或任务，有表达，有倾听，有静默沉思，有激烈辩论，有物化成果。

（2）师生良好的关系是课堂第一生产力。

课堂有人。人的生命状态富有生气与活力，师生全体倾情投入，充满平等与关怀。教者，传道授业而使人开悟；师者，富有学问而堪为榜样——教师须凭借人格和学问主动与学生建立亲且敬的关系。

（3）提问与试错是所有课堂教学的起点。

解决问题、化解错误，并藉此培育学生解决问题的思维能力，以及引导学生养成做人做事的良好态度与有效方式。

（4）清晰明确是课堂第一审美要素。

课堂教学的目标、内容、过程、角色、表达、成果等一切概念和秩序都是明了的，杜绝含糊其词，模棱两可。

（5）优秀习惯的培养是课堂永远的任务。

课堂应致力于各种优秀习惯的培养，如思考、书写、记笔记、做作业等。优秀本就是一种习惯，致力于优秀习惯的养成才是课堂教学的最终目的。尤其重要的是，外在的解题书写习惯，内在的思维习惯。

（6）智慧的发现与捕捉是课堂最动人的细节。

师生在课堂上的发现与捕捉是最动人的。教师方面，体现为教学的核心素养；学生方面，体现为学习的优秀品质。

（7）课堂必做的八个动作。

任务设计 + 状态激发 + 独立自学 + 精诚合作 + 有效展示 + 点拨提升 + 针对练习 + 及时反馈。

任务设计包括学习目标、活动设计与情境创设。状态激发强调教师自己要有倾情投入课堂的状态，也要千方百计调动学生学习的热情。独立自学强调将课堂时间还给学生。精诚合作强调师生以及生生之间的交流是真诚实在的、有效的。有效展示强调学生有质量的、物化的成果呈现。点拨提升强调教师的主导作用，要引领学生走向学习的深处，直抵知识与问题的本质。针对练习，强调练习要对症下药，试题是典型而优化的。及时反馈强调教师的作业批改及问题总结不拖延。

（8）课堂教学是由多个环节有机建构的系统。

课堂教学并非止于课堂 40 分钟，课堂 40 分钟只是教学环节之一——当然，是最为关键的环节之一。除此之外，尚有之前的教学规划、教材钻研、教学设计，之后的作业布置与批改、教学效果的反馈与反思、培优补弱等系列工作。这些工作须有机结合，教学才能落实到位。“汝果欲学诗，工夫在诗外。”课堂这一脸面，更在课堂之下的营养搭配及精心保养。教师要有课堂教学系统观与整体观，才能有所成就。

2. 课堂观察六个维度

为便于教师直观简捷理解课堂、观察课堂，高中部形成了“六有”课堂评价指标，以此开展课堂视导工作并书写课堂观察分析清单：

课堂观察分析清单

<table>
<tr><td rowspan="6">课堂观察六个维度</td><td>有人</td><td>师生都有专注投入的热情，有尽心用力的样态。
课堂上看得见老师想教好、学生想学好的状态。
教师观照到了所有人，眼光抵达所有人的心灵。
师生有基于学情的对话，师有引导，生有思考</td><td>起点</td></tr>
<tr><td>有料</td><td>教学内容是二次提炼的干货硬货，有系统，见本质，是真智慧。
信息针对性强，是研究课标、教材以及高考之后形成的真知识。
有学生在课堂上、作业中、对话里暴露出来的真问题和真错误</td><td rowspan="2">基础</td></tr>
<tr><td>有序</td><td>教学内容有序：环环相扣，层层深入，逻辑清通。
师生表达有序：清晰精准而干净地表达每个意思。
板书呈现有序：各归其位，条理清晰，重点突出</td></tr>
<tr><td>有趣</td><td>情境创设、问题驱动、示范引导、表达方式等方面能激发活力。
课堂有节奏感，有设计感，有激励性，有丰富性，有生机生气。
教学在师生互动、探究、合作中进行，体现出参与和干预精神</td><td>氛围</td></tr>
<tr><td>有效</td><td>教学目标、内容与师生行为指向一致。
有恰当策略激活和唤醒学生的内驱力。
有智慧饱满的生成感和充分的获得感。
有知识方法的优化和时间利用的高效</td><td>当下</td></tr>
<tr><td>有用</td><td>教学努力有益于学科核心素养的提升。
着眼学生生活实际，着眼时代与未来。
针对高考，夯实基础，训练有效思维。
指向并解决了学生真正的问题和错误</td><td>未来</td></tr>
</table>

3. 课堂制度建设方面

高中部围绕课堂，继承学校传统，完善并细化了系列制度，如：

（1）教学“四清”制度。“四清”即堂清、日清、周清、月清。清即清理、清除、清算、清楚，一项一项落实，一步一步到位。

（2）作业布置批改制度。作业布置和批改做到“四有”：有发必收，有收必看，有看必改，有改必讲。

（3）教评调查制度。学校将改进教师教学情况和学生评价调查制度，制定全面反映教学情况的调查表，按满意、基本满意、不满意三级进行量化考核。一学期调查 2 次。

（4）听课评课制度。在岗教师一学期须听课至少 10 节，期末将听课笔记上交教务处备查。听课后须有评课，积极主动对话，不回避问题，秉持教学相长、同参共修、择善而从的原则，相互尊重，不必文人相轻。

（5）上公开课制度。在岗教师一学年须上至少 1 次全校公开课，科组长统一安排并上报教务处备查。在岗教师一学期至少上 1 次备课组内研讨课。

（6）命制试题制度。在岗教师一学期至少要独立完成 1 套试题的命制工作，周测题算 1 套，月考题算 2 套。1 套试题独立原创不少于 50%。

（7）撰写论文制度。在岗教师应积极投入教育教学科研，撰写论文。35 岁以下的青年教师每学年至少撰写 1 篇论文，提交给深外高中部学术小组，鼓励青年教师公开发表论文。35 岁以上的教师，倡导撰写并发表论文。

（8）备课组建设制度。学科备课组是实施学科教学最重要的基层组织。对备课组的时间、地点、内容、职责、纪律等作出了具体细致的要求与规范。备课组通过备课，课堂内外呈现给学生的，是集体研讨的最优授课方案和系统。

（9）学科组建设制度。学科组是实施学科教育教学科研的最重要的基层组织，也是学科教师的精神家园。对科组活动的纪律、内容、时间、地点等作出了具体的要求和规范。学科组要积极策划活动，物化成果，切切实实提升科组的学科教学理论水平，扩大科组影响力和辐射力。

（10）课堂视导制度。学校特选聘学科专家及骨干教师（包括市内外课程专家及名师学者）成立教育教学视导小组，负责指导各年级教育教学、搜集整合各年级动态信息，为领导决策提供意见参考。

（11）名师（名班主任）工作室建设与管理制度。为响应习近平总书记发出的“要成为塑造学生品格、品行、品位的大先生”的号召，落实集团培育“有深度的学者型教师”的指示，学校将成立一批校内名师（名班主任）工作室，以加快培养一批具有教育家素质的名师和名班主任，并带动青年教师实现专业化发展，为此制定了此制度。

高中部遵照学校领导“事前充分论证，事中力求完美，事后认真复盘”的指示，就“深外好课堂”的建设打了一套组合拳。课堂变化是明显的，成绩是显著的，四名青年教师市里赛课荣获一等奖，获得了历史性的突破。

集体智慧精打磨，践行深外好课堂

深圳外国语学校龙华部科研处　谢　明

罗来金校长提出："深圳外国语学校的示范，最要紧的是先行示范的课堂。好的课堂能反映学校的风采与文化，师生风貌的展现主要在课堂，学生学习的主渠道也在课堂。"

本次深外集团组织的《深外好课堂"双新"课堂设计与实录》编写活动使参与老师们受益匪浅。俗话说"台上一分钟，台下十年功"，一堂好课凝结着教师大量的心血。准备的环节多而细，需要在了解各环节的背景知识、一般理论的基础上，灵活运用其基本技能和具体方法，才能有的放矢地上好一堂课。各位参与本次编写任务的科组和老师反复打磨、几易其稿。但坚持下来以后，大家都感觉得到了锻炼，觉得有巨大的收获，尤其是在思想观念的转变上。

首先，通过集体打磨一堂好课，老师们进一步体会到了集体备课、集体教研的宝贵之处。无论是在参考资料的查找上，在教学设计的打磨过程中，在课堂教学的授课过程中，还是在科组老师听课点评过程中，科组、备课组的每位老师都积极地提出建议，贡献思路，这使得每一个教学设计和课堂教学力争精益求精，成为深外好课堂的一张名片。本次编写任务使大家都收获满满，体现了我们校部科组集体力量发挥的巨大作用。

其次，聚焦学科核心素养的培育。为了打造好课堂，落实对学生学科核心素养的培育，在教学设计上老师们将重点放在教会学生学习上。相比教师如何教来说，学生如何学更加重要，所以教学设计更多地关注于寻找学生如何学的规律和学生学科思维的训练。为了帮助学生的思维训练，在教学设计上老师们注重把教学目标转变为任务来呈现。通过具体问题或者任务的驱动，学生可以更好地参与课堂、更好地运用教材或材料、更好地进行思维训练，教师也可以更好地掌握和评价学生的回答质量或完成目标的学习成果。所以在我校部的教学设计和课堂教学中，大家集体备课时更多的是在依托教材的基础上，挖掘教材内容中的疑问点或教材中内容叙述的逻辑性来抛出问题、设置任务以便形成一定学习情境，推动学生学科思维的锻炼。我们认同好课堂应当以问题为导向的观点，教师要在课堂中还原知识生成过程，深入学生思维世界，与其对话互动，在对话中激发学生的主动性，发挥教师的引导作用。

吃透课标，用好教材成为老师们的共识。充分利用学生现有学习资料，问题向教材中走去、思路从学生中走来。例如历史科组老师在《南京国民政府的统治和中国共产党开辟革命新道路》这一课题的教学设计上，充分利用教材中的历史材料，如教材中设有“史料阅读”“历史纵横”“学思之窗”等，所以历史科组在教学设计中更多地利用教材中的现有材料进行问题的设置和任务的安排。尽可能地从单元统合视角透析教材内容，紧扣学习目标，缕出引领性的“线索”，确定挑战性的“任务”，选定思辨性的“问题”，帮助学生深入理解教材内容，掌握知识，锻炼思维，并探寻历史演进的趋势。语文科组的老师在设计《为了忘却的记念》这一课题时经过反复磨课，决定回归到基础的问题，从学生熟悉的文本出发，层层深入。把任务落实到学生中去，做好充足的铺垫，老师对学情有了更充分的把握。正式授课时，整个课堂效果产生了令人欣喜的进步。学生对文本更熟悉了，回答问题也更自信、更具体、更深入了。学生们在课堂上的精彩发言，成了这堂课的亮点。

着眼学生生活实际，着眼时代与未来。好课堂不应该只有知识传授和训练，还要充分发挥课堂育人成效，更要有师生生命的相互理解与相互促进，让知识的活力、思想的活力、生命的活力凝聚成课堂的活力。我们的老师们也是带着这样的信念对待每一堂课。例如物理科组的陈庆炜老师在授课过程中，注重引导学生从生活走向物理，从物理走向社会。学生们在课堂学习中，观察到电磁阻尼摆从而联系了机械的电磁驱动和电磁制动现象；观察了我们国家电磁炮的原理和磁悬浮的实验现象，燃起了物理强国的自豪感。通过大量的“物理走向社会”的例子，让学生明白物理不是枯燥的公式，而是绚烂多彩的现代社会和世界运作的基本原理。老师们的教学践行了“深外好课堂”着眼学生适应未来社会的能力这一标准。

总之，通过参与本次《深外好课堂“双新”课堂设计与实录》编写活动，我们对于罗来金校长对于深外好课堂理念所诠释的七个度，即：向度、热度、广度、深度、力度、节度、制度有了更深入的理解，对我们多个科组在“双新”背景下的教学能力提升也有很大帮助。